Encruzilhadas da liberdade

Walter Fraga

Encruzilhadas da liberdade
Histórias de escravos e libertos na Bahia (1870-1910)

2ª edição

CIVILIZAÇÃO BRASILEIRA

Rio de Janeiro
2014

Copyright © Walter Fraga, 2006

2006 – 1ª edição: Editora Unicamp; 2014 – 2ª edição: Civilização Brasileira

CIP-BRASIL. CATALOGAÇÃO NA PUBLICAÇÃO
SINDICATO NACIONAL DOS EDITORES DE LIVROS, RJ

Fraga, Walter, 1963-
F87e   Encruzilhadas da liberdade: histórias de escravos e libertos na Bahia (1870-1910)
2ª ed. / Walter Fraga. – 2ª ed. – Rio de Janeiro: Civilização Brasileira, 2014.

Inclui bibliografia e índice
ISBN 978-85-200-1091-4

1. Escravidão – Bahia – História. 2. Escravos – Bahia – História. 3. Negros – Bahia – História. I. Título.

14-13674

CDD: 981.421
CDU: 94(813.81)

Todos os direitos reservados. Proibidos a reprodução, o armazenamento ou a transmissão de partes deste livro, através de quaisquer meios, sem prévia autorização por escrito.

EDITORA AFILIADA

Texto revisado segundo o novo Acordo Ortográfico da Língua Portuguesa

Direitos desta edição adquiridos
EDITORA CIVILIZAÇÃO BRASILEIRA
Um selo da
EDITORA JOSÉ OLYMPIO LTDA.
Rua Argentina, 171 – Rio de Janeiro, RJ – 20921-380 – Tel.: (21) 2585-2000

Seja um leitor preferencial Record.
Cadastre-se e receba informações sobre nossos lançamentos e nossas promoções.

Atendimento e venda direta ao leitor:
mdireto@record.com.br ou (21) 2585-2002

Impresso no Brasil
2014

Para Domingas e Walter, meus pais

Agradecimentos

Ao longo deste trabalho, contei com a colaboração e a solidariedade de várias pessoas e instituições. Nos dois anos em que frequentei assiduamente a sala de pesquisa do Arquivo Público do Estado da Bahia (Apeb) fui recebido sempre com a boa vontade e a paciência de seus funcionários. Agradeço especialmente a Raymundo, Daniel, Edvaldo, Lázaro e dona Maura pela dedicação na localização de fontes documentais. Agradeço imensamente aos funcionários, sempre solícitos e zelosos com os estimados manuscritos, dos cartórios de São Sebastião do Passé, Iguape, Rio Fundo, Lustosa e Santo Amaro. Em Santo Amaro, os funcionários do hospital da Santa Casa de Misericórdia, em meio a outras prementes preocupações, procuraram proporcionar-me as melhores condições de pesquisa possíveis.

Na época da pesquisa tive o apoio da Coordenação de Aperfeiçoamento de Pessoal de Nível Superior (Capes) em forma de bolsa de estudo. Contei também com a Universidade Estadual da Bahia (Uneb) e, mais recentemente, com o ambiente de debate e de pesquisas que encontrei na Universidade Federal do Recôncavo da Bahia (UFRB).

Várias pessoas contribuíram dando sugestões ou ajudando na localização de fontes documentais. Lígia Sampaio, gentilmente, indicou vários livros e colocou à minha disposição escritos, fotos e memórias pessoais de seu falecido pai. O amigo João da Costa Pinto Victória, além de compartilhar informações colhidas ao longo de sua pesquisa, indicou-me possibilidades de localização de correspondência particular e fotografias. Constância Maria Borges de Souza leu a maior parte dos capítulos e fez sugestões importantes para aprimorá-los. Neuracy de Azevedo Moreira ajudou-me na preparação dos dados estatísticos.

Agradeço aos amigos Silvio Humberto Passos, Rosana Santos de Souza, Marilécia Oliveira Santos, Ericivaldo Veiga, Marina Silva Santos, Ana Lúcia Bastos e ao meu compadre Carlos Ailton. Com Mary Ann Mahony e Hendrik Kraay, compartilhei preocupações e muito aprendi com os respectivos trabalhos. O amigo Almir Diniz foi solidário e não mediu esforços para localizar livros e me informar das novidades bibliográficas que chegavam à Universidade Estadual de Campinas (Unicamp).

A Robert W. Slenes, João José Reis, Hebe Mattos, Maria Cristina Wissenbach e Silvia Lara, sou muito grato por suas críticas e sugestões. Silvia Lara e Sidney Chalhoub leram a versão inicial deste trabalho e muito contribuíram para o seu aprimoramento. João Reis colocou à disposição sua biblioteca e sugeriu possíveis abordagens. Rebecca Scott incentivou e sugeriu caminhos e possibilidades de abordar o tema. Robert Slenes acompanhou este trabalho desde o início e apontou várias opções para fazê-lo. Grato também a Mary Del Priori, que me animou para a reedição deste livro.

Ao primo Paulo Fraga, agradeço pela amizade e hospitalidade durante os dias em que estive no Rio de Janeiro. A Manoel Ferreira (Manoelzinho) sou grato pela paciência de me contar detalhes de suas vivências num engenho do Recôncavo.

Agradecimento especial à minha família, inseparável nesta e noutras travessias. Meus irmãos e minhas irmãs, Rosamalena (Rosa), Waltércio (Tecinho), Valdilene (Di), Apollo (Pole), Ana Maria (Aninha), Raimundo (Dum) e Galileu (Gal), animaram-me em todos os momentos. Aos meus filhos, Laís, Victor e mais recentemente Isabel, agradeço a paciência de sempre. E, finalmente, aos meus pais, Domingas e Walter, sempre ao meu lado e a quem dedico este livro.

Sumário

Lista de abreviaturas	11
Prefácio	13
Introdução	19
CAPÍTULO 1 Escravos e senhores de engenho nas últimas décadas da escravidão	27
CAPÍTULO 2 Tensões e conflitos em um engenho do Recôncavo	57
CAPÍTULO 3 Encruzilhadas da escravidão e da liberdade — 1880-1888	93
CAPÍTULO 4 O 13 de Maio e os dias seguintes	119
CAPÍTULO 5 Cabeças viradas no tempo da liberdade	161
CAPÍTULO 6 Depois da liberdade: tensão e conflito nos engenhos do Recôncavo	211
CAPÍTULO 7 Trajetórias de escravos e libertos em engenhos do Recôncavo	243
CAPÍTULO 8 Comunidade e vida familiar de libertos	281
CAPÍTULO 9 Outros itinerários de libertos no pós-abolição	307
EPÍLOGO Nos séculos por vir: projeções da escravidão e da liberdade	341
Fontes	353
Bibliografia	355

Lista de abreviaturas

ACS   Arquivo do Conde de Subaé
ACMS   Arquivo da Cúria Metropolitana de Salvador
AJFAP   Arquivo de João Ferreira de Araújo Pinho Júnior
AMS   Arquivo Municipal de Salvador
AMSA   Arquivo Municipal de Santo Amaro
APCSE   Arquivo da Província Carmelitana de Santo Elias (Belo Horizonte)
Apeb   Arquivo Público do Estado da Bahia
ARC   Arquivo Regional de Cachoeira
ASCMB   Arquivo da Santa Casa de Misericórdia da Bahia
ASCMC   Arquivo da Santa Casa de Misericórdia de Cachoeira
ASCMSA   Arquivo da Santa Casa de Misericórdia de Santo Amaro
BACB   Biblioteca da Associação Comercial da Bahia
BN   Biblioteca Nacional (Rio de Janeiro)
BPEB   Biblioteca Pública do Estado da Bahia
CRCC   Cartório de Registro Civil de Cachoeira
CRCI   Cartório de Registro Civil de Santiago do Iguape
CRCRF   Cartório de Registro Civil de Rio Fundo
CRCS   Cartório de Registro Civil de São Sebastião do Passé
CRCSL   Cartório de Registro Civil de Santana do Lustosa
CRCSA   Cartório de Registro Civil de Santo Amaro
CRCSF   Cartório de Registro Civil de São Félix
IGHB   Instituto Geográfico e Histórico da Bahia
IHGB   Instituto Histórico e Geográfico Brasileiro (Rio de Janeiro)
UFBA   Universidade Federal da Bahia

Prefácio

Este livro está na encruzilhada de vários caminhos da historiografia recente. Walter Fraga seguiu a trilha das experiências sociais e das reflexões que os sujeitos históricos — no caso, escravos, libertos e senhores — fizeram sobre elas para entender conflitos e alianças num determinado lugar e numa determinada época: o Recôncavo Baiano no fim do século XIX e no início do XX. A opção o induziu a abolir a radical dissociação entre "escravidão" e "liberdade" que havia levado muitos historiadores a ver a Lei Áurea como o término de uma estrada (e pesquisa) histórica ou o início de outra, pois o fez reconhecer que estratégias, costumes e identidades elaborados antes de 1888 informavam o traçado dos embates posteriores entre subalternos e senhores. Ao mesmo tempo, o enfoque nas experiências vividas e "pensadas", como maneira de desvendar lógicas mais gerais, conduziu Walter para a senda da "micro-história", abordagem que procura "Deus" (isto é, que tenta achar sinais dos grandes processos de mudança ou de reiteração social) na densidade do "detalhe".[1] Essa escolha, por sua vez, o levou aos nomes das pessoas — isto é, ao método de "ligação nominativa de fontes" — como estratégia para seguir as picadas de vidas individuais e, assim, trilhar biografias coletivas. *Encruzilhadas da liberdade: histórias de escravos e libertos na Bahia (1870-1910)* é o ponto de encontro dessas vias convergentes.

Dizer isso, no entanto, é pouco. Pois o cruzamento de caminhos neste caso é excepcionalmente carregado de força. O que dizer, por exemplo, da magia do capítulo 2, no qual se recorre a inquéritos policiais e a um processo de homicídio, inusitadamente ricos, para reconstruir o assassinato de um padre-administrador de engenho por escravos da Ordem Carmelita em 1882? O caso é analisado e contextualizado com tanta mestria que ilumina o teatro senhorial de domínio e a contestação cativa no exato momento em que o escravismo sofria profunda crise de legitimidade.

O que dizer, também, dos sortilégios do capítulo 5, em que são usadas fontes das mais diversas — entre elas, listas de cativos em inventários, dois processos-crime e a correspondência de um senhor de engenho — para seguir um grupo de libertos no tempo, antes e depois da abolição, e "triangular" sua experiência a partir de vários pontos de vista? A atenção do autor dirige-se inicialmente para um episódio de "furto" (expropriação) e abate de bois senhoriais, perpetrado por um pequeno grupo de libertos em junho de 1888 nas terras onde eles haviam sido escravos. Em seguida, direciona-se para outro evento, igualmente bem documentado, no ano seguinte, em que alguns dos mesmos indivíduos são surpreendidos fazendo parte de uma sociedade de libertos voltada para o mesmo objetivo. A análise desses casos desvenda o cotidiano dos conflitos sociais em torno do "direito costumeiro [dos ex-escravos] às roças", revelando até aspectos da resistência simbólica dos libertos ao domínio senhorial. (Ao ler esse capítulo em primeira versão, Sidney Chalhoub sugeriu que tivesse como título "O grande massacre do gado", pois lembra esforço semelhante do historiador Robert Darnton de descobrir o arsenal metafórico antipatronal de trabalhadores franceses do século XVIII, a partir de um episódio banal, mas cheio de significados para a história cultural.).[2] Finalmente, para citar mais um exemplo entre vários, como caracterizar o encantamento do capítulo 8, em que são reconstruídos os laços familiares de escravos e "libertos do 13 de Maio" em outro engenho, a partir de fontes variadas — inclusive a entrevista de um homem centenário, que mantém na memória algumas das pessoas encontradas nos documentos e fornece detalhes sobre o paradeiro delas c. 1920?

Não surpreenderá se os leitores desses capítulos, mesmo os que conheçam o ofício de historiador, fiquem com a impressão de que o autor tem algum santo forte como conselheiro; se não, como explicar a descoberta em série de tantas fontes maravilhosas, muito menos o "feitiço" na análise? A verdade, no entanto, é que "quem sabe faz a 'sorte' acontecer", como também a compreensão dela. Walter é dotado de paciência, meticulosidade e imaginação em grau extraordinário; portanto, não precisou de ajuda para abrir caminhos.

E que caminhos! Pois as picadas e sendas dessa micro-história acabam conduzindo a novas estradas interpretativas. Os orixás estão mesmo no particular. A crise do "escravismo" revela-se aqui, em toda a sua densidade, num chão específico, "bom para pensar". Estudos recentes sobre o Sudeste têm caracterizado a derrocada do trabalho forçado (e capitalizado) como um processo eminentemente "político". Manifestando-se em movimentos sociais nos campos e nas ruas, como também em embates nos espaços oficiais como o Parlamento e os tribunais, a crise nessas regiões desestabiliza a "instituição imaginária" do escravismo, derrubando o "mercado de futuros" no trabalhador forçado — isto é, as expectativas com relação à vida subsequente da escravidão, expressas no empório de cativos — a partir de 1881.[3] O estudo de Walter documenta uma história bem semelhante na Bahia. Demonstra, primeiro, a força econômica da escravidão no setor açucareiro. (Os senhores de engenho do Recôncavo não só dependiam do trabalho escravo até as vésperas da abolição,[4] mas também não conseguiram atrair ou coagir trabalhadores livres durante muitos anos no período pós-1888 para manter a produção no mesmo nível.) Em seguida, mostra que a crise de legitimidade do escravismo na Bahia na década de 1880 — ocasionada em parte pela oposição de homens livres miúdos ao trabalho forçado, assim como por movimentos de fuga e rebelião de cativos — era semelhante ao quadro que se delineava na mesma época em São Paulo, no Rio de Janeiro e em outros lugares.

O livro também desbrava uma estrada em terras antes quase incógnitas, que são os sistemas e as experiências de trabalho na Bahia no período pós-abolição. Demonstra o relativo poder de barganha dos libertos nessa região. Ali, os ex-escravos conseguiram aumentar o número de dias da semana que podiam dedicar a seus próprios cultivos nas terras de seus antigos proprietários, pelo menos até bem entrada a década de 1890, algo que aparentemente estava fora de seu alcance na outra grande região açucareira, a da Zona da Mata de Pernambuco.⁵ Constata-se, além disso, uma significativa migração para as cidades e para outras áreas agrícolas (a região cacaueira, por exemplo) que parece confirmar esse quadro; evidentemente, para muitas pessoas, as melhores possibilidades de trabalho e de renda se encontravam fora da lavoura do Recôncavo — fato que deve ter aumentado, durante algum tempo, o poder de negociação daqueles que decidiram não se mudar.

A corrente migratória, em todo caso, levou para as cidades e para o setor manufatureiro homens e mulheres que haviam criado — como Walter mostra em detalhe — laços de comunidade e família, costumes e tradições de luta em comum, ainda no tempo da escravidão. Dessa forma, talvez o caminho mais instigante aberto por este livro para outros pesquisadores explorarem seja a sugestão de que as experiências (vividas e refletidas) dos antigos escravos contribuíram para a formação de novas sociabilidades operárias. "Não surpreende", diz Walter, "que entre 1888 e 1896 ocorreram 31 greves [de operários urbanos] em Salvador e no Recôncavo", nem que "em 12 de maio de 1902, ao conclamar o 'povo baiano' a não esquecer a data da 'nossa emancipação', o líder operário e ex-abolicionista Ismael Ribeiro [...] pronunciou-se em nome de 'meus antepassados'".

O epílogo relembra a "melancolia indizível" de André Rebouças em 1895, perante o fato de que a conquista da cidadania plena para o negro "ainda esta[va] longe, muito longe, nos séculos por vir". Toda a análise de Walter revela, contudo, que projetos de reforma e esperanças populares não faltavam na Bahia. Eram projetos e esperanças tão vigorosos que provocaram fortes reações por parte da elite — inclusive a tentativa, bem-sucedida, de esvaziar as comemorações do 13 de Maio daquele sentido reivindicatório em prol de direitos adicionais que tiveram na esteira de 1888. Contra o esquecimento produzido pela derrota, o estudo de Walter traz à tona lutas que efetivamente existiram: lutas que talvez sirvam de inspiração para a abertura de caminhos rumo à cidadania nos dias de hoje.

Encruzilhadas da liberdade tem sua própria história de estradas que se encontram. Foi originalmente defendido como tese de doutorado em história na Unicamp. Reflete claramente as preocupações teóricas e metodológicas dos professores e alunos congregados no Centro de Pesquisa em História Social da Cultura (Cecult) dessa universidade. Mas também dialoga com uma bibliografia internacional recente sobre as experiências de escravos e libertos em outros contextos históricos.[6] E é o resultado da sólida formação de seu autor nos cursos de graduação e mestrado da Universidade Federal da Bahia[7] e de sua estreita convivência com novos e maduros historiadores baianos, alguns dos quais também pós-graduados pela Unicamp. Aliás, na encruzilhada desses e de outros caminhos, uma nova geração historiográfica está nascendo na Bahia — ou melhor, estreando. Nesse show de estilo e competência, cabe a Walter Fraga um papel de destaque.

Robert W. Slenes
Campinas, maio de 2006

Notas

1. "Deus está no particular" (ou "no detalhe") é frase do historiador da arte Aby Warburg. Carlo Ginsburg, um dos decanos da micro-história, a usa como epígrafe de seu artigo metodológico "Sinais: raízes de um paradigma indiciário", in Carlo Ginsburg, *Mitos, emblemas, sinais*, p. 143. Robert Darnton,"Os trabalhadores se revoltam", in Robert Darnton, *O grande massacre dos gatos e outros episódios da história cultural francesa*.
2. Robert Darnton, Ibidem
3. Ver, entre outros, os estudos citados na bibliografia de Célia Maria Marinho Azevedo, Hebe Maria Mattos de Castro, Sidney Chalhoub e Maria Helena Machado; também Joseli Maria Nunes Mendonça, *Entre a mão e os anéis*, e Eduardo Spiller Pena, *O jogo da face*. Sobre a crise do mercado de escravos, ver Robert W. Slenes, "The Brazilian Internal Slave Trade, 1850-1888: Regional Economies, Slave Experience, and the Politics of a Peculiar Market", in Walter Johnson (Ed.), *The Chattel Principle:* Internal Slave Trades in the Americas, Nova Haven, Yale University Press, 2004, pp. 325-70.

4. Ver também sobre isso o artigo de Bert Barickman "Até a véspera".
5. Ver Rebecca Scott, "Defining the Bounds of Freedom in the World of Cane", pp. 70-102.
6. A título de exemplo, ver os trabalhos de Rebecca Scott arrolados na bibliografia.
7. Ver sua dissertação de mestrado, orientada por João José Reis e publicada com o título *Mendigos, moleques e vadios na Bahia do Século XIX*, São Paulo, Hucitec, 1996.

Introdução

O presente trabalho tem como objetivo acompanhar trajetórias de escravos e libertos dos engenhos do Recôncavo Baiano entre as duas últimas décadas que antecederam a abolição, em 1888, e os primeiros vinte anos que se seguiram àquele evento. O recorte oferece a oportunidade de avaliar consequências e implicações da abolição sobre uma região que abrigou uma das mais duradouras sociedades escravistas das Américas. Sabemos que o Recôncavo foi muito mais que um grande engenho; havia ali grande variedade de cultivos e nem todos os escravos estavam ligados à economia açucareira. Mas, ao delimitarmos nosso estudo aos ex-escravos das grandes propriedades açucareiras, esperamos perceber de que maneira o fim do cativeiro repercutiu nas vivências cotidianas de parte significativa da população negra que ali habitava.

Antes, porém, refaçamos nossa própria trajetória na difícil tarefa de reencontrar homens, mulheres e crianças que viveram os últimos anos de cativeiro nos engenhos. Para seguir essas pessoas no tempo e no espaço, foi preciso cruzar variados tipos de fontes documentais, procedimento que o historiador Robert Slenes chama de "ligação nominativa" entre séries documentais diversas — matrículas e listas de escravos anexas aos inventários *post-mortem*, assentos de batismos, casamentos e registros cartoriais.[1] Ao cruzar informações dos registros cartoriais, instituídos após a instauração da República, com listas de escravos anexas aos inventários ou aos registros paroquiais de batismos, foi possível acompanhar indivíduos e grupos familiares ao longo do tempo. As informações sobre as localidades em que nasceram e residiram, os nomes das propriedades em que trabalharam, os nomes e os sobrenomes de pais, avós e padrinhos oferecem pistas importantes para refazermos os percursos individuais e as redes sociais em que estavam inseridos os indivíduos.

Abordados isoladamente, os registros cartoriais dizem pouco, seja porque os funcionários dos cartórios não levavam em conta a condição social pregressa das pessoas, seja porque os próprios libertos ocultavam tais detalhes. Poucos fizeram como Juvenal, crioulo, morador no Engenho São Bento, que se apresentou ao cartório de Santo Amaro como "liberto" e declarou que na noite do dia anterior, 26 de maio de 1889, falecera naquela propriedade o "preto africano" de nome Salomão, 80 anos, solteiro, "que fora escravo do mesmo engenho e vivia em outra época do serviço de lavoura, ignora o declarante a filiação e mais circunstâncias por ser o falecido africano, e já muito velho".[2] No Cartório de Registro Civil de São Félix, entre centenas de assentos de nascimentos consultados, localizamos um em que Domingos Florêncio dos Santos declarou ao escrivão que, às quatro horas da manhã de 16 de fevereiro de 1892, Maria Rita dos Santos, "sua ex-escrava", dera à luz uma criança de cor parda que haveria de chamar-se Porfírio, neto por parte materna de Rita Maria dos Anjos.[3]

Entretanto, cruzando registros cartoriais de nascimento com fontes documentais produzidas na época da escravidão, foi possível reconstituir trajetórias individuais e familiares de ex-escravos e seus descendentes. Vejamos alguns exemplos. Em 17 de julho de 1889, compareceu ao cartório do distrito de São Sebastião Ângela Muniz, "cidadã brasileira", solteira, costureira, "moradora no Engenho Mombaça", na Freguesia do Monte, Vila de São Francisco, para registrar o nascimento da filha, que seria batizada com o nome de Getrudes. Mãe e filha traziam o mesmo sobrenome da avó, chamada Antônia Muniz. Consultando a relação de escravos anexa ao inventário da proprietária daquele engenho, feito em 1880, verificamos que a mãe e a avó de Getrudes aparecem entre os 119 escravos que ali residiam, ambas crioulas e trabalhando na lavoura.[4]

Em 1º de janeiro de 1891, registrou-se no cartório de São Sebastião uma menina de "cor parda", chamada Marinha, filha de Maria de São Pedro e neta de Rosalina, ambas moradoras em terras do extinto Engenho do Carmo. Verificando a lista de escravos daquela propriedade, feita em 1865, identificamos entre os escravos listados o nome de Rosalina, avó da menina registrada. Maria de São Pedro provavelmente nasceu depois daquele registro, pois seu nome não aparece entre as "crias" (crianças escravas) dos carmelitas. Na leitura do segundo capítulo deste trabalho o leitor perceberá que Rosalina era mãe do escravo Félix, um dos implicados numa rebelião que terminou na morte de um religioso carmelita que administrava o engenho, em 1882.[5]

Por vezes, desses fragmentos de trajetórias emergem marcas das lutas pela emancipação da escravidão. Em 10 de fevereiro de 1889 compareceu ao cartório de Rio Fundo, distrito de Santo Amaro, a ex-escrava Etelvina Rego, 20 anos, crioula, para registrar o nascimento do filho Antônio, nascido havia poucos dias. O pai, Antônio do Rego, era filho de Serafina do Rego, todos moradores do Engenho Paranaguá. Lendo a lista de escravos fugidos daquele engenho, em junho de 1882, foi possível reencontrar a avó do menino registrado. Em junho daquele ano vários escravos fugiram, alegando que já haviam cumprido o tempo de cativeiro determinado em testamento pelo antigo senhor, Antônio Honorato da Silva Rego. A nova proprietária, a baronesa do Monte Santo, publicou em jornais da região os nomes de todos os fugitivos. Entre eles, achava-se Serafina, "crioula preta", então com cerca de 30 anos, com três filhos.[6] Portanto, vovó Serafina foi uma das fugitivas e, provavelmente, entre os três filhos que carregou na fuga estava o pai do pequeno Antônio.

Esses procedimentos podem ser multiplicados e por certo fragmentos ou retalhos de experiências espalhados em fontes documentais ajudariam a recompor outras fascinantes histórias. É esse o procedimento metodológico adotado ao longo deste trabalho para refazer os itinerários percorridos por escravos e libertos nos engenhos. Por meio da "microanálise" desses indícios, é possível perceber como laços de solidariedade entre escravos de um mesmo engenho e redes familiares formadas no tempo da escravidão foram preservados e ampliados no pós-abolição. Além disso, podemos vislumbrar lógicas sociais e simbólicas que nortearam escolhas individuais e grupais.

Sustento que os recursos materiais e simbólicos das comunidades, formados durante a escravidão, foram fundamentais para a concepção de estratégias de sobrevivência após o fim do cativeiro, sobretudo quando os ex-escravos buscaram alargar opções de vida dentro e fora dos antigos engenhos.

As trajetórias individuais e familiares de libertos mostram que, de variadas maneiras, as vivências da escravidão se projetaram sobre o período pós-abolição, definindo e orientando escolhas, atitudes, expectativas e projetos de liberdade. Assim, é possível desvendar significados e sentidos da liberdade para os que emergiram do cativeiro.[7] E, aqui, não se trata de continuidade ou ruptura com velhos padrões de comportamento; essas noções simplificariam bastante a complexa dinâmica das relações e dos conflitos que emergiram na Bahia pós-escravista. Trata-se, na verdade, de perceber, na dinâmica das relações cotidianas, como as vivências passadas poderiam retornar em forma de lembranças, memórias e aspirações.

Claro está que, com o estudo das trajetórias, não pretendemos chegar a um suposto "comportamento médio" dos libertos para daí inferir padrões de relações sociais. Não estamos em busca de modelos, nem sustentamos que os modelos possam dar conta da riqueza das vivências, da dinâmica e da multiplicidade das escolhas feitas pelos libertos no curso de suas vidas. A intenção é perceber como as populações que emergiram da escravidão, de variadas e criativas maneiras, buscaram modificar o rumo de suas vidas em meio à imprevisibilidade e aos limites impostos por uma sociedade que continuou assentada sobre profundas desigualdades sociorraciais.

Não se trata de um estudo sobre a "transição" da escravidão para o trabalho livre.[8] Além de sugerir linearidade do processo histórico, a abordagem sobre a transição limita a discussão aos aspectos econômicos da substituição dos escravos pelos trabalhadores livres, quase sempre desconsiderando que os "livres", em sua maioria, haviam sido escravos ou descendiam desses. A escravidão foi muito mais do que um sistema econômico; ela moldou condutas, definiu hierarquias sociais e raciais, forjou sentimentos, valores e etiquetas de mando e obediência. Em todos os locais onde existiu, seu fim foi marcado por tensões sociais agudas, desentranhando antigas demandas e, ao mesmo tempo, forjando novos significados e novas expectativas de liberdade. Os ex-senhores de escravos baianos perceberam os perigos desse momento, tanto que tentaram reduzir a sua complexidade à questão da "substituição" ou "transição" para o trabalho livre. Por isso, este estudo busca ampliar o enfoque sobre atitudes e comportamentos dos diversos atores sociais envolvidos.

Há muito, historiadores e antropólogos vêm debruçando-se sobre aspectos diversos das experiências do povo negro na Bahia no pós-abolição. Focando-se nas heranças africanas e/ou nas reinvenções aqui feitas, esses estudos acumularam imenso conhecimento sobre religiosidade, família, relações raciais, formas de resistência, inserção no mercado de trabalho.[9] Mas pouco se sabe sobre o destino dos ex-escravos, suas experiências e seus projetos de liberdade, suas memórias da escravidão, as formas com que se relacionavam com os antigos senhores e com as comunidades em que estavam inseridos. Mesmo o Recôncavo, que foi objeto de inúmeros estudos sobre seu passado, ainda aguarda estudo sistemático sobre as populações egressas do cativeiro.

Sem a pretensão de preencher essa lacuna, este estudo busca trazer à discussão aspectos que marcaram as experiências dos libertos no pós-abolição. Muitas das questões aqui discutidas foram formuladas no diálogo com o debate historiográfico que vem sendo travado aqui e em outras partes das Américas sobre a rica e complexa trajetória das populações negras após a emancipação. Contestando com as dicotomias ruptura/continuidade, ou dependência/autonomia, as recentes abordagens ampliaram as possibilidades de entendimento dos diversos significados e sentidos atribuídos pelos ex-escravos à liberdade.[10] Neste estudo, para além das noções generalizantes, buscamos perceber os ex-escravos na relação cotidiana com os outros, inclusive com os antigos senhores e com as comunidades em que estavam inseridos.

No Brasil, as revisões interpretativas sobre a escravidão tiveram consequências importantes nos estudos sobre o pós-abolição. Sem descartar os contextos culturais e sociais, os recentes estudos procuram desvendar a experiência e a invenção cotidiana de escravos e libertos em forjar saídas, identidades e estratégias.[11] É no diálogo e no cruzamento desses estudos que buscaremos entender as particularidades do pós-abolição no Recôncavo Baiano.

Feitas essas considerações, vejamos o roteiro do livro. Os três primeiros capítulos traçam um quadro geral da população escrava dos engenhos nos últimos anos da escravidão e colocam em evidência as tensões sociais no interior das grandes propriedades. À medida que a leitura avança, percebe-se que as tensões e os conflitos existentes nos engenhos, nos últimos anos de escravidão, se projetam sobre o pós-abolição com outros significados. Os capítulos 4, 5 e 6 abordam conflitos diversos, tensões e negociações entre antigos senhores e ex-escravos sobre direitos costumeiros e recursos existentes nos engenhos, logo após o 13 de Maio de 1888.

Os capítulos 7 e 8 analisam as relações tensas entre donos de engenho e libertos que permaneceram nas propriedades após a abolição. Trataremos aqui das consequências sociais da permanência dos libertos nas propriedades em que nasceram ou serviram como escravos. No seio de antigas comunidades formadas no tempo da escravidão, os libertos tentaram modificar as relações com os ex-senhores afirmando antigos direitos e defendendo outros. E, ainda, veremos como deram novo sentido à "proteção" paternalista dos antigos senhores e a usaram cotidianamente para conquistar e ampliar espaços próprios de sobrevivência.

Por fim, o último capítulo aborda as consequências sociais da migração dos libertos dentro e fora do Recôncavo. Migrar para outras localidades em busca de trabalho, ou para romper com antigos vínculos que os ligavam aos ex-senhores, foi uma forma de efetivar a liberdade. Veremos aqui que essas escolhas migratórias ocorreram em meio ou em contraposição aos desejos e aos planos de quem pretendia traçar para os libertos outros destinos.

INTRODUÇÃO

Notas

1. Ver Robert Slenes, *Na senzala, uma flor*, p. 14. Num texto anterior, "Histórias do Cafundó", in C. Vogt, P. Fry e Slenes, *Cafundó*, o autor aplica o método na reconstituição de trajetórias de ex-escravos em um povoado rural do interior de São Paulo. Inspiramo-nos também em Carlo Ginzburg et al., *A micro-história e outros ensaios*, pp. 175-76, no uso do nome como guia para desvendar percursos individuais e redes sociais.
2. CRCSA, *Livro de registro de óbitos*, C-1 (1889-1892), f. 29v.
3. CRCSF, *Livro de registro de nascimentos* (1889-1897), f. 109.
4. ACMS, *Livro de registro de nascimentos* (1889-1906), f. 21, registro de Getrudes Moniz, em 17 de julho de 1889. Sobre o Engenho Mombaça, ver Apeb, *Inventários*, 7/3.148/14 (1875-1895), ff. 167-73. O Engenho Mombaça pertencia a Ana de Jesus Muniz Vianna Bandeira e os bens foram inventariados por ocasião de sua morte, em 1873.
5. Ver ACMS, *Livro de registro de nascimentos* (1889-1906), f. 42v, registro de nascimento de Marinha, em 1º de janeiro de 1891. Sobre o Engenho do Carmo, ver APCSE, *Livro de inventários do convento do Carmo* (1796-1935), ff. 125-27v.
6. CRCRF, *Livro de registro de nascimentos*, f. 12. A lista dos 38 escravos fugidos do Engenho Paranaguá acha-se no *Echo Santamarense*, 1/6/1882, p. 4.
7. O enfoque sobre trajetórias tem gerado abordagens historiográficas criativas e instigantes. Ver Giovanni Levi, *Le pouvoir au village*. Ver, também, Maurizio Gribaudi, *Itineraires ouvriers*. Partindo de outros referenciais, Sidney W. Mintz, *Worker in the cane*, fez estudo pioneiro sobre a vida de um cortador de cana, em Porto Rico, tendo como foco as condutas, atitudes e estratégias de sobrevivência. Para o Brasil, ver Sandra Lauderdale Graham, *Caetana diz não*.
8. Uma instigante crítica ao postulado da "transição" foi feita por Silvia Lara, "Escravidão, cidadania e história do trabalho no Brasil", pp. 26-27. Ver, também, Sidney Chalhoub, *Visões da liberdade*, pp. 19-20.
9. Entre os estudos sobre o negro no pós-abolição na Bahia, ver Fayette Darcel Wimberly, "The African Liberto and the Bahian Lower Class"; Kim D. Butler, *Freedom Given, Freedom Won*; Jeferson Bacelar, *A hierarquia das raças*, discute relações raciais na capital baiana, no pós-abolição; Júlio Braga, *Na gamela do feitiço*. Sobre a abolição e suas consequências na Bahia, ver Dale Torston Graden, *From Slavery to Freedom in Brazil, Bahia, 1835-1900*. Trata-se de estudo pioneiro sobre o pós-abolição. Sobre os impactos da abolição na região cacaueira, sul da Bahia, ver Mary Ann Mahony, "The World Cacao Made", especialmente os capítulos 9 e 11.

10. Ver, entre outros, Sidney Mintz, *Caribbean Transformations*; Eric Foner, *Nada além da liberdade*; Barbara Fields, *Slavery and Freedom on the Middle Ground*; Ira Berlin (Org.), *Freedom*; Leon Litwack, *Been in the Storm so Long*; Julie Saville, *The Work of Reconstruction, from Slave to Wage Laborer in South Carolina, 1860-1870*; Rebecca Scott et. al, *The Abolition of Slavery and the Aftermath of Emancipation in Brazil*; da mesma autora ver também *Degrees of Freedom*; Mary Turner (Org.), *From Chattel Slaves to Wage Slaves*; Luis A. Figueroa, *Sugar, Slavery, and Freedom in Nineteenth-Century Puerto Rico*.
11. Para uma discussão pioneira sobre os significados da liberdade e da militância abolicionista no Brasil pós-escravista, ver Richard Graham, *Escravidão, reforma e imperialismo*. Ver George Reid Andrews, *Negros e brancos em São Paulo (1888-1988)*; Hebe Maria Mattos de Castro, *Das cores do silêncio*. Ver, também, o estudo de Regina Xavier *A conquista da liberdade*.

CAPÍTULO 1 Escravos e senhores de engenho nas
últimas décadas da escravidão

No mundo dos engenhos

Os maiores engenhos baianos localizavam-se na faixa de terras úmidas que contorna a Baía de Todos os Santos, região conhecida desde o passado colonial como Recôncavo. As freguesias suburbanas de Salvador e os distritos rurais das cidades de São Francisco, Santo Amaro e Cachoeira constituíam os principais centros produtores de cana. Em meados do século XIX, aproximadamente 90% dos engenhos concentravam-se nas freguesias rurais daqueles municípios.[1] Nos distritos açucareiros mais tradicionais, os engenhos dominavam a maior parte das terras cultiváveis. Em meados do século XIX, na Freguesia do Iguape, 12 proprietários controlavam 80% das terras disponíveis.[2] Entretanto, no Recôncavo, não se cultivava apenas cana-de-açúcar; a variedade de solos permitiu ampla diversidade de gêneros agrícolas, entre os quais fumo, mandioca, feijão, milho e outros, que contribuíam para o abastecimento de Salvador e dos demais centros urbanos da região. Nos próprios engenhos, escravos e libertos cultivavam gêneros de subsistência que eram consumidos internamente ou vendidos nas feiras locais.[3]

Desde o início da década de 1870 a lavoura açucareira mergulhou numa crise financeira que se estendeu até o fim do século XIX. A queda dos preços do açúcar nos mercados externos e a concorrência do açúcar de beterraba diminuíram o volume de exportação do produto. Para agravar a situação, a lavoura açucareira, extremamente dependente do trabalho escravo, vinha sofrendo as consequências da extinção do tráfico africano, em 1850, e das sucessivas leis emancipacionistas das décadas de 1870 e 1880.[4]

Entretanto, nos últimos anos do século XIX, o Recôncavo era a região economicamente mais importante da província. Era também a mais densamente povoada e a que tinha o maior número de escravos. Segundo o censo de 1872, a região concentrava 35,7% da população da província. Na época, a Bahia possuía 165.403 escravos, que correspondiam a 12,8% da população cativa de todo o Brasil. Entre 1884 e 1887 a província sofreu uma perda de 42,1% de seus cativos. Em 1887 a Bahia possuía 76.838 escravos, mas ainda ocupava a quarta posição em população cativa no império.[5] No Recôncavo, o declínio foi provavelmente menos acentuado devido à resistência do setor açucareiro em se desfazer dos últimos escravos.

Para saber mais sobre as características da população escrava dos engenhos da região, fizemos um levantamento detalhado dos cativos registrados em inventários de senhores falecidos entre 1870 e 1887.[6] Com esses dados, foi possível obter informações sobre os escravos de dez grandes engenhos, totalizando 798 pessoas — 446 homens e 352 mulheres. Verificamos que em algumas propriedades o número de mulheres chegou a superar o de homens. No Engenho Pitinga, por exemplo, eram 60 homens para 67 mulheres; no Engenho do Conde eram 45 homens para 60 mulheres. Mesmo observando predominância do trabalho masculino na maioria dos engenhos, a diferença parece ter sido bem menor do que a verificada em fins do século XVIII e inícios do XIX, quando a população cativa da lavoura açucareira apresentava excesso de homens. A proporção, às vezes, chegava a ser de dois homens para uma mulher.[7]

Mapa 1 — O Recôncavo Baiano na América do Sul

Fonte: Eduardo Silva. *Prince of the people*: The life and times of a brazilian free man of colour, 1993.

Mapa 2 — Recôncavo Baiano: cidades e paróquias

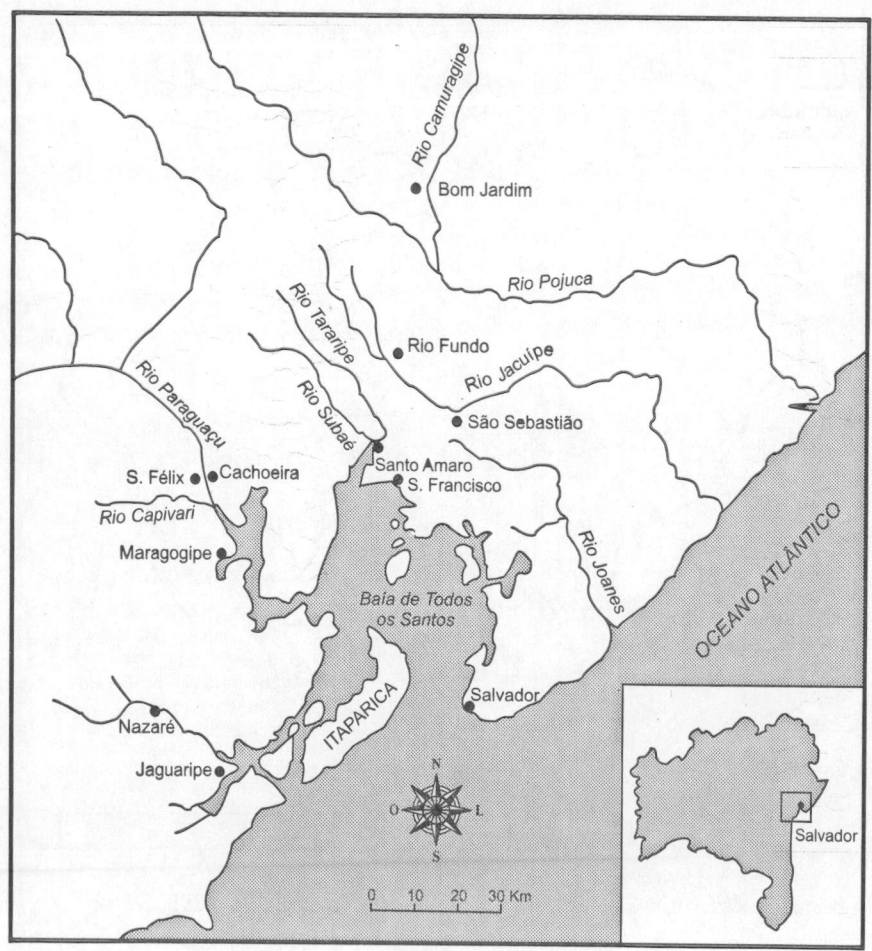

Adaptado de Stuart B. Schwartz, *Segredos internos*, 1998.

Mapa 3 — Cidades, vilas e engenhos

Adaptado de Teodoro Sampaio, Carta do Recôncavo da Bahia, 1899.
Fonte: Biblioteca Nacional.

Em consequência da abolição do tráfico, as comunidades negras dos engenhos estavam passando por mudanças significativas em sua composição étnica. Do total de cativos inventariados, apenas 10,2% eram africanos. Os crioulos eram o grupo mais numeroso, totalizavam 65,3% da mão de obra dos engenhos analisados. Juntando os crioulos e mestiços (pardos e cabras), verifica-se que os nascidos no Brasil constituíam quase 90% dos trabalhadores. Isso significa que os engenhos estavam operando com população predominantemente nascida no país. Sem dúvida, um perfil bastante diferente do observado na primeira metade do século XIX, quando predominava o trabalho africano.

Tabela 1. Africanos, crioulos e mestiços (amostragem), 1870-1887

Cor/origem	Frequência	Percentual
Africana	80	10,2
Crioula	514	65,3
Parda	44	5,6
Cabra	149	18,9
Total	787	100,0

Fonte: Apeb, *Inventários*, 3/1.206/1.675/1 (1869-1887); 8/3.444/4 (1887-1891); 7/3.212/6 (1868); 6/2.586/3.086/3 (1870-1889).

Grande parte dessa população pertencia a grupos familiares havia muito estabelecidos nas propriedades. Verificamos que 35,6% dos escravos tinham algum parente trabalhando na mesma propriedade. Em alguns inventários, foi possível identificar duas ou três gerações de uma mesma família residindo e trabalhando juntas. Isso mostra que, nessas propriedades, os escravos puderam constituir família e manter relações estáveis de uma geração para outra.[8] Mas as sucessivas gerações no cativeiro revelam também a maior dificuldade para alcançar a liberdade. Como veremos no decorrer deste trabalho, a maioria crioula e a existência de laços familiares extensos tiveram implicações importantes na definição de estratégias e escolhas no pós-abolição.

Muitas dessas famílias estavam inseridas em redes extensas de parentesco consanguíneo e ritual que formavam a base de sólidas comunidades.

A proximidade geográfica dos engenhos, nos distritos açucareiros do Recôncavo, permitiu intercâmbio permanente entre escravos de diferentes propriedades. Esses laços eram fortalecidos nas festas, nos batizados, casamentos e sepultamentos feitos nas capelas dos engenhos ou nas igrejas matrizes das freguesias. Um estudo sobre batismos em freguesias açucareiras da região mostrou que, com frequência, os escravos e as escravas escolhiam como padrinhos de seus filhos outros cativos, muitos desses residentes em outros engenhos.[9] Ao longo do tempo, essas comunidades acumularam grande experiência em criar estratégias e gerar recursos que garantiram a sobrevivência material e cultural do grupo.

Tabela 2. Faixa etária dos escravos dos engenhos, 1870-1887

Faixas etárias	Frequência	Percentual
0 a 10	161	20,3
11 a 20	139	17,5
21 a 30	142	18,0
31 a 40	133	16,8
41 a 50	105	13,3
51 a 60	75	9,5
Mais de 60	36	4,6
Total	791	100,0

Fonte: Apeb, *Inventários*, 3/1206/1675/1 (1869-1887); 8/3444/4 (1887-1891); 7/3212/6 (1868); 6/2586/3086/3 (1870-1889).

A tabela anterior mostra que os engenhos ainda contavam com grande contingente de trabalhadores entre 11 e 40 anos, faixa etária que concentrava 52,4% da mão de obra. Sem grandes opções de reposição, os engenhos baianos ainda possuíam quantidade significativa de cativos em idade produtiva, o que permitiu sua operação sem grandes transtornos, nas duas últimas décadas de vigência da escravidão. Talvez por isso os donos de engenho tenham resistido à abolição imediata até as vésperas do 13 de Maio de 1888. Na década de 1880, os abolicionistas baianos tinham razão em considerar o Recôncavo açucareiro o maior e mais resistente reduto escravista da província.[10]

Porém não havia grandes opções para deter a progressiva diminuição da população cativa dos engenhos. A proibição do tráfico, as mortes, alforrias, leis emancipacionistas e fugas concorreram para diminuir o número de cativos. As evidências demonstram que os senhores vinham buscando opções para fazer frente à diminuição dos braços escravos, algumas delas no próprio âmbito das relações escravistas. Senhores que tinham mais de um engenho estavam deslocando cativos de propriedades menos rentáveis para as mais produtivas. Além disso, havia a possibilidade de recorrer ao trabalho alugado de escravos de outras propriedades.

Notas contábeis dos engenhos anexas aos inventários indicam que proprietários da região estavam empregando trabalhadores livres e libertos no plantio e no corte de cana. Na safra de 1882, o administrador do Engenho Lagoa, em Santo Amaro, mencionou pagamentos em dinheiro e ração a trabalhadores livres que ganhavam por dia e por empreitada. Além dos trabalhadores especializados (maquinistas, carpinas, tacheiros, caldeireiros e ferreiros), encontramos quantias em dinheiro destinadas ao pagamento de 15 cortadores de cana, oito "trabalhadores de enxada e foice", sete "trabalhadores de machado" e 14 carregadores de lenha. Entre os cortadores de cana, localizamos duas mulheres, provavelmente libertas, trabalhando lado a lado com escravos. Em todas as atividades acima relacionadas, o administrador discriminou também pagamentos em dinheiro e alimentos a "alguns escravos" da propriedade que prestavam serviços extras nos domingos.[11]

Nas estações de seca, os engenhos podiam contar com oferta de mão de obra de populações que migravam do interior da província. Mas essa oferta de trabalho livre era incerta e inconstante, pois, assim que as chuvas recomeçavam, os trabalhadores retornavam para suas localidades de origem e não havia como prendê-los nas propriedades. Como observa Bert Jude Barickman, o contingente livre e liberto, residente no Recôncavo, grande parte dele negro e mestiço, dispunha de outras opções de trabalho que lhe permitiam sobreviver sem precisar empregar-se ostensivamente na lavoura de cana. Conclui aquele autor que sem dispor de oferta de mão de obra segura e constante, os senhores permaneceram ligados à escravidão até as vésperas da abolição.[12] Não surpreende que, quando pensavam em opções de "transição" para o trabalho livre, os senhores de engenho locais quase sempre defendessem a adoção de medidas complementares de controle sobre os livres e libertos.

Os dados de que dispomos sobre as ocupações dos escravos oferecem outras pistas sobre os ajustes que estavam ocorrendo no interior dos engenhos. Separando as crianças e os que não traziam registro de profissão, foi possível montar uma tabela de ocupações dos escravos nos engenhos (Tabela 3).

Tabela 3. Ocupação dos escravos, 1870-1887

Ocupações	Frequência	Percentual
Artesão	22	3,9
Doméstico	26	4,7
Carreiro	22	3,9
Enfermeira	4	0,8
Feitor	2	0,4
Trabalhador do engenho	8	1,4
Vaqueiro	4	0,8
Trabalhador do mar	10	1,8
Lavoura	459	82,3
Total	557	100,0

Fonte: Apeb, Inventários, 3/1206/1675/1 (1869-1887); 8/3444/4 (1887-1891); 7/3212/6 (1868); 6/2586/3086/3 (1870-1889).

A tabela anterior demonstra que a grande maioria dos escravos estava empregada na lavoura, setor que tradicionalmente requeria grande número de cativos. Na nossa amostragem, esse setor chegava a concentrar 82,3% dos cativos. O serviço de lavoura incluía atividades que geralmente eram recusadas por livres e libertos. Em relatório apresentado ao Imperial Instituto Bahiano de Agricultura, em 1871, o barão de Sergimirim, dono de vários engenhos da região de Santo Amaro, afirmou que era grande o número de fazendas que empregavam o braço livre "promiscuamente" com a escravatura. Segundo Sergimirim, a "gente livre" geralmente se ocupava do serviço interno das fábricas, corte e carreagem da produção, e da roçagem das capoeiras. Contudo, afirmou ser difícil mobilizá-la para o trabalho das limpas, ou seja, a atividade periódica de corte das ervas que invadiam os canaviais.[13]

Observa-se, porém, um número significativo de artesãos — sapateiros, pedreiros, marceneiros e ferreiros. Possivelmente, muitos cativos que foram listados como trabalhadores da lavoura tivessem o domínio de algum ofício artesanal. Depois da abolição, artesãos migraram para as vilas e cidades do Recôncavo e recorreram aos ofícios aprendidos nos engenhos como recurso de sobrevivência no meio urbano.

Sobreviver nos engenhos

O livro diário do conde de Subaé, proprietário dos engenhos Benfica, Água Boa e Roçado, todos na Freguesia de Rio Fundo, em Santo Amaro, contém evidências da contrapartida dos senhores ao trabalho escravo. Em 12 de outubro de 1864, o conde anotou em seu diário: "Acabou-se o tabuleiro do Coité [engenho], contou-se [sic] 581 pães e principiou o João Francisco a trabalhar; neste dia dei ração aos pretos e pretas." A distribuição de alimentos, geralmente carne e farinha, era feita ao longo do ano todo, mas as concessões eram maiores entre agosto e setembro, quando começava a colheita e a moagem da cana. No começo e no fim da colheita, os escravos recebiam roupas prontas ou tecidos. Em 26 de setembro de 1864, ele anotou: "Dei calça e camisa aos pretos da Palmeira e aos do Alambique [...], dei roupa às pretas da Palmeira; chitas, algodão, pano da costa." Em 14 de outubro de 1872, anotou 12 calças e 12 camisas aos "pretos do Alambique". Algumas concessões eram feitas a escravos específicos parecendo obedecer à lógica senhorial de premiar os que tinham alguma especialização. Assim, em 15 de setembro de 1872, anotou: "Dei calça e camisa a Pedro jeje." As crianças eram também contempladas na distribuição de roupas, pois, em 5 de abril daquele ano, o conde registrou a compra de peças de algodão para os "moleques".[14]

Além de alimentos e roupas, a contrapartida ao trabalho cativo nos engenhos era feita em forma de dinheiro. Por exemplo, em 30 de janeiro de 1870 o conde registrou o pagamento de 30$000 ao "preto" João Nicolau. Algumas contas inseridas nos inventários de senhores de engenho mostram que alguns escravos podiam ser remunerados por trabalhos extras feitos nos domingos e nos dias santos.[15] Slenes demonstra, em relação a um outro contexto, que o trabalho remunerado para outras pessoas que não o senhor era algo valorizado pelos escravos.[16] Como veremos mais adiante, a possibilidade de trabalhar como alugado deve ter-se ampliado nas últimas décadas do século XIX, sobretudo quando o número de cativos nos engenhos se tornou escasso.

Alguns escravos se inseriram no "circuito do açúcar" como pequenos lavradores fornecedores de cana aos engenhos. No Engenho Lagoa, em 1882, dez escravos faziam parte da lista de lavradores que forneciam cana. Os cativos recebiam parte da produção do açúcar fabricado no fim da safra, mas, ao contrário dos lavradores livres, não tinham direito ao mel. Das setenta pipas de mel produzidas naquele ano, 14 foram distribuídas entre os lavradores livres, as demais ficaram com o senhor, "porque os escravos não percebem mel".[17]

Como em outras regiões escravistas das Américas, os escravos do Recôncavo desenvolveram atividades independentes e alternativas à grande lavoura de cana. Sabe-se que muitos escravos tinham criação de animais, especialmente bois, porcos e galinhas, para consumo próprio e para a venda. Muitos desses animais eram criados nos pastos e nos terrenos dos senhores, ou em outras propriedades, sob o sistema de meia. Ao ser ferido acidentalmente por arma de fogo em uma roça de cana, o escravo Daniel, africano, trabalhador na lavoura do Engenho São Pedro, na Vila de São Francisco, confessou que estava retornando de uma visita que fizera ao Engenho Jacuípe para tratar de uns porcos que criava "em sociedade" com uma mulher chamada Virgínia. Para não comparecer ao serviço do senhor, ele fingiu doença.[18]

Não podemos esquecer que os engenhos eram dotados de recursos naturais, sobretudo matas e mangues, de onde os cativos podiam retirar parte dos gêneros de subsistência. Nos engenhos próximos ao mar, alguns escravos se especializaram na profissão de mariscador. Quando o cativeiro acabou, muitos deles continuaram ligados a essas atividades como opção ao trabalho nos canaviais.

Além de ampliar o acesso a bens que não estavam incluídos nas recompensas feitas pelos senhores, as atividades independentes poderiam abrir possibilidades de alcançar a alforria. Em 18 de junho de 1864 a crioula liberta Petronila foi obrigada a explicar, perante as autoridades policiais da Vila de São Francisco do Conde, seus meios de ganhar a vida depois que passara a figurar como principal suspeita do furto de uma carteira contendo 1:800$000, pertencente a um parente do ex-senhor. Aos olhos do subdelegado, Petronila era a principal suspeita, pois, dias depois do sumiço do dinheiro, comprara alforria e fora vista adquirindo tecidos e saia de seda de um mascate italiano. Na mesma ocasião, o crioulo livre Joaquim Inácio Piranduba, amasiado com Petronila desde o Ano-Bom, apareceu em Paramirim exibindo botinas novas compradas na cidade.[19]

Perante o subdelegado, Petronila de Gouveia, 38 anos, residente em São Sebastião, explicou que, quando cativa, morara na povoação de Paramirim, em casa de seu senhor, Custódio Rodrigues de Vasconcelos, casado com a irmã do senhor de engenho José Maria de Gouveia Portugal. Em abril de 1864 libertou-se desembolsando 1:150$000. Petronila informou que o dinheiro gasto na alforria era produto de "seus negócios", de três cabeças de gado e algumas ovelhas vendidas ao próprio senhor. Disse ainda que o gado que possuía era criado nos pastos do Engenho Natiba, sob os cuidados da irmã Durvalina, e as ovelhas eram criadas no Engenho São Gonçalo. Além disso, pagava semanas ao senhor vendendo mingau de milho na povoação de Paramirim. Durante quatro anos, juntou dinheiro. No dia em que pagou a alforria, o amásio a acompanhou até Paramirim e foi ele quem contou as cédulas antes de entregá-las ao senhor.[20]

Vê-se que Petronila era bastante ativa e versátil; além de labutar na casa do senhor, vendia mingau de milho na povoação de Paramirim e possuía criação de "meia" em outras propriedades. Poucos escravos tiveram a oportunidade de operar em várias atividades como Petronila. As atividades desenvolvidas pela escrava estavam relacionadas ao seu projeto de liberdade. Era um projeto familiar, visto que envolvia pelo menos a irmã Durvalina e o amásio. Não sabemos de que maneira Petronila e Joaquim Piranduba se livraram da acusação de furto, mas a história que eles contaram ajuda a entender de que maneira os escravos podiam desenvolver atividades próprias, dentro ou fora das propriedades.

Mas a economia interna dos escravos podia incluir também a retirada clandestina de criações e plantações dos engenhos. Quando descobertas, essas práticas podiam ser severamente punidas pelos senhores. Em 2 de outubro de 1865 o conde de Subaé anotou em seu diário: "Prendi o Felipe e José de Santana por suspeita de espertezas; os seus precedentes bons, se não são uns, são outros." No dia seguinte, o senhor anotou que os dois foram remetidos para o engenho, o primeiro por roubo e o segundo por quebrar uma máquina.[21]

Além do trabalho no ganho, na criação, caça e pesca, os escravos podiam produzir a própria subsistência em pequenas parcelas de terra. No fim do século XVIII, Luís dos Santos Vilhena afirmou que os senhores facultavam o domingo ou dia santo para que alguns escravos cultivassem gêneros agrícolas em espaços que chamavam de "roça", para daquele trabalho retirarem o sustento.[22] Em meados da década de 1830, preocupado com a manutenção da ordem nos engenhos numa conjuntura de revoltas escravas, Miguel Calmon du Pin e Almeida, o marquês de Abrantes, em seu *Ensaio sobre o fabrico do açúcar*, recomendava aos senhores de engenho do Recôncavo a concessão de "alguma propriedade". Argumentava ele que o acesso à roça de subsistência:

> É um poderoso meio para distraí-lo das ideias inseparáveis da sua triste condição, e inspirar-lhe o desejo do trabalho e até convidá-lo a viver em família. A prática de movê-lo a que plante roça, mormente de víveres, de permitir-lhe que tenha alguma criação, ou exercite

alguma indústria, é sem dúvida conducente para a sua possível felicidade, enquanto pode modificar as propensões desregradas, que a escravidão gera e alimenta, e melhorar os seus costumes.[23]

Estudos recentes ressaltam que as atividades agrícolas independentes eram vantajosas para os senhores, pois diminuíam gastos com a subsistência e mantinham os cativos ligados às propriedades. Mostram, ainda, que o cultivo de roças conferiu aos escravos espaços de independência pessoal na produção da própria subsistência e na venda do que era cultivado.[24] Com o tempo, o acesso às roças transformou-se numa fonte permanente de conflito, na medida em que os escravos criaram um senso de "direitos" sobre as parcelas de terra que cultivavam. A interferência dos senhores em tais direitos muitas vezes desencadeou conflitos.[25] Tais conflitos poderiam resultar da tentativa dos senhores de reduzir a margem de "tempo livre" de que os escravos roceiros, costumeiramente, dispunham para dedicar a suas plantações.

Frequentar as feiras locais dava aos escravos roceiros a oportunidade de ter acesso a dinheiro e a bens que não eram produzidos nos engenhos. Nas feiras, os cativos estabeleciam relações com escravos e libertos de engenhos vizinhos, criavam redes de amizade e comércio com gente da cidade e com marinheiros dos portos que transportavam os produtos da roça para os mercados urbanos. Essas relações poderiam ser acionadas no momento em que decidissem fugir do domínio dos senhores para questionar a legitimidade de sua escravidão.

O sentimento de direitos sobre as roças explica por que alguns roceiros cativos permaneceram nas propriedades depois de alcançar a alforria. No lugar conhecido como Curtume, Freguesia de São Gonçalo, Vila de São Francisco, em terras do Engenho Itatingui, vários africanos libertos cultivavam pequenos lotes de terras. Em 26 de março de 1885 as relações pessoais na comunidade ficaram estremecidas depois que Júlia, africana, viúva, 65 anos, foi espancada por João Gonçalves, também africano, quando saía de "sua" roça. Perante o delegado, Júlia de Argolo (sobrenome dos ex-senhores) afirmou que "não conheceu seus pais por ter vindo da Costa da África de tenra idade" e vivia de "sua pequena roça que mal chega para a sua subsistência".[26]

O "africano livre" Felipe Pontes vivia também de "sua roça" e explicou que Gonçalves desconfiava de que Júlia tivesse herdado dinheiro do finado marido, o qual dava a pessoas "da rua" para guardar. Gonçalves entendia que a suposta quantia deveria ficar com ele, que era "africano da mesma nação da ofendida", ou "patrício da mesma terra". Revelou também que, antes disso, Gonçalves tentara "tomar conta da casa da ofendida", mas ela sempre rechaçou suas investidas. Aqui, veem-se vários ingredientes do conflito: a recusa de Júlia em tornar-se amásia de Gonçalves, o dinheiro guardado em mãos de pessoas de fora da comunidade da "nação" africana; enfim, uma mistura de ressentimentos pessoais e étnicos. O incidente deixa evidente que afinidade étnica e sentimento de pertencimento a uma comunidade de libertos eram elementos importantes nas relações cotidianas nos engenhos.[27]

O inquérito findou sem indicar se Gonçalves fora levado a julgamento, mas o episódio permite entender algo mais sobre os motivos da briga e da microeconomia dos libertos. No balaio encontrado na estrada havia gêneros diversos cultivados na roça, aipins, quiabos e bananas. As testemunhas contaram que Júlia foi agredida no caminho que seguia para a Vila de São Francisco, o que faz supor que estivesse indo vender os produtos na feira. O sentimento de posse sobre as parcelas de terras cultivadas fica evidente na forma como o escrivão de polícia registrou a fala dos libertos ao se referirem às "suas roças". Ajuda a entender também a força da comunidade africana no engenho. O fato de possuírem parcelas de terras para plantar a própria subsistência e vender o excedente na cidade mostra que esses libertos conseguiram espaços próprios dentro do engenho.

No decorrer deste trabalho, veremos que o acesso às roças e a outras atividades independentes desenvolvidas no interior dos engenhos, ainda sob a escravidão, serviu para moldar expectativas de liberdade de determinados setores da população escrava. Depois de abolida a escravidão, os ex-escravos que tinham acesso àqueles recursos buscaram assegurar o que haviam acumulado ao longo da vida cativa.

Para manter alguma atividade independente, o escravo precisava negociar, ou, mediante vários artifícios, arrancar dos senhores margens maiores de "tempo livre". É possível que, nas décadas de 1870 e 1880, diante do problema premente da escassez de mão de obra cativa, se tenham ampliado as oportunidades de trabalho alugado. Havia escravos que trabalhavam nas lavouras do senhor durante os domingos e feriados; normalmente, eram remunerados com alimentos (carne e farinha) e dinheiro. Mas havia a possibilidade de trabalhar fora, sobretudo nos períodos de corte de cana.

A demanda por trabalho alugado, fora das propriedades dos senhores, permitiu a alguns escravos maior liberdade de circulação e venda da força de trabalho. Senhores e feitores perceberam a crescente importância do trabalho nos domingos e nos feriados, tanto que uma das formas mais frequentes de punição aos escravos "insubordinados" era impedir que prestassem serviços extras em outras propriedades naqueles dias. Não por acaso, parte dos conflitos e da rebeldia escrava nos engenhos, nos últimos dias da escravidão, resultou da tentativa dos feitores de impor aquelas penalidades.

Possivelmente, pelos mesmos motivos, a população escrava estava sob pressão de senhores e feitores para prestar maior quantidade de trabalho nos próprios engenhos. Sabe-se que muitas fugas ocorridas naquele período foram motivadas pela sobrecarga de trabalho imposta pelos feitores. Na década de 1930, o escravo Argeu, recordando os últimos anos de escravidão em um engenho do Recôncavo, contava: "Eu fugia de propósito. Era o único meio da gente descansar. Tomava bolo e chicote, mas uma semana no tronco, curado pelo feitor, com a cachaça, sal e pimenta, valia mais que o castigo do trabalho dia e noite." O velho Argeu lembrou outras formas sub-reptícias de evitar o trabalho excessivo, afirmando que, naquele tempo, tinha saúde de ferro, "mas eu fingia doente prá não trabaiá. Tomava buxa de polista, mastruço e jalapa que o feitor empurrava na gente, quando desconfiava da manha". Parece que foi pelo mesmo motivo que a fuga e a "insubordinação" começavam a aparecer com mais frequência no diário do conde de Subaé, entre agosto e maio, justamente o período de corte e moagem da cana, quando se exigia mais trabalho dos escravos.[28]

Os conflitos ocorriam com mais frequência quando senhores ou feitores tentavam extorquir mais trabalho dos cativos em períodos costumeiramente dedicados ao descanso. Em 1879, no Engenho Benfica, propriedade do conde de Subaé, os escravos rebelaram-se contra as ordens do feitor depois que foram obrigados a limpar uma plantação de cana em período de chuva. Em carta enviada ao conde de Subaé, o feitor informou que, após as secas daquele ano, os "moleques" [escravos jovens] não trabalharam, mas, com a chegada das chuvas, não retornaram ao serviço das limpas e, por isso, as plantações de cana achavam-se tomadas de mato. Os cativos resistiram às ordens do feitor, alegando que durante o inverno não se costumava fazer limpas das canas. Em 12 de junho, o feitor entregou as enxadas, mas pouco se fez naquele dia. No dia seguinte, era um sábado, o feitor obrigou os escravos ao trabalho e, pessoalmente, foi vistoriar o serviço, ordenando que deixassem de "manha". Informou que em dois ou três deu algumas "lamboradas" (golpes de chicotes) que de nada adiantaram. No domingo, dia reservado ao descanso, os escravos não compareceram ao serviço e só retornaram na segunda-feira, com carta do senhor conde. Além de confessar que havia perdido o controle sobre os cativos, o feitor-mor não escondeu o temor, pois, com ele incluído, só havia cinco homens livres na propriedade.[29]

Em 1883, escravos do Engenho de São Bento de Inhatá rebelaram-se depois que o feitor os obrigou a trabalhar no domingo, para completar uma tarefa não concluída no dia anterior. Um trabalhador livre do engenho contou que os escravos trabalharam até meio-dia e, depois, foram "tomar ração" sem esperar pelo chamado do feitor. Ao receber ordens de retornar para concluir a tarefa, eles desobedeceram e não mais voltaram à lavoura. À noite, os escravos foram ao proprietário para "tomar padrinho", ou seja, recorrer à proteção senhorial, mas antes de alcançar a casa-grande foram interceptados pelo feitor. Nessa ocasião, houve confronto com o feitor e, na briga, um dos escravos, chamado Francelino, foi baleado mortalmente. Seus companheiros,

Anastácio, André e Miguel, reagiram, ferindo mortalmente o feitor com as ferramentas de trabalho que carregavam.[30]

Observe-se que, nos dois conflitos anteriormente narrados, os escravos questionaram as ordens dos feitores, mas mantiveram-se dentro dos limites hierárquicos. Seguiram também os canais prescritos pelo costume para se queixar do que julgavam "injusto"; por isso recorreram ao senhor para "tomar padrinho". Mas, no decorrer da década de 1880, esses mecanismos costumeiros foram solapados pelas expectativas de liberdade.

No momento em que aumentavam as expectativas de liberdade, os senhores ainda recorriam às formas tradicionais de controle, principalmente prescrever castigos físicos e punições por mau comportamento ou recusa ao trabalho. Só que isso ocorria na contramão das expectativas dos cativos ante a possibilidade de abolição do cativeiro. Não surpreende que, ao longo das décadas de 1870 e 1880, a população escrava se viesse rebelando, de forma crescente, contra as formas tradicionais de controle escravista, especialmente os castigos corporais e as punições.

Nas décadas de 1870 e 1880, as tensões nos engenhos agravaram-se quando senhores ou feitores tentaram prescrever castigos físicos. Em 28 de março de 1877 o escravo Benedito, crioulo, apresentou-se à subdelegacia da Rua do Paço, em Salvador, e confessou que havia ferido gravemente o feitor do Engenho Cotegipe. Benedito disse que dera diversos golpes de foice depois que o feitor ameaçou espancá-lo.[31] Em 6 de março de 1879 o escravo Vítor, trabalhador de enxada do Engenho Estiva Grande, na Vila do Conde, assassinou o feitor depois de receber ameaças de castigos corporais.[32]

Para entender o comportamento de escravos e senhores, é preciso levar em consideração os debates políticos que estavam em curso no Brasil em relação à abolição do escravismo. A partir da década de 1870, o governo imperial vinha sinalizando com várias iniciativas para promover a substituição gradual do trabalho escravo. Naquele momento, os escravos perceberam que estavam ocorrendo mudanças institucionais importantes e, por meio delas, era possível não apenas melhorar suas condições de existência dentro da escravidão como alcançar a alforria.[33] Portanto, repito, foi um momento de grandes expectativas de liberdade. Na seção seguinte, veremos de que maneira a política mais geral sobre a escravidão vinha afetando as relações cotidianas nos engenhos.

Fugas e perspectivas de liberdade

Das leis emancipacionistas promulgadas pelo governo imperial, a de 28 de setembro de 1871, mais conhecida como Lei do Ventre Livre, foi a de maior impacto nas relações escravistas. Além de libertar os "ingênuos" (assim eram chamados os filhos de escravos que nasciam livres) nascidos após sua publicação, instituiu o fundo de emancipação que libertava escravos com recursos provenientes de impostos sobre propriedade escrava, loterias, multas para quem desrespeitasse a lei e dotações dos orçamentos públicos. Criava, também, a matrícula obrigatória dos cativos, medida que visava ao maior controle fiscal sobre os proprietários. O escravo que não fosse matriculado poderia ser considerado livre pelas autoridades sem o desembolso de qualquer quantia.

Em algumas de suas disposições mais importantes, como em relação ao pecúlio e ao direito à alforria por indenização de preço, a Lei do Ventre Livre representou o reconhecimento legal de vários direitos que os escravos vinham adquirindo pelo costume. Como observa Sidney Chalhoub, o texto final da lei de 28 de setembro de 1871 foi o reconhecimento legal de uma série de direitos que os escravos haviam adquirido pelo costume e a aceitação de alguns objetivos das lutas dos negros. Isso é verdade em relação tanto ao pecúlio e à indenização forçada como à liberdade do ventre. A grande inovação introduzida pela lei foi permitir ao escravo acionar a Justiça por meio de ações de liberdade em caso de recusa dos senhores em conceder alforria com a apresentação do pecúlio.[34]

A Lei do Ventre Livre não foi bem recebida pelos senhores de engenho baianos. No ano da sua promulgação, um senhor que assinou como "Um lavrador bahiano" escreveu um livro tratando dos principais dispositivos do projeto que, meses depois, seria transformado em lei. O autor acusou o governo imperial de pretender violar o direito de propriedade, devassar a vida íntima das famílias, estabelecer um sistema de delação entre os escravos e desorganizar o trabalho. Segundo ele, os senhores defendiam a emancipação desde que conduzida pelos mecanismos tradicionais de concessão da alforria, ou seja, submetida à vontade senhorial. Essa seria a única via a garantir uma transição ordeira, sem os conflitos que "ensanguentaram" os Estados Unidos.[35]

A despeito das eventuais dificuldades burocráticas no andamento dos pleitos, da resistência de algumas autoridades municipais ou do uso fraudulento do fundo de emancipação, a Lei do Ventre Livre abriu perspectivas importantes para os escravos alcançarem a alforria no âmbito da legalidade. Ao ampliar o campo de disputas pela liberdade nos foros públicos, ela jogou na arena dos embates forenses curadores, depositários, peritos, juízes, advogados e testemunhas. Ampliavam-se, assim, as possibilidades de alianças de escravos com setores diversos da sociedade que poderiam ser mobilizados em favor das ações de liberdade.[36]

A disputa na Justiça, muitas vezes, colocou em lados opostos grandes senhores de escravos. Levados pelo interesse de manter algum controle sobre a vida dos libertos, senhores de engenho envolveram-se na libertação de escravos de vizinhos ou parentes desafetos. Em agosto de 1879, foi por motivo de brigas familiares que o tenente-coronel Temístocles da Rocha Passos, proprietário de engenho, se apresentou como curador do escravo Teodoro, crioulo, em uma ação de liberdade contra sua parenta Balbina de Oliveira Passos.[37]

As disputas judiciais ampliaram as possibilidades de libertos e livres disputarem nos foros da Justiça a liberdade de parentes e amigos submetidos ao cativeiro. Por exemplo, em 21 de setembro de 1880, Antônio José de Freitas entrou com ação de liberdade para a libertação de sua mulher, Maria Cândida de Jesus, que estava prestes a ser vendida para fora da província. No despacho, o juiz ordenou que ela ficasse a sua disposição logo que fosse apresentada para obter passaporte com o nome de Arcanja ou Arcanjela.[38]

Os escravos dos engenhos estavam atentos aos direitos garantidos pelas leis emancipacionistas. Em janeiro de 1875 foi preso, na Freguesia de Santana, em Salvador, o "preto" Raimundo, fugido do Engenho Laranjeiras, na Vila de São Francisco. Em outubro daquele ano, em uma petição destinada ao chefe de polícia, ele se identificou como Raimundo Bitencourt, cabra, cego de um olho, morador do Engenho Laranjeiras, pertencente a Joaquina de Bitencourt. Disse ter conhecimento de que não fora matriculado pela senhora e havia fugido para a cidade para "tratar de minha liberdade". Afirmou, também, que tinha um pecúlio de 92$000, quantia entregue a um tal Malaquias José dos Reis, que estava providenciando sua alforria.[39]

No fim da década de 1870, os escravos perceberam que muitas autoridades judiciais se estavam posicionando claramente em favor de suas demandas, impedindo a venda para outras províncias dos que tinham pecúlio, concedendo alforrias aos que não eram resgatados nas cadeias públicas e decidindo o valor das alforrias por valores mais baixos do que os pretendidos pelos senhores. A partir da década de 1870 intensificaram-se as fugas de escravos dos engenhos para Salvador, com o objetivo de acionar as autoridades judiciais nas contendas com os senhores. Assim o faziam na certeza de que as autoridades judiciárias de seus distritos não eram suficientemente independentes para acolher seus pleitos.[40]

Os escravos que fugiam para a cidade também recorriam às autoridades policiais para pedir proteção nas disputas judiciais, interditar a venda para fora da província de parentes, mediar conflitos com os senhores e denunciar maus-tratos.[41] Em 19 de outubro de 1881 o chefe de polícia informou ao delegado de Santo Amaro que se apresentara à Secretaria de Polícia e fora recolhida à Casa de Correção a escrava Rosalina, crioula, com um "filho de peito", fugida do Engenho Quingona alegando maus-tratos. Seis dias depois, Rosalina e o filho Eutrópio foram devolvidos ao senhor, mas o chefe de polícia recomendou ao delegado que advertisse o proprietário a não "castigar seus escravos com o rigor que apresentou essa infeliz".[42]

As fugas para a polícia intensificaram a interferência das autoridades nas relações dos senhores com os escravos. Em 12 de fevereiro de 1881 o chefe de polícia recomendou ao subdelegado de Mata de São João que informasse ao dono do Engenho Pitanga que o escravo José de Santana, crioulo, fora a sua presença queixar-se do feitor. Segundo aquela autoridade, o escravo estava "tão velho e decrépito que mal pod[ia] andar". Diante da debilidade física do idoso, o chefe de polícia recomendou que deveria ser liberto e, em seguida, recolhido ao Asilo de Mendicidade.[43] Em 19 de maio de 1881 o chefe de polícia ordenou ao delegado da Vila de São Francisco que intimasse Francisco Vicente Viana, dono do Engenho Macaco, a resgatar um escravo de sua propriedade chamado João, o qual se apresentara à polícia em estado "tal de moléstia" que foi necessário recolhê-lo ao hospital da Misericórdia.[44]

A maior incidência de denúncias de maus-tratos nos anos 1880 não significa que os senhores recorressem mais aos castigos físicos do que em períodos anteriores. O fato é que, naqueles anos, os escravos sabiam que podiam contar com a interferência das autoridades policiais e judiciais. Muitas vezes, ao denunciar os senhores por maus-tratos, os cativos se estavam referindo a outros rigores da vida escrava. Ao ser preso, em 30 de outubro de 1879, David, crioulo, maior de 30 anos, casado e com um filho, morador no Engenho São José, termo de Abrantes, alegou ter fugido do domínio do senhor por causa dos "maus modos que dele receb[ia], sendo-lhe exigido trabalho de lavoura maior do que pod[ia] ser prestado".[45]

Além da denúncia de maus-tratos, os escravos dos engenhos recorreram às autoridades policiais para afirmar o desejo de não mais servir a seus senhores. Em 29 de março de 1879 o chefe de polícia ordenou ao carcereiro que recolhesse à prisão o escravo Lourenço, crioulo, 30 anos, fugido do Engenho Pindobas, Vila de São Francisco, pertencente a Antonio da Rocha Martins de Argolo, "a quem declara[ou] não querer mais servir". Em 25 de outubro de 1879 foi recolhida à Casa de Correção a escrava Antonia, crioula, pertencente a Pedro Celestino dos Santos, a quem ela declarou "não querer mais servir". Em 6 de novembro de 1879 foi recolhida à prisão uma outra escrava também chamada Antonia, mulata, idosa, que fugiu da companhia de sua senhora "queixando-se de maus-tratos, pelo que não deseja[va] mais servi-la".[46]

Em fevereiro de 1881 fugiram do Engenho Cajaíba, apresentaram-se à Secretaria de Polícia e foram recolhidas à Correção as escravas Clementina, crioula, e uma filha de 10 a 12 anos, chamada Flaviana. Perante as autoridades, Clementina alegou que fugira por ter perdido a confiança que "sempre depositou" na senhora Clara Vianna de Argolo e, por isso, não pretendia mais servi-la.[47]

Na noite de 3 de março de 1883 o subdelegado da Freguesia de Santana, em Salvador, informou ao chefe de polícia que Raimunda Porcina de Jesus lhe apresentara um escravo chamado Fiel, crioulo, que fugira do Engenho Macaco, em Santo Amaro, para pedir a ela que o comprasse. Por certo, Fiel sabia da famosa banda de música Chapada, composta por escravos e pertencente a Porcina de Jesus. Ao apresentar-se a essa senhora, Fiel talvez tivesse em vista a possibilidade de integrar a banda. Porcina de Jesus afirmou que se correspondera com Ana Gama Guimarães, dona do escravo, lhe fizera a proposta de compra, mas ela se recusara a vendê-lo. Diante disso, Porcina de Jesus apresentou o escravo ao chefe de polícia para que esse deliberasse a respeito, mesmo porque Fiel preferia ser preso a retornar para a companhia da senhora.[48]

Ao fugir para pedir proteção à polícia, denunciar maus-tratos ou requisitar a troca de senhores, os cativos deixaram evidente que os senhores já não tinham ou não deveriam ter domínio inconteste sobre suas vidas. A maioria foi devolvida a seus respectivos senhores, mas aqueles atos mostraram a esses e aos feitores que a administração das propriedades não estava tão imune à interferência externa. Vimos que muitos senhores foram advertidos pelo tratamento indigno que dispensavam a seus cativos. Além disso, as autoridades poderiam fazer diligências nas propriedades para verificar denúncias de maus-tratos.

Além das mudanças institucionais e da postura de algumas autoridades, os escravos perceberam que, nas cidades, o movimento abolicionista se tornava cada vez mais forte. Os abolicionistas prestavam assistência jurídica; negociavam com os senhores as condições da liberdade; ofereciam proteção aos cativos que aguardavam o desfecho de seus pleitos na Justiça; examinavam os livros de matrículas para verificar alguma omissão ou algum descuido dos senhores; redigiam petições ou se apresentavam como advogados em ações movidas contra os senhores; e promoviam eventos e conferências para divulgar o abolicionismo. Nessas ocasiões, arrecadavam dinheiro para a alforria de escravos. Nas cidades, advogados abolicionistas anunciavam na imprensa serviços a favor da causa. Um anúncio publicado em jornal que circulava em Cachoeira, em 1887, dizia:

> José Teodoro Pamponet oferece seus serviços ao abolicionismo desta cidade [...]. Os escravizados que se julgarem com direito às suas liberdades, quer por efeito da lei de 7 de novembro de 1831, quer por outra lei, podem procurá-lo nesta cidade, no escritório deste jornal.[49]

Na década de 1880, alguns abolicionistas radicalizaram o movimento promovendo acoitamento de escravos fugidos, impedindo o embarque para outras províncias e criando inúmeras situações para inviabilizar o uso do trabalho escravo na cidade. Os escravos acoitados eram enviados para outras províncias ou para propriedades de simpatizantes do abolicionismo em troca de salário.[50]

Mas parece que, na década de 1880, o objetivo principal dos que fugiam para as cidades era ocultar-se em meio à população negra, grande parte dela livre e liberta, que se adensava nos centros urbanos. O grande contingente negro e mestiço em Salvador dificultou a ação da polícia na localização dos escravos fugidos.[51] Naquele momento, as fugas apresentaram amplas possibilidades de rompimento definitivo com os laços escravistas. Os que fugiam dos engenhos empregavam-se principalmente em obras públicas, que então absorviam grande número de trabalhadores livres. Em 17 de fevereiro de 1876 o chefe de polícia ordenou ao subdelegado da Freguesia do Pilar que auxiliasse na captura dos escravos Francisco e Felismino, pertencentes a um senhor de engenho do Iguape. Suspeitava-se que estivessem trabalhando nas obras do cais Dourado. Ao verificar o livro de chamadas, o subdelegado não localizou os nomes dos fugitivos, que, se lá estavam, haviam provavelmente trocado de nome.[52]

Em novembro de 1880 o escravo Manuel, "preto", 38 anos, havia muito ausente da companhia de sua senhora, empregou-se em São Félix, na construção da estrada de ferro que ligaria aquele povoado a Curralinho.[53] Em julho de 1883 o chefe de polícia recomendou a localização de Boaventura, forro sob condição, suspeito de estar trabalhando no prolongamento da Estrada de Ferro São Francisco.[54] As concessões feitas pelo governo provincial para as companhias que faziam as obras de construção de ferrovias tinham como contrapartida a não contratação de trabalhadores cativos. Ao empregar-se naquelas obras como livres, os escravos fugidos, provavelmente, avaliaram que dificilmente seriam localizados. Mas, como mostraram as duas diligências anteriormente narradas, no início da década de 1880 as obras de construção das ferrovias tornaram-se locais suspeitos de refúgio de cativos fugidos.[55]

Ao escapar dos engenhos em direção às cidades, os escravos acionaram laços de parentesco e amizade com livres e libertos residentes nos centros urbanos. Esses laços não eram negligenciados pelos senhores quando anunciavam nos jornais as fugas de seus cativos. Em fevereiro de 1882, ao anunciar as fugas de Tomás, cabra, 25 anos, magro, de estatura regular, com marcas de bexigas no rosto, e Félix, crioulo, mesma idade, com ferida na perna, o proprietário do Engenho Cinco Rios, na Vila de São Francisco, observou que, além de "muito humildes", tinham "desde criança o hábito de fugir e vagar pela circunvizinhança, Santo Amaro, Alagoinhas e Bahia, [e] são conhecidos por muitas pessoas".[56] Em junho do mesmo ano, ao anunciar a fuga de seu escravo Calisto, crioulo, cerca de 40 anos, pouca barba, um fazendeiro de Feira de Santana observou que esse "tem parentes no Bom Jardim".[57] Essas informações eram importantes para indicar possíveis destinos dos escravos fugidos e são também evidências claras das redes de amizade e parentesco que estavam por trás dos escravos fugidos.

Mas as cidades não eram os únicos destinos dos escravos que fugiam dos engenhos. Alguns buscaram refúgio em outras propriedades, na tentativa de obter a proteção de outros senhores. A escassez de braços na lavoura acirrou a disputa por mão de obra entre os donos de engenho e, em muitos momentos, os escravos tiraram proveito disso. No início de 1882 a baronesa de Monte Santo anunciou em letras garrafais, em jornal de Santo Amaro, a fuga de 38 escravos e escravas do seu Engenho Paranaguá. Os escravos fugiram na crença de que já haviam prestado o tempo de serviço determinado em testamento pelo antigo senhor, Antônio Honorato da Silva Rego, falecido em 31 de dezembro de 1872.[58] Em 19 de maio de 1882, a baronesa, informada de que muitos se haviam refugiado no Engenho Benfica, escreveu carta contundente ao conde de Subaé. Dizendo estranhar as razões que levaram os "pretos" do Paranaguá a se refugiar em terras do referido senhor, ela alfinetou:

> Agora desejava que V. Ex.ª por sua bondade me desse a razão por que lá permanecem esses escravos fugidos do Paranaguá, se essa estada nas propriedades de V. Ex.ª não confirma o [que] eles dizem por toda a parte e a mim pessoalmente uns que vieram presos e aqui estão que saíram do Eng.º por ordem de V. Ex.ª, e finalmente, se acha que me fica bem e a V. Ex.ª ir gente a meu mandado capturar esses pretos em suas propriedades.[59]

O acirramento da disputa entre senhores de engenho pela mão de obra dos que se libertavam ou que pretendiam libertar-se, as leis emancipacionistas que ampliaram as possibilidades de alforria, a perda de legitimidade da escravidão e a crescente influência do abolicionismo combinaram-se e interagiram de variadas e imprevisíveis maneiras com as iniciativas dos escravos. Foi nesse contexto que os cativos fizeram suas escolhas e criaram projetos próprios de liberdade. É sob essa perspectiva que analisaremos, no capítulo seguinte, as tensões sociais no interior de um engenho do Recôncavo, na última década da escravidão.

Notas

1. Bert Jude Barickman, *Um contraponto baiano*, p. 40.
2. Kátia Mattoso, *Bahia: a cidade do Salvador e seu mercado no século XIX*, pp. 40-41. O estudo baseou-se nas informações contidas no recenseamento eclesiástico de terras em 1850.
3. Sobre a diversidade econômica do Recôncavo, ver B.J. Barickman, *Um contraponto baiano*, especialmente os capítulos 4, 5 e 6. A partir de minuciosa pesquisa, o autor demonstra que o Recôncavo abrigou uma sociedade escravista complexa, cuja dinâmica econômica não se resumia apenas à agricultura de exportação. Ao lado, e mesmo por dentro, da grande lavoura açucareira existia uma variedade grande de cultivos de gêneros de subsistência que movimentava os mercados locais.
4. A crise da lavoura açucareira baiana nos últimos anos do século XIX foi objeto de estudo de autores diversos. Ver Kátia Mattoso, *Bahia: a cidade do Salvador*, pp. 239-376; Eul-Soo Pang, *O Engenho Central do Bom Jardim na economia baiana*, pp. 21-78; B.J. Barickman, "Até a véspera", pp. 209-27.
5. Sobre população escrava da província, ver Robert Conrad, *Os últimos anos da escravatura no Brasil*, pp. 345-62.
6. Os dados apresentados tomaram por base a quantificação das listas de escravos encontradas nos inventários do barão de Pirajá, barão da Cajaíba, conde de Subaé e João de Teive e Argolo Queirós. Ao todo, foram avaliados dez engenhos: Cajaíba, Benfica, Pouco Ponto, Pitinga, Desterro, São Miguel, Itatingui, Botelho, Conde e Água Comprida. Os inventários acham-se no Apeb, *Inventários*, 3/1206/1675/1 (1869-1887); 8/3444/4 (1887-1891); 7/3212/6 (1868); 6/2586/3086/3 (1870-1889).
7. Esses dados se baseiam nos estudos sobre a população escrava na lavoura açucareira feitos por Stuart Schwartz, *Escravos, roceiros e rebeldes*, p. 92.
8. Estudos sobre família são hoje bastante numerosos. Ver, por exemplo, R. Slenes, "Escravidão e família" pp. 217-27. Uma discussão mais detalhada do autor sobre família escrava encontra-se no idem *Na senzala, uma flor*. Ver também o estudo de Alida Metcalf "A vida familiar dos escravos em São Paulo no século dezoito", pp. 232-35. Sobre a Bahia, ver Maria Inês Cortes Oliveira, *O liberto e o seu mundo*; Isabel Cristina Ferreira dos Reis, *Histórias de vida familiar e afetiva de escravos na Bahia do século XIX*.
9. Sobre os batismos nas freguesias açucareiras do Recôncavo, ver Stephen Gudeman e Stuart Schwartz, "Purgando o pecado original: compadrio e batismo de escravos na Bahia no século XVIII", pp. 56-58.
10. Segundo a avaliação de Luís Anselmo, *A escravidão, o clero e o abolicionismo*, p. 637, em 1887 a lavoura e o comércio eram os setores mais resistentes à extinção do "elemento servil".

11. AMSA, *Inventários,* caixa 4 (1882-1902), inventário de Arquimedes Pires de Carvalho, proprietário do Engenho Lagoa, falecido em 1881, ff. 308-9. Entre 1881 e 1882, o engenho esteve sob a direção de Jerônimo Moniz Barreto, inventariante e cunhado do falecido.
12. B.J. Barickman, "Até a véspera", pp. 209-27.
13. Apeb, "Relatório do Imperial Instituto Bahiano de Agricultura", feito por seu presidente, barão de Sergimirim, em 10 de fevereiro de 1871. Segundo os cálculos de Sergimirim, a população escrava da província era de 179.561 pessoas; dessas, cerca de 100 mil estavam ocupadas na lavoura e na criação. Mas, tirando os 50 mil idosos, crianças e criados, esses últimos considerados "parasitas" no seio das fazendas, a população produtiva da lavoura chegava a pouco mais de 40 mil trabalhadores.
14. IHGB, *Coleção Conde de Subaé,* lata 550, pasta 25, Livro de contas (serviço agrícola) de Francisco Moreira de Carvalho, 1863-1887. A grafia desse e dos demais documentos citados neste livro foi atualizada.
15. AMSA, *Inventários,* caixa, 4 (1882-1902), inventário de Arquimedes Pires de Carvalho, proprietário do Engenho Lagoa, freguesia de Rio Fundo, em Santo Amaro. As contas referentes ao custeio da propriedade foram feitas pelo inventariante Jerônimo Moniz Barreto. Segundo S. Schwartz, *Segredos internos,* p. 140, o uso de incentivos monetários ou outras gratificações parece ter sido comum nos engenhos coloniais.
16. Ver R. Slenes, "Escravidão e família", p. 197.
17. AMSA, *Inventários,* caixa 4 (1882-1902), ff. 284-88, inventário de Arquimedes Pires de Carvalho, proprietário do Engenho Lagoa, Santo Amaro, falecido em 1881. Pelas contas do caixeiro, dos 3.473 pães de açúcar produzidos, couberam aos lavradores 652, cada um com cinco arrobas (73 kg).
18. Apeb, *Processos-crimes,* 9/310/11 (1875), processo instaurado para apurar o ferimento do escravo Daniel na roça de cana do africano Miguel, maio, 1875.
19. Apeb, *Delegados,* 6218 (1881-1882), interrogatórios dos crioulos Joaquim Inácio Piranduba e Petronila Gouveia conduzidos pelo delegado da Vila de São Francisco, Pedro Paulo Graves de Menezes, 18 jun., 1864.
20. Apeb, *Delegados,* 6218 (1881-1882).
21. IHGB, *Coleção Conde de Subaé,* lata 550, pasta 25, *Livro de contas (serviço agrícola)* de Francisco Moreira de Carvalho, 1863-1887.
22. Luís dos Santos Vilhena, *A Bahia no século XVIII,* pp. 185-87.
23. Miguel Calmon Du Pin e Almeida, *Ensaio sobre o fabrico do açúcar,* p. 60, edição fac-similar da publicação de 1834.
24. Vários estudos sobre áreas de *plantation* têm ressaltado a importância das plantações de subsistência dos escravos. Segundo S. Mintz, *Caribean transformations,* pp. 225-50, a formação desse protocampesinato permitiu a resistência dos escravos às condições impostas nas grandes plantações. O cultivo e a

venda de gêneros das roças constituíam uma opção econômica para os escravos da grande lavoura. Refletindo sobre a Martinica, D. Tomich, "Contested terrains", pp. 260-61, sugere que o ponto focal do desenvolvimento do cultivo independente e das atividades comerciais era a luta entre os escravos e os senhores sobre as condições de trabalho e a vida material dentro dos engenhos. Ver, também, Ciro F.S. Cardoso, *Escravo ou camponês*.

25. Em seu estudo sobre quilombos no Rio de Janeiro, Flávio Gomes, *Histórias de quilombolas*, pp. 244-45, chama atenção para os conflitos entre senhores e escravos em torno dos "direitos" ao cultivo das roças.
26. Apeb, *Processos-crimes*, 6225 (1885), f. 16, inquérito instaurado em 26 de março de 1885 para apurar o espancamento de Júlia, africana.
27. Ibidem, ff. 12-13.
28. Ver o periódico O *Escudo Social*, com circulação na cidade de São Felipe, "O drama do cativeiro", em 14 de outubro de 1933, p. 2. Agradeço a Edinélia Maria Oliveira de Souza a indicação desse valioso documento.
29. ACS, *Correspondências* (1879), carta do feitor-mor Francisco para conde de Subaé, 30/6/1879.
30. Apeb, *Processos-crimes*, 23/794/5 (1883), processo-crime instaurado em 23 de maio de 1883. Na ocasião, foram indiciados os escravos Anastácio, André e Miguel, mas apenas o último foi condenado a galés perpétuas. A respeito desse crime, ver Apeb, Delegados, 6.219. Carta do delegado de Santo Amaro para o chefe de polícia, 8/6/1882.
31. Apeb, *Subdelegados*, 6245 (1877), carta do subdelegado da freguesia da Rua do Paço, Felipe Rodrigues Monteiro, para o chefe de polícia, 29/3/1877. O feitor perdeu a mão esquerda e recebeu golpes em várias partes do corpo.
32. Apeb, *Juízes*, 6391 (1879), carta do juiz municipal da Vila do Conde, Severino dos Santos Vieira, para o chefe de polícia, 21/3/1879.
33. Sidney Chalhoub, *Visões da liberdade*, pp. 80-181, faz interessante análise sobre as percepções e os posicionamentos dos escravos cariocas diante das mudanças institucionais em curso no Brasil.
34. Segundo Chalhoub, op. cit., p. 160, em muitos aspectos a Lei do Ventre Livre pode ser vista como resultado da aceitação, por parte das elites políticas, das lutas empreendidas pelos próprios escravos.
35. Um lavrador baiano, *A emancipação*, pp. 1-11, 29.
36. Ricardo Tadeu Caires Silva, "Os escravos vão à Justiça", fez estudo detalhado das ações de liberdade em várias regiões da província. Sobre ações de liberdade, ver também Keila Grinberg, *Liberata, a lei da ambiguidade*.
37. Apeb, *Juízes*, 6.391, 1879, carta de Antônio Luís Afonso de Carvalho, juiz da 1ª Vara Cível, para o chefe de polícia, 26/8/1879.
38. Apeb, *Juízes*, 6.392 (1883), carta do juiz da 1ª Vara Civil, Antônio Luís Afonso de Carvalho, para o chefe de polícia, 21/9/1880.

39. Apeb, *Subdelegados*, 6.243 (1874-1875), carta do subdelegado da Freguesia de Santana, Salvador Aires de Almeida Leite, para o chefe de polícia, 2/11/1875. Em anexo a petição de Raimundo Bitencourt, escrita a rogo dele por José Eduardo Reges, 10/1875.
40. Jailton Lima Brito, *A abolição na Bahia*, pp. 26.
41. Idem, op. cit., chama a atenção para a conjuntura favorável aos escravos quando procuravam a proteção da polícia no início da década de 1880.
42. Apeb, *Polícia, correspondências expedidas*, 5.844 (1880-1881), f. 354, carta do chefe de polícia para o delegado de Santo Amaro, 19/10/1881.
43. Ibidem, f. 11, carta do chefe de polícia para o delegado da Mata de São João, 12/2/1881.
44. Ibidem, f. 115v, carta do chefe de polícia para o delegado da Vila de São Francisco, 19/5/1881.
45. Ibidem, f. 147v.
46. Idem, 5.638 (1870-1880), ff. 146-50.
47. Idem, 5.844 (1880-1881), f. 22v, carta do chefe de polícia para o delegado da Vila de Nazaré, 24/2/1881.
48. Apeb, *Subdelegados*, 6.248 (1882-1883), carta de Joaquim Rodrigues Ferreira, subdelegado da Freguesia de Santana, para o chefe de polícia, 3/3/1883.
49. BN, *O Asteroide*, "Abolicionismo", 30/9/1887, p. 4.
50. Sobre os locais de acoitamento de escravos na capital, ver Dale Graden, *From slavery to freedom in Brazil, Bahia, 1835-1900*, pp. 142-152. Jailton Lima Brito, *A abolição na Bahia*, p. 170, sustenta que a ação dos abolicionistas baianos no acoitamento de escravos fugidos era idêntica ao que faziam os caifases em São Paulo.
51. Jailton Lima Brito, *A abolição na Bahia*, pp. 26-30, aborda a questão das fugas e seu impacto político nos rumos do movimento abolicionista baiano.
52. Apeb, *Subdelegados*, 6.244 (1876), carta de Francisco Félix Bahia, subdelegado da Freguesia do Pilar, para o chefe de polícia, 17/2/1876.
53. Ibidem, Polícia, Escravos, Assuntos, 6504 (1884), escravo de Auta Elisa de Figueredo.
54. Apeb, *Polícia, correspondências expedidas*, 5.857 (1882-1884), f. 45.
55. Um decreto de 7 de abril de 1883 determinava que a companhia que construísse um ramal ligando a cidade de Alagoinhas à povoação de Timbó não poderia possuir escravos nem empregá-los em outros serviços. É possível que determinações semelhantes tenham sido feitas em obras anteriores. Sobre esse decreto, ver Documentação jurídica sobre o negro no Brasil, p. 78.
56. *Echo Santamarense*, 16/2/1882, p. 4.
57. Idem, 21/1/1882, p. 3; ver também 1/6/1882, p. 3.
58. Idem, 1/6/1882, p. 4.
59. ACS, *Correspondências* (1882), carta da baronesa de Monte Santo para Francisco Moreira de Carvalho, conde de Subaé, 19/5/1882.

CAPÍTULO 2 Tensões e conflitos em um
engenho do Recôncavo

> Cada um dos velhos engenhos do Recôncavo, volto a dizer, possui a sua crônica, a sua lenda, a sua tradição. Em cada um deles, especialmente os mais antigos — existem alguns, de pé ainda, em ruínas, ou reduzidos a simples tapera, que vêm do século XVII —, desenrolam-se dramas e tragédias. Dramas terríveis. Tragédias espantosas. Mas também não faltam casos e histórias sem laivos trágicos nem dramáticos.
>
> João da Silva Campos*

De histórias de senhores de engenho cruéis e malvados, a tradição oral dos habitantes do Recôncavo Baiano é farta. Não faltam histórias de infelizes escravos que foram metidos em fornalhas ardentes, atirados em tachos de mel fervente, enterrados vivos, mortos no tronco ou a chicote. Mas a tradição oral, em revide, não deixa de mencionar os fins trágicos que levaram esses mesmos senhores, decaídos na pobreza ou ceifados pela reação silenciosa ou explosiva dos próprios cativos.[1] Uma dessas histórias conta que viveu na região um frade dono de engenho que trazia a escravaria à rédea curta; a qualquer falta dos

---

*João da Silva Campos, Tempo antigo, crônicas d'antanho, marcos do passado, histórias do Recôncavo (1942).

"negros", não hesitava em vibrar o inseparável vergalho. Certo dia, os escravos reuniram-se e decidiram pôr fim àqueles suplícios dando cabo do impiedoso frade. Picaram-lhe o corpo a foice e a facão, deixando a cabeça espetada numa cerca de tal modo que houve de ser dado à sepultura num saco.

No fim da década de 1920, João da Silva Campos escreveu uma crônica em que narrava essa mesma história, protagonizada pelo mesmo religioso, o frei carmelita João Lucas do Monte Carmelo. Silva Campos trouxe mais detalhes; afirmou que os escravos fizeram justiça por conta própria, assaltando o padre de manhã, entre oito e nove horas, quando esse fora vê-los no canavial de azorrague em punho, faca e pistola à cinta. Tal foi o ímpeto do ataque que o padre não pôde valer-se do arsenal que carregava.

Nosso cronista acrescentou ainda uma outra lenda que corria em Salvador envolvendo o nome do frei João Lucas. Escreveu que, em meados da década de 1870, o padre mantinha sequestrada, em cela apartada e lúgubre do Convento do Carmo, esquálida e andrajosa moça de cor branca. "A misteriosa encelada do Carmo" seria a vítima urbana das crueldades do padre. Num e noutro relato, Silva Campos valeu-se de depoimentos de um ex-escravo, de estudantes e confrades que conheceram o referido carmelita e conviveram com ele.[2]

Jardilina de Santana Oliveira, estudiosa das tradições da cidade de São Sebastião do Passé, colhendo velhas histórias contadas pelos "antepassados", também se refere à morte do frei João Lucas. Essa história ainda sobrevive ali com muita força, mesmo porque o palco daqueles acontecimentos, o Engenho do Carmo, estava a cerca de seis quilômetros do centro da então Freguesia de São Sebastião.[3] Por Jardilina Oliveira soubemos que na tradição oral daquela localidade a morte do frade tem outras versões, todas girando em torno da questão dos castigos aplicados por ele aos escravos.

Afora os inevitáveis acréscimos que o caso foi ganhando ao longo do tempo, verifiquei em fontes escritas que o crime realmente ocorreu, em meados de setembro de 1882. Este capítulo trata do notável acontecimento tomando como ponto de partida a análise de documentos da época, correspondência de autoridades religiosas e laicas e, principalmente, o volumoso processo instaurado para punir os escravos.[4] O fato de ter sido um crime contra a pessoa do senhor, delito gravíssimo na sociedade escravista, e de ser o mesmo senhor membro ilustre de prestigiosa ordem religiosa já seriam razões suficientes para inseri-lo neste trabalho.

Mas este capítulo tem também a intenção de chamar à reflexão histórica um episódio que na pena dos cronistas não passou de acontecimento "escabroso" e de percebê-lo como momento marcante e revelador das tensões e dos conflitos nos engenhos do Recôncavo Baiano.[5] A riqueza dos depoimentos e os detalhes que revelam abrem a possibilidade de perscrutar aspectos importantes da intimidade das vivências escravas. Espera-se, assim, entender por que a versão da suposta crueldade exorbitante do frade foi incorporada pela tradição oral negra. Aqui é possível perceber como as lendas e os casos que se formaram em torno da morte do padre guardam ainda vestígios das tensões e dos embates que marcaram os últimos anos da escravidão no Recôncavo Baiano.

A inesquecível safra de 1882

O 14 de setembro de 1882 parecia ser mais um dia igual a muitos outros no Engenho do Carmo, do possessório dos religiosos Carmelitas Calçados da Bahia. Aos primeiros raios de sol, os escravos do "serviço da enxada" seguiram para a lida no canavial. Nesse período do ano, os trabalhos da lavoura de cana normalmente se intensificavam nos engenhos do Recôncavo, por conta do início da safra. Naquele dia, os escravos deveriam continuar o corte periódico das ervas que cresciam por entre as canas. A limpa era um trabalho desagradável e estafante, que ocupava os escravos durante os meses que antecediam a colheita da cana.[6] O carmelita João Lucas do Monte Carmelo, administrador do engenho, montado em seu burro e acompanhado do inseparável pajem, o escravo Pedro, percorria as fileiras de cana, supervisionando e orientando as atividades. Um morador livre do engenho, relembrando aquele fatídico dia, notou que frei João Lucas (como era chamado) estava muito nervoso, vociferando com os escravos. Até aí nada demais, pois o frade normalmente era rigoroso e exigente quanto à perfeição e à regularidade dos serviços por ele supervisionados.[7]

Contudo, naquele dia, a paciência dos escravos diante do temperamento irascível do padre parecia ter chegado ao limite. Poucas horas após o início dos trabalhos, o crioulo Silvestre, por descuido, deixou algum capim próximo a um pé de cana. O escravo Manuel da Assunção, "feitor do serviço da lavoura", chamou a atenção de Silvestre e, de forma imperativa, afirmou "que sendo eles cativos era para obedecer as ordens e que nesse caso limpasse logo o pé de cana".[8] Silvestre não gostou de ser advertido e começou a resmungar; o padre, que passava por perto, o repreendeu e o obrigou a limpar a cana, ordenando também que se calasse; porém Silvestre não se calou. O padre então ordenou ao feitor e ao escravo Isidoro que o levassem ao engenho.

É conveniente esclarecer que frei João Lucas era a autoridade máxima no engenho; ele acumulava as funções de religioso e administrador da propriedade carmelita. Segundo os registros de batismos da Freguesia de São Sebastião, era ele quem celebrava missas na capela de Nossa Senhora do Carmo, edificada nos limites do engenho, e batizava crianças escravas e livres nascidas dentro ou nos arredores da propriedade. Como representante dos interesses da ordem carmelita, ele exercia a função de autêntico senhor, supervisionava os trabalhos na lavoura, estabelecia regularidade e ritmo de trabalho e, conforme vimos acima, cuidava da disciplina dos escravos. Esses o viam como senhor, embora mostrassem consciência de que eram propriedade da instituição religiosa.

Certamente, a decisão de prender Silvestre no engenho deixou sobressaltados os escravos do canavial. Prudêncio, seu irmão, reuniu-se aos parceiros mais próximos — Tibúrcio, Félix, Saturnino, Higino, Balbino, Amâncio, Luís, Pedro Torquato e Roberto — e juntos foram ao encontro do frei João Lucas. Os escravos deram pelo menos duas versões sobre as intenções que tinham ao abandonar o canavial. A primeira, de que foram interceder pelo parceiro e pedir o seu "perdão"; a outra, de que ao abandonar o trabalho já tinham em mente dar cabo do padre. O crioulo Higino afirmou que a decisão de matá-lo foi tomada logo que ele saiu com o feitor do serviço da lavoura conduzindo Silvestre.[9] Nota-se que numa e noutra versão a decisão foi coletiva. A iniciativa partiu do irmão de Silvestre e dos amigos, o que demonstra que relações familiares e amizades estavam na base dos laços que ligavam esses trabalhadores.

Aconteceu que, antes de chegar ao engenho, frei João Lucas aparentemente se rendeu às insistentes súplicas do feitor e perdoou Silvestre. Após isso, ordenou ao escravo retorno imediato ao canavial, pois, afinal, os trabalhos não poderiam ser interrompidos. Deve ter considerado que a punição do escravo, próxima ao período da safra, poderia deixar a escravaria assustada, o que prejudicaria o andamento das atividades. O feitor Manuel da Assunção depôs que retornou ao canavial conduzindo Silvestre; o padre foi em seguida, sempre acompanhado pelo inseparável pajem. Chegando ao canavial, notou a ausência da turma de escravos. Assunção recordou que nessa ocasião frei João Lucas dissera: "Deixa-os ir, não houve motivo, e dirigindo-se para o serviço perguntou aos demais escravos, que motivo tinha havido para aqueles fugirem, e sendo respondido que nenhum, foi embora para casa, ficando ele feitor e os demais no serviço." Silvestre contou que, ao saber da fuga dos escravos, ouviu frei João Lucas dizer: "Deixa-os ir, não houve motivo, quem deve a Deus paga ao Diabo."[10] A necessidade de justificar-se perante os escravos no eito e mostrar-lhes que não havia motivos para fugas, ou seja, que os supostos fugitivos não foram castigados, evidencia que, aos olhos do frade, o recurso da punição física já não era o meio mais eficaz e seguro de legitimar sua autoridade. Mais adiante, veremos que o problema central daqueles acontecimentos era a legitimidade de todo o sistema de relações escravistas.

O frade decidiu então voltar ao engenho. Após atravessar uma cancela, defrontou-se com o grupo de escravos que vinha a seu encontro. Pedro, que ainda fechava a cancela, notou que os escravos tiraram o chapéu diante do frei João Lucas, possivelmente um gesto de deferência. Alguns envolvidos disseram que, ao pedirem pelo perdão do parceiro preso, o padre retrucou dizendo que já o havia perdoado e ali não era local para pedirem por Silvestre; antes, deveriam fazê-lo no canavial. Além disso, prometeu castigar a todos. Ao ouvirem-no dizer isso, os escravos atingiram o padre fatalmente com foices, enxadas e outras ferramentas de trabalho. Em poucos segundos, frei João Lucas tombou morto.

Poucos dias após o crime, o escravo Pedro Torquato, um dos envolvidos, recapitulava:

> que estando eles no serviço do canavial, onde também se achava seu senhor frei João, o feitor Manoel d'Assunção chamou o escravo Silvestre e com ele ralhou por ter deixado um bocado de capim ao pé das canas; e tendo Silvestre limpado o capim, disse ao feitor que aquilo não era mato para ele estar falando, por não ter sido limpo. Que seu senhor frei João vendo Silvestre respondendo assim ao feitor, mandou por este e pelo escravo de nome Isidoro agarrá-lo e levá-lo para o Engenho, tendo também seu senhor os acompanhado, montado num burro. Que quando se achavam já distante seguramente uma tarefa ele respondente e os outros seus companheiros resolveram pedir a soltura de Silvestre, e para isso seguiram por um caminho diverso daquele que tinha seguido seu senhor; que os não tendo, porém encontrado voltaram pelo caminho que tinha seguido seu senhor com o preso e aí já o encontraram também de volta, somente acompanhado de seu lacaio de nome Pedro. Que seu senhor lhes perguntou onde [sic] iam e que iam fazer, e lhes dizendo eles que iam pedir a soltura de Silvestre, seu senhor lhes respondera que tal pedido deveria ser feito no canavial e não ali, e começou a xingá-los; pelo que eles irritados o assassinaram às foiçadas.[11]

Não é absurdo imaginar que, ao sair do canavial, os escravos tinham em mente ir às últimas consequências pela sorte de Silvestre; ao encontrar o padre, tentaram mais um acordo, daí talvez o derradeiro gesto de deferência. Frei João Lucas, por seu lado, disse ter concedido o perdão a Silvestre, mas mostrou-se irritado com a atitude resoluta dos escravos de interceder pelo parceiro. Punir ou deixar de fazê-lo era privilégio absoluto do senhor, decisão a ser tomada sem a interferência escrava. Foi possivelmente por isso que o padre os ameaçou de castigo. Tibúrcio contou que o frade os ameaçou dizendo que "eles lhe haviam de pagar um por um pelas faltas, que haviam cometido pelas fugidas que eles faziam para a cidade, obrigando-o por isto a ele gastar dinheiro".[12] Foi o que faltava para o desenlace fatal dessa história.

Depois disso, o trabalho na lavoura desorganizou-se completamente. Contou Silvestre que "aqueles dez escravos reunidos em grupo chegaram ao alto do canavial, onde os outros se achavam trabalhando, e gritaram — já matamos o diabo, vão vê-lo morto na estrada".[13] A referência ao diabo é significativa, em se tratando de um padre. A imagem revela também que para os trabalhadores do eito o frade não estava na conta de "bom" senhor. A confusão generalizou-se: desespero, choro de mulheres e correria de meninos em torno do senhor morto, por certo preocupados com a sorte de seus maridos e pais. Por alguns instantes, os escravos do engenho ficaram em estado de levante.

O depoimento do vaqueiro José Rufino de Argolo, 50 anos, morador do Engenho do Carmo, ajuda a perceber o desdobramento dos acontecimentos que se seguiram à morte do padre. Ele contou que ia à Fazenda Caçange, quando, ao atravessar o lugar denominado Fazenda Espírito Santo, deparou-se com "diversos" escravos armados de foice, os quais, rispidamente, fizeram-no recuar. Pensou ainda em seguir por outro caminho, mas desistiu diante das "disposições" dos cativos. Mais tarde, foi à casa de Vitorino Pires, lavrador e morador do engenho, e informou-o de que os escravos do Engenho do Carmo estavam "todos levantados". Foi então que Vitorino lhe ordenou que procurasse outros moradores para, juntos, irem ver o que havia ocorrido e mesmo "prevenir algum mal".[14]

A julgar por esse depoimento e outros que veremos a seguir, os moradores pareciam seguir um procedimento tacitamente estabelecido em caso de "levante" escravo. Algo esperado, em se tratando de uma região que comportava vigorosa população cativa e com tradição de revoltas. Nenhum ousou seguir só para o engenho. Antes, procuraram reunir-se, ir em grupo, saber das "disposições" dos escravos. Agiam também movidos pelo compromisso de manter a ordem, prevenindo "algum mal".

Pelos depoimentos dos moradores livres pode-se verificar como circularam as notícias da morte do frade. Vitorino Pires contou que estava em casa quando chegou uma "negrinha" a mando do feitor Manuel da Assunção informando-lhe da morte de frei João Lucas. Depois disso, foi à casa do frade e ali encontrou Silvestre e os demais envolvidos no crime, "todos armados de foices", confabulando sobre a decisão mais acertada a tomar. Ao indagar sobre o que tinham feito, Tibúrcio respondeu-lhe: "O que está feito não está por fazer." Luís simplesmente respondeu-lhe: "Foi a desgraça." Lembrou ainda Vitorino que o escravo Pedro disse, resoluto: "O que estão fazendo? Saiam para fora, se não daqui a pouco há muitas mortes, e nisto já temos feito o que fizemos, devemo-nos ir embora." Assim, evitar-se-ia que a repressão, que fatalmente viria, não se estendesse aos outros escravos do engenho.[15]

José Pereira Mimoso, 38 anos, "feitor livre" do engenho, lembrou que estava em sua casa quando foi avisado pelo "moleque" João Antero, a mando do feitor do serviço, que os "negros" haviam assassinado o padre. Mimoso reuniu alguns moradores livres do engenho, rumou para o canavial e, lá chegando, viu o cadáver do padre. Notou que os bolsos das vestes estavam virados para fora; sobre as nádegas desnudas, dois bilhetes; e a boceta de rapé sobre as costas. Do escravo Domingos, recebeu duas chaves pequenas dos caixões de farinha e carne que frei João Lucas levava sempre nos bolsos. É possível que muitos se tenham aproveitado da confusão para visitar as bem guardadas provisões do engenho, quem sabe para apropriar-se de coisas que quase nunca entravam em sua dieta ou pudessem ser vendidas.

Vê-se que a "negrinha" e o "moleque" Antero, emissários do escravo Manuel da Assunção, foram os autores dos primeiros relatos sobre o acontecimento que marcaria para sempre a memória local.

No dia seguinte ao crime, foi feito corpo de delito no cadáver do frei João Lucas, com a presença de peritos e testemunhas. Notaram que apresentava ferimentos e contusões em várias partes do corpo, da cabeça, do rosto, da região torácica e das pernas. Não se confirma, portanto, a versão de que teria tido a cabeça decapitada, nem tampouco que portasse armas, como mais tarde relatou Silva Campos. Fora uma morte violenta, mas a tradição oral ampliou-a enormemente, como para compensar a suposta exorbitância com que o padre castigava seus escravos.[16]

Mimoso afirmou que, a caminho para noticiar, por telégrafo, a morte do frade às autoridades da capital e aos carmelitas, encontrou os 11 escravos que estavam em fuga. Teve tempo de dizer-lhes: "Malvados, vocês mataram o padre! — e eles responderam-lhe: que já tinham cumprido o seu intento e o que tinham feito não estavam por fazer; e um deles dissera mais, que era melhor que ele testemunha fosse criar os filhos, e que Deus lhe desse muitos anos de vida para esse fim." A mensagem era clara: Mimoso que se cuidasse, do contrário teria o mesmo fim que tivera o frade.[17]

No início da tarde do mesmo dia, os escravos deixaram o engenho e tomaram rumo desconhecido. Mas não iriam muito longe, pois, no dia seguinte, seriam presos. Antes, porém, de continuarmos a narrativa daqueles incríveis acontecimentos guardados nas empoeiradas páginas do processo-crime, façamos uma rápida incursão pela história do Engenho do Carmo.

Escravos e carmelitas

O Engenho do Carmo, também chamado Terra Nova, situava-se na Freguesia de São Sebastião das Cabeceiras de Passé (atualmente município), termo da Vila de São Francisco da Barra de Sergipe do Conde.[18] Essa freguesia estava no coração do Recôncavo, na área de maior produção de açúcar da província. Segundo Carlos Ott, a terra onde foi instalado o engenho passara ao domínio carmelita em 1679, por concessão do governo colonial. Inicialmente, os religiosos dedicaram-se à criação de gado e depois ao cultivo de cana-de-açúcar nas "duas léguas em quadrado" que possuíam. Segundo Ott, em 1730 os carmelitas tiveram problemas com revoltas de escravos.[19] Em meados do século XVIII, além do Terra Nova existiam ali mais sete engenhos. Segundo relato do vigário Felipe Barbosa da Cunha, em 1757, eram esses engenhos as maiores povoações do lugar, trabalhando neles grande quantidade de escravos e muitos homens forros.[20]

Um inventário feito em 1835 informava que a ordem carmelita era possuidora de diversos terrenos na cidade e no interior da província. Em Salvador, o patrimônio era composto basicamente de dezenas de terrenos e casas. Em Cachoeira, a ordem tinha fazenda de fumo e gado. Fora da Bahia, possuía mais duas fazendas, uma na Província de Sergipe e outra em Pernambuco. Os carmelitas destacavam-se como grandes proprietários de escravos, ao todo 255 cativos. No convento de Salvador, empregavam 15 cativos; no convento de Cachoeira, trabalhavam oito deles. Na Fazenda Palmar, em Lagarto, Província de Sergipe, os carmelitas eram donos de 88 escravos. O Engenho do Carmo empregava 64 escravos.[21]

Em 1846, o frei Francisco Sales, em carta endereçada ao presidente da Província da Bahia, fez a relação completa do patrimônio do convento. Além das casas e dos terrenos aforados em Salvador, citou o engenho arrendado em Pernambuco com quarenta escravos e a Fazenda São João, em Cachoeira, com nove. Sobre o engenho do Recôncavo, dizia: "Um Engenho denominado Terra Nova, situado no termo da Vila de S. Francisco, corrente e moente, contendo 109 bois, 71 cavalos e 147 escravos entre grandes e pequenos." Vê-se que houve incremento da população cativa do engenho entre 1835 e 1846. Pode ser que nesse período tenha ocorrido transferência de cativos de propriedades menos rentáveis. Segundo Cristiano Muller, em 1870 os carmelitas possuíam 130 escravos.[22]

Percebe-se que os carmelitas tinham longa experiência como administradores e proprietários de terras e escravos. Contudo não eram os únicos religiosos a se envolver em empreendimentos agrícolas. Beneditinos e jesuítas (estes até 1759) foram também grandes proprietários de terras e engenhos no Recôncavo.[23] A extensa lista de bens nem sempre assegurava estabilidade financeira aos carmelitas. Em 1830, o próprio João Lucas do Monte Carmelo, então prior do convento, dizia ser difícil e embaraçosa a situação financeira daquela ordem religiosa, resultante do endividamento provocado por seus antecessores. Como solução, pediu para alienar alguns bens onerosos, tais como o Engenho Camassari, na Província de Pernambuco.[24] Em 1848 há indicações de que as dívidas do convento superavam as receitas. O Engenho Terra Nova era então a maior fonte de rendimento dos frades carmelitas.[25]

Na década de 1830, frei João Lucas do Monte Carmelo já era o segundo na hierarquia do convento, ocupava o cargo de prior, logo abaixo do provincial.[26] O cônego Cristiano Muller, em sua *Memória histórica sobre a religião na Bahia*, esclareceu que frei João Lucas era português, natural da cidade do Porto, fora mestre de noviços desde 1835 e prior do convento e provincial entre 1866 e 1874.[27] Vê-se que era um religioso bastante experiente na administração dos bens de sua ordem e até na política de alforria dos escravos. Em 27 de agosto de 1845 o frei Francisco de Sales e Sousa pedia ao presidente da província a anulação da carta de alforria concedida a Joana, escrava no Engenho Terra Nova, pelo frei Manuel Joaquim de Santa Escolástica, contra as "nossas Constituições". Segundo Sales e Sousa, frei Manuel Joaquim assim o fizera por "desabafo" contra o ex-administrador do engenho, frei João Lucas de Monte Carmelo. Em anexo a essa carta, vem uma outra, saída do punho do próprio frei João Lucas, endereçada ao presidente da província, na qual reitera o pedido de anulação da alforria concedida à escrava. Percebe-se que o zelo administrativo do frade incidia diretamente sobre o destino dos escravos.

Por esse incidente, sabe-se que, desde pelo menos o início da década de 1840, frei João Lucas já havia ocupado o cargo de administrador do engenho, mas não sabemos com precisão em que ano voltou a dirigir a propriedade. Em 1884, perante o júri, o escravo Higino contou que o padre administrava o Engenho do Carmo havia 18 anos; portanto, desde 1866, o que não é improvável, pois nesse ano passara a provincial da ordem. O certo é que desde 1880 ele vinha enfrentando problemas com a disciplina dos escravos, sobretudo porque as fugas haviam se intensificado. Além disso, o padre estava enfrentando a oposição dos próprios pares, que talvez discordassem dos seus métodos de gerência e tratamento dos escravos. As dissensões entre o padre e seus confrades foram, com efeito, mencionadas no inquérito instaurado em Salvador logo após a prisão dos envolvidos em seu assassinato.[28]

O inventário dos bens da ordem carmelita, feito em 1865, contém informações mais detalhadas sobre os escravos do Engenho do Carmo; naquele ano, o engenho possuía 75 escravos adultos, 29 homens e 46 mulheres. Entre as 41 crianças escravas listadas, chamadas de "crias", figuravam os nomes de Luís, Balbino, Silvestre, Prudêncio, Saturnino, Higino, Tibúrcio, Roberto e Pedro Torquato, todos acusados da morte do frade. Os nomes de Amâncio e Félix aparecem numa lista separada, de escravos que trabalhavam no convento de Salvador. Provavelmente foram transferidos para o engenho no fim da década de 1870, quando se intensificaram as críticas às ordens religiosas que possuíam escravos.[29]

Combinando os dados acima com as informações contidas no processo-crime, é possível conhecer mais de perto os implicados na morte do frade. Vejamos: Félix, crioulo, 34 anos, filho da crioula Rosalina (falecida); Tibúrcio, 26 anos, casado, filho da crioula Damásia (falecida); Silvestre, crioulo, solteiro, filho de Inês, de cor cabra; Saturnino, crioulo, solteiro, filho da escrava Maria, de cor cabra; Prudêncio, cor parda, 32 anos, solteiro, filho da escrava Inês (portanto, irmão de Silvestre); Higino, crioulo, 20 anos, solteiro, filho da crioula Damásia (portanto, irmão de Tibúrcio); Balbino, de cor cabra, 25 anos, solteiro, filho de Maria, também de cor cabra (falecida); Amâncio, cor cabra, 54 anos, solteiro, filho de Efigênia (falecida); Luís, cor cabra, 20 anos, solteiro, filho de Mafalda, também de cor cabra; Pedro Torquato, crioulo, 26 anos, solteiro, filho da crioula Maximiana (falecida); Roberto, crioulo, 20 anos, solteiro, filho de João Paulo e Felicidade.

À exceção de Amâncio e Félix, todos os envolvidos no crime haviam nascido no engenho. A maioria estava na faixa de 20 a 34 anos; cresceram juntos. Eram todos do serviço da lavoura de cana e tinham uma vivência em comum no trabalho, que certamente se estendia a outros aspectos cotidianos da vida, como morar, divertir-se e compartilhar as mesmas apreensões da vida escrava. Entre eles apenas um era casado na igreja, mas a referência à mãe e aos irmãos prova que descendiam de famílias que havia pelo menos duas gerações viviam sob o domínio carmelita. Com exceção de Amâncio, que vinha de outra propriedade, os demais eram filhos de escravas dos carmelitas. O fato de pertencerem a uma ordem religiosa que tinha domínio sobre o engenho havia mais de dois séculos deve, ao menos, ter mantido aqueles escravos a salvo do vendaval das partilhas que normalmente resultavam na separação das famílias escravas nas propriedades laicas.

Entre os mais de vinte escravos listados acima e os outros citados ao longo do processo não há qualquer menção a africanos. Possivelmente toda a escravaria do engenho tivesse nascido no Brasil. O fato de serem de cor cabra ou crioulos de segunda geração pode sugerir que a substituição de africanos por cativos nascidos no país acontecesse ali antes mesmo da proibição do tráfico, em 1850.

Os envolvidos pertenciam a uma turma de trabalhadores; era essa, certamente, a forma de divisão do trabalho na lavoura do Engenho do Carmo.[30] Não havia homens livres trabalhando no canavial; os que testemunharam no processo estavam cuidando de suas lavouras ou do gado. Fica claro que essas turmas de escravos estavam submetidas a uma cadeia hierárquica na qual frei João Lucas ocupava o ponto mais alto; abaixo dele, havia o feitor-mor ou "feitor livre", José Pereira Mimoso, e depois o "feitor da lavoura", o escravo Manuel da Assunção. Não devemos nos surpreender com a presença de um feitor escravo, algo bastante comum nos engenhos do Recôncavo. Havia casos até mesmo de mulheres escravas exercendo a função, tudo indica, feitorando outras mulheres. Mas, por razões óbvias, dificilmente os senhores promoviam à condição de feitor-mor escravos ou ex-escravos.

Na verdade, os carmelitas estavam em sintonia com as mudanças que vinham ocorrendo na forma de hierarquização da autoridade no interior dos engenhos na segunda metade do século XIX. O feitor de serviço tinha contato mais direto com os escravos, cuidava da perfeição e da regularidade dos trabalhos da plantação. O administrador cuidava da disciplina; era também o responsável pela aplicação de castigos em caso de faltas. Mas, vez por outra, frei João Lucas ia pessoalmente tratar dessas questões; quando isso acontecia, Mimoso não comparecia ao local de trabalho. Como se viu no capítulo anterior, a importância do feitor de serviço nesse ordenamento interno dos engenhos afastava ainda mais os senhores do confronto direto com os escravos e resguardava sua autoridade. Contudo, a dinâmica das tensões dentro dos limites do Engenho do Carmo, resultante das pressões escravas, vinha solapando essa configuração hierárquica. O padre queria ter um controle mais efetivo e direto dos escravos, em especial dos que trabalhavam no eito, só que ao fazer isso se expunha perigosamente.[31]

A presença de frei João Lucas no engenho não era ostensiva, pois era obrigado a alternar as atividades de gerência do engenho com compromissos administrativos e religiosos na capital. Era intenso seu envolvimento com as questões da ordem carmelita. No processo, há referência às viagens que o padre fazia a Salvador, normalmente levando em sua companhia alguns escravos. Há mesmo menção ao dia 15 de setembro, em que o padre religiosamente viajava para Salvador, para assistir à festa do Senhor dos Passos nas imediações do convento do Carmo. O dia de sua morte deve ter sido de preparação para a viagem a Salvador. Não sabia, porém, que o aguardava um outro trajeto.[32]

Quando os equívocos levam aos acertos

No dia seguinte ao crime, soldados e paisanos da Vila de São Francisco do Conde, rapidamente, juntaram-se e deram busca em diversos locais da região. Naquele mesmo dia, os escravos foram capturados num lugar chamado Restinga. Por segurança, foram remetidos à Casa de Correção, na cidade da Bahia (como se chamava Salvador). A gravidade do acontecimento acelerou a ação das autoridades. Dois inquéritos foram feitos, um pela subdelegacia da Vila de São Francisco, outro em Salvador. Por terem sido feitos por autoridades diferentes, os inquéritos revelaram visões distintas acerca das causas, dos motivos e das intenções que redundaram na trágica morte de frei João Lucas. Os dois inquéritos revelam que as autoridades de Salvador e de São Francisco tinham convicções diferentes sobre a morte do padre.

Em Salvador, o inquérito foi conduzido por Alfredo Devoto, delegado do 1º Distrito. Em 16 de setembro, Devoto interrogou os 11 escravos e, como de praxe, procurou saber os motivos, as circunstâncias e os autores dos golpes que vitimaram o padre. Félix, Tibúrcio, Saturnino, Roberto, Pedro Torquato, Luís, Prudêncio, Higino, Balbino e Amâncio assumiram inteiramente a autoria do crime. Todos isentaram os demais parceiros, dizendo até que nada podiam fazer para impedi-los. Tibúrcio disse que o feitor Manuel da Assunção e o escravo Isidoro, que conduziram Silvestre ao engenho, não puderam fazer nada, pois já estavam no canavial quando seu senhor foi morto. O "feitor livre" estava em sua casa, "porque não determina o serviço quando seu senhor está presente". Ressaltaram também que a decisão foi coletiva, e a ação, de momento.[33]

Sobre os motivos e as circunstâncias, os escravos deram versões diferentes. Félix disse que ele e seus parceiros cometeram o crime porque o padre se recusara a conceder o perdão a Silvestre. Tibúrcio contou que o padre chegou a conceder o perdão, mas, logo em seguida, souberam que combinara com o feitor a prisão do escravo, assim que anoitecesse. O crioulo Roberto acrescentou dado novo ao dizer que ele e seus parceiros combinaram dar cabo da vida de frei João Lucas, "a fim de se verem livres dele por causa dos maus-tratos que recebiam".[34]

Segundo Roberto, o que desencadeou os acontecimentos foi a decisão do senhor de aplicar castigos corporais em Silvestre. Mas Alfredo Devoto não deu muita importância a isso; perseguia ele outras hipóteses e tentou arrancar dos escravos evidências que as comprovassem. Tanto assim que buscou saber da frequência com que os escravos visitavam a cidade e da constância com que o padre os acompanhava. O escravo Félix disse que, comumente, quem acompanhava frei João

Lucas em suas viagens a Salvador eram o lacaio Pedro e Carolino, nenhum deles envolvido no assassinato.[35]

Devoto quis saber ainda se os escravos ouviram no engenho que seriam alforriados, caso o frei João Lucas morresse ou fosse substituído por outro provincial. O delegado queria averiguar se o crime fora resultado da decisão dos escravos de apressar a liberdade. Tibúrcio e Félix disseram nada saber. O pardo Prudêncio, muito prudentemente, revelou que, no engenho, muitos falavam disso, "e aqui na cidade diversas pessoas do povo", mas ele "não acreditou". Tibúrcio contou que, no engenho, muitos escravos falavam disso, e "aqui na cidade diversas pessoas do povo". Amâncio, por seu lado, revelou que tais notícias "eram dadas por pessoas forras de diversas localidades vizinhas".[36]

Pedro Torquato, que duas semanas antes do crime acompanhara o padre em viagem a Salvador, disse, no entanto, que "há muito tempo corre esta notícia lá pelo engenho falada pela boca de todos; e que mesmo aqui na cidade eles ouviam dizer isso pelos Estudantes que moram no Convento do Carmo, e por outras pessoas da rua". Esclarecemos que, no século XIX, os carmelitas admitiam em seu convento, como residentes, jovens estudantes vindos do interior ou de outras províncias. A maioria cursava medicina e farmácia na Faculdade de Medicina da Bahia, um dos centros abolicionistas mais atuantes na década de 1880. Torquato e os demais parceiros demonstraram ter bastante familiaridade com as notícias que corriam na cidade, tomando conhecimento do que acontecia e se discutia no convento do Carmo e mesmo de qual era a opinião das pessoas nas ruas. Portanto, sabiam o que era dito na cidade e estavam atentos a isso e também às opiniões que circulavam no convento acerca da escravidão e do destino dos próprios escravos do domínio carmelita.[37] Percebe-se que era forte o sentimento antiescravista na cidade, algo que os escravos podiam notar no entusiasmo dos estudantes que residiam no convento e mesmo nos rumores que ouviam das "pessoas do povo".

Pedro Torquato sabia também das disputas internas entre os religiosos e das consequências disso para a vida dos escravos do engenho. Sobre as inimizades do frei João Lucas, disse que, quanto aos seculares, nada sabia, mas podia afirmar com segurança que os frades do Carmo, à exceção do frei Inocêncio, não gostavam do seu senhor; desconhecia apenas o motivo. Sabia, porém, que em uma ocasião frei João Lucas fora atacado por um confrade, que o ameaçou de revólver em punho.[38] Portanto os escravos perceberam que, no âmbito do convento, frei João Lucas enfrentava dura oposição; mas sabiam que ele ainda tinha posição destacada na hierarquia.

Das perguntas feitas pelo delegado Alfredo Devoto infere-se que suas suspeitas recaíam sobre possíveis influências de pessoas de fora do engenho, inimigas de frei João Lucas. Os escravos teriam agido por intermédio de indivíduos que queriam tirar proveito de atos desesperados. Foram assim induzidos pela esperança de alcançar a liberdade. Vemos que Devoto, como a maioria das autoridades da época, subestimava a capacidade dos escravos de engendrar conscientemente suas próprias ações. Preferia ele acreditar que agiam movidos pelo desespero ou induzidos por outrem.

Devoto era um homem da cidade, partia de preconceitos e opiniões sedimentadas acerca da vida e do modo de ser dos escravos do campo. Mas sua visão é importante; inadvertidamente, ele revelou outras dimensões daqueles acontecimentos. Por certo, as dissensões entre os frades vazaram os muros do convento. Ele apenas averiguou as possíveis conexões entre as rusgas do padre no convento e o crime cometido pelos escravos no engenho. O delegado talvez se tivesse frustrado, pois nenhuma evidência confirmou suas conjeturas. Mas suas desconfianças levaram os escravos a falar e a revelar aspectos importantes de sua vida: as idas e vindas a Salvador, as tensões com frei João Lucas, as fugas para a cidade e como percebiam a relação dos frades no convento do Carmo. Nota-se também que as tensões no engenho se vinham acumulando havia algum tempo; o crime foi o desenlace trágico de uma relação em que se havia esgotado toda possibilidade de negociação entre as partes conflitantes. É sobre isso que falaremos a seguir.

Castigos, fugas, punições

Em 18 de setembro de 1882 as autoridades da Vila de São Francisco deram início a seu inquérito, conduzido pelo subdelegado da Freguesia do Passé, Olímpio Antônio de Sá Barreto, senhor de engenho. Ele perseguia outra suspeita, tentou estabelecer outros nexos explicativos da morte do frei João Lucas. Suas convicções escravistas levavam-no a acreditar que a morte do padre fora motivada pela forma imoderada com que o religioso punia os cativos. Vejamos.[39]

Como os autores da morte do padre estavam em Salvador, Barreto iniciou o inquérito interrogando os moradores livres do engenho. Neste caso, é possível divisar como as pessoas livres ali residentes percebiam a relação entre frei João Lucas e os escravos. Desses depoimentos fica bem patente que o padre procurava conciliar rigor e generosidade senhorial no trato com os cativos. Vitorino Pires, morador livre, contou que frei Lucas "apenas é aborrecido para seus serviços". Da mesma forma, João Pereira Mimoso, feitor livre do engenho, afirmou que o padre era "apenas um pouco aborrecido para com aqueles que não cumpriam com o seu dever, e que quando alguém caía doente o mesmo padre lhe servia de enfermeiro".[40]

Mas foi justamente devido a maus-tratos que, por duas vezes, os escravos fugiram para Salvador, em uma delas para tratar com o próprio frei João Lucas no convento do Carmo; na outra, recorreram ao chefe de polícia. Pelos depoimentos dos cativos, vê-se que essas fugas significaram experiências marcantes. Higino confessou que, nos seus 20 anos de idade, só fora à cidade duas vezes, "todas duas por ocasião de fugir com outros companheiros para apresentar-se ao Doutor Chefe de Polícia".[41] Como vimos no capítulo anterior, ao longo do século XIX os carmelitas, como os demais senhores de engenho, enfrentaram o problema das constantes fugas de escravos. Examinando a documentação do Carmo entre 1808 e 1848, Carlos Ott verificou a ocorrência de várias fugas de escravas e escravos caçados por capitães do mato pagos pelos carmelitas. Porém, na década de 1880, os carmelitas defrontaram-se com nova modalidade de fuga, aquelas em que os cativos recorriam às autoridades para denunciar abusos de seu senhor.[42]

O escravo Rufino do Carmo contou que uma das fugas resultara de "conflito" entre o feitor e os escravos. Disse "que aqueles escravos assim praticam porque seu senhor frei João tinha dado ordem ao Feitor que quando aparecesse algum furto na Propriedade mandasse trabalhar nos Domingos a fim de se descobrir o ladrão".[43] Privar os escravos do domingo era impedi-los de trabalhar em suas próprias roças ou de vender seu trabalho a outrem. Por isso, desobedeceram e "foram trabalhar ao velho Antônio Baptista dos Santos, e à tarde quando voltaram, tomaram cada um sua ração e fugiram para a capital e foram ao Convento do Carmo se entenderem com seu senhor frei João Lucas, que os fez voltar para o Engenho, dando-lhes ainda alguns cobres". O "velho" Antônio Batista dos Santos, anteriormente referido, maior de 60 anos, era morador livre no Engenho do Carmo, vivia de sua "roça de mandioca". Vê-se que o castigo imposto impediu os escravos de trabalhar no ganho e esse foi o motivo da fuga. O pajem Pedro Celestino, que nessa ocasião acompanhava o frei João Lucas, contou que "lá apareceram esses escravos fazendo queixas; mas seu senhor os acomodou, fazendo-os voltar para o Engenho, e deu uns cobres a cada um deles".[44]

Acreditamos, porém, que, além dos cobres, os escravos possivelmente receberam do frade a garantia de que cessariam os castigos corporais e a privação do descanso dominical. Com efeito, José Elias de Campos disse que frei João Lucas, durante algum tempo, "era rigoroso, mas que depois que os escravos deram em fugir para a Capital, ele frei João tornara-se bom demais".[45] Essa passagem demonstra que as estratégias de domínio senhorial eram bastante fluidas e dinâmicas e a vontade dos senhores poderia ser dobrada por meio de fugas.

É possível que a decisão de levar Silvestre para ser castigado tenha sido vista pelos escravos como retrocesso do padre às práticas costumeiras de lidar com a escravaria. Por isso, decidiram dar fim a sua vida. Frei João Lucas, por seu lado, ao fazer Silvestre ir até o engenho e em seguida perdoá-lo, talvez estivesse teatralizando uma situação na qual pretendia figurar como senhor tanto da prerrogativa de castigar como da generosidade de perdoar. O pajem Pedro revelou em seu depoimento que, no momento em que Silvestre era conduzido para o engenho, frei João Lucas lhe confidenciou: "Diz a Manoel que me peça para soltar Silvestre — falas só com ele — e ficou seu senhor um pouco parado enquanto eles chegavam aí Manoel pediu por Silvestre."[46] Só que, como vimos, os cálculos do padre falharam e isso lhe custou a vida.

Em 20 de setembro os escravos chegaram à Vila de São Francisco, vindos de Salvador, e imediatamente foram interrogados. Nessa ocasião, já tinham um discurso mais homogêneo. Silvestre contou que "seu senhor não os chicoteava, porém que castigava-os de bolos, tronco e cordas". Félix disse "que para aqueles que desconfiava comerem terra botava no tronco, dava bolos, e por fim deitava as mãos no saco, porém para aqueles que não tinham essa desconfiança não os maltratava e na moléstia era cuidadoso".[47] Portanto a política de domínio senhorial exercida por frei João Lucas não diferia daquela dos demais senhores. Ele buscava combinar castigos com negociação, embora estivesse recorrendo com mais frequência aos castigos como forma de resolver as tensões com os escravos e mantê-los obedientes.[48] Vê-se também que a disciplina imposta pelo padre ia além dos trabalhos da lavoura. Assim o fazia, principalmente, por estar empenhado em coibir furtos e outros comportamentos a seus olhos indesejáveis. Porém o carmelita estava pondo o dedo em um ponto fundamental da microeconomia escrava ao impor como castigo a privação do descanso dominical. Com isso, os cativos ficavam impossibilitados de obter algum ganho no trabalho alugado.[49]

Mas o rigor do padre invadia outras áreas da vida dos cativos. O escravo Rufino do Carmo conta que o padre "apenas castigava aqueles que davam para comer terra".[50] A respeito disso, abriremos parêntese para contar mais um episódio envolvendo frei João Lucas e escravos do engenho. Em 1877 o delegado do 1º Distrito da capital, Augusto de Araújo Santos, recebeu ordens do chefe de polícia para verificar o estado da "preta" Mafalda, recolhida em um dos cubículos do convento do Carmo. Com efeito, o delegado encontrou a escrava deitada num banco largo, tendo próximos a si diversos preparativos e medicamentos. Mafalda disse que havia sofrido uma "estrepada" no pé, no canavial do engenho. De fato, Santos notou o pé ferido e enormemente inchado. Por estar muito definhada, o delegado quis saber quantas vezes comia por dia, se vinha sofrendo sevícias e se estivera no tronco. Respondeu Mafalda:

> que comia três vezes por dia, e apenas levou há tempos umas palmatoadas e esteve no tronco por causa de comer terra e fiapos de panos; mas logo que seu senhor frei João Lucas do Monte Carmelo soube (no engenho) que ela estava com o pé estrepado e inflamado, o que até então ninguém sabia, mandou-a tirar do tronco e tratá-la, trazendo-a para esta cidade, afim [sic] de melhor fazê-lo.[51]

O delegado notou ainda que as mãos de Mafalda não traziam marcas de palmatoadas e o corpo não apresentava sinais de sevícias. Porém estava muito magra e "opilada" (sofrendo de amarelão) e com a língua completamente branca. Concluiu com isso que realmente tinha "vício" de comer terra. Santos observou que tudo se passara entre ele, o escrivão e Mafalda. Em seguida, foi interrogar frei João Lucas, que confirmou o depoimento da escrava. Santos também interrogou os estudantes hospedados no convento e deles soube a mesma versão, acrescentando que a escrava vinha tendo tratamento do doutor José Luís do Almeida Couto.

O delegado deve ter-se convencido de que não havia responsabilidade alguma do senhor sobre o estado crítico de Mafalda. Acreditamos, porém, que essa história não morreria aí; deve ter causado viva impressão à comunidade carmelitana a presença de uma mulher e mais ainda a visita de uma autoridade laica em seus domínios. É provável que a história da "misteriosa encelada do Carmo", recolhida por Silva Campos ainda na década de 1920, tenha estreita relação com a presença da "preta" Mafalda no convento do Carmo. É possível que, para deleite dos românticos, Mafalda, negra e idosa, se tenha transfigurado em branca e moça. A fábula preservou, no entanto, o fato de estar magra, esquálida e recolhida em cubículo recôndito do convento, obviamente por ser interditada a presença de mulher naquela ordem religiosa e, principalmente, por ser escrava. Frei João Lucas tentou manter o caso em sigilo, mas os rumores do fato, possivelmente espalhados pelos estudantes e frades desafetos, chegaram aos ouvidos do chefe de polícia.[52] Em verdade, lembramos, Mafalda era mãe do crioulo Luís, um dos implicados na morte do padre.

Vemos, portanto, que era antiga a implicância do padre com aqueles que insistiam em comer terra. Sabemos que não se tratava de "vício", como se acreditava na época. Na verdade, devido a sua dieta, estavam sofrendo de carência de sais minerais, condição certamente agravada pelo rigor do frei João Lucas em controlar o acesso aos mantimentos.[53]

Em 18 de outubro, após a conclusão do inquérito, o promotor público denunciou os escravos como autores da morte do frade e os enquadrou no artigo 1º da lei de 10 de junho de 1835, a célebre lei aprovada logo após a rebelião dos malês para punir crimes cometidos por escravos. Ao longo do século XIX, foi esse dispositivo legal o principal recurso de defesa senhorial contra ataques a suas pessoas, suas famílias e seus feitores.[54] Quatro dias antes, os religiosos carmelitas, convencidos da "veracidade dos fatos", ou seja, de que não tinham chance de reaver suas propriedades, declararam desistir do domínio sobre os escravos citados no inquérito, à exceção de Silvestre, inocentado nos autos. De setembro de 1882 a março de 1884, os escravos denunciados no crime permaneceram presos na cadeia da Vila de São Francisco. Em março de 1884, foram transferidos para a cidade de Santo Amaro para serem julgados, à exceção de Saturnino, morto de "ataques beribéricos" na cadeia de São Francisco.

O julgamento dos escravos começou em 26 de março de 1884, na cidade de Santo Amaro, sede da comarca onde estava localizada a Vila de São Francisco do Conde. Rafael José Jambeiro, acadêmico do quinto ano de medicina, apresentou-se para a defesa dos réus. Nessa época, o abolicionismo já se tornara a grande bandeira dos estudantes da Faculdade de Medicina e Jambeiro integrava o movimento. Defender réus escravos em tribunais da cidade de Salvador e do interior da província tornou-se então uma das principais formas de militância abolicionista. Nesses momentos, o movimento ganhava maior visibilidade e a tribuna servia para defender e divulgar ideias abolicionistas. O julgamento foi acompanhado de perto pelos abolicionistas da capital. Depois que o juiz proferiu a sentença de condenação aos réus, um artigo da *Gazeta da Tarde* denunciou a parcialidade da decisão do júri, em sua maioria composta de "ignorantes escravocratas".[55]

Durante o julgamento, os escravos foram novamente interrogados sobre os acontecimentos de 14 de setembro de 1882. Esses depoimentos são importantes não tanto pelo que revelam do cotidiano dos escravos no engenho, mas, principalmente, da estratégia de defesa durante o julgamento. Não dispõe o processo da argumentação de Jambeiro, mas percebe-se pela ênfase dos depoimentos que ele buscou demonstrar que o crime tivera como motivações os castigos excessivos prescritos aos escravos por frei João Lucas. Assim, pretendia-se convencer os jurados de que os escravos eram as vítimas, e não os algozes do padre. Sem dúvida, o crime encaixava-se perfeitamente na retórica abolicionista.

Vimos mais atrás que frei João Lucas não era nenhuma excrescência senhorial. Ele se conduzia como qualquer senhor de escravos da região, temperando sua política de domínio com castigos e negociação. Não se tratava de um senhor singularmente "mau", como apareceu na fala dos escravos diante dos jurados, assim como nas versões preservadas pela tradição oral. Nos depoimentos dados durante os inquéritos feitos em Salvador e São Francisco, os escravos referiram-se até ao caráter negociador do frade, tanto na concessão do "perdão" a Silvestre como em dar "alguns cobres" quando foram procurá-lo para queixar-se do feitor. Ocorre que a política de domínio escravista estava permanentemente sob tensão e por pouca coisa o frágil equilíbrio se quebrava, podendo dar lugar a explosões de violência de parte a parte. Parece-nos que o senhor frade não dosou muito bem seus rigores, num momento em que a escravidão vinha rapidamente perdendo legitimidade e os escravos vinham alimentando fortes aspirações de liberdade.

Ao longo dos depoimentos, os escravos revelaram outras formas opressivas de vida sob a escravidão, sobretudo a privação do descanso dominical e a má dieta, mas enfatizar os castigos físicos talvez fosse a única maneira de se fazerem entender. Para os escravos, deveria haver motivos mais profundos do que o urgente desejo de salvar a pele de uma condenação rigorosa. O fato é que mataram um padre. Eles provavelmente acreditavam em Deus e Nossa Senhora do Carmo e buscaram justificar seu ato perante os senhores do outro mundo. A versão construída por eles e incorporada à tradição oral, acerca da crueldade exorbitante de João Lucas, foi possivelmente concebida nessa tentativa de justificar, perante a justiça de Deus e dos homens, a alegação de que o frade, além de mau senhor, era mau pastor.

Em 27 de março de 1884 o juiz de Santo Amaro proferiu sentença rigorosa, condenando Tibúrcio, Pedro Torquato, Prudêncio, Higino, Roberto e Balbino a galés perpétuas, de acordo com o artigo 1º da lei de 10 de julho de 1835, adicionado ao artigo 94 do Código do Processo Criminal (sancionado em 1832). Félix, Luís e Amâncio foram condenados a vinte anos de prisão com trabalho, de acordo com o artigo 192 do mesmo Código. O advogado ainda tentou apelação ao Tribunal Superior; por seu lado, os juízes do Supremo remeteram o processo ao poder moderador, para decisão final. Não temos indicação dos desdobramentos do processo nessa última instância, mas tudo indica que a sorte dos condenados estava selada. Segundo Silva Campos, foram indultados pouco depois da abolição, como aconteceu com todos os escravos que estavam cumprindo pena.[56]

Moral da história

Para concluir este capítulo, é preciso ver a inserção desse acontecimento em seu momento histórico e, principalmente, na dinâmica das relações sociais escravistas. Que os últimos anos da escravidão no Brasil foram marcados pela intensificação das tensões sociais e dos conflitos, provam-no vários estudos sobre o período em diversas regiões. Nas últimas décadas do século XIX houve uma tendência crescente à transgressão escrava em várias regiões do país. Esses trabalhos demonstram que as iniciativas escravas foram decisivas para minar as bases de domínio escravista.[57]

A narrativa dos incidentes ocorridos no Engenho do Carmo permite dimensionar práticas e iniciativas de escravos e escravas no Recôncavo no início da década de 1880. Esse evento e muitos outros que ocorreram ao longo daquele período chamam a atenção para a lógica das ações escravas e de seus significados. Sabe-se que as iniciativas escravas estavam centradas em aspectos concretos da relação escravista, na questão dos castigos, na formação e preservação de laços familiares e afetivos, na preservação dos dias de domingo para descanso ou trabalho nas roças de subsistência, na defesa de valores e atitudes, na preservação de espaço e tempo para cultuar santos e deuses e, principalmente, na alforria. É certo que essas questões atravessaram a escravidão em toda a América; contudo, num momento em que o escravismo vinha perdendo legitimidade, elas adquirem significados políticos próprios. Em torno daquelas questões ocorreram mudanças significativas nas atitudes e nos comportamentos dos escravos frente aos senhores, redefinindo formas de negociar e pressionar.

A questão das fugas representa um bom exemplo da redefinição de práticas escravas. Até a década de 1870 as fugas dos escravos do Engenho do Carmo eram iniciativas individuais ou coletivas que visavam a distanciar-se do cativeiro, eram as chamadas "fugas para fora". Esse foi o caso, por exemplo, do escravo João, que fugiu para longe do Engenho do Carmo no início de 1878, mas foi capturado em povoado remoto nas imediações da cidade de Alagoinhas em agosto daquele ano.[58] A partir da década de 1880 os escravos do Engenho do Carmo passaram a praticar uma outra modalidade de fuga, na qual coletivamente buscaram pressionar o senhor para reconsiderar formas de tratamento.[59] Numa outra ocasião foram diretamente ao chefe de polícia para queixar-se dos castigos impostos pelo frade. Há quem argumente que estavam agindo dentro dos referenciais escravocratas, mas esses atos e suas consequências, por certo, concorriam para implodir as relações escravistas nos seus próprios fundamentos.

Como observamos, essas fugas representaram experiências de vida marcantes. Nesses momentos, os escravos do Engenho do Carmo entraram em contato com as opiniões e as atitudes antiescravistas na cidade, possivelmente também com abolicionistas.[60] Não descartamos a possibilidade de que entre os carmelitas já existissem simpatizantes da causa abolicionista. No convento mesmo eles ouviram dos estudantes ali residentes a notícia de que seriam livres com a substituição ou a morte de frei João Lucas. Os bens do convento passariam para as mãos do Estado e os escravos pertencentes à ordem seriam libertados.

Tudo isso, naturalmente, chegava às senzalas do Engenho do Carmo e era objeto de conversas e inevitáveis reflexões. Por certo, essas notícias reforçaram nos escravos a convicção de que já não poderiam ser exercidas certas prerrogativas senhoriais — castigos, por exemplo. E, mesmo, que o consenso em torno da escravidão estivesse sendo minado pela emergência de opiniões abertamente favoráveis à abolição. A referência a "pessoas do povo" chama a atenção para a agitação antiescravista nos meios populares da cidade de Salvador. Para os escravos dos carmelitas foi marcante como essas pessoas os animavam com notícias de que em breve estariam livres. Sabemos que esse envolvimento popular foi fundamental nas ações arrojadas contra a perseguição policial a negros fugidos e contra senhores que se opunham à liberdade de seus escravos.

Possivelmente, esperanças de bons dias tiveram, ao ouvir de "pessoas forras" que logo estariam libertos. Isso demonstra que os forros não estavam indiferentes aos destinos de amigos e parentes ainda presos nas malhas da escravidão. Atiçar a esperança de liberdade dos parceiros cativos foi também uma forma eficaz de apressar o fim da escravidão. Mas o clima animador de antiescravismo que puderam perceber nas ruas de Salvador e as promessas de liberdade anunciadas pelos libertos possivelmente contrastavam com a postura inflexível do frei João Lucas em relação à escravidão em seus domínios. Desde o início da década de 1870 algumas ordens religiosas e mesmo os carmelitas de outras províncias do Brasil já haviam sinalizado para a emancipação de seus escravos. Em outubro de 1871 a ordem beneditina libertou todos os seus escravos e em 20 de dezembro desse mesmo ano os carmelitas da província fluminense tomaram a mesma decisão.[61] Sendo frei João Lucas o principal defensor da política conservadora carmelitana em relação à escravidão, explica-se por que ele não estava na conta de bom senhor nem de bom pastor.

Aqueles escravos buscaram tirar proveito da conjuntura antiescravista na cidade de Salvador. Em momento algum eles recorreram às autoridades de São Francisco, pois sabiam que ali suas demandas dificilmente seriam atendidas. Em São Francisco os cargos públicos estavam nas mãos dos senhores de engenho ou de seus parentes e amigos. As autoridades de Salvador eram mais receptivas às demandas escravas ou estavam mais expostas às pressões da opinião pública. Mas nem sempre os escravos foram bem-sucedidos em iniciativas desse tipo. No Tribunal do Júri de Santo Amaro, Tibúrcio lamentou que, na época em que fugira com os companheiros para denunciar os maus-tratos sofridos, foram mandados de volta para o engenho, "afinal sem que o Chefe de Polícia tivesse dado providências". João da Silva Campos refere-se a esse episódio afirmando que os escravos não foram admitidos à presença do "magnata", que de novo os tocou sob escolta para os domínios de seu senhor.[62]

Mas, a despeito disso, as bases tradicionais de domínio e autoridade senhoriais estavam seriamente comprometidas nos domínios carmelitas e noutras localidades do Recôncavo. Para começar, as tensões entre o frade e os escravos extrapolaram os limites do engenho caindo no domínio público e envolvendo autoridades policiais da cidade de Salvador. A prerrogativa de castigar e punir por faltas cometidas estava sendo posta em questão. Os crimes dos escravos davam-se justamente nos momentos em que senhores e feitores pretendiam, drástica e violentamente, fazer valer prerrogativas costumeiras.

Em seu estudo sobre criminalidade nos municípios paulistas de Campinas e Taubaté, Maria Helena Machado dá exemplos convincentes de que muitos dos crimes cometidos por escravos contra senhores e feitores, mais do que explosão instintiva contra uma situação de extrema opressão, pareciam ter como móvel a percepção da quebra repentina do ritmo costumeiro do trabalho e uma aplicação exagerada ou injusta dos castigos corporais.[63] Entretanto o que está insinuado nos depoimentos do processo que ora analisamos é que não se tratava de quebra, mas de recusa das tais regras costumeiras. A questão dos castigos corporais e a privação do domingo, motivos pelos quais os escravos coletivamente fugiram para denunciar às autoridades provinciais e que os levaram a dar cabo da vida de seu senhor, são evidências de que não estavam mais dispostos a suportar castigos que seus pais haviam sofrido e eles mesmos vinham, até então, sofrendo.

Trata-se de uma outra ordem de rebeldia, mais "antissistêmica" do que inserida no sistema, ou pelo menos contra a resistência do padre a se adaptar aos novos rumos do sistema em um momento de crise de legitimidade. Não se tratava de rebeldia regeneradora ou restauradora, mas de rebeldia de ruptura, hipótese reforçada pela informação de que os escravos sabiam estar à beira da liberdade, tomados pelo clima abolicionista, conscientes do maior poder de interferência do Estado nas relações escravistas e da desmoralização da instituição na própria vida conventual.

Aliás, o que ocorreu no Engenho do Carmo não foi um acontecimento isolado. Conforme vimos no capítulo anterior, alguns conflitos ocorridos nos engenhos baianos foram motivados pela tentativa dos feitores de obrigar os cativos a trabalhar no domingo. Privar os escravos do descanso dominical era forma tradicional de punir faltas cometidas, mas aqueles escravos não estavam mais dispostos a tolerar tais penalidades. A recorrência desses acontecimentos na década de 1880 causou preocupação entre os senhores de engenho da região. Um mês após a morte do padre, o *Echo Santamarense*, jornal com circulação em Santo Amaro, órgão do Partido Conservador e porta-voz de parcela considerável de senhores de engenho locais, denunciou, em editorial, a incidência reiterada de crimes contra senhores e feitores. Mesmo não fazendo menção direta ao episódio ocorrido no Engenho do Carmo, fica evidente que o articulista estava refletindo sobre aquela ocorrência. Em tom bombástico, o autor abriu o artigo anunciando que "uma aterradora ameaça pende sobre os nossos agricultores". Além de criticar a timidez do governo imperial em acudir a crise da agricultura canavieira e coibir a penetração da propaganda abolicionista nas propriedades, ele alertava para a impunidade em relação aos crimes contra os senhores. Em seguida, invocou um tempo em que o rigor era redobrado nas punições dos crimes cometidos por escravos.

> Outrora causava surpresa o conhecimento de um fato singular praticado por um escravo, sem participação dos seus companheiros na propriedade agrícola, e na população indignada chamada no Júri a julgar o delinquente, fazia descarregar sobre sua cabeça a espada implacável da justiça, tornando efetiva a lei, e a sua execução.[64]

O articulista via algo de pedagógico nas rigorosas punições impostas aos escravos, pois a "cabeça que rolava nos degraus do patíbulo oferecia um espetáculo horroroso [...], mas entibiava as forças de outros malfeitores" e "suspendia atentados projetados". Apontou também uma espécie perigosa de politização escrava na execução dos crimes. Enquanto nos "bons tempos" os escravos cometiam crimes individualmente e diante de uma "injustiça qualquer",

> hoje não, a reflexão se manifesta clara, quando se reúnem dez e mais escravos, planejam o atentado, combinam todos os meios de sua execução, todas as consequências, mostram a convicção de que não temem um resultado funesto a suas pessoas, depois de terminarem o crime que concertaram.

Finalizou lastimando que, àquela altura da década de 1880, os "delinquentes" agissem com a certeza da absolvição, com a conivência do imperador, que cobria tais crimes com o "manto imperial". A crítica a dom Pedro II relacionava-se a sua atitude emancipacionista de substituir as penas capitais por prisão nas galés. Essas palavras denunciavam o indisfarçável pânico que assaltava senhores de engenho e seus porta-vozes, sentimento que se desdobrava em imagens terríveis de parentes e prepostos vitimados pelo que rotulavam de "ferocidade" escrava. O medo desaguava na nostalgia de um tempo em que o terror da lei era a garantia para sua vida e suas propriedades. A reação escravocrata buscava, assim, criar uma situação em que o terror legalmente conduzido se estabelecesse, evidentemente com consequências terríveis para as populações escrava e negra em geral.

Possivelmente, foi nesse mesmo ambiente que a morte de frei João Lucas, em sentido inverso e talvez em contraposição ao terror senhorial, se incorporou à tradição oral popular como mais um caso exemplar de revide escravo contra senhores cruéis. Só que isso se deu num momento bastante delicado, em que se tornava difícil distinguir o cativeiro "justo" do "injusto", instante em que a imagem da escravidão irremediavelmente passava a confundir-se com a da própria injustiça e da crueldade. A história da brabeza do frade foi concebida na tradição oral negra no momento em que os escravos buscavam afirmar direitos de liberdade e, quem sabe, na tentativa de fazerem senhores reticentes concluírem que a "moral da história" poderia ser-lhes desfavorável. No início da década de 1880, o significado dessa história guardava uma mensagem bastante contundente para quem ainda pensasse em manter relações escravistas. Seguramente, foi um tempo de duras e inesquecíveis lições para todos os envolvidos.

Notas

1. João da Silva Campos, *Tempo antigo, crônicas d'antanho, marcos do passado, histórias do Recôncavo*, registra diversas histórias e lendas envolvendo senhores e escravos nos engenhos do Recôncavo.
2. João da Silva Campos, "Tradições bahianas", pp. 377-78. Provavelmente foi em Silva Campos que Gilberto Freyre, *Casa-grande & senzala*, p. 440, se apoiou para afirmar que os frades carmelitas não primavam pelo bom tratamento dispensado a seus escravos. Freyre cita o caso de "um" carmelita que foi assassinado e "cortado em pedacinhos pelos negros". Ver rápida nota sobre esse "escabroso" crime em Carlos Ott, *Povoamento do Recôncavo pelos engenhos, 1536-1888*, p. 58.

3. Jardilina de Santana Oliveira, *São Sebastião do Passé, 278 anos de história*, pp. 16-18, registra os relatos da morte do frade na memória dos habitantes de São Sebastião.
4. O processo-crime instaurado em 1884 para apurar a morte do frei João Lucas e julgar os escravos encontra-se no Apeb, *Processo-crime*, seção judiciária, maço 22/757/01.
5. Salvo engano, os dois únicos autores a tratar do assunto foram João da Silva Campos, *Tradições bahianas*, e Carlos Ott, *Povoamento do Recôncavo pelos engenhos*. É notável que Luís Anselmo da Fonseca, *A escravidão, o clero e o abolicionismo*, dedicasse parte considerável do livro à denúncia dos compromissos e das omissões do clero em relação à escravidão, inclusive a padres proprietários de escravos, mas não escrevesse uma linha sequer sobre a morte do frei João Lucas.
6. Segundo Stuart B. Schwartz, *Segredos internos*, p. 103, a limpa dos canaviais era trabalho contínuo e, quando os escravos completavam outras tarefas, eram ordenados a limpar os campos novamente.
7. A safra iniciava-se entre agosto e setembro e se estendia até princípios de maio; a respeito do calendário de atividades em um engenho do Recôncavo, ver Stuart B. Schwartz, *Segredos internos*, p. 100. Ver também Wanderley Pinho, *História de um engenho do Recôncavo*, pp. 357-69.
8. Apeb, *Processo*, depoimento de Silvestre, f. 54.
9. Ibidem, f. 33.
10. Ibidem, f. 49.
11. Ibidem, f. 26.
12. Ibidem, f. 58.
13. Ibidem, f. 49.
14. Ibidem, f. 42. Sobre os batismos celebrados pelo frade, ver ACMS, Livro de registros de batismos da Freguesia de São Sebastião das Cabeceiras do Passé, livro 7 (1862-1875).
15. Apeb, *Processo*, ff. 43-43v.
16. Ibidem, f. 5v.
17. Ibidem, *Processo*, f. 45v.
18. Os religiosos de Nossa Senhora do Monte do Carmo eram dos mais antigos no Brasil. Segundo Luís dos Santos Vilhena, *A Bahia no século XVIII*, pp. 444-45, eles se estabeleceram na cidade de Salvador na década de 1580. Seu convento foi construído no Monte Calvário, mais tarde chamado de Carmo, em torno do qual se formaria a Freguesia de Santo Antônio Além do Carmo. No fim do século XVIII, os carmelitas tinham convento em Cachoeira, engenhos e fazendas, administrados por 16 religiosos. No total, contavam com 183 religiosos e, segundo observação de Vilhena, "hoje porém está muito diminuto este número

em razão de desgostos domésticos que há anos grassam entre aqueles religiosos, pelo que têm saído muitos da religião, e entrado poucos". Sobre os carmelitas na Bahia, ver também Inácio Accioli, *Memórias históricas e políticas da Bahia*, pp. 198-213. Ver também Marieta Alves, *Convento e Ordem 3ª do Carmo*.
19. Carlos Ott, *Povoamento do Recôncavo pelos engenhos, 1536-1888*, vol. 2, pp. 58-59. Segundo Ott, o Terra Nova era um dos mais antigos engenhos da Freguesia de São Sebastião do Passé. É importante não confundir o Engenho Terra Nova dos carmelitas com o outro Terra Nova pertencente ao visconde de Bom Jardim, na Freguesia de Rio Fundo, na cidade de Santo Amaro. No Livro de Matrículas de engenhos, datado de 1807, o Engenho do Carmo foi registrado com a seguinte observação: "Engenho situado na Freguesia do Passé, dista do porto de embarque 8 légoas, da possessão dos Religiosos do Carmo" (f. 8v).
20. Segundo as "Notícias sobre a Freguesia de S. Sebastião das Cabeceiras de Passé", do vigário Felipe Barbosa da Cunha, apud Brás do Amaral, in Inácio Accioli, *Memórias históricas e políticas da Bahia*, vol. 5, pp. 404-5, além do Terra Nova, existiam nessa freguesia mais sete engenhos: Laranjeiras, Pojuca, Retiro, Água Boa, Pimentel, Laranjeiras Novas e Papassu.
21. Sobre essas informações, ver Apeb, *Conventos*, 5273 (1824-76), carta do frei Francisco Rogério das Dores Mello dirigida ao presidente da província, em 27/1/1835. Segundo Anna Amélia Vieira Nascimento, *Patriarcado e religião*, p. 286, eram os carmelitas, junto com os beneditinos, as ordens de maior patrimônio imobiliário da Bahia no século XIX.
22. Ver Cristiano Muller, *Memória histórica sobre a religião na Bahia (1823-1923)*, p. 96.
23. O envolvimento de ordens religiosas, inclusive os carmelitas, em empreendimentos açucareiros é abordado por Stuart B. Schwartz, *Segredos internos*, pp. 92-93.
24. Ver Inácio Accioli, *Memórias históricas e políticas da Bahia*, pp. 462-63.
25. Apeb, *Conventos*, 5.273, carta do provincial Tomás Aquino Ribeiro ao presidente da província, em 26/1/1848, informando que o rendimento das casas chegava a 3:800$440; dos foros, 408$430; do Hospício do Pilar, 324$000, e o líquido da safra de 1847, 9:824$242. Portanto, um rendimento de pouco mais de 14 contos (14:357$112), mas, segundo Ribeiro, as dívidas alcançavam a cifra de 50 contos (50:000$000). Informou, ainda, que parte das dívidas foi solvida pelo "nosso correspondente", Manuel José de Almeida, e só assim se evitou que os bens fossem a hasta pública.
26. Apeb, *Conventos*, 5.273, carta de frei Tomás de Aquino Ribeiro informando que, em 1848, a ordem carmelita da Bahia era composta de 49 religiosos, sendo 28 na capital e os restantes distribuídos pela cidade de Cachoeira e por outras províncias.

27. Cristiano Muller, *Memória histórica sobre a religião na Bahia (1823-1923)*, p. 96.
28. João da Silva Campos, *Tradições bahianas*, p. 378, refere-se ao frei Alexandrino José do Rosário Figueiroa, que, pernoitando no Engenho do Carmo, voltou de lá horrorizado com frei João Lucas, tão "imisericordioso e dominado pela cólera". No processo-crime, o escravo Félix disse que "algumas vezes" vira por lá o mesmo religioso (Apeb, *Processo*, f. 13v).
29. APCSE, *Livro e inventários do Convento do Carmo da Bahia, 1796-1935*, ff. 125-27v.
30. Sobre o trabalho nas plantações dos engenhos, ver Stuart B. Schwartz, *Segredos internos*, p. 127.
31. Ver, a respeito, Maria Helena Machado, *Crime e escravidão*, pp. 88-90.
32. Apeb, *Processo*, f. 33v.
33. Ibidem, f. 15.
34. Ibidem, ff. 15 e 23.
35. Ibidem, f. 13.
36. Ibidem, ff. 31 e 37v.
37. Ibidem, f. 27.
38. João da Silva Campos, *Tradições bahianas*, p. 378, reproduz carta de um seu leitor que declarava ter conhecimento das rusgas de frei Lucas no Convento do Carmo. Dizia o missivista: "Conheci frei Lucas, de quem se ocupa na sua crônica, 'A encelada do Carmo'. Em 1881, ou começo de 1882, por alguns dias, quando colegial, fiz domicílio em uma cela do Convento do Carmo. Era frei Lucas superior de 3 ou 4 companheiros. Recordo-me dos nomes de 2 deles: frei Inocêncio, frei João. Com este andava o Superior em frequentes arrelias, que, muitas vezes, escandalizaram os estudantes alojados no convento."
39. Consta que, em 19 de setembro de 1882, Alfredo Devoto enviou ao chefe de polícia cópia das perguntas que foram feitas aos 11 escravos envolvidos na morte do frei João Lucas. Sabemos também que essa cópia chegou até as mãos do delegado da Vila de São Francisco (Apeb, Delegados, 6.219).
40. Apeb, *Processo*, ff. 44-45v.
41. Ibidem, f. 33v.
42. Ver Carlos Ott, *Povoamento do Recôncavo pelos engenhos*, v. 2, p. 58.
43. Apeb, *Processo*, f. 52.
44. Ibidem, ff. 51-51v.
45. Ibidem, f. 47v.
46. Ibidem, f. 50v.
47. Ibidem, ff. 55v-56v.
48. Sobre castigos nos engenhos baianos, ver Stuart B. Schwartz, *Segredos internos*, pp. 123-27; ver também Kátia Mattoso, *Ser escravo no Brasil*, pp. 98-121. Uma

reflexão sobre a relação entre castigos e exercício do poder senhorial é feita por Silvia H. Lara, *Campos da violência*, pp. 29-96.
49. Uma discussão aprofundada sobre microeconomia escrava é feita por Maria Helena Machado, *Crime e escravidão*, pp. 103-12. Segundo ela, os desvios furtivos de parte da produção agrícola possibilitavam, entre outras coisas, forjar espaços de autonomia dentro da ordem escravista. Para o Recôncavo Baiano, ver Bert Barickman, *Um contraponto baiano*, pp. 107-16.
50. Apeb, *Processo*, f. 52v.
51. Apeb, *Delegados*, 6.214, carta do delegado Augusto de Araújo Santos ao chefe de polícia. A parte superior do documento está completamente danificada, de maneira tal que não há como sabermos o dia e o mês em que foi escrito.
52. Ver João da Silva Campos, *Tradições bahianas*, pp. 378-79. Silva Campos apoia-se no depoimento do farmacêutico Cleomenes Eumiciano Borba, que no tempo de estudante da Faculdade de Medicina residiu no Convento do Carmo. Disse o farmacêutico que na época em que ali esteve existia uma enclausurada, trancada em cela fria, escura e recôndita. Silva Campos cita também um ex-escravo, "sujeito sisudo e fidedigno", que confirmou a história. Segundo o cronista, esse acontecimento se deu entre 1876 e 1879, o que torna ainda mais plausível a nossa hipótese.
53. Mary C. Karasch, *A vida dos escravos no Rio de Janeiro, 1808-1850*, pp. 253-54, aborda o problema das carências alimentares na população escrava da Corte.
54. A reação escravista que sucedeu a rebelião malê encontra-se em João José Reis, *Rebelião escrava no Brasil*, cap. 16; Maria Helena Machado, *Crime e escravidão*, pp. 35-36, analisa a lei de 10 de julho de 1835.
55. BPEB, *Echo Santamarense*, 26/4/1884, p. 1; nesse número, jurado acusado de parcialidade pelos abolicionistas defende-se das acusações.
'56. Ver João da Silva Campos, *Tradições bahianas*, p. 378.
57 Entre outros, ver Mattoso, *Ser escravo no Brasil*; Chalhoub, *Visões da liberdade*; Hebe Maria Mattos de Castro, *Das cores do silêncio*; Machado, *O plano e o pânico*; Célia Marinho Azevedo, *Onda negra, medo branco*. Ver o estudo de Maria Cristina Cortez Wissenbach, *Sonhos africanos, vivências ladinas*, especialmente capítulo 1, em que se discutem os significados do crime para os escravos, em São Paulo.
58. Apeb, *Delegados*, 6.214. Carta do delegado de Alagoinhas, Manuel Félix da Cunha, para o chefe de polícia.
59. Segundo João José Reis e Eduardo Silva, *Negociação e conflito*, pp. 71-72, essa modalidade de fuga vinha se intensificando desde 1870.
60. Sobre abolição e abolicionistas numa perspectiva política, ver Brito, *A abolição na Bahia, 1870-1888*, sobretudo o capítulo 3.

61. A respeito dos beneditinos, ver Robert W. Slenes, "Senhores e subalternos no oeste paulista", p. 268. Sobre as decisões dos beneditinos e dos carmelitas fluminenses, ver Francisco Sérgio Mota Soares, Henriette Ferreira Gomes e Jeane dos Reis Passos, *Documentação jurídica sobre o negro no Brasil*, pp. 157-58.
62. Apeb, *Processo*, f. 213. Ver, sobre esse fato, Campos, "Tradições bahianas", p. 378.
63. Ver Maria Helena Machado, *Crime e escravidão*, pp. 65-66.
64. BPEB, "Graves crimes impunes", *Echo Santamarense*, 20/10/1882, p. 1, editorial.

CAPÍTULO 3 Encruzilhadas da escravidão e
da liberdade — 1880-1888

Nos capítulos anteriores, vimos que, nas duas últimas décadas de escravidão, as cidades do Recôncavo, sobretudo Salvador, se tornaram refúgio de grande número de escravos fugidos dos engenhos. Ao fugir para os centros urbanos, os escravos levaram em consideração diversas condições a seu favor — a interferência crescente das autoridades policiais nas relações entre eles e os senhores, as decisões muitas vezes favoráveis dos juízes e a vitalidade do movimento abolicionista. Por certo, os escravos avaliaram, também, a crescente hostilidade das camadas populares das cidades ao escravismo. O envolvimento popular nas manifestações de rua contra a escravidão foi objeto de vários estudos sobre o processo de abolição na Bahia e no Brasil.[1] Aqui, buscaremos identificar os fios que ligavam os escravos dos engenhos aos abolicionistas e às populações livres, libertas e cativas da cidade. A reconstituição dessas conexões sociais, fortalecidas no contexto dos embates antiescravistas, é fundamental para entender como as agitações de rua repercutiram nas relações escravistas no interior dos engenhos.

Sabemos que a maioria dos engenhos do Recôncavo Baiano foi construída às margens da Baía de Todos os Santos ou ao longo dos rios que cortam a região. Os grandes engenhos eram dotados de portos próprios, de canoas, lanchas, saveiros e de escravos especializados na navegação marítima e fluvial. Além de mercadorias e pessoas, pelas embarcações seguiam as notícias que renovavam as ligações entre populações do interior e do litoral. As notícias seguiam, também, o curso das rotas das tropas de muares que articulavam as vilas e as cidades com regiões mais distantes. Com o avanço da lavoura de cana para o norte do Recôncavo, especialmente em direção a Rio Fundo e Lustosa, as rotas fluviais e marítimas articularam-se às estradas de ferro que ligavam o litoral àquelas localidades. O certo é que, na década de 1880, as freguesias açucareiras estavam inseridas num amplo circuito de comunicações que ia muito além das fronteiras do Recôncavo. Nesse cenário, os escravos sabiam o que acontecia na cidade ou em outros engenhos da região.

As notícias circulavam, com certa facilidade, pelos engenhos, e os escravos estavam atentos ao que se discutia sobre a escravidão e sobre o próprio destino. Nas casas-grandes, podiam ouvir "a furto" o que os senhores discutiam e falavam sobre os debates parlamentares e o avanço do abolicionismo. Nas feiras e nos portos, era possível recolher informações de quem circulava pelas vilas e cidades. Nos incidentes ocorridos no engenho carmelita, vimos que os libertos foram importantes informantes sobre o que ocorria e se discutia sobre escravidão nos centros urbanos. Referindo-se ao agravamento da crise das relações de trabalho nos engenhos em fins da década de 1880, Wanderley Pinho escreveu: "Cada barco que chegava [ao Engenho Freguesia] trazia uma notícia dos expedientes revolucionários de Carigé, o Antônio Bento da Bahia: fugas de cativos, acoitamento de evadidos das senzalas, ousadias e rebeldias de escravos."[2]

Os escravos, que frequentavam os portos de Salvador, Santo Amaro, Nazaré e Cachoeira ou fugiam para outras cidades mais populosas, perceberam que vários setores da sociedade haviam abraçado o sentimento antiescravista. Em muitos episódios, livres e libertos juntaram-se para arrancar das mãos da polícia escravos fugidos, impedir a venda para outras províncias ou denunciar senhores que castigavam imoderadamente seus cativos. A colaboração e a solidariedade das populações urbanas ampliaram as chances de rompimento definitivo com a escravidão por meio das fugas.³ Sem a delação ou contando com a cobertura dos trabalhadores da cidade, era possível passar despercebido ou não ser importunado pelas forças policiais. Em janeiro de 1884, o subdelegado dos Mares informou que falecera, na rua da Calçada, uma crioula chamada Maria. Ao apurar a identidade da falecida, o subdelegado soube, por meio dos vizinhos, que ela havia sido escrava fugida de um senhor de engenho em Feira de Santana e residia na freguesia havia mais de quatro anos.⁴ Naqueles anos, tornara-se mais difícil aos senhores reaver os cativos que fugiam.

Além disso, de variadas maneiras, a escravidão afetava negativamente a vida de livres e libertos. Basta dizer que podiam ser confundidos com escravos e presos como suspeitos de fugidos. Em 9 de maio de 1876 o delegado de Cachoeira prendeu, nos subúrbios da cidade, um africano chamado Manuel Gouveia, suspeito de ser escravo fugido. Manuel Gouveia afirmou que era liberto havia cerca de três anos e se mudara da capital para Cachoeira para viver de ganho. Disse que, antes da carta de liberdade, se empregara no serviço de roça, mas, quando esse faltava, seu senhor o mandava para o ganho, a fim de "pagar-lhe semana". A desconfiança do delegado aumentou, simplesmente por perceber que o africano se expressava com "palavras trêmulas e duvidosas". O delegado exigiu a apresentação da carta de alforria, mas Manuel afirmou que o documento estava em poder de um amigo chamado Salvador, morador no Engenho Novo, na cidade de Santo Amaro.⁵

Em 8 de fevereiro de 1877 foi preso em Salvador, na Freguesia de Santo Antônio, Eleutério José da Mota, crioulo, porque "vagava a esmo, tornando-se suspeito de ser escravo, desertor ou vadio". Em 25 de abril do mesmo ano, o pardo João da Silva viu-se em apuros ao ser preso nas matas da Fazenda Areia Preta, arredores de Salvador, como suspeito de ser escravo ou desertor. De nada adiantou ter afirmado aos guardas que era livre e marinheiro do barco *Marujo*, que transportava farinha de Valença para a capital.⁶

Em 23 de outubro de 1877 o subdelegado da Freguesia de Pirajá, subúrbio de Salvador, foi ao Engenho Freguesia, pertencente ao falecido conde de Passé, depois que um africano havia denunciado o feitor daquela propriedade de prender no tronco um outro africano chamado Rodrigo. Ao ser interrogado, o feitor simplesmente afirmou que prendera o africano no tronco por suspeitar que fosse escravo do engenho, já que não havia apresentado carta de alforria.[7] Em abril de 1882 foi preso nas ruas de Salvador Jerônimo de Sousa, de 18 anos, como suspeito de ser escravo fugido, embora afirmasse sua condição de livre.[8]

Desde a década de 1870 que a cidade experimentava crescente onda de indignação popular em relação aos castigos corporais e maus-tratos contra escravos. Em muitas ocasiões, as autoridades policiais foram acionadas pela população para agir contra senhores que castigavam cativos ou os submetiam a condições indignas. Em 4 de maio de 1874 o subdelegado da Freguesia de Santana, Salvador Aires de Almeida Ferreira, informou que, por denúncia "particular" e por notícia publicada no jornal *O Alabama*, soubera que o major José Nunes de Barros Leite espancava uma "parda" cativa. Dirigindo-se à casa do major, o subdelegado encontrou a referida parda, que disse chamar-se Fausta, presa a um grande cepo de madeira por uma corrente de ferro que lhe caía do pescoço. O major defendeu-se, afirmando que Fausta era "liberta condicionalmente". O subdelegado não hesitou em colocar a escrava sob a proteção do presidente da província, remetendo-a à Casa de Correção para "pôr termos a esses sofrimentos".[9]

Em 21 de abril de 1875, por meio de denúncias feitas por moradores da Freguesia do Pilar, a polícia retirou da companhia do português Joaquim Augusto Leite Galvão uma "pardinha" chamada Cândida, que vinha sendo submetida a castigos físicos. Ao dirigir-se à residência de Galvão, o subdelegado notou que a menina trazia marcas de espancamentos. Ele notou que Cândida estava "atemorizada" quando negou que fora submetida a castigos. Receando represálias do senhor e para colher mais provas, o subdelegado resolveu retirar a menina de sob a autoridade do português.[10]

Na década de 1870 populares impediram o embarque de escravos para outras províncias e se confrontaram com forças policiais que perseguiam cativos fugidos. Em 1º de maio de 1877 o "povo" impediu o embarque de uma escrava chamada Joana, que meses antes havia fugido do domínio de seu senhor José Augusto da Veiga Ornelas, dono do Engenho Pericoara, na Vila de São Francisco. Segundo o agente desse senhor, o embarque fora obstado pelo "povo que se aglomerou em roda dela e que a protegia". A escrava estava grávida; sob a pressão dos populares, a polícia a conduziu ao hospital da Santa Casa.[11] Sabe-se que Joana estava recolhida na Casa de Correção desde o início de janeiro de 1877, quando Manuel Pereira Marinho, agente de Ornelas, informara à polícia que ela estava oculta na Freguesia de São Pedro com o nome de Isabel. É possível que o "povo" que se reuniu a sua volta fosse constituído de parentes e vizinhos que conhecera ao longo do tempo em que estivera oculta.[12]

Na década de 1880 o sentimento antiescravista das camadas populares tendeu a uma atitude francamente abolicionista que, em muitos momentos, cruzou com o movimento abolicionista organizado. Em 13 de abril de 1883 o *Echo Santamarense* informou que um grupo de saveiristas e mais dois indivíduos considerados "abolicionistas exaltados" impediram o embarque de cinco escravos vendidos pelo senhor de engenho Francisco Antônio Pinto. O jornal pediu providências ao chefe de polícia contra tais iniciativas.[13] Segundo o engenheiro Teodoro Sampaio, negro e filho de escrava, na década de 1880 canoeiros que faziam a travessia do Paraguaçu, entre Cachoeira e a povoação de São Félix, negaram-se a transportar escravos a serviço dos senhores e prontificaram-se a transportar gratuitamente os que estavam em fuga. Em Salvador, o incêndio de um sobrado do bairro comercial, onde eram alojados escravos que aguardavam embarque para o sul do país, motivou ações mais audaciosas dos saveiristas. Teodoro Sampaio afirmou que membros do Clube Saveirista (organização abolicionista), usando grandes cordas, penetravam nos sobrados do bairro Comercial para promover a fuga de escravos que seriam vendidos para outras províncias.[14]

Possivelmente, foi a atitude antiescravista das camadas populares que conferiu força política às manifestações do abolicionismo organizado da década de 1880. Em março de 1886, quando os abolicionistas Eduardo Carigé e Panfilo da Santa Cruz tentaram resgatar um escravo chamado Salustiano, apelidado Pichita, que seria embarcado num trem na estação ferroviária da Calçada para o domínio dos herdeiros do falecido senhor, em Inhambupe, houve grande concentração de populares para resgatar o escravo.[15] Teodoro Sampaio considerou esse episódio um marco importante, pois rebelou o "ânimo público" em favor da abolição. Na ocasião, houve aglomeração de "pessoas do povo" na Calçada, protestando e impedindo o embarque do escravo no trem que o levaria de volta ao cativeiro. Canoeiros e moradores da localidade foram os principais responsáveis pela denúncia da manobra dos herdeiros. Foram eles, também, que enfrentaram a escolta policial que conduzia Pichita para a estação ferroviária.[16]

Em 8 de julho de 1887 o subdelegado da Freguesia da Conceição da Praia informou que diversas pessoas foram a sua presença protestar contra a prisão de uma mulher "preta" sem que fosse apresentado qualquer documento que comprovasse sua condição de cativa. O comandante do destacamento do Comércio resolveu encaminhá-la ao chefe de polícia. Ao ser interrogada na delegacia, a mulher afirmou ser escrava do senhor de engenho José Araújo Aragão Bulcão e que viera para a capital acompanhada do abolicionista cachoeirano Cesário Ribeiro Mendes.[17]

Na noite de 21 de setembro de 1887 capitães do mato que conduziam um escravo fugido foram atacados por populares e abolicionistas na altura do rio Pitanga, na periferia da cidade de Cachoeira. Dois capitães do mato foram feridos e o escravo foi resgatado.[18] Em 26 de março de 1888 o subdelegado da Freguesia de Pirajá, subúrbio de Salvador, informou que, no dia anterior, às cinco e meia da tarde, se apresentaram à subdelegacia mais de trezentas pessoas, acompanhando três homens e uma mulher que eram considerados escravos fugidos. Os homens que se apresentaram como proprietários não mostraram documentos comprovando a posse dos cativos. Para contornar a situação, o subdelegado remeteu os supostos senhores para São Sebastião, onde deveriam comprová-la, pois "a massa do povo era imensa e queria acabar com esses dois últimos homens".[19]

Na década de 1880 muitos indivíduos oriundos das camadas populares militaram no abolicionismo organizado. Teodoro Sampaio contou que "indivíduos do povo" integravam o grupo que atuava em torno do jornal *Gazeta da Tarde*, a chamada "Guarda Velha". Ele recordou-se de Tertuliano de Alcântara, vulgarmente conhecido como "seu Peru", "homem velho, de cor branca, tinha por costume defender agressivamente os que chicanavam dos abolicionistas e da sua pessoa". Referiu-se, também, ao liberto Manuel Benício dos Passos, cognominado Macaco Beleza, "homem cor de bronze, de estatura hercúlea, disposto para a luta corpórea, sem instrução, porém sempre pronto a impugnar com ousadia e inteligência as opiniões dos contrários".[20]

Nos *meetings* feitos na cidade, citou as participações de Manuel da Cruz, Pedro Bala, Muniz Barreto, Jorge Saveirista, João Branco, tenente Olavo José de Almeida, todos "homens de fácil expressão". Citou, ainda, o capitão Pedro Augusto Deocleciano, Cândido Camurugipe, Domingos da Silva, Tibúrcio do Pelourinho, doutor Sales de Sousa, o "orador popular" Roque Jacinto da Cruz e outros "filhos do povo". Essa gente se reunia nas pastelarias, livrarias, farmácias e na loja do cabeleireiro Alípio, na rua do Palácio (atual rua Chile).[21]

Entre os populares, Teodoro Sampaio identificou muitos homens de cor negra, como o crioulo Marcolino José Dias, Manuel Benício dos Passos, conhecido como Macaco Beleza, Manuel Querino, Salustiano Pedro, chamado por Panfilo e Carigé de "negro destemido". Sobre Salustiano Pedro, observou Teodoro Sampaio que em "qualquer parte que o encontrassem era ocupado com o magno assunto da Justiça para a sua raça". Com entusiasmo, relembrava dos feitos heroicos praticados por negros, exaltando a intrepidez de Henrique Dias no Exército e de Marcílio Dias, na Marinha.[22] Em artigo publicado meses depois de abolida a escravidão, Eduardo Carigé revelou que Salustiano Pedro fora um dos fundadores do Clube Luís Gama, "quando ainda estava sob o peso da escravidão".²³ A respeito dos libertos e escravos, Teodoro Sampaio ressaltou a participação das filarmônicas dos Barbeiros e da Chapadista nas passeatas promovidas pela Libertadora Bahiana. Sabemos que a Banda da Chapadista era formada por músicos escravos pertencentes a Raimunda Porcina de Jesus.²⁴

Em artigos publicados na imprensa da capital, o abolicionista Eduardo Carigé revelou a participação organizada de trabalhadores urbanos. Segundo ele, foi fundado o Club Luís Álvares, "sociedade composta de ganhadores que foi dividida em onze seções, correspondendo cada seção a uma freguesia, a fim de me auxiliarem na fuga dos escravos, razão pela qual eu nos *meetings* garantia que no dia 2 de julho do corrente ano não haveria mais escravos na capital". Provavelmente, essas seções correspondiam aos "cantos" de trabalho (locais de atuação dos ganhadores ou trabalhadores de rua) espalhados pela cidade, principalmente em sua área portuária. A confiança do abolicionista na participação organizada dos ganhadores certamente residia na importância desses trabalhadores para o transporte de pessoas e mercadorias e em sua presença ostensiva nos vários pontos da cidade.²⁵ Como foi visto anteriormente, trabalhadores ligados ao transporte entre a capital e o Recôncavo, especialmente saveiristas e canoeiros, estiveram à frente de ações de facilitação das fugas e nas manifestações de rua. A esses se juntaram os ferroviários, que ocultavam nas obras de expansão da rede ferroviária escravos fugidos. Foi principalmente entre os trabalhadores ligados aos transportes que o pensamento abolicionista se difundiu com mais força. Contou Teodoro Sampaio que quando trabalhava na Estrada de Ferro da Bahia ao São Francisco engajou-se na propaganda da causa abolicionista pelo centro da província.²⁶

Como em outras partes do Brasil, o escravismo havia-se constituído no elemento comum de insatisfação das camadas populares urbanas.²⁷ Provavelmente, foi o movimento pela abolição a grande experiência política dos que mais tarde militariam em outros movimentos. Esse talvez fosse o caso do líder operário Ismael Ribeiro dos Santos, alfaiate, "de origem africana e abolicionista".²⁸ A participação popular foi fundamental para decidir os rumos dos acontecimentos, tanto que um mês depois da abolição o barão de Vila Viçosa ainda protestava contra os que açularam a ira das "classes ignaras" contra os senhores de escravos nos últimos anos da escravidão. Segundo Vila Viçosa:

> Em todas as partes, até nas ruas da capital reuniam *meetings* e do meio da populaça desenfreada erguiam-se os vultos mefistofélicos dos oradores de taverna a vomitarem blasfêmias, a vociferarem injúrias contra os lavradores, pregando impunemente à multidão as mais subversivas doutrinas e aconselhando ao escravo até o roubo e o assassinato! O resultado disso foi a perturbação do trabalho agrícola pela quase geral insubordinação e vadiice dos escravos, pela legalização das fugas.[29]

Na década de 1880 o movimento abolicionista voltou-se mais intensamente para a grande lavoura de cana, o setor mais resistente à abolição. Ocorreram diversos incidentes envolvendo abolicionistas e senhores de engenho. Em 10 de abril de 1883 abolicionistas de Salvador confrontaram-se com o barão de Cotegipe, um dos mais ricos senhores de engenho do Recôncavo e influente político do Império. O barão pretendia embarcar para o Rio de Janeiro um "pardinho" de 11 ou 12 anos, chamado Lino Caboto, seu criado. No momento em que ingressava na embarcação, abolicionistas da cidade, liderados por Panfilo da Santa Cruz e Eduardo Carigé, a pretexto de verificar a condição do menino, arrebataram-no de seus condutores e o levaram de volta à cidade. Houve grande tumulto na ponte da Companhia Bahiana e difundiu-se a "maior indignação" entre os partidários de Cotegipe. O chefe de polícia foi obrigado a interferir, fazendo com que o menor fosse devolvido ao paquete. Na ocasião, a *Gazeta da Bahia* pediu repressão ao que considerava "anarquia" e desrespeito à propriedade.[30]

No dia seguinte, abolicionistas e populares impediram o embarque para o Rio de Janeiro de três escravos e de uma "ingênua" pertencente ao barão de Sauipe, grande senhor de engenho no Recôncavo. Dias depois, com a interferência da polícia, os escravos dos dois senhores foram embarcados para seus destinos, mas aqueles episódios deixaram claro aos senhores que era cada vez mais difícil e inviável dispor livremente de suas estimadas propriedades humanas.[31]

A reação senhorial

O conflito entre senhores de engenho e abolicionistas acirrou-se, à medida que o movimento, progressivamente, se infiltrou no principal reduto escravista da província. Desde o início da década de 1880 os senhores vinham queixando-se dos estragos feitos pela propaganda abolicionista na disciplina dos escravos. Em 26 de outubro de 1882 um editorial publicado no *Echo Santamarense* alertava que a propriedade agrícola estava ameaçada "por uma propaganda abolicionista sem reflexão e os ataques à vida dos agricultores se repetem por modo assaz aterrador".[32] Em janeiro do ano seguinte, um artigo publicado no mesmo jornal reclamava dos efeitos nocivos da propaganda abolicionista aos interesses dos proprietários. O articulista condenou a linguagem "violenta e virulenta" da imprensa abolicionista contra os proprietários de escravos e recomendou a organização deles contra os que pregavam a revolta e o assassinato.[33]

Em Cachoeira e Santo Amaro, redutos tradicionais da aristocracia do açúcar, os senhores de engenho organizaram-se em associações, para fazer frente às iniciativas abolicionistas. Em 29 de agosto de 1884 a "classe agrícola e comercial" reuniu-se na Câmara Municipal de Santo Amaro com o fim de tomar uma "atitude enérgica contra as ideias abolicionistas" que estavam sendo discutidas no Parlamento pela "alta administração do estado". Na reunião, estavam presentes o barão de Sergi, Artur Rios, e o barão de Vila Viçosa, nomes de peso da lavoura açucareira.[34] No ano seguinte senhores de engenho e comerciantes de Cachoeira fundaram a União Agrícola e Comercial.[35]

Quando se manifestaram nos jornais locais, os membros da União Agrícola de Cachoeira faziam questão de declarar que não eram "escravagistas e dese[javam] a extinção gradual da escravidão sem abalo da ordem pública, agitações revolucionárias, violação dos princípios do direito e da justiça". Àquela altura, já não era mais possível defender abertamente a escravidão; o importante era assegurar que a "transição" para o trabalho livre fosse feita gradualmente, sob controle da classe senhorial. Por isso, cuidaram de dar publicidade às alforrias gratuitas ou sob condição. Assim, esperavam que, abolida a escravidão, sua ascendência sobre os antigos cativos não fosse ameaçada. Na reunião de 29 de março de 1885 a União Agrícola concedeu carta de alforria à escrava Honorina, menor de 15 anos, "quase branca". Na mesma reunião, deliberaram que os senhores de engenho locais não deveriam doar terras aos trabalhadores livres.[36] Possivelmente, temiam que o acesso à terra, naquele momento, dificultasse a oferta de mão de obra dos libertos.

Ao radicalismo dos abolicionistas locais os senhores responderam com a concessão gratuita ou condicional de alforrias. Transformaram as concessões de alforria em espetáculos solenes. Em 29 de novembro de 1884 *O Guarany* noticiou o que definiu como um ato de "verdadeira filantropia", ocorrido no Engenho Vitória, Freguesia do Iguape. Na ocasião em que concedeu alforria gratuita ao escravo Luís, "carapina habilíssimo", o senhor de engenho Francisco Muniz Barreto de Aragão discursou diante de diversas pessoas, inclusive de escravos do engenho. Depois de discorrer sobre os motivos que o levaram a agir tão "liberalmente", exaltou a conduta de escravos que, "surdos aos infames conselhos de perversos conselheiros, trilhavam com os olhos fitos em Deus o caminho da virtude, sempre cheio de espinhos, mas afinal sempre remunerados". O senhor de engenho deu um depoimento ao jornal *O Guarany* se referindo aos abolicionistas:

> Hoje, concluiu o referido proprietário, atentando para o liberto, podeis, mais ufanos que muitos brancos e ricos, apresentar-vos diante de nossos concidadãos, porque foste sempre um homem de brio,

probidade e honra, qualidades essas que faltam a muitos daqueles que, desejando pescar em águas turvas, ocupam-se em intrigar os escravos alheios ao crime e revoltá-los contra toda a sociedade, sem animarem-se, todavia, a fazer o menor sacrifício em prol da liberdade de um só escravo sequer.[37]

Os senhores de engenho partiram para a ofensiva, acusando os abolicionistas de seduzir os escravos para se apossar indevidamente de seus pecúlios. Em 11 de março de 1885 um abaixo-assinado com 77 assinaturas de "lavradores e negociantes" da povoação de Muritiba, distrito de Cachoeira, destinado ao presidente da província, denunciou o abolicionista Cesário Ribeiro Mendes e seus companheiros por seduzir escravos alheios, formar quilombos nos centros das cidades e pregar a insurreição. Acusou, também, os abolicionistas de extorquir os pecúlios dos escravos e obrigá-los a trabalhar em serviços particulares. Denunciou o desrespeito à lei de 28 de setembro de 1871, que norteava a libertação dos escravos dentro da legalidade.[38] Curioso que a lei, que antes havia causado indignação e protesto dos senhores, era agora defendida como garantia de manutenção da ordem. A acusação de apropriação fraudulenta dos pecúlios era uma forma de desqualificar as iniciativas dos abolicionistas. Mas o documento deixava claro que a atuação abolicionista na região havia evoluído para ações mais arrojadas, até mesmo de formação de espaços de refúgio de escravos fugidos, identificados pelos senhores como quilombos.

Em Cachoeira, ocorreram os confrontos mais espetaculares entre senhores de engenho e abolicionistas. Em 21 de abril de 1887 Joaquim Inácio de Siqueira Bulcão, dono do Engenho Novo, na Freguesia do Iguape, denunciou Cesário Ribeiro Mendes, um dos líderes do movimento abolicionista de Cachoeira, por ter acoitado escravos de sua propriedade. Segundo Bulcão, Cesário Mendes era "useiro e viseiro" na prática de acoitamento, "tornando-se nesta terra o flagelo dos proprietários". Disse que desde maio de 1885 fugiram do seu domínio vários cativos, ocasião em que tentara negociar pessoalmente com Cesário Mendes, mas esse se recusara a entregar os fugitivos. Bulcão procurou transformar a denúncia num reclame de toda a classe. Segundo ele, era preciso punir tais práticas para que cessasse "este clamor que traz os proprietários pacíficos em contínuos sobressaltos".[39]

Em 23 de julho de 1887 Cesário Mendes foi preso sob a acusação de acoitar escravos fugidos dos engenhos de Cachoeira. A prisão do líder abolicionista acirrou os conflitos locais. Na ocasião em que foi conduzido à cadeia, ele foi seguido por grande multidão. Naquele dia, o delegado Joaquim Inácio Albernaz requisitou urgente reforço policial para garantir a segurança da cadeia da possível agressão dos "amigos" do preso, que, "como V. S. sabe tem seus adeptos e é de receio qualquer tentativa em seu favor". Em 2 de setembro de 1887 o delegado informou ao chefe de polícia a tentativa frustrada de fuga de Cesário Mendes. Na ocasião, o abolicionista contou com a colaboração do carcereiro José Caiçara Mascarenhas.[40]

O delegado Albernaz era identificado pelos abolicionistas cachoeiranos como autêntico representante dos senhores de escravos locais.[41] Ao longo de 1887 ele rebateu todas as denúncias contra senhores de engenho acusados de castigar rigorosamente escravos.[42] Desde setembro de 1887 o jornal abolicionista O *Asteroide* vinha desferindo duras críticas à atuação do delegado, acusando-o de prender escravizados a título de fugidos, de "espaldeirar" o "povo" e fazer prisões arbitrárias. Em 27 de setembro o delegado reagiu prendendo João Ângelo Ferreira, quando esse distribuía exemplares daquele jornal nas ruas da cidade.[43]

Na tarde de 4 de outubro o delegado agrediu o abolicionista sexagenário Inácio José de Freitas, depois de discutirem em uma rua movimentada da cidade. Henrique de Freitas, filho de Inácio, reagiu disparando tiros de garrucha contra o delegado. Albernaz respondeu com tiros de revólver que atingiram o braço de Henrique e, em seguida, saiu em sua perseguição pelas ruas centrais da cidade. Houve ajuntamento de "pessoas do povo" e manifestações contra a prisão de Henrique. Na ocasião, populares apedrejaram o delegado e agrediram o soldado que o acompanhava. Durante a noite, diversos indivíduos, muitos deles integrantes do movimento abolicionista local, cercaram a residência do delegado, dispararam tiros e apedrejaram as vidraças da casa. Soldados que guardavam o sobrado responderam com tiros e algumas pessoas foram feridas. No dia seguinte, o presidente da província deu ordens ao chefe de polícia para seguir imediatamente para Cachoeira para restabelecer a ordem pública.[44] Dias depois, Albernaz foi afastado do cargo.

Em 1887 a repressão às atividades abolicionistas intensificou-se em toda a província. Em 23 de agosto foi preso na Vila de Canavieiras Maurício de Sousa Prazeres, depois que "diversas pessoas de conceito" o apontaram como aliciador de escravos. Em 22 de setembro de 1887 o delegado da Vila de Camisão (atual Ipirá) denunciou o abolicionista Pedro Alves Boaventura por acoitar escravos e usar o serviço deles em suas propriedades.[45]

Os últimos dias

Ao longo da década de 1880 a ordem interna dos engenhos foi sacudida pela onda crescente de desobediência e insubordinação escrava. Recorrendo às memórias familiares, Isaías Alves escreveu que, no Engenho Outeiro, propriedade de seus parentes, o velho Francisco Félix enfrentou seguidos conflitos com os escravos. Num deles, foi assediado na estrada pelo escravo Feliciano, que fez "perguntas insolentes". Sentindo-se afrontado, o senhor mandou castigar Feliciano. Alves não informou o que havia de "insolente" nas palavras do escravo, mas considerou aquele episódio um sinal do "tempo da revolução crescente". Para Alves, naqueles anos, a vida nas fazendas tornara-se insegura e "os senhores menos respeitados".[46] Consultando as fontes policiais da época, localizamos referências ao escravo Feliciano, crioulo, 50 anos, pertencente ao engenho de Francisco Félix de Almeida Sampaio, em Santo Antônio de Jesus, que fugiu para a capital e apresentou-se à Secretaria de Polícia, em 1882, depois de esperar seis anos para ser liberto pelo Fundo de Emancipação.[47]

A maioria dos senhores acreditava que esses atos eram resultado exclusivo da infiltração da propaganda abolicionista em seus domínios. Era difícil admitir que os escravos pudessem tirar suas próprias conclusões sobre o que acontecia a sua volta. Sem dúvida, o comportamento dos escravos dos engenhos estava fundado na percepção de que seus senhores estavam cada vez mais isolados; que discussões e debates sobre o destino da escravidão eram travados nas instâncias centrais do poder e que já era possível questionar abertamente as bases de domínio escravista. Não foi por outra coisa que, na segunda metade da década de 1880, recrudesceram os atos de desobediência coletiva e enfrentamentos com senhores e feitores.

As cenas de desobediência e insubordinação, assim vistas pelos senhores, resultavam das iniciativas de homens e mulheres que decididamente se recusavam a viver sob a condição escrava. No fim da década de 1880 intensificaram-se as fugas coletivas dos engenhos. Em fevereiro de 1885 o major Inocêncio Teixeira Barbosa acusou a fuga de 45 escravos de seu Engenho Cachoeirinha, entre eles 25 mulheres, algumas delas carregando os filhos "ingênuos".[48] Em 19 de março de 1885 o senhor de engenho Francisco Ribeiro Lopes queixou-se da fuga de cinco escravas do seu Engenho Pitanga. Eram elas Catarina, Marcelina, Lourença, Rufina (com uma filha de nome Damiana) e Justina (com um filho).[49] Em junho de 1887 Rodrigo Antônio Falcão Brandão, dono do Engenho Palma, em Santo Amaro, acusou a fuga de seis escravos de sua propriedade e sabia que, naquele momento, estavam recolhidos nas prisões de Salvador.[50] Em 3 de março de 1887 o conde de Subaé anotou em seu diário: "Tive a notícia de terem saído do engenho os pretos Firmino, Firmo, Antônio Luís, Juvêncio, Honorato, Pedro, Elias, Aprígio e Abraão".[51]

No fim de 1887 os senhores começaram a conceder alforrias coletivas sob condição ou gratuitas. Os jornais deram grande publicidade a esses atos como prova de desprendimento e de espírito humanitário. Na verdade, era uma forma de antecipar-se à decisão do Império de abolir o cativeiro. Era também um meio de conter a crescente insatisfação da população cativa e evitar distúrbios na produção. A "emancipação concedida" no apagar das luzes do cativeiro foi uma tentativa de arrancar o respeito e a "perene gratidão" dos antigos escravos.[52]

Três meses antes da abolição, nem todos os senhores estavam certos de que as alforrias coletivas fossem a melhor estratégia para fazer frente às fugas e à recusa ao trabalho nos engenhos. Falando da atitude dos parentes, Isaías Alves comentou:

> Antes do desenlace três meses, tio João Caetano havia alforriado todos os seus escravos e muitos fazendeiros ficaram mal satisfeitos, julgando-o mau exemplo. O velho Inácio Tosta, aconselhava a alforria, e ao mesmo tempo que se pedisse aos escravos ficar no trabalho como assalariados. O velho Francisco Félix conservou vários.[53]

Por certo, Alves pretendia exaltar a atitude "esclarecida" dos antepassados. Porém a alforria dos escravos, naquele momento, inseria-se numa estratégia política que buscava evitar o abandono das propriedades após a abolição. Entretanto muitos senhores se mantiveram fiéis à escravidão até o 13 de Maio, na crença de que teriam condições legais de exigir indenização. Em 11 de julho de 1888, ao elogiar a iniciativa de Cotegipe de apresentar projeto de indenização dos senhores de escravos na Câmara, Aristides Novis, comerciante e dono de engenho da região, lembrou que, antes da abolição, os senhores estavam divididos em torno da questão. Por isso, haviam resistido até o último instante. Disse Novis que foi consultado por diversos senhores se deviam ou não libertar seus escravos, mas absteve-se de opinar sobre o assunto. Aliás, Novis revelou que não concedeu alforria antes da lei, fiado na possibilidade de indenização.[54]

No início de 1888 os abolicionistas intensificaram a propaganda e, abertamente, conclamaram os escravos a fugir. Os abolicionistas de Cachoeira radicalizaram sua atuação distribuindo boletins nas senzalas dos engenhos. Refletindo sobre a insustentabilidade das relações escravistas nos engenhos, Wanderley Pinho indagou: "Como era possível trabalhar com negros tão assanhados pela demagogia dos abolicionistas, e ali [Engenho Freguesia] tão perto da capital, onde fervia a propaganda desprestigiadora da instituição servil?!"[55] Em 12 de abril de 1888 Egas Moniz Aragão, o barão de Moniz Aragão, grande senhor de engenho em São Francisco do Conde, informou a Cotegipe que panfletos haviam sido distribuídos nas senzalas dos seus engenhos Cassarangongo e Maracangalha, aconselhando os escravos a fugir. No panfleto, assinado por abolicionistas de São Félix e Cachoeira, proclamava-se que "a escravidão é um roubo" e que os cativos deveriam reunir os parentes das senzalas e cozinhas e fugir para aquelas cidades. O panfleto finalizava conclamando: "Fuja, fuja e você será livre."[56]

Pouco menos de um mês antes da abolição *O Tempo* previa consequências "aterradoras" para o comércio local e a segurança pública, com a possível afluência de escravos fugidos para a cidade. O articulista argumentava que a economia da cidade não supòrtaria o ingresso dos escravos que abandonassem os engenhos.[57] Naqueles dias, os abolicionistas souberam tirar proveito do medo senhorial. Em 17 de abril de 1888 o jornal abolicionista *Gazeta da Tarde* publicou um boletim informando que estava produzindo efeitos a fuga de escravos no município de Cachoeira. Em Outeiro Redondo, distrito daquela cidade, todos abandonaram a companhia de seus senhores e em Cruz das Almas a propaganda vinha produzindo efeitos devastadores nas relações escravistas. A partir do que vinha acontecendo em Cachoeira, os abolicionistas da capital conclamaram os escravos a fugir, tal qual fizeram os escravos paulistas, que levaram quase à extinção o cativeiro naquela província. O mesmo jornal referiu-se a uma carta vinda de Cachoeira, na qual se informava que cerca de oitocentos escravos se retiraram das fazendas.[58]

Em 18 de abril de 1888 *O Tempo* voltou a discutir os novos rumos da abolição no município. Segundo o articulista, os lavradores locais, levados pelo "espírito humanitário" ou receosos de verem suas propriedades despovoadas pela "sedução dos especuladores que por meio de boletins incitam os escravos a fugirem", estavam alforriando os seus cativos. O articulista farejava perigosas consequências naquele ato. Argumentava ele que, sem meios coercitivos, os escravos procurariam dar expansão à liberdade e, em breve tempo, os lavradores não teriam mais braços para suas lavouras. Por isso, via com preocupação as liberdades que eram concedidas sem base legal que assegurasse a efetividade dos contratos que, futuramente, poderiam ser firmados entre as partes. Informou, ainda, que os sistemas de trabalho adotados eram o salário ou a parceria, mas para ambos havia a necessidade de leis coercitivas que obrigassem o cumprimento dos contratos.[59]

Naquele mesmo dia *O Tempo* noticiou a "festa abolicionista" havida na matriz da Freguesia de Cruz das Almas, em Cachoeira. Finda a missa, o comendador Temístocles da Rocha Passos concedeu cartas de liberdade a 54 escravos que possuía em sua propriedade. Vários cidadãos pronunciaram-se com palavras eloquentes àquele ato. Segundo o noticiário,

> houve uma cena tocante por parte dos libertos que se postavam aos pés de seu ex-senhor e da família deste, revelando com a expansão que davam às suas lágrimas, profundeza de seu reconhecimento por aquele rasgo de filantropia de que eram alvo e ao mesmo tempo o seu cordial agradecimento pelo modo humanitário com que foram sempre tratados durante o seu cativeiro que se não foi de todo ameno pela natureza deste estado, todavia o foi pela ausência de amarguras e crueldades.[60]

O comportamento dos libertos nesses atos, especialmente as declarações de lealdade e fidelidade aos ex-senhores, foi ressaltado pelos articulistas. "Ante um espetáculo tão imponente", continuou o articulista, "ante os protestos que faziam os libertos de não abandonarem o seu ex-senhor em frases rústicas, mas expressivas, por isso que eram entrecortadas por soluços, ninguém houve que pudesse resistir ao impulso das lágrimas". Na ocasião, 22 proprietários repetiram o gesto do comendador Temístocles; ao todo, foram alforriados 124 escravos.[61]

Em 28 de abril de 1888 *O Tempo* voltou a noticiar mais um ato solene de libertação coletiva, dessa vez no distrito açucareiro do Iguape, no Engenho Desterro, propriedade de Pedro Viana. O senhor reuniu os cerca de cem escravos que possuía e anunciou que vinha entregar-lhes os títulos de sua liberdade prometida; que era mais uma ocasião, que aproveitava para agradecer-lhes terem sido tão bons; tão honrados e dignos de apreciação e estima; que sentia grato prazer em dar-lhes liberdade, não só por isso, como também porque nenhum tinha lhe dado o desgosto de ser considerado "fujão e atrevido", saindo do cativeiro seus amigos; finalmente que não pedia a nenhum que ficasse em seu engenho, como também não impedia que algum aí permanecesse, podendo contar com ele e com o seu socorro no dia da desgraça, aqueles que continuassem a ser honrados e seus amigos.

Segundo o articulista, o orador foi interrompido diversas vezes pelas lágrimas copiosas e pelos soluços incessantes dos libertos e de todas as pessoas que assistiam à cerimônia.[62]

Depois de entregues as cartas, Viana disse aos libertos que lhe faltavam elementos jurídicos para definir as bases legais para firmar contratos de trabalho, mas pedia que eles lhe dissessem qual sistema de trabalho livre preferiam. Os libertos disseram que não decidiriam tal questão; deixavam a seu "benfeitor" a tarefa de escolher o que fosse melhor. Essa "resposta sublime" dos libertos encheu de entusiasmo o senhor de engenho, que, para comemorar a inauguração do trabalho livre em sua propriedade, mandou celebrar missa solene na capela do engenho. Nessa ocasião, outro senhor libertou 16 escravos de sua propriedade.[63] Mais uma vez, a atitude dos libertos foi ressaltada pelos articulistas como forma de demonstrar que a transição para o trabalho livre poderia ser feita de modo ordeiro e sem comprometer a autoridade senhorial. Os senhores esperavam que a transição fosse feita nos moldes do paternalismo senhorial.

Alforrias desse tipo se sucederam ao longo das duas semanas que antecederam a abolição. Os senhores buscavam antecipar-se ao governo imperial e, com isso, diminuir o impacto político da lei que aboliria em definitivo a escravidão. Em 2 de maio de 1888 o *Diário da Bahia* noticiou que o proprietário do Engenho Orobó, em Alagoinhas, concedera liberdade a todos os cativos, com a condição de prestação de serviços até 31 de dezembro daquele ano. Além disso, dispensou os serviços dos ingênuos. Concluiu o jornal que tal procedimento mostrava que o senhor de engenho não confiava mais na sobrevida da escravidão. Em 4 de maio de 1888 o mesmo jornal anunciou que o barão de São Francisco, senhor de engenho no Recôncavo, concedera cartas de liberdade a 25 de seus escravos que se achavam na capital, 13 deles com a condição de lhe servirem até a safra seguinte.[64]

Mas o abolicionismo de última hora dos senhores não pôde conter a disposição dos cativos de apressar a consumação da liberdade. No dia seguinte, o mesmo jornal reproduziu uma carta de João Vaz de Carvalho Sodré, dono do Engenho Aratu, anunciando que "restituía" a liberdade a 77 pessoas. Disse Sodré que, em 30 de abril de 1888, concedera alforria incondicional a todos os seus escravos, prescindindo, também, dos serviços dos ingênuos. Contou que era sua intenção libertá-los na segunda-feira, 25 de abril, por ser aniversário de pessoa estimada da família, passando a organizar o trabalho livre em seu engenho. Mas a intenção de dar a esse ato uma prova de desprendimento paternal foi frustrada, porque os escravos abandonaram a propriedade antes do anúncio do suposto ato de generosidade. Para sua surpresa, a maioria abandonou o engenho no domingo, aproveitando-se de sua ausência, e "frustrando-se assim de certo modo a realização dos meus desejos". Mesmo assim, o senhor tentou tirar algum proveito do ato ao considerá-lo uma prova de que "não sou dos que se opõem às exigências do progresso e às necessidades da nossa época".[65]

Faltando poucos dias para ser anunciada a abolição definitiva, muitos senhores perceberam que eram vãs as tentativas de prender os escravos pela "dívida de gratidão" e que o velho paternalismo senhorial era insuficiente para conter a desordem nas propriedades. Frustraram-se as tentativas de conduzir o processo de abolição nos moldes ditados pelos senhores. Na perspectiva de um proeminente senhor de engenho de Santo Amaro, a anarquia tomara conta do país e, como consequência, "perturbação do trabalho agrícola pela quase insubordinação e vadiice dos escravos, pela legalização das fugas, atuando contra a lavoura em lamentável concerto com a anormalidade da estação e o misérrimo preço dos gêneros de produção". Foi nessa situação que a lei de 13 de maio encontrou os donos de terras e escravos.[66] Mas, naqueles primeiros dias de liberdade, o que os senhores consideravam insubordinação nada mais era do que iniciativa dos ex-escravos de se afirmar como cidadãos livres.

Notas

1. Sobre a participação popular no movimento abolicionista, ver Emilia Viotti da Costa, *Da senzala à colônia*. Maria Helena Machado, *O plano e o pânico*, especialmente o capítulo 4, aborda de forma original a participação popular no movimento abolicionista no Sudeste brasileiro. Jailton Lima Brito, *A abolição na Bahia*, especialmente o capítulo 3, aborda o impacto político do envolvimento de setores populares no movimento baiano. Dale Graden, *From slavery to freedom in Bahia*, especialmente o capítulo 3, explora a mesma questão. Desse último autor, ver também "Voices from under", pp. 145-61.
2. Ver W. Pinho, *História de um engenho do Recôncavo*, p. 510.
3. O cenário favorável ao rompimento definitivo com os laços escravistas por meio das fugas não era exclusivo de Salvador. Machado, *O plano e o pânico*, p. 156, observa o mesmo fenômeno em outras cidades paulistas. Para o Rio de Janeiro, ver Sidney Chalhoub, *Visões da liberdade*, pp. 212-48.
4. Apeb, *Subdelegados*, 6.249 (1884-1885), carta do subdelegado dos Mares para o chefe de polícia, 19/1/1884.
5. Apeb, *Delegados*, 6.213 (1876-1877), carta do delegado de Cachoeira, Manuel José Fortunato, para o chefe de polícia, 9/5/1876. Manuel atribuiu a prisão a um vizinho que lhe furtava as plantações e por isso o denunciou como escravo fugido. Sobre a arma encontrada em sua casa, Gouveia afirmou que lhe servia na caça de preás.
6. Apeb, *Subdelegados*, 6.245 (1877). Sobre a prisão de Eleutério, ver carta do subdelegado da Freguesia de Santo Antônio, Antônio Teodoro Coelho, para o chefe de polícia, 8/2/1877. Sobre a prisão de João da Silva, ver, no mesmo maço, carta do subdelegado do distrito do Rio Vermelho para o chefe de polícia, 25/4/1877.
7. Apeb, *Subdelegados*, carta de José Leôncio Ribeiro Sanches, subdelegado da Freguesia de Pirajá, para o chefe de polícia, 23/10/1877.

8. Apeb, *Polícia*, 2.852 (1881-1882), f. 217v, carta do chefe de polícia para o delegado de Santo Amaro, 13/4/1882.
9. Apeb, *Subdelegados*, 6.243 (1874-75), carta do subdelegado Salvador Aires de Almeida Ferreira para o presidente da província, 4/5/1874.
10. Idem, carta do subdelegado da Freguesia do Pilar, José Cândido Pereira, para o chefe de polícia, 21/4/1875.
11. Apeb, *Polícia-assuntos diversos*, 6.499 (1876-77), carta de José Augusto da Veiga Ornelas para o chefe de polícia, 1/5/1877.
12. Apeb, *Subdelegados*, 6245 (1877), carta de Manuel Pereira Marinho para o chefe de polícia, 3/1/1877.
13. BPEB, "Atentado contra a propriedade legal", *Echo Santamarense*, 14/4/1883, p. 1.
14. VIGHB, Teodoro Sampaio, *O abolicionismo*, manuscrito inédito do autor, s.d., pasta de Teodoro Sampaio, p. 22.
15. Apeb, *Polícia*, 6.505 (1886), carta de Eduardo Carigé para o chefe de polícia, 16/3/1886.
16. IGHB, Teodoro Sampaio, *O abolicionismo*, pp. 10-15.
17. Apeb, *Subdelegados*, 6.252 (1887), carta do subdelegado da Freguesia da Conceição da Praia, Manuel Joaquim de Andrade, para o chefe de polícia, 8/7/1887.
18. Apeb, *Delegados*, 6.226 (1887-1888), carta de José S. de Araújo, delegado de Cachoeira, para o chefe de polícia, 22/9/1887.
19. Apeb, *Subdelegados*, 6.253 (1888-1889), carta de Francisco Paraassu Cachoeira, subdelegado da Freguesia de Pirajá, para o chefe de polícia, 26/3/1888.
20. IGHB, Teodoro Sampaio, *O abolicionismo*, pp. 27-28.
21. Ibidem, pp. 6-7.
22. Ibidem, p. 7.
23. *Diário da Bahia*, 4/1/1889, p. 2.
24. IGHB, Teodoro Sampaio, *O abolicionismo*, p. 2.
25. "O Sr. Eduardo Carigé aos seus concidadãos (IV)", *Diário da Bahia*, 4/1/1889, p. 2. Sobre a localização dos cantos de trabalho dos ganhadores, ver João Reis, "De olho no canto", pp. 209-16.
26. IGHB, Teodoro Sampaio, *O abolicionismo*, p. 24.
27. Maria Helena Machado, *O plano e o pânico*, especialmente o capítulo 4, enfoca a participação popular no movimento abolicionista nas províncias do Sudeste e mostra como o abolicionismo abrigou aspirações e demandas populares diversas.
28. Sobre a participação de Ismael Ribeiro no movimento abolicionista, ver Jailton Lima Brito, *A abolição na Bahia*, pp. 68-69.

29. Ver artigo do barão de Vila Viçosa,"A lei de 13 de maio e o seu complemento", *Diário da Bahia*, 1/7/1888, p. 2.
30. BPEB, "Atentado contra a propriedade legal", *Echo Santamarense*, 14/4/1883, p. 1.
31. Apeb, *Delegados*, 6.220 (1882-1883), carta de Alfredo Devoto, delegado do 1º Distrito de Salvador, para o chefe de polícia, 14/5/1883.
32. BPEB, "O estado da província", *Echo Santamarense*, 26/10/1882, p. 1.
33. Ibidem, 25/1/1883, p. 1.
34. BN, *O Guarany*, 10/8/1884, p. 1.
35. Jailton Lima Brito, *A abolição na Bahia*, pp. 204-223, discute a conjuntura política em que foram fundadas as duas associações antiabolicionistas no Recôncavo.
36. BN, *O Guarany*, 25/3/1885, p. 1, transcrição de uma coluna do *Jornal de Notícias*. Em 31 de março, o mesmo jornal noticiava as iniciativas da União Agrícola contra a "propaganda abolicionista tresloucada". Numa representação enviada ao governo imperial, protestava contra abusos e crimes cometidos pelos "abolicionistas especuladores".
37. "Verdadeira philantropia", BN, *O Guarany*, 29/11/1884, p. 2.
38. Apeb, *Escravos-assuntos*, 2.897 (1873-1887), abaixo-assinado contendo 77 assinaturas de "lavradores e comerciantes" da Freguesia de Muritiba, enviado ao presidente da província, 11/3/1885.
39. Apeb, *Processos-crimes*, 4321-15 (1887), processo instaurado contra Cesário Ribeiro Mendes, em 21/4/1887. Entre as testemunhas citadas por Bulcão, encontravam-se o conselheiro Francisco Prisco Paraíso, doutor Francisco Maria de Almeida, capitão Manuel Adeodato de Sousa, Temístocles da Rocha Passos, Durval de Sousa Lopes, Henrique Pereira Teixeira, capitão Joaquim Marinho Aragão e tenente-coronel Amâncio da Rocha Passos, todos grandes senhores de escravos.
40. Apeb, *Delegados*, 6.226 (1887-1889), carta do delegado de Cachoeira, Joaquim Inácio Albernaz, para o chefe de polícia, 24/11/1887. Ver também, da mesma autoridade, carta de 2/9/1887.
41. Joaquim Inácio Albernaz, 44 anos, era natural de Sento Sé, negociante e residente em Cachoeira. Provavelmente chegou ao cargo de delegado por indicação dos conservadores locais.
42. Apeb, *Chefes de polícia*, 2.987 (1880-1889). Em carta enviada ao chefe de polícia, 13/9/1887, ele rebateu denúncias de que um senhor de engenho havia castigado até a morte uma escrava. Rebateu também denúncias de que o escravo Luís havia sido castigado ilegalmente, afirmando que fora apenas posto no tronco, sem sofrer castigo algum.

43. Sobre as denúncias ao delegado Albernaz, ver BN, *O Asteroide*, "O princípio do fim", 27/9/1887, p. 1; ver também, no mesmo jornal, "Ataque à imprensa", 30/9/1887, p. 2.
44. Esse breve relato se baseia nos depoimentos das testemunhas que depuseram no processo que foi instaurado para apurar aqueles episódios. Ver ARC, *Judiciário*, caixa 1973, v. 1 (1888).
45. Apeb, *Chefes de polícia*, 2.897 (1880-1889), carta do chefe de polícia Domingos Rodrigues Guimarães para o presidente da província, 10/9/1887. Ver também carta de 22/9/1887.
46. Ver Isaías Alves, *Matas do sertão de baixo*, pp. 50 e 53.
47. Apeb, *Polícia*, cartas expedidas, 5.856 (1882-1883), ff. 255v-56.
48. Apeb, *Polícia-escravos*, 6.347 (1881-1885), carta de Inocêncio Teixeira Barbosa, senhor do Engenho Cachoeirinha, para o chefe de polícia, 2/1885.
49. Apeb, *Polícia*, 6.504 (1885), carta de Francisco Ribeiro Lopes para o chefe de polícia, 19/3/1885.
50. Apeb, *Polícia-escravos*, 6.348 (1886-1889), carta de Rodrigo Antonio Falcão, senhor do Engenho Palma, para o chefe de polícia, 22/1/1888. Anexa procuração que autorizava Francisco Correia Tavares a receber os fugitivos que se achavam na Casa de Correção, 21/6/1887.
51. IHGB, *Coleção conde de Subaé, Livro de contas*, lata 550, pasta 25 (1863-1887), sem numeração. Anotação de 3/3/1887.
52. Warren Dean, *Rio Claro*, p. 146, identifica a mesma postura entre os senhores de escravos paulistas.
53. Isaías Alves, *Matas do sertão de baixo*, p. 54.
54. IHGB, *Coleção barão de Cotegipe*, lata 918, pasta 27, carta de Aristides Novis para Cotegipe, 11/7/1888.
55. W. Pinho, *História de um engenho do Recôncavo*, p. 511.
56. Segundo Jailton Lima Brito, *A abolição na Bahia*, p. 154, provavelmente foi o grupo de Cesário Mendes que distribuiu panfletos nos engenhos do Recôncavo.
57. Comunicado: "Cruel expectativa", *O Tempo*, 14/4/1888, p. 1.
58. Apeb, *Gazeta da Bahia*, 17/4/1888. Os abolicionistas que escreveram esse boletim, certamente do Partido Liberal, protestaram contra a situação dos escravos que ficavam à mercê dos despachos do barão de Cotegipe e de outros chefes políticos que faziam jogo com a "vitória da nossa causa".
59. IGHB, "A questão atual", *O Tempo*, 18/4/1888, p. 1.
60. Ibidem, p. 2.
61. Ibidem.
62. Ibidem, 28/4/1888, p. 1.

63. Ibidem.
64. BPEB, *Diário da Bahia*, 2/5/1888, p. 1. Sobre o barão de São Francisco, ver BPEB, *Diário da Bahia*, 4/5/1888.
65. Ibidem; ver também 5/5/1888, p. 1.
66. Ibidem, artigo de Vila Viçosa, "A lei de 13 de maio e o seu complemento", 1/7/1888, p. 2.

CAPÍTULO 4 O 13 de Maio e os dias seguintes

> Dia 13 de Maio em Santo Amaro
> Na Praça do Mercado
> Os pretos celebravam (Talvez hoje inda o façam)
> O fim da escravidão
> Da escravidão
> O fim da escravidão.
>
> Caetano Veloso, *13 de Maio*
> (Disco *Noites do Norte*, 2000)

Desde 9 de maio de 1888, quando os jornais anunciaram a apresentação do projeto de abolição definitiva no Parlamento nacional, escravos e libertos das localidades do Recôncavo Baiano foram tomados pela expectativa de que o fim da escravidão estava muito próximo. Rememorando aqueles dias, Isaías Alves contou que muitos escravos se aglomeraram na estação ferroviária de Vargem Grande, próximo à Vila de Santo Antônio, onde havia telégrafo, à espera de notícias sobre a aprovação da lei que mudaria para sempre suas vidas.[1] Em muitos engenhos, os escravos consideraram-se livres e recusaram-se a trabalhar nos canaviais. Como foi visto no capítulo anterior, muitos senhores se anteciparam à lei imperial declarando forros todos os seus cativos, numa tentativa de manter alguma autoridade sobre os libertos e deter a onda de fugas que vinha ameaçando a continuidade das atividades produtivas. Outros se aferraram à propriedade escrava, não tanto por acreditar na sobrevida do velho escravismo, mas para requerer indenização pela iminente perda dos braços cativos.

Na noite do dia anterior, as ruas de Salvador encheram-se de pessoas; muitas afluíram para a frente das redações dos jornais, "no intuito de manifestarem regozijo de que estavam possuídos". Mais tarde, quando já havia grande "aglomeração popular", apareceu a banda Música dos Libertos (provavelmente a banda da finada Chapadista), foguetes estouravam nos céus, houve discursos de abolicionistas, vivas ao gabinete conservador, passeatas de populares pelas ruas da cidade.[2]

Com efeito, a notícia da abolição definitiva do cativeiro no Brasil foi bastante festejada nas senzalas dos engenhos e nas cidades da região. Uma autoridade da Vila de São Francisco do Conde informou com preocupação que, desde o 13 de Maio, os libertos se entregaram a "ruidosos" sambas durante noites seguidas.[3] Nas cidades próximas aos centros produtores de açúcar, recém-libertos dos engenhos juntaram-se a populares nos festejos e nos desfiles promovidos por associações abolicionistas. Um jornal da cidade de Cachoeira informou que, na noite de 13 de maio, "o povo se derramou pelas ruas" acompanhado de duas bandas de música. Das sacadas dos sobrados, muitos discursos e vivas ao grande dia. Na semana seguinte, depois que a Câmara recebeu comunicação oficial da abolição, cerca de quatro mil pessoas desfilaram festivamente pelas ruas de Cachoeira e da vizinha povoação de São Félix.[4] Em Salvador, desde o dia 13, entidades abolicionistas, estudantes, populares e ex-escravos ocuparam as ruas e desfilaram pelo centro da cidade ao som de filarmônicas. Queimaram-se fogos de artifício e as fachadas das casas particulares e das repartições públicas foram iluminadas durante noites seguidas.

A presença de ex-escravos nas ruas de Salvador foi notada por diversos contemporâneos. Por iniciativa deles, os carros do caboclo e da cabocla desfilaram da Lapinha ao centro da cidade, percorrendo o mesmo itinerário dos festejos da Independência da Bahia. A relação do 2 de Julho — data em que se comemorava a libertação da província do colonialismo português — com os festejos da abolição sugere que, na avaliação dos libertos e dos populares, a liberdade conquistada em 1823 finalmente se completou com o fim do cativeiro.[5] Em tom apoteótico, um deputado baiano observou:

> No meio daquela onda imensa de povo, notavam-se os homens negros, os ex-escravos, resplandecentes da luz da liberdade, fraternizando com a multidão que os recebia de braços abertos. Tinham a atitude ereta dos que já ousam olhar o céu [...] e dos lábios entreabertos a escarpar-se-lhes este grito ingente: — Viva a liberdade.[6]

Relembrando aquele dia, Teodoro Sampaio registrou o comportamento de Macaco Beleza, o liberto que militava no movimento abolicionista. Segundo ele,

> No dia 13 de maio de 1888, este homem emudeceu. No meio do entusiasmo dos moços, das aclamações estrepitosas de todos os ângulos da cidade e de seus bairros, dos subúrbios, enormes falanges de cidadãos, de todas as classes, e dos que acabavam de ser emancipados; quando todos vinham saudar a *Gazeta da Tarde* e a Libertadora Bahiana, Manoel Benício chorou por longo tempo; de seus olhos não se enxugavam as lágrimas e a sua atitude mereceu geral atenção.[7]

Em muitas localidades da província, a festa da abolição prolongou-se por muitos dias. Na capital, em 18 de maio, uma grande "romaria popular" dirigiu-se à Igreja do Bonfim, em agradecimento à liberdade dos escravos.[8] Sete meses depois do 13 de Maio, durante os festejos do santo, o samba mais cantado por populares tinha como refrão: "Ô ioiô Carigé, dê cá meu papé", uma referência ao abolicionista Eduardo Carigé e ao esforço dos escravos para conseguir a alforria nos últimos anos de cativeiro.[9] Quase um mês após a abolição, na manhã de 7 de junho de 1888, os libertos da Vila de Santa Rita do Rio Preto encontraram motivo para festejar, quando o secretário da Câmara, oficialmente, anunciou em "voz alta pelas ruas" a promulgação da lei de 13 de maio, conforme recomendação do presidente da província. À medida que percorria as ruas anunciando o que havia muito já se sabia, o secretário "foi imediatamente e entusiasticamente acompanhado debaixo de toque de fogos ao ar e de repetidos vivas pelos ex-escravos de ambos os sexos".[10]

As evidências mostram que os egressos da escravidão da cidade não pretendiam aparecer apenas como meros figurantes da festa. A forma como reivindicaram a participação nas passeatas, a procissão até a Igreja do Bonfim e as missas promovidas por irmandades negras devem ser vistas em sua dimensão política. Esses eventos mostram que os libertos sabiam estar vivendo um momento especial e as festas da abolição foram as primeiras manifestações públicas de que desejavam participar politicamente dos acontecimentos na condição de cidadãos livres.

Os festejos do 13 de Maio transformaram-se em grande manifestação popular e isso refletia em grande medida a amplitude social do movimento antiescravista na Bahia. As manifestações impressionaram os observadores da época, pela quantidade de pessoas que ocuparam as ruas. Dois dias depois da abolição, ao noticiar os festejos do 13 de Maio, o articulista do *Diário da Bahia* parecia impressionado com a presença de milhares de populares nas ruas de Salvador. Em um trecho ressaltou que o "povo manifestou do modo mais profundo e entusiástico o júbilo de que se achava possuído". Em outro, referiu-se à "concorridíssima passeata popular", à "enorme multidão" ou à "grande massa de povo" que percorrera as ruas da cidade conduzindo os símbolos da Independência baiana.[11]

Para muitos aquela "massa de povo" nas ruas, grande parte dela composta de egressos da escravidão, era algo temerário e anunciava perigosas consequências. No dia 14, um parlamentar protestou na Assembleia baiana contra a diminuição do efetivo policial da província, para ele um contrassenso ante a presença de cerca de oitenta mil pessoas liberadas do controle escravista.[12] Às mãos do chefe de polícia chegaram muitos pedidos de aumento do efetivo policial das cidades do Recôncavo e de outras regiões. Três dias depois da abolição, o senhor de engenho e comerciante Aristides Novis, em carta endereçada ao barão de Cotegipe, confidenciou suas impressões sobre as ocorrências do 13 de Maio em Salvador. Segundo ele, desde então, "vivemos em completo delírio!" Da sacada de sua casa, ele ouviu muitas homenagens ao conselheiro Dantas, a Rio Branco, Joaquim Nabuco e outros chefes liberais. Notou que o nome de João Alfredo, chefe do gabinete conservador, fora pouco ovacionado durante as manifestações. Vê-se que o conflito partidário, que marcou toda a discussão em torno dos destinos da escravidão, ressurgiu com toda a força nos festejos do 13 de Maio. Para Novis, pior do que o quase esquecimento dos líderes conservadores foi assistir às manifestações populares, inclusive com a presença de muitos ex-escravos nas ruas. Enfim,

> Viva o dia 13 de Maio, viva a abolição imediata e sem indenização, vieram enfim os salvadores da Pátria! Desde o dia 13 que vivemos em completo delírio! Comércio fechado todo o dia de ontem, passeatas pelas ruas, carros dos caboclos que [os libertos] foram buscar na Lapinha e depositaram na Praça do Palácio; enfim todas as noites temos grandes festas; carnaval, 2 de Julho, é festa da abolição! Faça ideia 3 de um tempo, que efeito não produzem, temos aqui mais de 3 mil pretos vindos dos engenhos. Ainda ontem conversando com o Presidente e Chefe de Polícia pedi-lhes que assim passassem estas festas, providenciasse no sentido destes trabalhadores voltárem às fazendas, se não em breve os roubos e mortes se dariam a cada momento.[13]

É evidente o temor de Novis diante dos milhares de libertos misturados aos populares nas ruas da cidade. E, mais ainda, o entusiasmo do povo havia incorporado a dimensão e os significados das duas maiores festas populares da província. Para seu desespero, a comemoração da liberdade transformara-se numa síntese potencialmente explosiva entre o Carnaval e o 2 de Julho. Realmente, foi insuportável para aquele ex-senhor de escravos assistir, a um só tempo, à inversão da ordem do Carnaval e à exaltação da liberdade do 2 de Julho. Por trás disso, havia o medo maior de que a festa desembocasse em ameaça séria à ordem. Por isso, não escondeu a preocupação diante da presença de mais de três mil "pretos" nas ruas da cidade e apressou-se em requisitar providências repressivas às autoridades da província. Na carta, ainda observou: "Só peço a Deus que o governo depois desta patriotagem nos mande breves leis regularizando o serviço e auxílios pecuniários para a lavoura; isto não vindo, estaremos ainda em piores circunstâncias."

Na mesma ocasião, Novis revelou as reações do tio, o barão de Santiago, grande senhor de engenho do Iguape, diante das surpreendentes mudanças de atitudes dos seus ex-escravos e da forma como eles se entregaram aos festejos da abolição. Segundo afirmou, "o Santiago está bom, porém muito sorumbático, vendo sair para as ruas as suas crias que ele sempre tanto zelou, etc., etc.".[14] Parece que, para o velho barão de Santiago, a perda da propriedade escrava tivera impacto menor do que o dissabor de experimentar, naquele áureo dia, a impossibilidade de interferir nas decisões de suas estimadas crias. A perplexidade do barão resultava da completa ineficácia das formas tradicionais de controle oriundas da escravidão. O zelo paternalista que havia devotado às crias domésticas de nada lhe serviu naquele primeiro dia de liberdade.

Para os ex-escravos e para os setores populares da sociedade que se envolveram na sua causa, o 13 de Maio significou o começo de uma nova era. Foi nesse clima de expectativas que, em 1891, o músico mulato Manuel Tranquilino Bastos, militante abolicionista da cidade de Cachoeira, deu o expressivo nome de Aurorina Maiotreze Bastos à filha nascida justamente em 13 de maio daquele ano.[15]

Uma análise mais apurada dos festejos do 13 de Maio de 1888 pode revelar sentimentos e expectativas dos ex-escravos em relação à nova condição de livres. As aspirações e os projetos de liberdade engendrados durante e depois da escravidão foram parte do processo de mudanças de padrões de comportamento e conduta oriundos do escravismo. As formas como os ex-escravos expressaram o desejo de distanciar-se do passado escravista, por meio de palavras e comportamentos, são os objetos de reflexão deste capítulo. Ao afirmar sua nova condição, os libertos defrontaram-se com os limites materiais e simbólicos oriundos da velha ordem escravista. Mesmo sem modificar a ordem hierárquica vigente, a abolição havia abalado as bases das relações cotidianas nos engenhos e na sociedade como um todo.

Naqueles dias, os ex-escravos encontraram oportunidade de questionar abertamente os padrões e as etiquetas de mando senhorial ou simplesmente de ignorar as ordens dos senhores. De qualquer forma, aquele foi um momento marcante, em que os ex-escravos tentaram aprofundar as transformações nas relações cotidianas de poder, dentro e fora das propriedades. Aos olhos dos ex-senhores, as reações dos libertos não passavam de atos despropositados, frutos da "embriaguez" e do entusiasmo. Inegavelmente, os dias que se seguiram à abolição foram momentos ricos, pois estavam em disputa as possibilidades e os limites da condição de liberdade.

Os dias seguintes

Muitos ex-senhores de escravos surpreenderam-se ao perceber que o comportamento, as atitudes e a linguagem dos homens e das mulheres que até então lhes serviam como cativos se haviam modificado sensivelmente após a abolição. Para se afirmar como livres, os ex-escravos procuraram distanciar-se do passado de escravidão, rechaçando papéis inerentes à antiga condição. Em diversos engenhos, os ex-escravos negaram-se a receber a ração diária, a seguir para o trabalho no canavial e a trabalhar sem remuneração. Ao afirmar o status de livres, muitos passaram a expressar-se numa linguagem que os ex-senhores consideraram "atrevida" e "insolente". Naqueles dias, palavras e atos facilmente ultrapassaram os limites do que os ex-senhores entendiam como etiquetas de respeito e deferência. Poucos senhores não guardaram daqueles momentos amargas recordações da maneira como seus antigos cativos passaram a se comportar.[16]

Em 1933 o ex-escravo Argeu relembrava como os cativos do engenho em que vivia festejaram o "dia da liberdade". Disse ele:

> Foi uma cousa terrive. Seu Mata Pinto [dono do engenho] ajuntou tudo, uns cem, para um samba, mandou abrir vinho, cachaça, melaço com tapioca, bestou, e de madrugada diche que tudo tava livre. Foi o diacho. A gente já sabia e foguete pipocou a noite toda.[17]

Vê-se que a festa cuidadosamente preparada pelo senhor para dar as boas novas se frustrou em seus objetivos, pois os escravos souberam com antecedência que a escravidão já havia sido abolida. Na manhã seguinte, o senhor experimentaria desgosto maior ao constatar que os escravos não atendiam à convocação ao trabalho, pois, segundo o velho ex-escravo, "no outro dia não tinha ninguém mais no terreiro". Pelo que disse, os escravos domésticos também deram seu grito de liberdade, pois, na casa-grande, o silêncio era quase absoluto; ouvia-se apenas "o baruio das valigeiras [moscas varejeiras], naquela casa, que o xujo tomou conta".[18]

A partir de fragmentos das memórias familiares, Isaías Alves tentou imaginar o que se passara na "alma dos escravos" no dia da abolição. Segundo ele, o engenho do avô encheu-se de música e foguetes. Na Vila de Santo Antônio, um antigo escravo da família, chamado Vitorino, passou a noite "emproado e provocador", desfilou orgulhoso pelas ruas e, em altas vozes, deu vivas à "igualdade". Os ex-senhores surpreenderam-se com seu comportamento, pois, até então, era discreto e considerado "bom elemento". Durante a escravidão, fora impecável nas tarefas de servir à mesa, lavar e suprir de água a casa dos senhores. Na noite seguinte, foi preso ao ser flagrado forçando a porta da loja comercial do ex-senhor.[19] O que mais chocou os ex-senhores foi perceberem que, na cabeça de Vitorino e possivelmente de outros libertos, a ideia de liberdade fundia-se perigosamente com a noção de igualdade. Era uma combinação potencialmente explosiva, em se tratando de uma sociedade fundamentada nas desigualdades sociorraciais entre as pessoas. Sem perceber, o que o autor revelou foram as "almas" assustadas dos antigos senhores diante dos comportamentos e das atitudes dos ex-escravos.

Alves descreveu, também, a reação do escravo Januário, cozinheiro de confiança, que:

> alvoroçado, anunciando a liberdade, deixara queimar-se a panela de arroz. Tia Heliodora, de voz bastante masculina: "Já sei que vocês estão forros, mas vá ver meu almoço, minha panela de arroz, que

você deixou queimar!" O ex-escravo, a rir, vai cuidar da cozinha e nunca deixa o ex-senhor, que lhe arranjou uma choupana, em que se casou com Geralda, escrava de Misael Lopes, muito mais clara e formosa mulata.[20]

Essa última referência, por certo evocada pelo autor para evidenciar as "relações amistosas" entre antigos senhores e ex-escravos, inadvertidamente revela o quanto aquele dia havia afetado as relações cotidianas entre libertos e ex-senhores. O que antes poderia ensejar uma reprimenda verbal, ou alguma forma de castigo, acabou em riso de parte a parte.

A condição básica da autoridade senhorial, que consistia em mandar e ser acatado, perdera força nos dias seguintes ao 13 de Maio. Não por acaso, alguém falou que a abolição, tal qual a clava de Hércules, havia cortado o "fio das tradições" na lavoura canavieira.[21] No Engenho Outeiro, propriedade do velho Francisco Félix, na manhã de 14 de maio, "depois da notícia [da abolição], apareceu um com a cabeça amarrada, outro avisava que estava doente e, perguntado por que os outros não foram trabalhar, respondeu que já estavam forros. O velho [senhor] de tudo estava informado, não se mostrou aborrecido, mas triste e pensativo".[22] Para aqueles libertos, a simulação de doença e mesmo a recusa aberta em comparecer ao trabalho foram maneiras de mostrar que os rumos de sua vida já não eram ditados pelos desígnios e pelas vontades dos ex-senhores. Sem dúvida, do ponto de vista dos antigos senhores, a abolição da escravatura ocorreu de forma traumática.

Ao alegar que já "estavam forros", os libertos pretendiam dizer que já não se sentiam obrigados às rotinas cotidianas de trabalho; possivelmente entendiam que trabalhar nos canaviais era a "continuação do cativeiro". Assim, negaram-se a labutar no eito ou a fazer qualquer atividade nos engenhos. Por isso, no amanhecer de 14 de maio, recusaram-se a atender ao chamado dos feitores ou ao toque dos sinos que anunciavam o início da lida no canavial.

Muitos senhores assustaram-se ao perceber que o modelo de conduta paternalista, ou as velhas compulsões, não era suficiente para obrigar os que se negavam a atender à convocação ao trabalho. Houve quem deixasse de achar sentido na vida, ao se ver privado dos serviços dos antigos cativos. Isaías Alves escreveu que, após a notícia do "grande acontecimento", "houve suicídio de senhores de engenho: alguns enforcaram-se e outros se envenenaram, outros endoideceram". Em 26 de janeiro de 1889, o *Diário do Povo* noticiou o suicídio de "abastado fazendeiro" da Freguesia de Conceição do Almeida, povoação próxima às localidades visitadas por Alves. Segundo o noticiário, o referido senhor era dono de quarenta escravos, todos libertos pela lei de 13 de maio, e, "abalado por este fato e mais pela circunstância de haverem os libertos abandonado o trabalho, começou a sofrer das faculdades mentais, até que na madrugada de 23 do corrente pôs termo a sua existência enforcando-se na cancela de sua fazenda".[23]

O barão de Vila Viçosa, grande proprietário de engenhos na cidade de Santo Amaro, registrou, em diversos artigos publicados na imprensa baiana, sua visão daqueles dias. Em 24 de janeiro de 1889 ele recordou que, após a lei de 13 de maio, houve o que definiu de "perturbação geral do trabalho" em consequência da "desmoralização" e das fugas. Diante da notícia "que devia encher de regozijo todos os corações brasileiros", os "espíritos refletidos" foram tomados pelas mais tristes apreensões em relação ao futuro econômico da província. Passado o entusiasmo da lei, caíram em si diante da perda de braços e da falta de recursos para pagamento dos salários. "Desde o dia 13 de maio ficou completamente desorganizado todo o trabalho. Os ex-escravos nada mais fizeram senão vadiar, sambar e embriagar-se." Segundo afirmou, grande parte deles abandonou as propriedades e foi para a cidade de Santo Amaro, sendo que os mais "preguiçosos" ficaram em suas casas sem se prestar a qualquer serviço.[24] Na visão do barão, o comportamento dos libertos não passava de atos impensados, resultantes do desejo irrefletido de desfrutar da ociosidade, vadiação e embriaguez. Ele partia da noção de que os libertos não estavam preparados para a liberdade e, tampouco, eram capazes de engendrar ações refletidas.

Nesse artigo, o barão de Vila Viçosa recordou as amargas experiências do dia seguinte à abolição. Suas palavras não escondem o mal-estar diante da perda de autoridade moral perante pessoas que havia muito lhe deviam obediência. Escreveu ele que

> Havia partido no trem para Santo Amaro no dia 12 de maio, deixando a fábrica a trabalhar, e quando no dia 14 voltei não tinha meios de prosseguir o serviço da moagem, e nem disso me pude admirar; porque já vinha da cidade sem o meu criado que desde o dia 13 tinha tomado uma tal carraspana, que ainda no outro dia não podia mexer-se, e só no seguinte apareceu-me de cara toda arrebentada para dizer-me que não queria mais ser meu criado e ia procurar um outro meio de vida.[25]

Na citação anterior, o barão deixou escapar uma contradição, pois a decisão do criado de abandoná-lo não era norteada pela expectativa do ócio, mas pelo desejo de ter "um outro meio de vida". Ainda assim, para o nosso barão, a decisão do seu criado foi tomada no auge de grande porre e entusiasmo pelos acontecimentos do dia anterior. Num exercício simplista de imaginação, Vila Viçosa tentou reproduzir o raciocínio dos ex-escravos: "Se quando nós éramos escravos estávamos sujeitos ao trabalho de todos os dias, agora que somos libertos, não devemos mais trabalhar." Na sua visão, extinta a escravidão, só restava aos ex-escravos a ociosidade, pois imaginava que suas mentes obedeciam "unicamente aos hábitos da indolência e às sugestões dos vícios e das paixões mais desregradas".

Para completar sua versão do quadro de degeneração moral que a abolição havia desencadeado, observou ainda que as cidades ficaram "atulhadas de negras entregues à prostituição". O barão tentava demonstrar que a escravidão fora o freio moral de uma população considerada "naturalmente" inclinada à indolência, à preguiça, aos "vícios" e às "paixões mais desregradas".[26] Vila Viçosa era defensor da indenização e crítico mordaz da forma como o governo havia decretado a lei de 13 de maio. Interessava-lhe mostrar que, além do confisco de suas propriedades humanas, os ex-senhores foram expostos à desobediência e ao abandono das propriedades. Mas é evidente que, por trás dos seus argumentos, existia muita insatisfação ante a impossibilidade de controlar pessoas que havia pouco lhe pertenciam.

"Entusiasmo", "deslumbramento" e "embriaguez" foram expressões usadas por muitos senhores de engenho para definir o estado de ânimo dos libertos. Segundo um observador,

> A primeira impressão foi, como devia de sê-lo, a do sobressalto trazendo a inconsequência das decisões, aqueles [os ex-senhores] retraindo-se pelo terror ou pela susceptibilidade profundamente molestada, e estes [os libertos] excedendo-se pelo natural desvirtuamento da força própria, entregues à sagacidade do fato, sem corretivos nas aspirações, porque não as havia definidas nos espíritos incultos e nas exigências da natureza inconsciente.[27]

Em outro momento, o autor afirmou que do "sopro da redenção dos cativos, surgiu desânimo de uns e o desregramento de outros". Uma classe aferrada ao trabalho escravo custava a acreditar que a população negra, egressa da escravidão, pudesse viver fora dos controles e limites impostos pelo escravismo. E, mais ainda, que pudesse ter aspirações próprias.

Fica inscrito nas palavras de Vila Viçosa e de outros observadores que a abolição representou muito mais do que a perda dos braços escravos; ela havia destruído um estilo de vida fundado em padrões e etiquetas de mando e obediência. E, mais do que isso, havia perigosamente ameaçado inverter os "lugares" tradicionalmente ocupados pelos indivíduos na hierarquia social. Não foi por outra coisa que o barão de Vila Viçosa deplorou o dia em que "mães qualificadas" (leia-se, mulheres brancas e damas das casas-grandes) foram obrigadas a ir para a cozinha e crianças ficaram sem amamentação.[28] Em verdade, o discurso do barão expressava o lamento de uma classe social ante a destruição de regras e valores hierárquicos moldados em seu próprio benefício.

Os traumas dos senhores baianos ante o fim da escravidão ganharam as páginas dos romances. Em 1908, duas décadas depois da abolição, a escritora Anna Ribeiro de Goes Bittencourt, filha de grande senhor de engenho do Recôncavo, retratou, no romance *Letícia*, as contrariedades dos antigos proprietários de escravos ante a perda da mão de obra cativa. O livro trata das desventuras matrimoniais de Letícia, filha única do velho Travassos, rico senhor de engenho do Recôncavo, tendo como pano de fundo a abolição da escravidão, a queda do Império e a proclamação da República, momentos cruciais em que a autora ressalta as transformações ocorridas no mundo privado das casas-grandes. O drama pessoal de Letícia funde-se com o próprio declínio da "aristocracia do açúcar", classe à qual autora e personagem pertenciam. Escrito por alguém que viveu os momentos tensos que se seguiram à abolição, o romance revela os dramas particulares de senhores de engenho que sucumbiram financeiramente após a perda da mão de obra escrava. E, mais do que isso, constitui testemunho histórico importante de quem viu o fim da escravidão por dentro e do alto das casas-grandes.

Num trecho do romance, a autora reproduz a fala de Travassos ante o que definia como "desorganização do trabalho" decorrente do fim do cativeiro:

— É impossível viver assim! Nunca pensei que nossos escravos, sendo tão bem tratados, nos deixassem com tanto desapego. Sempre ouvi dizer que a escravidão traz vileza, mas em muitas vezes respondia a essa máxima que julgava cediça com a frase da autora da *Cabana do pai Tomás*. "Tratem-nos como cães e eles procederão como cães; tratem-nos como homens e eles procederão como homens." Mas qual! [...] Quando lhes comuniquei que eram livres, disse-lhes: Os que não quiserem ficar comigo podem retirar-se: não lhes guardo por isso rancor; só lhes exijo que me previna [sic] para poder regular o trabalho. Todos protestaram não me deixar; alguns acrescentaram: "Ainda que meu senhor me tanja, eu não saio; aqui hei de morrer. Nós não tivemos senhor, e sim pai."[29]

No trecho anteriormente ressaltado, fica evidente a surpresa do senhor diante da mudança de comportamento dos ex-escravos e da ineficácia das formas tradicionais de mando senhorial. Vê-se que o senhor de engenho avaliava o comportamento dos libertos sob a ótica paternalista, tanto assim que a decisão de abandonar a propriedade foi interpretada como sinal de "ingratidão":

> Ora, marco um dia para moagem; aviso a todos; estão os picadeiros cheios de canas; chego ao engenho, faltam alguns; onde estão? Mudaram-se sem dar-me a menor satisfação. Há quem sofra isto com paciência? Manhas, falsidades, como que um propósito de fazer pirraça.[30]

Ana Bittencourt foi perspicaz ao recriar os traumas dos ex-senhores ao se verem privados dos serviços e das comodidades proporcionados pela posse de escravos e escravas. Na vasta sala de jantar da casa-grande, ao redor da antiga mesa, achavam-se a família e hóspedes de Travassos, entre eles dois senhores de engenho. Depois de servida a sopa, dona Henriqueta quebrou o silêncio "pedindo a seus hóspedes desculpa das faltas que encontrariam no serviço devidas à rebeldia dos criados". "No tempo do cativeiro", continuou ela, "não havia casa mais bem servida do que esta." Essas palavras desencadearam acirrado debate entre os presentes sobre as maneiras mais acertadas de lidar com os trabalhadores emergentes da escravidão. Sampaio, o tipo de senhor "linha-dura", após desferir críticas ao governo por permitir aos libertos "vadiarem e insultarem os senhores", gabou-se de ter sempre tratado seus escravos com rigor; por isso "estão quase todos comigo". Mais adiante, ele completa: "Ainda ontem dei uma boa esfrega em um que deixei no tronco." O outro senhor, chamado Cândido, disse tratar os libertos de forma branda e assim proceder por conveniência, pois não contava com apoio do governo.[31]

Na situação descrita, a romancista parece sugerir a existência de posicionamentos e estratégias diferentes entre os ex-senhores quanto à forma de lidar com os ex-escravos. O próprio Travassos aparece na trama como o arquétipo do "bom senhor", aquele que tratava seus cativos com zelo e generosidade. O fato é que todos foram afetados pelas consequências da abolição e nem mesmo Travassos foi poupado da "ingratidão" dos antigos cativos. Dona Henriqueta, tia de Letícia, representava a senhora branca da casa-grande que, subitamente, se viu destituída dos braços escravos, em especial das criadas domésticas, que cozinhavam e lhe serviam à mesa. Em um trecho da conversa, dona Henriqueta deplorou sua situação, ao se ver obrigada a preparar o jantar: "Que jeito tenho eu senão fazer tudo!" Eurico, esposo de Letícia, observou com ironia que não devia queixar-se da abolição; os escravos não lhe faziam falta. "É porque você não está no meu lugar!, tornou D. Henriqueta. Não são somente as faltas; os desaforos, os insultos!" Mais adiante completou: "Quem não se sente da ingratidão? Muitos deles criei-os no colo; tratava-os a todos mais como mãe de que como senhora."[32]

Contra a vontade do marido, Letícia decidiu permanecer na propriedade para cuidar do pai enfermo e principalmente porque:

> Atravessamos uma crise terrível, principalmente para os ex-senhores que moram no campo. É preciso algum tino e tática para obter dos ex-escravos algum serviço. É isto que falta a minha tia [dona Henriqueta]. Se demorarem aqui mais dias, verão que é preciso o meu concurso nas mais insignificantes cousas do governo da casa. Ela coitada! Chora, se desespera, eles [os ex-escravos] fazem-lhe as maiores pirraças. [...] Eu conservo sobre essa gente alguma força moral, do que até me admiro; verão como me obedecem.[33]

Apesar das iniciativas de Letícia, o engenho não voltaria à pujança dos tempos da escravidão e sucumbiria à crise que se abatera sobre a lavoura canavieira. A perda da propriedade escrava provocou grande choque emocional no velho Travassos e a autora sugere que esse foi o principal motivo da enfermidade que o levaria à morte, logo após a proclamação da República.

Saliente-se que tanto na ficção quanto nos discursos produzidos pelos ex-senhores as iniciativas dos libertos apareciam como atos tresloucados, simples negação do trabalho e recusa da autoridade senhorial que não conseguia ter "tino e tática". Esse era mais um inconveniente da lei identificado pelos ex-senhores, na medida em que elevou abruptamente à condição de livres pessoas supostamente despreparadas para a vida em liberdade. Mesmo assim, o discurso senhorial mal escondia o temor pela ordem social. Poucas vezes na história da província as práticas e os símbolos de poder e mando dos senhores de engenho haviam sido colocados em questão de maneira tão contundente. As iniciativas dos ex-escravos, na visão dos senhores levadas pelo "entusiasmo" ou "embriaguez", abalaram as convicções senhoriais de que poderiam manter algum controle sobre seus subordinados nas mesmas bases existentes durante o cativeiro.

Em uma crônica intitulada "O misterioso pilão de Pouco Ponto", publicada em 1942, João da Silva Campos revela-nos os contornos dos fantasmas e das assombrações que povoavam os pesadelos dos senhores de engenho, logo após o 13 de Maio. Conta ele que, numa manhã de maio, dois ou três dias após a abolição, apareceu no sobrado do Engenho Pouco Ponto, nas proximidades da cidade de Santo Amaro, um homem completamente estranho naquelas paragens. Depois de apear do cavalo, subiu a escada e, sem cerimônia, entrou na sala de jantar, onde estavam acomodados o proprietário e sua família. O desconhecido puxou uma cadeira, sentou-se e pôs-se a falar. Disse ser um enviado de Deus que ali estava para vingar todas as crueldades, injustiças e todos os crimes do passado. Por vezes, parecia falar consigo mesmo, exigiu alimentação e, vorazmente, comeu tudo o que se lhe trouxe. Por fim, satisfeito, desceu a escada, montou no cavalo e sumiu na estrada. Ninguém no engenho conhecia o tal indivíduo. Silva Campos apresentou duas possibilidades para explicar a misteriosa aparição: ou era simplesmente um "maluco" ou era alguém que houvera "ensandecido com a nova lei de treze de maio". O cronista finalizou a narrativa informando que o senhor de engenho em questão, Garcia Pires, era "abolicionista convicto" e, antes da abolição, já havia alforriado todos os seus escravos.[34]

Além de abrir a possibilidade de pensarmos sobre os temores dos senhores de engenho nos dias seguintes à abolição, essa crônica permite identificar alguns símbolos da ordem hierárquica ameaçada. O fantasma — fica insinuado que se tratava de um senhor de escravos enlouquecido — entrou na casa-grande e, quebrando todo o ritual de respeito e deferência praticado nos engenhos, acomodou-se à mesa. O fantasma dizia-se um enviado de Deus e estava ali para reparar todas as injustiças e todos os "crimes do passado", uma alusão à extinta escravidão. A crônica de Silva Campos traz também à discussão o drama de consciência que rondou as cabeças dos que, algum dia, possuíram escravos. Não por acaso, o cronista tenta "livrar a cara" do senhor Garcia Pires, identificando-o como abolicionista convicto.

Nas memórias, nos romances e nos relatos feitos pelos antigos senhores de escravos, a abolição aparece como ruptura decisiva dos padrões, das etiquetas e dos valores estabelecidos na ordem escravista. Havia um interesse político e ideológico dos senhores em conceber a abolição nesses termos. A ideia de ruptura servia como importante argumento para mostrar quanto a classe senhorial havia sido abandonada e injustiçada pela decisão do governo imperial de abolir a escravidão. E, mais do que isso, o fato de que a abolição não fora precedida nem pela indenização nem por leis complementares que garantissem algum controle sobre os libertos. Na década de 1890 os lamentos e ressentimentos senhoriais foram retomados pelos donos de engenho como forma de explicar a decadência da lavoura açucareira e como principal argumento para extrair do governo créditos, empréstimos a juros baixos e auxílio financeiro ao processo de modernização dos engenhos. Portanto, era muito conveniente mostrar que a abolição havia rompido um estilo de vida fundado em valores hierárquicos sólidos, como se o mundo escravista dos engenhos não estivesse sob permanente tensão.

Não por acaso, o lamento senhorial marcou, durante muito tempo, a memória da abolição. Em *As voltas da estrada*, romance publicado em 1930, o escritor Xavier Marques captou muito bem o que pensavam os senhores sobre as mudanças que ocorreram após o fim da escravidão. Na cidade de Nossa Senhora do Amparo, fictício reduto da "aristocracia do açúcar", 12 anos depois do 13 de Maio, as transformações decorrentes da abolição ainda martelavam a cabeça dos senhores de engenho. Para eles, os "aspectos da vida eram profundamente estranhos aos poucos, já envelhecidos, que conheceram um regímen por eles julgado a forma definitiva e única legítima de coexistência social. Para estes já não havia glória em viver. Tudo era tristeza, vergonha, decadência". A classe senhorial já não gozava da antiga marca de nobreza e esforçava-se para esconder a decadência econômica. Com efeito, em 1900 "já eram anacrônicos os tipos de senhor e senhora de engenho com os principelhos desocupados e pródigos e os séquitos de lacaios e mucamas que lhes compunham a numerosa famulagem".[35]

Mas é possível captar, nas entrelinhas do discurso senhorial, evidências que ajudam a entender de que maneira os ex-escravos tiraram suas próprias conclusões em relação ao momento em que viviam. E, ainda, quais os significados que deram à liberdade e à direção que queriam dar a suas vidas. Os projetos de liberdade e os esforços que fizeram para se distanciar do passado estavam fundamentados em experiências de lutas travadas contra a própria escravidão. Esse era um aspecto importante dos embates que se seguiram à abolição que o discurso senhorial tentou silenciar.

A "malsugerida liberdade"

A correspondência e os artigos em jornais escritos por autoridades e senhores de engenho oferecem a oportunidade de refletir a respeito do que pensavam sobre as mudanças de atitude da população egressa da escravidão. Obviamente, aos senhores de engenho interessava demonstrar que a ordem social estava seriamente ameaçada pela "desobediência" e pela desordem decorrentes da maneira como foi encaminhada a "questão servil". Com isso, esperavam arrancar do governo leis que lhes garantissem algum controle sobre os libertos. Lidas a contrapelo, essas fontes podem revelar indícios importantes sobre as expectativas dos libertos em relação ao fim do cativeiro, pois muito do mal-estar dos ex-senhores se relacionava às iniciativas dos ex-escravos de rechaçar antigas práticas ou condutas vigentes no passado de escravidão. E, mais do que isso, as expectativas dos libertos incluíam antigas aspirações, entre as quais possuir terras e distanciar-se das formas de "sujeição" inerentes à condição escrava. É nessa perspectiva que analisaremos algumas cartas enviadas ao presidente da província por um proeminente senhor de engenho do Recôncavo.

Seis dias após o 13 de Maio, Egas Moniz Barreto de Aragão, o barão de Moniz Aragão, presidente da Câmara da Vila de São Francisco do Conde e proprietário de vários engenhos no Recôncavo, em longa carta enviada ao presidente da província, relatou detalhadamente os acontecimentos que se sucederam à abolição naquela localidade. Ele acusou o recebimento do aviso do Ministério da Agricultura, ordenando a publicação da Lei Áurea, e informou que ainda não havia conseguido reunir os vereadores por causa do inverno rigoroso e por estarem esses em suas terras, "a fim de acautelarem seus interesses individuais". Não deve surpreender que, diante do impacto da abolição, o interesse individual se sobrepusesse às obrigações com a municipalidade.[36] No próximo capítulo, veremos que o próprio Moniz Aragão fixou residência no Engenho Mataripe, na tentativa de restabelecer a ordem em suas propriedades.

Moniz Aragão informou também que, antes da notícia da apresentação do projeto de lei que previa a abolição definitiva, quase todos os proprietários do município haviam alforriado incondicionalmente seus escravos e ingênuos, na "suposição" de evitar a "retirada em massa" para a capital. Portanto buscavam antecipar-se à lei para impedir que os libertos abandonassem as propriedades. Segundo ele, apenas o coronel José Joaquim de Teive e Argolo e o vereador Constâncio José de Queirós se haviam mantido firmes na posse de seus escravos até o 13 de Maio. Moniz Aragão procurou dar provas de desprendimento ao revelar que, em 7 de maio, data de aniversário do filho, libertara 346 escravos, dos quais 143 "ingênuos", distribuídos pelos engenhos Cassarangongo, Mataripe e Maracangalha, "onde já habita considerável número de antigos moradores e libertos anteriormente do meu casal".

No capítulo seguinte, veremos que, no caso do Engenho Maracangalha, a concessão de alforrias foi mais uma tentativa de conter a desordem e a insubordinação do que um ato de generosidade do nosso barão. Desde março que os escravos daquela propriedade não compareciam à lida nos canaviais, algo que vinha ocorrendo em outros engenhos da região. Isso mostra que os libertos estavam informados sobre os debates no Parlamento e as pressões do movimento abolicionista para pôr fim ao regime escravista. Possivelmente, a recusa ao trabalho era uma forma de forçar o barão a conceder alforria, algo que outros senhores vinham fazendo como forma de conter as fugas e a paralisação das atividades nos engenhos, num momento em que se aproximava o período da colheita da cana. Assim, as ações dos escravos e dos libertos não foram norteadas pelo delírio, como avaliaram os senhores e, mais tarde, sustentaram os memorialistas.

Na avaliação de Moniz Aragão, não foi surpresa a promulgação da lei, pois "os proprietários não se iludiram com suposição de prazo, nem os sujeitos aguardaram a solução Legislativa". Para ele, o mais surpreendente foi a maneira como os recém-libertos se comportaram meses antes da abolição. Segundo Aragão, "tudo já se anarquizou antes do tempo e tudo continua na maior confusão". Contou que nas propriedades "mais moralizadas, em cuja conta tenho as do meu domínio, há o que qualifico de respeitosa inércia". Afirmou que

> nos últimos 15 dias ninguém trabalha, ninguém compreende o que lhe convém, nem sabe o que vai fazer. Aqui não há entusiasmo delirante pela decantada liberdade; há simplesmente disposição para viver do que por descuido vir do céu, em forma de carne e farinha, sem trabalho, e do que puder furtar do vizinho.

A "respeitosa inércia" que Moniz Aragão verificou em suas propriedades podia significar que poucos senhores ainda tinham alguma autoridade moral sobre os libertos, mas isso não era suficiente para pôr os engenhos em funcionamento.[37]

Para Moniz Aragão, os libertos entregaram-se à "vagabundagem" e à prática de furtos "audaciosamente" preparados para retirar as criações dos pastos. Segundo ele, os proprietários vinham fazendo "propostas convenientes; mas tudo está em suspenso e declamação;

somente com vagar se poderá conhecer a verdade nua e crua deste péssimo e perigoso estado em que decaiu este município". Tudo indica que, após o 13 de Maio, a recusa ao trabalho adquiriu outro sentido para os libertos. Possivelmente, recusavam o trabalho nos termos das velhas relações escravistas e isso era visto como "continuação do cativeiro". Para os senhores de engenho, era conveniente acreditar que aquela recusa era produto da inclinação dos escravos à vadiagem.

A correspondência de Moniz Aragão mostra que os libertos da região tinham expectativas que iam além da quebra dos laços escravistas. Por isso, ele temia o retorno dos que debandaram para Salvador, nos últimos dias que antecederam a abolição, supondo que exigiriam "a permanência na propriedade, sem trabalho nem aluguel ou qualquer arranjo com o respectivo senhorio, simplesmente em previsão da prometida abolição da propriedade em proveito exclusivo do liberto". Talvez supusesse que, em contato com a agitação popular que ocorria em Salvador, nos dias que se seguiram à abolição, os libertos retornariam imbuídos do desejo de ocupar as terras sem a contraprestação de serviços ao antigo senhorio. O nosso barão deplorava a falta de garantias às autoridades para reprimir tal "intruso" ou "rebelde". Mas, pelo que disse, pode-se inferir que a preocupação maior era com os libertos que permaneceram nas propriedades e se recusavam a trabalhar nas terras do ex-senhor sob as mesmas condições do cativeiro. Segundo disse, um ou outro proprietário se valia de alguma "força moral", mas, cessando esse "paradeiro", não havia meios de conter a "vadiação e o crime".

Aos olhos do barão, a forma como os libertos avançavam sobre o gado nos pastos e a expectativa de acesso à terra representavam não apenas ameaça, mas também questionamento dos fundamentos da propriedade privada. Os "roubos" de animais e plantações indicam que os ex-escravos estavam lutando pelo que consideravam "justo" lhes pertencer, como livres.

Na carta que redigiu em 10 de julho de 1888 Moniz Aragão voltou a informar que não havia conseguido reunir os vereadores locais, devido ao que chamou de "desorganização social e do trabalho" em que se achava mergulhado o município desde o início do ano. Segundo ele, os vereadores, em sua maioria senhores de engenho, estavam impossibilitados de se ausentar de seus domicílios, pois sentiam-se ameaçados pelos "maus instintos dos vagabundos que em entusiasmo delirante usufruem a mal cegerida [sugerida] liberdade". A julgar pelo que disse, deduz-se que a presença dos senhores vereadores em suas propriedades não foi suficiente para manter a ordem e a "respeitosa inércia" e a "ausência de entusiasmo" estavam, perigosamente, dando lugar ao "entusiasmo delirante". Tal como o barão de Vila Viçosa, ele preferia acreditar que as iniciativas dos libertos eram produto da irracionalidade dos "maus instintos" ou do "entusiasmo delirante".[38]

No mesmo 10 de julho, em outra carta reservada, endereçada ao presidente da província, Moniz Aragão esclareceu melhor suas preocupações e seus temores. Informou que, após receber a circular do Ministério da Agricultura que proclamava a aprovação da lei de 13 de maio, mandou publicar a decisão do legislativo por meio de edital. Mas, depois disso,

> para infelicidade nossa, a grande maioria dos recém-libertos do município não se tem mostrado dignos da condição de cidadãos a que acabara de ser chamados [sic]; sendo notório que neste Recôncavo sempre foram bem tratados e dos mais educados do Elemento Servil da Província; ainda não se pôde reorganizar os serviços, nem da lavoura, nem de casa; tudo está desorganizado e em lamentável confusão![39]

Advertia que a recusa aos trabalhos nos canaviais ameaçava a produção açucareira, pois se para a safra seguinte havia canas para serem colhidas e transformadas em açúcar e mel, para a posterior só haveria "socas" (canas velhas), se pudessem ser tratadas. Depois disso, afirmou que as fábricas poderiam fechar as portas, porque ninguém vinha plantando canas novas (chamadas de rego), nem preparando terreno para qualquer espécie de plantação. Segundo sua previsão, 1889 e 1890 seriam de penúria e fome.

E aqui ele retorna ao que definia como a "malsugerida liberdade" e o "entusiasmo delirante". Segundo informou, os recém-libertos "imaginam que os proprietários não querem entregar-lhes em propriedade absoluta de seus terrenos o que podem por sua conta e risco, fazermos executar esta Ordem da Corte, isto é, entregar-lhes nossos terrenos gratuitamente sem retribuição alguma da parte deles".[40]

Segundo Moniz Aragão, os libertos da localidade cobravam o cumprimento de uma suposta "Ordem da Corte" que mandava conceder-lhes terra. A seu ver, eles entenderam equivocadamente a circular do Ministério da Agricultura que ordenava a divulgação da lei de 13 de maio. Para nosso barão, o "mísero liberto" deduziu o "comunismo da propriedade" do referido documento, especialmente quando dizia que, "convertida a dignidade da pátria, a terra já não representa para ele o trabalho forçado e gratuito, mas o benefício comum". Sem dúvida, Moniz Aragão subestimava a capacidade de compreensão dos libertos, pois, na sua perspectiva, o desejo de possuir terra só poderia ser fruto de grande mal-entendido ou da "malsugerida liberdade".

A outra preocupação de Moniz Aragão dizia respeito à forma como os ex-escravos pretendiam desvincular os cultivos próprios da obrigação de lavrar as terras dos antigos senhores. No entanto é possível que, naqueles dias, os rumores de que os libertos teriam direito à terra estivessem circulando entre as senzalas dos engenhos da região. O fato é que as memórias dos descendentes de escravos da região ainda trazem marcas das esperanças daqueles dias. Faustina, neta de ex-escravos, moradora em terras de antigo engenho nas proximidades de São Sebastião do Passé, contou-nos que seu avô, João do Ouro de Sena, ao relembrar o "dia da liberdade", dizia que

> estava com os meninos fincando uns pauzinhos no chão prá brincar, quando viu aquela zoada no mundo, aquela gritaria, muitos tambores tocando e homens e mulheres sambando. Aí quando o pai dele chegou, ele perguntou: e aí meu pai, que zoada é essa? E o pai respondeu: é a liberdade, é a liberdade meu filho. Aí meu avô perguntou: e o que é a liberdade? E o pai dele respondeu: Agora nós vai trabalhar prá gente, não vai trabalhar mais prá os homens, não. Agora cada um da gente pode plantar sua rocinha.[41]

A possibilidade de possuir roça aparece como condição básica para viver sem sujeição, ou seja, sem precisar trabalhar para os "homens".[42] Mas a esperança do liberto aparece envolvida em medo de que a escravidão retornasse. Faustina lembrou ter ouvido o avô contar que

> depois da escravidão todo mundo ficou sentindo que estava livre, mas ficou o receio. O medo era que tivessem de voltar a viver a vida inteira como escravos [...]. Meu avô contava que ficou trabalhando, mas assim com medo de vir alguém e dizer prá voltar a trabalhar como escravo. Por isso que as pessoas ficaram assombradas depois que a escravidão acabou.

Por seu lado, os senhores tinham outros receios e medos. De várias partes da província, as autoridades reclamaram reforço policial para conter o que chamavam de "insubordinação" dos libertos. Havia o temor antigo de que, cessado o freio da escravidão, os ex-escravos dessem vazão a impulsos de roubar e saquear as propriedades e enveredar pelo crime. Além disso, esses apelos revelam que as autoridades estavam assustadas ante as iniciativas dos libertos. Em 6 de julho de 1888 Manuel Rodrigues Lima, subdelegado da localidade de Palame, escreveu ao chefe de polícia:

> Parece que o contágio das ideias perniciosas do comunismo quer surgir de chofre neste Distrito e depois da áurea lei de 13 de maio. A ignorância que prepondera em muitos dos nossos conterrâneos lavra em grande escala, perniciosa à segurança individual e ao direito de propriedade; e sabe V.S^a que a estabilidade de tais direitos depende da força de sua manutenção e garantia.[43]

O subdelegado finalizou afirmando que, na sua localidade, o respeito às autoridades estava declinando e as "ameaças são por demais insultuosas a minha autoridade e a todos que possuem um taco de terra".

Em 28 de maio de 1888 o delegado da Vila de Inhambupe escreveu ao chefe de polícia reclamando aumento da força policial naquela localidade, principalmente depois do 13 de Maio. Disse ele que na vila eram cada vez mais frequentes os conflitos provocados por indivíduos "insubordinados", muitos deles libertos "que abusam da liberdade, o que é natural; principalmente nos primeiros tempos". O grande número de libertos na Vila de Campo Largo também foi objeto de preocupação do delegado Benvenuto José de Aguiar. Em 7 de julho de 1888 ele afirmou que o número deles "é razão bastante para anarquia, talvez terão de em muito breve darem para saquear, e antes disso desejava e como de fato desejo tomar sérias e enérgicas providências". Em julho de 1889 o delegado da Vila Viçosa, extremo-sul da província, externava o mesmo temor diante do grande número de libertos existente nas redondezas da localidade. Dizia ele: "O termo está sobremodo revolto, especialmente na Colônia Leopoldina, onde existem dois mil libertos da lei de 13 de Maio."[44]

O tom quase sempre nervoso das cartas de Moniz Aragão e de outras autoridades da província deixou evidente o temor dos senhores diante dos imprevisíveis desdobramentos do processo de abolição. O mais preocupante era que os antigos cativos vinham manifestando expectativas de liberdade que iam além da quebra dos laços que os prendiam ao cativeiro. O desejo de possuir terras e a forma como se vinham comportando causaram nos senhores a sensação de que a ordem estava seriamente estremecida.

Conjuntura de crise

Para entender o comportamento de libertos e ex-senhores nos dias seguintes à abolição, é necessário reconstituir a conjuntura econômica de 1888 e 1889. A abolição coincidiu com o aprofundamento da crise econômica que vinha atingindo a lavoura canavieira baiana desde a década de 1870. A falta de competitividade, a contínua queda dos preços do açúcar nos mercados mundiais e a perda da propriedade escrava, resultante da lei de 13 de maio, abalaram o setor açucareiro da província. Sem capitais disponíveis, muitos foram obrigados a paralisar a produção ou a se desfazer de propriedades para pagar dívidas.

A queda nos preços do açúcar, a diminuição dos créditos, a seca e as tensões sociais nos engenhos repercutiram imediatamente no fraco desempenho da economia açucareira em 1888 e 1889. Vejamos como o barão de Vila Viçosa, um proeminente senhor de engenho de Santo Amaro, descreveu a conjuntura de crise vivida naquele período por sua classe. Em artigo de 14 de agosto de 1888 ele informou que, em Santo Amaro e São Francisco do Conde, municípios que concentravam os maiores e mais produtivos engenhos da província, as plantações estavam abandonadas e lamentou que a falta de reparos nas cercas viesse lançando o gado sobre as plantações dos engenhos que estavam em atividade, o que, na sua visão, contribuía para agravar o quadro de ruína e miséria em todo o Recôncavo.[45]

Em artigo escrito em 25 de janeiro de 1889 o barão afirmou que, além dos preços baixos, mais de metade da safra de 1888 fora perdida em consequência da lei de 13 de maio. Com a perda dos braços escravos, os bens mais valiosos das propriedades, as fortunas agrícolas diminuíram consideravelmente e aumentaram as despesas com o pagamento de salários. Os comerciantes que financiavam as safras retraíram-se sob o temor de que as dívidas não seriam pagas, pois não havia garantias de reembolso. No entender de Vila Viçosa, os comerciantes que financiavam a safra, "cheios de natural desconfiança", recusaram todo o açúcar em comissão e negaram novos créditos.[46]

Vila Viçosa afirmou que em meados de 1888 as lavouras de cana e as roças estavam abandonadas, as cercas sem reparos e, até então, não havia preparação do maquinismo para dar início à nova moagem. Com a paralisação dos serviços, as plantações de cana foram tomadas pelas ervas daninhas e invadidas pelo gado. Para fugir da crise, os senhores venderam os bois de carro e as vacas de criação a preços insignificantes. E os "negros" consumiram a galinha, o porco, o carneiro, enfim, os últimos bens que lhes restavam. Para ele, assim, libertos e ex-senhores atravessaram todo o inverno de 1888.[47]

Segundo Vila Viçosa, para o resto de 1889 as previsões não eram animadoras. As fábricas centrais não achavam cana para mais 15 dias de moagem. A fábrica central do Iguape não fez mais de dez mil arrobas de açúcar bruto e a do Rio Fundo estava reduzindo açúcar bruto a caldo para passar nos aparelhos. O mesmo vinha fazendo Vila Viçosa em sua fábrica (antigo Engenho Passagem) e conseguira pouco mais de cinco mil arrobas (75 toneladas) de açúcar de dois engenhos seus que a ela forneciam; para o ano seguinte só havia incertezas. Na sua avaliação, após terem esgotado na "vadiice" os pequenos recursos que tinham, os libertos ficaram privados de ganhar o pão porque ninguém lhes podia pagar o trabalho.[48] Portanto, a grande lavoura de cana estava descapitalizada e sem dinheiro para pagar salários e investir em novas safras.

Em 6 de janeiro de 1889, "um correspondente" da Vila de São Francisco informou que a situação agrícola do município se agravara após a abolição em face da "profunda desorganização de seu trabalho". A seca que vinha assolando a região destruíra as novas plantações de cana que os "mais diligentes e cuidadosos" conseguiram fazer depois da lei de 13 de maio. Além disso, o gado, acossado pela fome e pela falta de água, invadira as plantações de cana e mandioca, agravando o quadro de destruição da região. O desânimo era geral; os engenhos que conseguiam fazer algum trabalho estavam paralisando as atividades, e a expectativa de fome para 1889 fazia-se presente.[49]

Em 11 de janeiro de 1889 Novis escreveu a Cotegipe:

> Eu vou bem de saúde graças a Deus, lutando com esta terrível crise e seca! Está tudo acabado! Não há mais cercas nos engenhos, reduziu-se tudo a uma pastaria geral — preço do açúcar desgraçadíssimo, basta que lhe diga que a lama de Nazaré [cidade] goza de melhor preço para os alambiques do que o nosso escorrido para embarque![50]

Realmente, em 1888 e 1889 a produção açucareira da província desceu a níveis insignificantes. A maioria dos engenhos diminuiu drasticamente o ritmo de produção e muitos não plantaram nem colheram uma tarefa sequer de cana. Em 1889 o *Diário da Bahia* publicou uma lista dos engenhos do Recôncavo com a quantidade de terras cultivadas. Dos 74 engenhos existentes na Vila de São Francisco, que concentrava os maiores engenhos do Recôncavo, 19 estavam completamente paralisados e 39 haviam cultivado menos de cem tarefas de cana.[51] Muitos engenhos haviam sofrido encolhimento da área dedicada ao plantio de cana.

A redução da área cultivada refletiu-se no péssimo desempenho do comércio exportador de açúcar da Bahia. Segundo Barickman, em 1889 a exportação foi de apenas 1.685 toneladas, um volume desprezível e equivalente a apenas 3% da média da primeira metade da década de 1850. Entre 1891 e 1910 a Bahia exportou, em média, 8.483 toneladas de açúcar por ano, apenas 20% da média provincial entre 1855 e 1888. O autor mostra que o desempenho das exportações baianas ficou bem abaixo daquele de outras províncias vizinhas, especialmente Pernambuco, que duplicou a exportação do produto entre 1850 e meados da década de 1890. Conclui Barickman que os senhores de engenho pernambucanos, ao contrário dos baianos, não experimentaram maiores dificuldades em se adaptar ao fim da escravidão.[52]

A seca e suas consequências — plantações arruinadas, desemprego, escassez e carestia de alimentos, especialmente farinha de mandioca — repercutiram de forma dramática sobre a vida dos ex-escravos e de toda a população pobre do Recôncavo. Naqueles anos, as cidades da região assistiriam à dramática chegada de centenas de retirantes do interior da província. Em 12 de maio de 1889 o delegado de Santo Amaro informou que as ruas estavam repletas de mendigos, que invadiam as casas para implorar socorro aos moradores. Os gêneros alimentícios vinham sofrendo aumentos consideráveis de preços por causa da escassez, e o hospital já não suportava o grande número de pessoas que dele necessitavam.[53]

Em São Francisco do Conde, a situação também era desesperadora. Em 20 de setembro de 1889 o juiz de órfãos qualificou de desolador o estado de "extrema penúria" em que vivia a maior parte da população daquela localidade, devido à escassez e mesmo à falta de meios para subsistência, algo que se agravara com a carestia de gêneros de primeira necessidade.[54] Uma notícia veiculada em jornal de Salvador informava que "homens inativos encontram-se ali de braços cruzados por absoluta carência de trabalho. Avultado número de mendigos implora cotidianamente a caridade pública, que não tem ali o mínimo desenvolvimento visto que quase todos os habitantes da desgraçada vila são nimiamente pobres".[55] Em julho de 1889 o delegado de Cachoeira requisitou reforço policial para conter os cerca de trezentos refugiados da seca espalhados pelas ruas da cidade.[56]

Tudo indica que as dificuldades de subsistência diminuíram o poder de barganha dos libertos no processo de negociação com os donos de engenhos. Lembro que até meados de 1888 Novis afirmava que os libertos estavam com a "cabeça exaltada" e, abertamente, recusavam as condições de trabalho oferecidas pelos ex-senhores. Possivelmente, naquele momento, muitos ex-escravos ainda tinham alguma margem de manobra e puderam recusar as condições impostas pelos ex-senhores. Os artigos de Vila Viçosa sugerem que no início de 1889 a situação havia mudado e muitos libertos já não dispunham de meios para subsistir com recursos próprios, nem encontravam quem pudesse pagá-los. A pouca criação que tinham fora consumida durante o inverno, e as roças de mandioca haviam sido destruídas pela seca.

Em 9 de outubro de 1889 o inspetor especial de terras públicas Dionísio Gonçalves Martins, ao ser indagado sobre o grande número de "brasileiros desocupados" por falta de trabalho, respondeu que, após a lei de 13 de maio, milhares de indivíduos egressos da escravidão viviam sem destino fixo. Sem terras para cultivar suas próprias lavouras, "visto que os antigos senhorios não lhes cedem para esse fim", aqueles trabalhadores recusavam o trabalho assalariado oferecido pelos antigos senhores.[57] O inspetor deixou evidente que o trabalho assalariado não era suficiente para fixar ou atrair o trabalhador oriundo da escravidão. Ao ex-escravo interessava ter acesso à terra.

Na visão de Martins, num primeiro momento, os libertos entregaram-se à "embriaguez dos fatos" e recusaram os trabalhos nos canaviais. Passado esse "momento de fascinação", procuraram garantir-se contra a miséria e a fome, resultando daí grande demanda por trabalho. No entanto, abandonando o antigo serviço, "que lhes recordava tantas privações físicas e morais", e mesmo tentando trabalho em outras propriedades que não lhes garantiam os salários desejados, os libertos continuavam a procurar "situação estável" e, por isso, ainda enfrentavam a falta de emprego. A eles juntavam-se os retirantes da seca que assolava o interior da província. Observou que "estes últimos, menos exigentes por já terem atravessado dolorosas peripécias, aceitam mais prontamente qualquer salário, por mínimo que seja contentando-se não poucos com a proteção à que fugiram os primeiros, atormentados pela recordação do servilismo". A julgar pelo que diz o inspetor, a "recordação do servilismo" ainda afetava as escolhas dos libertos. Percebe-se também quão dramática era a situação dos libertos, acossados, por um lado, pela fome e, por outro, pelas condições de trabalho que ainda lembravam a escravidão.

Possivelmente, alguns ex-escravos que abandonaram os canaviais nos momentos imediatos à abolição tenham retornado às antigas atividades, sob pressão das dificuldades de sobrevivência, mas, ao retornar aos engenhos, estavam empenhados em modificar os termos das relações de trabalho. Como lamentou um descendente de senhores de engenho de Pernambuco, "este retorno à gleba nativa não pôde mais corrigir a desordem econômica da primeira hora da Lei Áurea".[58]

Incêndios, medo e repressão

Sem dúvida, 1888 e 1889 foram momentos críticos e tensos no Recôncavo. A partir de meados de 1888 intensificaram-se as queixas dos senhores de engenho em relação aos incêndios de canaviais. Muitos não hesitaram em ligar a incidência de incêndios à lei de 13 de maio. Em carta de 20 de novembro de 1888 o barão de Cotegipe escrevia a Araújo Pinho: "Sei que sofreu incêndio em um de seus engenhos: um mal não vem só. O que há pelos outros?"[59] Suspeitava-se então que os incêndios estivessem ligados à onda de insubordinação que se espalhara pelo Recôncavo após a abolição.

Em 4 de dezembro de 1888 o *Diário de Notícias*, com circulação em Salvador, publicou carta enviada por correspondente da Vila de

São Francisco solicitando enérgicas providências para conter os incêndios constantes que se vinham alastrando pelo Recôncavo. Segundo o correspondente, pensou-se inicialmente que eram provocados pela seca, mas a insistência com que vinham ocorrendo não deixava dúvidas de que se tratava de ações deliberadas, provocadas por "mãos criminosas tangidas dessa capital" — ou seja, eram obra dos libertos que estavam retornando da capital, para onde se deslocaram logo depois do 13 de Maio.[60]

Em São Francisco do Conde, continuava o missivista, não havia engenho ou fazenda que não tivesse sofrido prejuízos sérios. "Desde o Engenho S. Paulo, do capitão Bandeira, limítrofe do segundo distrito da capital, até os engenhos Piquara e Nazaré e para qualquer lado que se lance a vista, aparecem os desastrosos efeitos da queima." Na relação apresentada, 16 grandes engenhos haviam sofrido incêndios, inclusive Mataripe e Maracangalha, pertencentes ao nosso conhecido barão de Moniz Aragão. Vale a pena conferir a lista de estragos em algumas propriedades:

> Ultimamente queimaram, do barão de Moniz Aragão, canaviais em Mataripe, e Maracangalha, em mais de quarenta tarefas de canas de rego; ao coronel Frutuoso Vicente Vianna, vinte e tantas tarefas em Paramirim; ao coronel José Joaquim de Teive e Argolo, em cinquenta tarefas, em S. Lourenço e Almas; todos os pastos do Engenho S. Estevão, do major Joaquim de Carvalho, destruindo-se-lhe assim todas as cercas de pau a pique, no valor de seis contos de réis; no Engenho Tanque, do barão do Rio de Contas; na Bomba e Pitanga, do capitão Ribeiro Lopes, foi um horror; em S. Lourenço, do major José Maria Gouveia Portugal, desapareceram pelo fogo ateado perto de vinte tarefas de canas e grande extensão de cercas; em Pouco Ponto, do casal Pirajá; nos Engenhos Barra do tenente Teófilo; Laranjeiras, do coronel Olympio; Pinheiro, de Antônio Barbosa de Andrade, que foi diretor da extinta Caixa Hipotecária, lavrou fogo de uma maneira aterradora.[61]

O correspondente informou também que o proprietário do Engenho Colônia, João Gualberto de Freitas, adotara "medidas enérgicas" para precaver-se de maiores prejuízos. Por outros documentos, soubemos que aquele senhor de engenho prendeu no tronco de sua propriedade e remeteu ao delegado da Vila de São Francisco diversos libertos "insubordinados" ou supostamente envolvidos em roubos e incêndios. O correspondente desferiu duras críticas ao Judiciário, pois não agia com rigor necessário contra incendiários e ladrões de estrada. Finalizou conclamando o governo da província a voltar os olhos para os arredores de Santo Amaro, onde aquelas ocorrências se vinham intensificando. Conclamou, também, os proprietários a agir imediatamente, sem esperar medidas salvadoras do governo provincial.[62]

Em 16 de dezembro de 1888 o delegado da Vila de São Francisco, Luís de Oliveira Mendes, em carta reservada ao chefe de polícia da província, confirmou as denúncias publicadas. Disse ser geral o clamor dos proprietários diante do "flagelo medonho que se chama incêndio de canaviais". Ele acreditava que a seca era a grande responsável pela propagação das chamas, mas a origem do fogo era deliberada e criminosa. O delegado queixou-se da impossibilidade legal de manter os implicados presos por muito tempo, já que eram muitos e havia o recurso do *habeas corpus*. Por isso, pediu ao chefe de polícia autorização para remetê-los imediatamente para as prisões da capital sem a obrigação de seguir os trâmites legais. Nessa ocasião, o delegado aproveitou para remeter para Salvador os libertos Lázaro e Eusébio, presos pelo proprietário do Engenho do Monte, João Gualberto de Freitas, como autores de incêndios em canaviais e como "insubordinados". Ele acreditava que semelhantes medidas pudessem restabelecer a ordem na localidade.[63] Entretanto o chefe de polícia não apoiou essas iniciativas, fazendo retornar os indivíduos remetidos sem instauração de processo e ordenando que as autoridades agissem dentro da legalidade.

Em 17 de dezembro de 1888 o promotor público de Santo Amaro, João José de Oliveira Junqueira, rebateu as críticas feitas ao Judiciário. Em carta endereçada ao presidente da província, reconheceu que os incêndios nos canaviais eram constantes e pavorosos, "não existindo talvez um só engenho ou fazenda que não tenha sido vítima das chamas". Mas, na sua opinião, aqueles sinistros se deviam à seca e aos ventos fortes que espalhavam as chamas. Por isso não tinha promovido qualquer ação contra pessoas que, por negligência ou "perversidade", eram acusadas de atear fogo nas plantações de cana.[64]

Em 6 de janeiro de 1889 "um correspondente" da Vila de São Francisco denunciou que os incêndios se vinham alastrando por todos os engenhos e atingiam principalmente as cercas e os canaviais. Segundo ele, muitos incêndios haviam sido "propositadamente feitos pelos libertos entregues à vadiagem, de modo que se os pode reputar uma raça perdida".[65] Em 14 de janeiro de 1889 denúncia publicada no *Diário da Bahia*, sob o título "Crise desesperadora", afirmava que a lavoura baiana estava aniquilada pela seca e pela falta de braços. Depois de constatar que os poucos trabalhadores estavam abandonando as propriedades e culpar o governo por não adotar medidas enérgicas para conter o abandono dos engenhos, observou: "Jamais impugnamos o mais brilhante ato de justiça que a nação tem merecido" [a lei de 13 de maio], mas a "malandragem" auxiliada pela seca vinha concorrendo para o abandono das fazendas e para fazer das escassas plantações uma "grande coivara". Denunciou, ainda, que os incêndios propositais de canaviais, cercas e pastos eram provocados por "vagabundos" que pretendiam aproveitar-se da situação para roubar o gado das propriedades.[66] O autor da denúncia, certamente ex-senhor de escravos, estabeleceu a conexão entre os incêndios, o abandono das propriedades e os roubos de gado, todos ingredientes do que então se definia como "insubordinação" dos libertos.

Possivelmente, parte dos incêndios pode ser creditada aos conflitos que estavam ocorrendo nos engenhos. As listas de prejuízos publicadas nos jornais mostram que as chamas atingiam principalmente cercas, canaviais, matas e pastos pertencentes aos senhores. Desde a escravidão, a queima de canaviais ou matas era uma forma de sabotagem bastante usada pelos escravos. A destruição das roças pelo gado e a repressão aos que se recusavam a trabalhar nos canaviais criaram uma atmosfera de ressentimento e contribuíram para elevar as tensões sociais a um nível perigosamente explosivo.

Mas fica evidente que os senhores de engenho buscaram tirar proveito político daqueles episódios. As notícias aterradoras veiculadas na imprensa deram a oportunidade de, mais uma vez, cobrarem dos governos imperial e provincial auxílios à grande lavoura, em forma de créditos, e principalmente medidas repressivas que restabelecessem o controle sobre os ex-escravos. Por isso reivindicavam repressão à vadiagem, aos incêndios e aos roubos de gado e plantações. Ao longo de 1888 os senhores de engenho requisitaram das autoridades policiais da província apoio para agir livremente na repressão aos libertos insubordinados ou aos que se recusavam a se empregar nos canaviais. A tentativa de restabelecer o recrutamento forçado nas forças armadas era um meio de agir sem as restrições que a lei impunha à prisão de cidadãos livres. As pressões dos senhores de engenho sobre as autoridades locais geraram consequências no cotidiano dos libertos. Em 12 de dezembro de 1888 o subdelegado da Freguesia de Rio Fundo, termo de Santo Amaro, prendeu e remeteu para ser recrutado nas fileiras do Exército um moço chamado Fabiano, acusado de, "propositadamente", atear fogo em quarenta tarefas de canas no Engenho Papagaio. Na carta, aproveita para observar: "É um quadro pavoroso, um espetáculo verdadeiramente triste o que oferecem esta freguesia e a de Bom Jardim, reduzidas às cinzas pela renovação cotidiana de pavorosos incêndios que tem [sic] devastado as últimas migalhas desta tão ridícula safra."[67]

Os senhores de engenho e as autoridades das freguesias rurais empenharam-se também em expulsar das localidades quem não se submetia à disciplina ou se recusava a trabalhar em plantações de cana. Ao longo de 1888 e 1889 os delegados das cidades do Recôncavo remeteram para a capital diversos indivíduos acusados de vagabundagem e vadiagem. Por exemplo, em 11 de dezembro de 1888 o delegado de Santo Amaro enviou para Salvador como recrutas Malaquias Ferreira, "vagabundo de péssimo comportamento", José dos Santos, que "voluntariamente" queria assentar praça, e José Nunes dos Santos, vagabundo que "não tem meios de vida e nem procura ter".[68] Naqueles dias, a acusação de vadiagem foi aplicada principalmente contra indivíduos que se recusavam a trabalhar nas lavouras de cana ou que estavam buscando outras opções de sobrevivência fora dos engenhos.

Na verdade, a repressão à vadiagem foi recurso frequentemente usado pelos poderosos para expulsar das localidades indivíduos considerados "insubordinados" ou que não se submetiam à autoridade senhorial. Os ex-senhores temiam a ausência de controle sobre os libertos, especialmente se esses decidissem que não deveriam mais trabalhar nas plantações de cana ou em outros serviços tradicionalmente reservados a eles. Não por acaso, os senhores de engenho passaram a cobrar do governo medidas mais duras contra a vadiagem e a vagabundagem. Na verdade, essa era uma tentativa de controlar e limitar a liberdade dos egressos da escravidão de escolher onde e quando trabalhar e de circular em busca de outras opções de sobrevivência.

Aliás, as prisões por "insubordinação" intensificaram-se após a abolição. As autoridades policiais dos distritos açucareiros agiram de forma discricionária, prendendo libertos sem obedecer aos procedimentos legais. Vejamos como essas ocorrências aparecem na documentação policial. Em 25 de outubro de 1888 o delegado de Santo Amaro remeteu à capital Mauro Mendes, porque, segundo disse, era "vagabundo, sem parentes e muito peralta, ocupa-se de rapinagem, assaltando as fazendas rurais, único meio de vida que tem". Na mesma carta, informou que estava empregando todo o esforço para localizar os autores dos furtos de cavalos no Engenho Guaíba.[69] Em 18 de novembro de 1888 o delegado de Santo Amaro remeteu às prisões de Salvador o liberto Severiano Cardoso, "vagabundo e sem meios de vida, ocupa-se somente em assaltar as fazendas rurais".[70] Em 27 de novembro de 1888 o delegado da Vila de São Francisco informou a prisão de um tal Inocêncio, que, em companhia de outro, fora flagrado roubando cavalos que serviam de "montada" a João Gualberto de Freitas, senhor do Engenho Colônia.[71] Em 18 de dezembro de 1888 o delegado da Vila de São Francisco enviou ao chefe de polícia um indivíduo chamado Olímpio, crioulo, que lhe fora entregue por um senhor de engenho sob a alegação de ser "insubordinado".[72]

Essa investida contra os supostos vadios e insubordinados não se restringiu às áreas dos engenhos. Em 25 de janeiro de 1889 o delegado da Vila de Curralinho enviou ao chefe de polícia o "ex-escravizado" Benedito, com a recomendação de recrutá-lo nas fileiras do Exército. O delegado acusou Benedito de ser "um completo vagabundo, vive à mercê do tempo, ora roubando, ora vivendo embriagado, ora procedendo desordens; tornando-se desta forma o flagelo dos passivos e ordeiros cidadãos". Percebe-se que as autoridades não tinham o menor escrúpulo em considerar legítima a interferência na vida dos libertos. Na Vila de Santarém, o delegado informou ao chefe de polícia sua preocupação com a presença de muitos libertos pela lei de 13 de maio. Na ocasião, o delegado consultou o chefe de polícia sobre a possibilidade de recrutá-los para o Exército, pois só assim podia coibir supostos "escândalos" por eles praticados.[73]

Sem dúvida, ao longo de 1888 e 1889 houve escalada de violência no Recôncavo contra os libertos. Muitos senhores começaram a agir por conta própria prendendo, aplicando castigos corporais e mandando para o tronco pessoas acusadas de promover incêndios e outros delitos contra o patrimônio. Houve quem contratasse homens armados para vigiar as plantações, intimidar e expulsar das propriedades libertos que se recusavam a trabalhar nas lavouras de cana.

As autoridades da província buscaram interferir nos conflitos que estavam ocorrendo no Recôncavo. Há indícios de que, em dezembro de 1889, foram enviadas para o interior da província oito companhias de guardas do Corpo de Polícia, instruídas a prender "guardas campestres" a serviço dos senhores e auxiliar as câmaras municipais na formação de núcleos coloniais, "a fim de dar trabalho aos vagabundos e ociosos que lhes forem remetidos dos termos vizinhos; obrigando-os pelos termos legais a assinar termo de bem viver".[74] Não temos indicações da atuação dessas forças policiais nos engenhos, mas a medida mostra que o governo provincial pretendia desarmar milícias senhoriais e estabelecer rígido controle sobre a população egressa da escravidão.

Em 21 de fevereiro de 1890 o governador Manoel Vitorino acenou para possibilidade de implantação de um código de polícia rural nomeando comissão para fazer estudos preliminares.[75] Em outubro de 1890 o *Jornal de Notícias* festejava a conclusão do "código rural" argumentando que tal medida prestaria grande serviço aos lavradores, garantindo a ordem no trabalho e combatendo a "carência de energia, pela indolência dos nossos trabalhadores". As medidas propostas eram severas em relação a quem não cumprisse os contratos e previam pena de serviços públicos para os transgressores. O editorialista argumentava que, após a abolição, o trabalho da lavoura tornara-se "incerto, desorganizado, impossível". Os "vícios de herança e os defeitos de educação" pesavam mais nas localidades do Recôncavo e do centro da província, onde se trabalhava apenas dois dias da semana, tempo preciso para comprar alimentos e bebidas que bastassem para os dias restantes. O código seria então um remédio para a suposta vadiagem do trabalhador rural, principalmente dos egressos da escravidão.[76] Embora o governo republicano não colocasse em prática tal código, sua proposição revela que as autoridades estavam dispostas a interferir no cotidiano da população recém-liberta.

Tudo indica que, passada a conjuntura mais tensa de 1888-1889, as autoridades se convenceram das inconveniências das leis antivadiagem. Os engenhos careciam de mão de obra temporária e isso implicava deslocamentos de populações do interior para as regiões litorâneas, algo que poderia ser dificultado por tais leis. Por fim, as autoridades policiais estavam mais cautelosas ante a possibilidade de libertos acionarem as autoridades judiciais para denunciá-las por agir à margem da lei. Além disso, os senhores de engenho logo perceberam que era preciso negociar com os ex-escravos novas condições de trabalho.

Mas, antes de discutirmos essas questões, é preciso aproximar nosso enfoque sobre os embates entre libertos e ex-senhores em torno de bens e recursos existentes nos engenhos. Aqueles conflitos se aprofundaram entre 1888 e 1889 e expuseram a face mais crítica do processo de abolição no Recôncavo.

Notas

1. Sobre a repercussão da notícia da abolição entre a população escrava da Vila de Santo Antônio, ver Isaías Alves, *Matas do sertão de baixo*, p. 257. Segundo ele, os cativos "souberam, na Vargem Grande, onde chegava o telégrafo da estrada, sobre o grande acontecimento". Richard Graham, *Escravidão, reforma e imperialismo*, p. 10, chama atenção para os significados da abolição como ponto de partida para o entendimento do fim do cativeiro.
2. Sobre essas manifestações, ver BPEB, *Diário de Notícias*, 9/5/1888, p. 1.
3. Apeb, *Delegados*, 6.227 (1885-1889), carta do delegado da Vila de São Francisco, Luís de Oliveira Mendes, para o chefe de polícia, 16/6/1888.
4. IGHB, "Últimas palavras", *O Tempo*, 19/5/1888, p. 1. Sobre os festejos do 13 de Maio, ver também, no mesmo jornal, o artigo "Festejos abolicionistas" (p. 1), publicado em 23/5/1888.
5. João Reis e Eduardo Silva, *Negociação e conflito*, pp. 93-98, mostram que, durante as lutas da Independência, o projeto de abolição da escravidão esteve no horizonte de escravos, crioulos e africanos. Hendrik Kray, "The Politics of Race in Independence", pp. 30-56, analisa a participação decisiva de oficiais negros no processo de independência. Do mesmo autor sobre as celebrações do 2 de Julho, ver "Between Brazil and Bahia", pp. 255-286. Wlamyra Albuquerque, *Algazarra nas ruas*, analisa os vários significados do 2 de Julho no pós-abolição. Sobre os festejos da abolição, ver Jailton Brito, *A abolição na Bahia*, pp. 265-269. A festa da abolição aconteceu em outras regiões do Brasil. Stanley Stein, *Vassouras*, pp. 302, descreve a festa num município da região cafeeira do Sudeste brasileiro.
6. BPEB, *Anais da Assembleia Legislativa Provincial da Bahia*, v. 1, sessão de 14/5/1888, p. 68. Discurso do deputado A. Bahia.
7. IGHB, Teodoro Sampaio, *O Abolicionismo*, p. 28.
8. BPEB, *Diário da Bahia*, 19/5/1888, p. 1. Sobre a festa da abolição, ver Wlamyra Albuquerque, *O jogo da dissimulação*, pp. 138-139.
9. BPEB, *Jornal de Notícias*, 22/1/1889, p. 1.
10. Apeb, *Escravos-assuntos*, 2.900 (1880-1889), carta do presidente da Câmara da Vila de Santa Rita do Rio Preto, Salviano de Souza Milhomens, para o presidente da província, 7/6/1888.
11. BPEB, *Diário da Bahia*, 15/5/1888, p. 1. Sobre os festejos do 13 de Maio em Salvador, ver Dale T. Graden, *From Slavery to Freedom in Brazil*, pp. 194-195; ver, também, Jailton Brito, *A abolição na Bahia*, pp. 142-43.
12. BPEB, *Anais da Assembleia Legislativa*, v. 1, sessão de 14/5/1888, p. 68.
13. IHGB, *Coleção barão de Cotegipe*, lata 918, pasta 23, carta de Aristides Novis para o barão de Cotegipe, 16/5/1888.

14. Ibidem.
15. CRCC, *Livro de registros de nascimentos*, nº 2 (1893-1897), f. 1.
16. Eric Foner, "O significado da liberdade", p. 12, afirma que no sul dos EUA os ex-escravos, por diversas formas, procuraram livrar-se das "marcas da escravidão". Uma delas foi destruir aspectos da autoridade que os ex-senhores pudessem exercer sobre suas vidas.
17. Entrevista com o ex-escravo Argeu concedida ao periódico *O Escudo Social*, com circulação na cidade de São Felipe, 14/10/1933, p. 2, sob o título "O drama do cativeiro".
18. Ibidem.
19. Ver Isaías Alves, *Matas do sertão de baixo*, pp. 257-58.
20. Ibidem, p. 258.
21. J.C.G., *Regeneração agrícola do estado da Bahia*, p. 5.
22. Ver Isaías Alves, *Matas do sertão de baixo*, p. 54.
23. Ver ibidem. Sobre o fazendeiro suicida (Manuel de Sousa Lima), ver BPEB, *Diário do Povo*, 26/2/1889, p. 1, "Suicídio".
24. BPEB, *Diário da Bahia*, 24/2/1889, p. 2. O artigo trazia o sugestivo título: "A lavoura de cana de açúcar, as causas de sua decadência nesta província e o seu estado depois da lei de 13 de Maio".
25. BPEB, *Diário da Bahia*, p. 2.
26. BPEB, *Diário da Bahia*, p. 2.
27. Ver J.C.G., *Regeneração agrícola do estado da Bahia*, pp. 5-6.
28. Ibidem, p. 2.
29. Anna Ribeiro de Góes Bittencourt, *Letícia*, pp. 68-69.
30. Ibidem, p. 69.
31. Ibidem, p. 94.
32. Ibidem, p. 95.
33. Ibidem, pp. 83-84.
34. João da Silva Campos, *Tempo antigo, crônicas d'antanho, marcos do passado, histórias do Recôncavo*, pp. 159-60.
35. Xavier Marques, *As voltas da estrada*, p. 185.
36. Apeb, *Câmara*, 1.436 (1881-1889), carta escrita pelo barão de Moniz Aragão, presidente da Câmara de São Francisco, assinada também pelo vice, capitão Francisco Norberto Teles de Menezes, para o presidente da província, 19/5/1888.
37. As atitudes dos ex-escravos parecem aproximar-se do que James Scott, *Domination and arts of resistance*, pp. 1-5, cunhou de *hidden transcript*, ou seja, na impossibilidade de uma crítica aberta aos superiores, os subalternos inventavam um "discurso oculto" por meio do qual questionavam os superiores

sem se expor a suas represálias. No caso da "respeitosa inércia", simplesmente ignoram as ordens do senhor.
38. Apeb, *Câmara*, 1.436 (1881-1889), carta do barão de Moniz Aragão, presidente da Câmara de São Francisco, para o presidente da província, 10/7/1888.
39. Ibidem, carta "reservada" do barão de Moniz Aragão para o presidente da província, 10/4/1888.
40. Ibidem.
41. Entrevista com dona Faustina dos Santos, concedida em 27/8/2000. A nossa entrevistada é moradora na Fazenda Api, em São Sebastião do Passé. O dia da abolição ainda ocupa um lugar de destaque nas lembranças dos descendentes de escravos do Recôncavo. Muitos filhos e netos de escravos ainda trazem na memória impressões e sentimentos dos pais e avós durante aquele dia. A ideia de que a abolição seria seguida de distribuição de terras circulou em vários lugares do Brasil. Sobre isso, ver Stanley Stein, *Vassouras*, p. 304. Para Richard Graham, *Escravidão, reforma e imperialismo*, pp. 183-84, da parte dos senhores havia o temor de que a abolição tivesse como desdobramento a reforma agrária.
42. Afrânio Garcia Jr., *O Sul, caminho do roçado*, p. 49, observa que na Zona da Mata pernambucana a palavra "homem" era a forma como os trabalhadores dos canaviais se referiam aos senhores de engenho e usineiros e era esse o sentido nas lembranças do avô de Faustina.
43. Apeb, *Subdelegados*, 6.252 (1887-1888), carta do subdelegado do distrito de Palame para o chefe de polícia, 7/7/1888.
44. Apeb, *Delegados*, 3.003 (1887-1889), carta do delegado da Vila de Inhambupe, Justiniano Pinto de Meireles, para o chefe de polícia, 28/5/1888. Sobre a Vila de Campo Largo, ver *Delegados*, 6.226 (1887-1888), carta do delegado para o chefe de polícia, 4/7/1888. Sobre Vila Viçosa, ver *Delegados*, 6.223 (1887-1889), carta do delegado Juvenal Lourenço de Jesus para o chefe de polícia, 5/7/1889.
45. BPEB, *Diário da Bahia*, artigo do barão de Vila Viçosa, publicado em 14/8/1888, f. 2.
46. BPEB, *Diário da Bahia*, 26/2/1889, p. 2. O artigo foi escrito em 25 de janeiro e é o terceiro da série.
47. Ibidem.
48. Ibidem.
49. BPEB, *Diário da Bahia*, 6/1/1889, "Vila de São Francisco", p. 1.
50. IHGB, *Coleção do barão de Cotegipe*, lata 918, pasta 30, carta de Aristides Novis para Cotegipe, 11/1/1889.
51. Infelizmente, não foi possível localizar o *Diário de Notícias* de 31/1 e 6/2 de 1889, mas pude contar com a transcrição das informações referentes à Vila de São Francisco no livro de Pedro Tomás Pedreira, *Memória histórico-geográfica de São Francisco do Conde*, pp. 113-15.

52. B. Barickman, "Até a véspera", pp. 186-87.
53. Apeb, *Delegados*, 3.003 (1887-1889), carta de Antônio Lourenço de Araújo, delegado de Santo Amaro, para o chefe de polícia, 12/5/1889.
54. Apeb, *Câmara*, 1.436 (1881-1889), carta do juiz de órfãos da Vila de São Francisco, João Rodrigues Teixeira, para o presidente da província, 20/9/1889. O presidente ordenou ao juiz que a Câmara estava autorizada a fazer alguma obra de utilidade no município para empregar os pobres.
55. BPEB, *Diário do Povo*, "Vila de São Francisco", 26/10/1889, p. 1.
56. Apeb, *Delegados*, 6.227 (1885-1889), carta do delegado de Cachoeira, Rosalvo Meneses Fraga, para o chefe de polícia, 16/7/1889.
57. Apeb, *Terras públicas*, 4.850 (1876-1891), relatório do inspetor especial de terras públicas, Dionísio Gonçalves Martins, para o presidente da província, 9/10/1889. O relatório, feito para responder a um questionário formulado pelo engenheiro Ramos de Queirós, compunha-se de 12 quesitos referentes à disponibilidade de trabalhadores nativos, sua índole e disposição para o trabalho, oferta de empregos e políticas públicas para incluí-los produtivamente na sociedade.
58. José Maria Bello, *Memórias*, p. 12. A observação de Bello refere-se ao que aconteceu no Engenho Tentugal, Zona da Mata de Pernambuco, mas pode ser indicador importante do que ocorreu nos engenhos baianos.
59. IHGB, *Coleção Araújo Pinho*, lata 548, pasta 84, carta de Cotegipe para Araújo Pinho, Rio de Janeiro, 20/11/1888.
60. Apeb, *Diário de Notícias*, 4/12/1888, p. 2.
61. Ibidem.
62. Ibidem.
63. Apeb, *Diário de Notícias, Polícia-delegados*, 6.227 (1885-89), carta reservada do delegado da Vila de São Francisco, Luís de Oliveira Mendes, para o chefe de polícia, 16/12/1888. Iacy Maia Mata, "Os Treze de Maio", capítulo 3, analisa a intensa preocupação das autoridades policiais com o controle dos libertos.
64. Apeb, *Promotores*, 2.772 (1887-1889), carta do promotor público de Santo Amaro, João José de Oliveira Junqueira, para o presidente da província, 17/12/1888.
65. BPEB, *Diário da Bahia*, 6/1/1889, "Vila de São Francisco", p. 1.
66. BPEB, *Diário da Bahia*, 14/1/1889, p. 1.
67. Apeb, *Delegados*, 6.227 (1885-1889), carta de José Bruno Ferreira, subdelegado da Freguesia de Rio Fundo, termo da cidade de Santo Amaro, para o chefe de polícia, 12/12/1888.
68 Apeb, *Diário da Bahia*, 11/12/1888.
69. Apeb, *Delegados*, 6.227 (1885-1889), carta do delegado de Santo Amaro, Antônio Lourenço de Araújo, para o chefe de polícia, 25/10/1888.

70. Apeb, *Polícia-delegados*, 6.227 (1885-1889), carta do delegado de Santo Amaro para o chefe de polícia, 18/11/1888.
71. Apeb, *Diário da Bahia*, 27/11/1888.
72. Apeb, *Delegados*, 6.227 (1885-1889), carta do delegado da Vila de São Francisco, Luís Oliveira Mendes, 18/12/1888. Olímpio foi devolvido ao delegado, pois tinha mais de 35 anos e não podia ser recrutado pelo Exército.
73. Apeb, *Delegados*, 6.227 (1885-1889), carta do delegado da Vila de Curralinho, José de Queirós Vieira, para o chefe de polícia, 25/1/1889. Sobre a Vila de Santarém, ver no mesmo maço carta do delegado José Joaquim P. Gondim para o chefe de polícia, 28/11/1889.
74. Apeb, *Polícia-assuntos*, 6.507 (1888-1889).
75. Apeb, *Secretaria de Governo*, 1.753 (1890), f. 14.
76. BPEB, *Jornal de Notícias*, 11/10/1890, p. 1, editorial com o título "Código rural". Em Porto Rico, senhores de engenho também se queixavam de que os libertos trabalhavam apenas dois ou três dias para o sustento da semana. A esse respeito, ver Andres Ramos Mattei, "El liberto en el régimen de trabajo azucarero de Puerto Rico, 1870-1880", p. 117.

CAPÍTULO 5 Cabeças viradas no tempo da liberdade

> Quem tivé seu boi
> Qui prenda no currá;
> Eu não planto roça, ê
> Para boi roubá!...
>
> Quem tivé seu boi
> Qui prenda no mourão,
> Eu não planto roça, ê
> Para boi ladrão*

Logo após a promulgação da lei de 13 de maio, ocorreram vários conflitos no Recôncavo envolvendo ex-escravos e senhores de engenho. Esses acontecimentos são fundamentais para entender como libertos e ex-senhores vivenciaram os primeiros dias sem escravidão, momento decerto delicado, pois ambas as partes tinham percepções diferentes do que se definia como liberdade. Uma análise mais aprofundada desses episódios mostra que, de variadas maneiras, os libertos não apenas repeliram as tentativas senhoriais de continuar a interferir em suas vidas cotidianas, controlar seus movimentos, impor castigos e

---

*Versos de um antigo samba de roda cantado pelos moradores da Usina Cinco Rios (antigo Engenho Maracangalha), registrado por Valdevino Neves Paiva em *Maracangalha: torrão de açúcar, talhão de massapé*, pp. 71-72. Valdevino foi trabalhador da usina na década de 1950 e, desde então, passou a registrar versos de sambas cantados pelos moradores.

punições, ditar o ritmo de trabalho, como também se empenharam em assegurar e ampliar antigos direitos ou ganhos recém-conquistados no curso das lutas contra a escravidão. Assim, para muitos ex-escravos dos engenhos, o projeto de liberdade poderia incluir a manutenção do direito costumeiro de acesso às roças de subsistência.[1] A defesa de tal direito era parte das lutas dos libertos para ampliar possibilidades de sobrevivência alternativas à grande lavoura.

Além disso, os episódios que analisaremos aqui mostram que os antigos escravos estavam também empenhados em abrir outras opções de sobrevivência fora dos limites dos antigos engenhos. O certo é que as iniciativas dos libertos se chocavam com as pretensões senhoriais de torná-los trabalhadores dependentes. Na verdade, as disputas entre ex-escravos e antigos senhores sobre "direitos" de uso e acesso a recursos existentes nas propriedades, ou sobre opções de sobrevivência forjadas à margem da grande lavoura de cana, foram a face mais evidente de conflitos mais profundos ligados à definição dos limites e a possibilidades da condição de liberdade.[2] É nesse contexto que se inserem os diversos incidentes analisados a seguir.

Em tempos de liberdade

Havia-se passado pouco mais de um mês da abolição da escravidão, logo após os festejos juninos, mais precisamente na tarde de 26 de junho de 1888, quando o tenente José Rodrigues da Cerveira foi surrado por moradores do vizinho Engenho Maracangalha, recém-libertos pela Lei Áurea. No dia seguinte, Cerveira precisou recorrer a um amigo para redigir a denúncia enviada a Ernesto Alves Rigaud, subdelegado da Freguesia de Nossa Senhora do Monte, termo da Vila de São Francisco do Conde. Na tarde de 28 de junho dois médicos examinaram o tenente e constataram contusões em diversas partes do corpo.[3]

Pelo depoimento prestado ao subdelegado, soubemos que Cerveira, 32 anos, viúvo, administrava e morava no Engenho Sapucaia, pertencente a João Maurício Wanderley, o barão de Cotegipe. Ele contou que em 26 de junho fora ao Engenho Maracangalha saber do feitor, chamado Latino, liberto do 13 de Maio, por que motivo alguns bois do Engenho Quibaca, também pertencente ao barão de Cotegipe, haviam sido feridos, e um deles morto, pelos moradores dali. Afirmou que Latino o recebeu com "palavras injuriosas", resultando daí acirrada discussão. Em seguida, foi espancado com "barbaridade" por diversos moradores armados de facas de roçar, paus, pedras, lanças e instrumentos de pastorear gado.[4]

Em 30 de junho o subdelegado Ernesto Alves Rigaud instaurou inquérito, no qual foram inicialmente inquiridas as testemunhas indicadas pelo tenente Cerveira. Firmino Wanderley, ex-escravo do barão de Cotegipe, natural da Freguesia do Monte, carpina, 30 anos, morador no Engenho Sapucaia, disse ter presenciado o conflito, pois estava em companhia do ofendido quando esse decidiu averiguar quem eram os autores dos ferimentos e dos roubos de alguns bois do Quibaca. Segundo ele, Cerveira aborreceu-se com as palavras e com o "modo injurioso" com que foi recebido por Latino. Depois do bate-boca, Cerveira foi "barbaramente agredido" por vários moradores dali, entre eles os libertos Odorico, Germano, Onofre, Ismael, Rufo, Floriano, João Anastácio, Jacinto, Gentil, Cosme e outros.[5]

José Moreira de Pinho, administrador de engenho e morador do Quibaca, encontrava-se em casa quando ouviu gritos de Firmino convocando os moradores para impedir que Cerveira fosse espancado no Maracangalha. Imediatamente, seguiu até o local do conflito e lá encontrou um grupo, "muito exaltado", de vinte a trinta moradores portando diferentes armas. Logo ao chegar, perguntou pelo tenente, mas os libertos disseram nada saber dele. Dirigiu-se, então, ao feitor Latino e esse lhe explicou que o conflito se dera porque os moradores do engenho haviam ferido alguns bois do Quibaca. Custódio José de Santana, 41 anos, "artista", residente na Freguesia de São Pedro do Rio Fundo, disse ter visto dois grupos de moradores postados nos dois lados da estrada para Maracangalha. Ao perguntar sobre Cerveira, Latino respondeu, de "modo atrevido e grosseiro", que "o mesmo" já se havia retirado.[6]

O inspetor de quarteirão João Tomé da Silva, 50 anos, "artista", ainda tentou reunir moradores do Engenho Caboxi, mas desistiu da ideia ao verificar que Cerveira já se encontrava em casa. Joaquim do Patrocínio Rosa, natural da Freguesia de São Sebastião, lavrador, 35 anos, também desistiu de socorrer o tenente, depois de certificar-se de que esse já se achava em casa, deitado numa marquesa e queixando-se dos ferimentos.[7]

As testemunhas citadas anteriormente tentaram mostrar que Cerveira havia sido vítima da violência dos ex-escravos. Alguns tinham fortes motivos para colocar-se ao lado do administrador, já que compartilhavam com ele a responsabilidade de garantir a ordem nos engenhos da freguesia. A referência ao "modo atrevido e grosseiro" com que o feitor Latino se comportou revela como aquelas pessoas interpretaram as atitudes e a linguagem dos libertos depois de alguns dias da abolição. Por certo, assustaram-se ao constatar que, desarmado o cenário da escravidão, aqueles ex-escravos não se conduziam de acordo com os papéis e as formas de deferência vigentes até então.

José Moreira e Custódio José revelaram aspectos importantes do comportamento dos libertos durante o conflito e depois dele. Os ex-escravos agiram de forma coletiva, tanto para revidar as agressões feitas ao feitor Latino como para rechaçar possíveis represálias. Depois do conflito, todos se recusaram a falar e deixaram ao feitor a incumbência de se pronunciar sobre o episódio. Isso sugere, e mais adiante a veremos confirmada, a liderança de Latino na comunidade de libertos do Maracangalha.

Em 30 de junho o subdelegado Rigaud escreveu ao chefe de polícia narrando os últimos acontecimentos ocorridos na freguesia. Na carta, ele acusou os moradores do Maracangalha de dificultar a ação da justiça e de tentar agredir o escrivão da subdelegacia na ocasião em que foi convocá-los a depor. Segundo o subdelegado:

é o lugar em que se deu o conflito presentemente morada de vadios, desordeiros, ladrões, que sem respeito pelas autoridades constituídas, não conhecem outra lei além da sua vontade e destarte de tudo zombam, vociferando não haver quem os seja capaz de arredá-los um instante dali. Assim é que está burlada a constituição do processo a que me refiro, por isso que ousados e munidos de armamentos declararam opor-se a qualquer tentativa contra eles, ainda mesmo para o bom desempenho da justiça, como no caso presente.[8]

Rigaud finalizou requisitando urgente remessa de força policial para enfrentar o que qualificou de "horda de malfeitores". As palavras do subdelegado são elucidativas do estado de ânimo das autoridades policiais, dos senhores e administradores de engenho da região, depois de um mês sem escravidão. Rigaud procurou desqualificar o comportamento dos libertos, afirmando que os incidentes ocorridos ali eram obra de "desordeiros", "vadios" e "ladrões". Na sua visão, a ordem estava seriamente atingida em seus pilares fundamentais: desrespeito às autoridades constituídas e à lei, recusa ao trabalho e violação da propriedade privada.

Entretanto, em 6 de julho os envolvidos, Odorico, Rufo, Ismael, João de Deus, Clemente, Germano, João Anastácio, Onofre, Jacinto, Arlindo e Floriano, dirigiram-se ao edifício da Câmara Municipal da Vila de São Francisco do Conde, onde também funcionava a Delegacia de Polícia, e, voluntariamente, apresentaram-se ao delegado para denunciar violências e ameaças feitas pelo administrador do Engenho Sapucaia. O liberto Ismael disse não ter cometido crime algum "e que se o tivesse cá não se apresentaria".[9] Os ex-escravos procuraram agir como cidadãos livres e, portanto, portadores do direito de ser protegidos pelas autoridades. Mas não era assim que pensava o delegado, tanto que imediatamente os recolheu à prisão. No mesmo dia, telegrafou ao chefe de polícia festejando a captura de 11 envolvidos no conflito e aproveitou para requisitar a transferência desses para a capital, devido à falta de segurança da cadeia.[10] Àquela altura, os libertos devem ter compreendido quão precária era a liberdade outorgada pela lei de 13 de maio.

Na prisão, os ex-escravos foram interrogados e seus depoimentos foram fundamentais para desvendarmos as razões mais profundas do conflito. Além disso, o que disseram ajuda a entender de que maneira a lei de 13 de maio havia repercutido no cotidiano e na forma como os libertos pretendiam viabilizar a sobrevivência depois de abolida a escravidão. Sobre as causas do conflito de 26 de junho, Odorico, natural da Freguesia de Nossa Senhora do Monte, oficial de carpina, residente no Maracangalha havia muitos anos, afirmou

> que plantando roça no Engenho Maracangalha estas são constantemente destruídas pelo gado de Quibaca, e que ele interrogado de companhia com diversos parceiros seus cutilaram a diversos bois que encontraram, existindo na mesma roça uma vaca morta, passados oito dias, na terça-feira, vinte e seis de junho findo, voltando ele interrogado do mato onde tinha ido buscar lenha, arriara em casa o feixe, e vendo um ajuntamento junto ao sobrado do Engenho Maracangalha para ali se encaminhara levando a sua foice e uma faca na cintura, ao chegar ao ajuntamento soube por seus parceiros que José Rodrigues da Cerveira havia dado de pano de facão no crioulo de nome Latino, feitor do Engenho Maracangalha, e que eles libertos do dito Engenho e em companhia dele interrogado se vingaram das pancadas dadas em Latino, espancando com cacetes e foices ao dito José Rodrigues, em quem fizeram diversos ferimentos, quebrando-lhe um dos braços.[11]

Portanto, o espancamento de Cerveira fora uma reação conjunta dos libertos às agressões a Latino. Mas o depoimento de Odorico revelou outros detalhes importantes. Ele e os demais fizeram questão de ressaltar a condição de recém-libertos pela lei de 13 de maio. Isso demonstra que sabiam muito bem quais as implicações daquela lei em sua vida, dentre as quais a mais evidente e imediata era exigirem tratamento de pessoas livres. Nos depoimentos, os ex-escravos procuraram demarcar as fronteiras entre o tempo em que eram escravos e a situação de liberdade de que então gozavam.

Vê-se que a discussão entre Cerveira e o feitor Latino foi motivada pela decisão dos libertos de ferir o gado do Quibaca que invadia suas roças. Onofre, 25 anos, oficial de pedreiro, falou dos estragos feitos nas roças pelo gado e acrescentou que, por diversas vezes, ele e seus parceiros alertaram o "doutor Joãozinho" (assim era chamado o barão de Cotegipe) e o feitor daquela propriedade para a necessidade de fazer reparos nas cercas. Portanto, antes de tomar suas "próprias iniciativas", os libertos procuraram negociar a reparação das cercas com o feitor e, depois, com o próprio dono do Engenho Quibaca. Enquanto isso, o gado continuou causando estragos nas plantações. O trabalho deles redobrava, pois manter os animais distantes das roças exigia vigilância permanente. Nessa tarefa, alguns bravios foram atingidos e alvejados a foice. Na mesma ocasião, uma vaca velha morreu, casualmente, perto das plantações de mandioca. Foi por isso que Cerveira, "que se gaba de valente", em companhia de Firmino, criado do "doutor Joãozinho", fora "tomar satisfação" sobre aquelas ocorrências.[12]

Conflitos entre senhores de engenho, ou entre esses e pessoas livres, em torno de danos causados pelo gado às lavouras eram frequentes no Recôncavo. Manter o gado no limite das cercas era obrigação de todo proprietário e tudo indica que essa foi uma fonte de tensão entre senhores de engenho e escravos que cultivavam roças. No fim do século XVIII, entre as medidas tendentes ao melhoramento das condições de vida dos escravos, Vilhena recomendava aos senhores o reparo regular das cercas para impedir a invasão do gado nas plantações de mandioca e outros gêneros cultivados por aqueles cativos.[13] Os depoimentos mostram que os ex-escravos tentaram agir segundo os referenciais hierárquicos vigentes. Antes de ferir o gado, foram ao administrador e, em seguida, ao dono do Engenho Quibaca para solucionar o problema da cerca.[14] Aparentemente seguiram, também, a hierarquia interna do engenho, deixando ao feitor a incumbência de comunicar ao senhor do engenho vizinho as suas queixas em relação ao gado.

O conflito deu-se no momento em que a maioria dos libertos, muitos deles ocupados em manter o gado distante das plantações, estava retornando de suas roças. João Anastácio, o único a se declarar "homem livre", contou que, por volta das cinco horas da tarde, quando retornava da roça, ouviu gritos da "liberta" Nicoleta, convocando os moradores a socorrer Latino, que estava sendo espancado. Foi então que ele, juntamente com Odorico, Germano, Arlindo, Onofre, Jacinto, Floriano e Firmino, foi ao local e reagiu com foices e instrumentos de pastorear gado.[15]

Embora longo e repetindo as versões anteriores, o depoimento de Rufo, 22 anos, natural da Freguesia do Monte, pedreiro, acrescentou detalhes novos sobre o que ocorrera naquela tarde de 26 de junho. Disse

> que ele interrogado liberto do Engenho Maracangalha, unido aos demais companheiros costuma plantar roças e vendo que elas eram constantemente destruídas pelo gado do Engenho Quibaca, fora com Latino, feitor de Maracangalha, pedir providências ao feitor do Engenho Quibaca o qual não as dando fora o mesmo Latino pedi-las ao proprietário que prometeu dá-las, não obstante o gado continuou a estragar a roça do interrogado e dos companheiros o que deu lugar a ele interrogado de companhia com Odorico, Onofre, Germano, Floriano, João Anastácio, João de Deus e Firmino cutilassem uma rez [sic]; dias depois viera José Rodrigues da Cerveira ao sobrado do Engenho Maracangalha e ali perguntara pelo Proprietário o qual não se achava em casa, aparecera Latino, feitor da dita propriedade a quem o dito José Rodrigues perguntara quem foi que havia cutilado uma rez [sic] do Engenho Quibaca e comido uma outra? Em resposta lhe dissera o dito Latino que não sabia, ao que retorquira José Rodrigues dizendo que Latino era muito descarado, o que Latino repelindo dissera que, descarado era ele José Rodrigues, e nisto José Rodrigues dera em Latino algumas pancadas com o facão que trazia, fato este que presenciado por Ismael, que se achava na casa do Engenho, este chamando a diversos companheiros que reunidos ao interrogado vieram acomodar o mesmo José Rodrigues, que não querendo aten-

dê-los continuava a espancá-los o que resultou em pequeno ferimento na testa de Ismael, e então ele interrogado com os demais investiram armados de cacete e foices, contra José Rodrigues procurando tomar-lhe seu facão, e que conseguiram depois que Ismael lhe dera uma cacetada no punho que ele fizera cair o facão da mão, que fora apanhado por ele interrogado que o quebrara em três pedaços [...], e logo depois apaziguou-se o conflito.[16]

Enquanto Odorico e Onofre sustentaram que o ferimento no gado fora causado involuntariamente, Rufo afirmou que aqueles atos foram intencionais, uma espécie de represália aos senhores que não reparavam as cercas de suas propriedades. De uma forma ou de outra, os libertos defendiam as roças que vinham sendo invadidas pelo gado e o faziam apoiados na noção costumeira de direitos havia muito conquistados. Germano, 45 anos, "empregado na lavoura", explicou que ele e os demais libertos tinham roças "desde o tempo que eram escravos daquele Engenho". Como observa Hebe Mattos, desde a escravidão, o cultivo das roças emergiu como uma das dimensões perenes dos significados da liberdade. Depois de abolida a escravidão, o acesso às roças continuou sendo requisito fundamental da condição de liberdade.[17]

Diversos estudos sobre o período pós-abolição, em várias regiões da América, demonstram que, para os ex-escravos, o cultivo das roças estava intimamente relacionado à expectativa de viabilizar espaços de autonomia em relação aos antigos senhores.[18] Os libertos sabiam que, reafirmando o direito às roças, era possível exercer o direito de escolher onde, quando e como trabalhar. O acesso às roças representou a possibilidade de trabalhar para si mesmos e para suas famílias e ainda uma opção viável à grande lavoura de cana, à qual dedicaram toda a vida escrava.[19] Mas, como veremos no decorrer deste capítulo, ao evocarem o "direito costumeiro" às roças, os libertos tentavam também legitimar posições conquistadas nos dias que antecederam a abolição, quando abandonaram a lavoura de cana, expandiram as áreas de cultivo e buscaram acesso livre aos mercados locais.

Mas os incidentes ocorridos no Maracangalha elucidam outros aspectos importantes dos comportamentos e das atitudes dos libertos após a abolição. Ao agirem coletivamente contra Cerveira, eles pareciam seguir o mesmo padrão de comportamento dos escravos quando reagiam aos feitores. Para evitar que a punição recaísse sobre um indivíduo específico, a autoria das agressões poderia ser compartilhada pelo grupo. Pareciam agir, também, motivados pelo sentimento de desagravo, não só em relação às violências daquele momento como às agressões cometidas no tempo da escravidão contra amigos e conhecidos. João Anastácio afirmou que Cerveira, em companhia dos irmãos, tinha "por costume" provocar desordens. Certa vez, no povoado das Candeias, agredira uma rapariga chamada Liberta, morta em consequência das agressões. Naquela mesma localidade, bateu em um tal João de Freitas com chicote, deu muita pancada em Olímpio, mestre de barco no rio São Paulo, e matara a mulher com quem havia casado.[20]

Em alguns trechos dos depoimentos, despontam detalhes que ajudam a entender como os libertos se esforçaram para afirmar sua nova condição, algo que implicava distanciarem-se de atributos e papéis inerentes à escravidão. A respeito disso, Odorico revelou interessante detalhe sobre a forma de, em meio ao conflito, ter procurado afirmar-se como livre. Ele contou que, depois do conflito, Cerveira montou no cavalo e, antes de retirar-se, ordenou que apanhasse do chão seu chapéu. Odorico reagiu dizendo "que o mesmo José Rodrigues o fosse apanhar, que ele não tinha escravos".[21]

As informações contidas no processo-crime abrem a possibilidade de compreender algo mais sobre o perfil socioprofissional dos envolvidos no conflito, como veremos na Tabela 4.

Os dados na referida tabela demonstram que apenas três indivíduos haviam nascido no Maracangalha; os demais foram transferidos de propriedades vizinhas. Comparando as informações contidas no processo com a lista de cativos do engenho, feita em 1872, soubemos que Clemente, "cabra", e os crioulos Floriano, Firmino e João de Deus eram remanescentes dos escravos que pertenceram ao visconde de Passé; portanto, residiam ali antes de o engenho passar ao domínio do barão de Moniz Aragão, em 1878. Aos nascidos no Maracangalha, podemos acrescentar, também, os crioulos Cosme, Vicente e Henrique, que, como veremos adiante, foram citados como participantes do conflito. Soubemos, ainda, que alguns deles pertenciam a grupos familiares que, havia pelo menos duas gerações, trabalhavam na condição de escravos. Por exemplo, localizamos a mãe de Floriano, a africana Melânia, 65 anos, e uma irmã chamada Teresa, crioula, 20 anos, ambas trabalhando na lavoura em 1872. Vimos que a mãe de João de Deus, chamada Maria Secundina, de cor cabra, então com 40 anos, também trabalhava na lavoura.[22]

Pelo menos seis envolvidos haviam ido para ali muito jovens, depois de 1878, quando o engenho fora comprado por Moniz Aragão. Desses, quatro disseram-se "filhos de Cassarangongo", ou seja, nascidos naquela propriedade. Odorico também nascera naquele engenho e, possivelmente, fora transferido para Maracangalha na mesma época. Na Tabela 4, o feitor Latino é o grande ausente. Seu nome não figura nas listas de escravos do visconde de Passé e tudo indica que se incluía entre os que foram para Maracangalha depois de 1878. As informações contidas no processo-crime não se referem à idade ou à filiação; apenas um depoente disse que era crioulo. Contudo o processo é rico em detalhes sobre seu temperamento altivo e a liderança perante os outros libertos. Sua ascendência sobre os parceiros de senzala foi reconhecida até mesmo por Moniz Aragão, ao nomeá-lo feitor, pouco antes da abolição.

Interessante observar que, em todos os depoimentos, o escrivão anotou que os envolvidos viviam de "suas roças". Esse registro certamente estava baseado nas próprias falas dos libertos e significa que eles tinham uma noção de posse sobre os lotes onde plantavam. Portanto, o grupo era composto de pessoas que emergiram da escravidão com noções de propriedade sobre o que cultivavam nas terras do ex-senhor.

Tabela 4. Libertos envolvidos no conflito — 1888

Nome	Filiação	Idade	Local de Nascimento	Tempo de Residência (anos)	Ocupação	Observação
Odorico	—	—	Engenho Cassarangongo	—	Carpina	Vivia de suas lavouras
Rufo	Adélia (crioula)	22	Engenho Cassarangongo	8	Pedreiro	Vivia de suas lavouras
Germano	Pomposa (crioula)	24	Engenho Cassarangongo	10	Lavoura	Vivia de suas lavouras
Onofre	Pomposa (crioula)	25	Engenho Cassarangongo	10	Pedreiro	Vivia de suas lavouras
Arlindo	Lethra (crioula)	24	Engenho Cassarangongo	10	Lavoura	Vivia de suas lavouras
João Anastácio	—	40	Freguesia do Passé	10	Lavoura	Vivia de suas lavouras
Jacinto	Leocádia (cabra)	—	Engenho Madruga	10	Ferreiro	Vivia de suas lavouras
Ismael	Josefa	25	Freguesia do Socorro	12	Carpina	Vivia de suas lavouras
João de Deus	Maria Secundina	20	Engenho Maracangalha	20	Alambiqueiro	Vivia de suas lavouras
Clemente	Josefa (falecida)	45	Juazeiro	—	Vaqueiro	Vivia de suas lavouras
Firmino	Clara (africana)	+ 25	Engenho Maracangalha	Mais de 25	Carreiro	Vivia de suas lavouras
Floriano	Melânia (africana)	+ 30	Engenho Maracangalha	Mais de 30	Carreiro	Vivia de suas lavouras

Fonte: Apeb, *Processos-crimes*, 29/1032/04.

Isso foi fundamental para definir escolhas e aspirações. As profissões aprendidas durante a escravidão respondiam às necessidades e demandas do engenho, mas era como "roceiros" que encaminhavam a sobrevivência na condição de livres.

Em 12 de julho de 1888 o promotor público da comarca denunciou criminalmente Latino, Ismael, Rufo, Floriano, Odorico, João Anastácio, Jacinto, Germano, Gentil, Cosme, Onofre, Arlindo, Firmino, Plínio, Vicente e Henrique. No parecer daquela autoridade, o desentendimento entre Latino e Cerveira não passou de "pequena troca de palavras", algo que não justificava a reação dos ex-escravos. Depois de mandarem os envolvidos no conflito para a cadeia, as autoridades judiciais não fizeram o mínimo esforço para agilizar o processo. Basta dizer que somente em 14 de janeiro de 1889, seis meses depois da prisão, o inquérito chegou às mãos do juiz municipal. O juiz aceitou a denúncia e reiterou que os libertos agrediram o tenente com "palavras injuriosas" e numa "sanguinária, desproporcional e horrorosa luta [...], com inaudito e descomunal canibalismo investem contra o infeliz Cerveira". Além dos 11 homens que "mofavam" na cadeia, ordenou a prisão de Latino, Tirso, Gentil, Cosme, Vicente e Henrique, que estavam foragidos.[23]

Em 26 de setembro de 1889 o caso foi levado a julgamento, na sede da Câmara. Entre os jurados achavam-se grandes senhores de engenho da região, Antônio da Rocha Moniz de Argolo, João de Araújo Aragão Bulcão, Frutuoso Vicente Vianna e José Rodrigues Bandeira. Ao longo do processo não há qualquer indício de que o barão de Moniz Aragão se tenha mobilizado para "proteger" os antigos cativos, mesmo porque o comportamento desses vinha colidindo com sua autoridade. Na ocasião, o senhor de engenho Joaquim Alves da Cruz Rios apresentou-se como advogado dos libertos. Cruz Rios era um velho inimigo do barão de Moniz Aragão, que esteve a ponto de adquirir o Maracangalha, logo depois da morte do barão de Passé, mas foi tirado do páreo por meio de manobras do seu opositor. Os libertos devem ter jogado politicamente com essa rivalidade ao recorrerem à "proteção" do inimigo do ex-senhor.

No mesmo dia, após amargar um ano e dois meses de cadeia, os ex-escravos foram julgados e absolvidos das denúncias. É curioso que o júri — composto em sua maioria por membros influentes da classe senhorial da região — se tenha posicionado favoravelmente aos libertos. Possivelmente, àquela altura, os senhores locais tivessem aplacado os temores dos primeiros dias sem escravidão ou já se sentissem satisfeitos com a punição imposta aos libertos. É possível que a maioria fosse inimiga política de Moniz Aragão e de Cotegipe e encontrasse na absolvição dos libertos uma forma de atingi-los. Para aprofundar a compreensão dos significados dos acontecimentos anteriormente analisados, recapitularemos os últimos anos de escravidão no Engenho Maracangalha.

Maracangalha em tempos de escravidão e liberdade

Pelo "Registro eclesiástico de terras da Freguesia de Nossa Senhora do Monte", feito em 1857, soubemos que o Engenho Maracangalha pertencera a Catarina Josefa de Araújo Pita, a qual havia herdado do falecido filho, Cristóvão da Rocha Barbalho Moniz Barreto. Naquele ano, o engenho era administrado pelo sobrinho e genro Francisco Antônio da Rocha Pita e Argolo, o visconde de Passé. Segundo aquele registro, a propriedade fazia limites com os engenhos Cinco Rios, Pindobas, Sapucaia, Pinheiro, Cassarangongo e Quibaca, esse último também pertencente à viúva Catarina Josefa.[24] Embora se tratasse de propriedades extensas, era possível, do Maracangalha, avistarem-se as sedes do Cassarangongo, do Sapucaia e do Quibaca, dada a pouca distância entre elas. Compreende-se, então, por que, na Freguesia do Monte, as ocorrências num engenho rapidamente repercutiam nos outros.

Com a morte da sogra, o visconde de Passé herdou os engenhos Quibaca e Maracangalha. Além desses, já era dono dos engenhos São Paulo, Feliz União (também conhecido por Cobé), Cinco Rios, Pindobas e Pinheiro. O visconde de Passé morreu em 1871, mergulhado em dívidas. Os engenhos Maracangalha, Pinheiro e Cobé passaram ao domínio do seu pai, Antônio Bernardino da Rocha Pita, o conde de Passé, fiador do filho em várias dívidas contraídas com comerciantes da capital. Àquela altura, o velho Passé não tinha mais a mesma vitalidade para administrar as propriedades que já possuía, assim como as que herdara do filho. Em 1875, engenhos e escravos ficaram sob a supervisão de seu genro, o procurador João Maurício Wanderley, barão de Cotegipe. Na mesma época, Egas Moniz Barreto de Aragão, barão de Moniz Aragão, aparece como inventariante dos bens do falecido visconde de Passé. Vemos que tanto Cotegipe quanto Moniz Aragão vinham cruzando o caminho dos libertos do Maracangalha e decidindo sobre aspectos importantes da vida deles muito antes da abolição. Quando faleceu, em 1877, o velho Passé, embora endividado, era um dos maiores proprietários do Recôncavo, dono dos engenhos Freguesia, Sapucaia, Feliz União e Maracangalha.[25]

Por intermédio do inventário do visconde de Passé, feito em 1872, é possível termos um retrato aproximado do Engenho Maracangalha. Segundo a avaliação feita naquele ano, a propriedade possuía pouco mais de 1.342 tarefas de terras, dentre as quais 1.151 eram de massapê, o solo mais requisitado para a plantação de cana. Entre os bens listados, havia uma casa de engenho com suas máquinas, 95 bois de "brocha" (usados nos serviços do engenho) e 150 de criar. Os escravos moravam em 45 senzalas, "feitas de esteios de má qualidade, de taipa de mão, coberta de palhas, com suas portas arruinadas".[26]

Na época, o engenho possuía 95 escravos, 49 homens e 46 mulheres. Entre os cativos, ainda existiam 28 africanos, um grupo minoritário em relação aos nascidos no Brasil. Entre os descendentes de africanos, encontramos 59 crioulos; sete foram classificados como de cor cabra e apenas uma menina como mulata. Entre os escravos, contamos 22 crianças entre 1 e 12 anos. Quatro anos mais tarde, com a morte do conde de Passé, o patrimônio existente no Maracangalha foi novamente inventariado. Verifica-se que a população escrava sofreu pequeno decréscimo, contando 83 escravos, 44 homens e 39 mulheres; o grupo africano caiu para 24 indivíduos. O rebanho bovino decresceu sensivelmente nesse período — contaram-se apenas 118 cabeças de gado. O estado da propriedade parecia refletir o progressivo declínio econômico dos Passé.[27]

Em 1878 o Maracangalha passou ao domínio de Moniz Aragão. Sem dúvida, o barão podia ser incluído entre os "grandes do Império"; era advogado, formado na Alemanha, e chegou a seguir a carreira diplomática, como adido do Brasil em Londres e Berlim. Seria depois vereador em Salvador e presidente da Câmara da Vila de São Francisco, nos tensos anos de 1888 e 1889. Acumulou ainda títulos honoríficos, entre os quais fidalgo-cavaleiro da Casa Imperial, comendador da Rosa e cavaleiro da Ordem da Nossa Senhora da Conceição da Vila Viçosa, em Portugal. Faleceu no Rio de Janeiro, em 1898.[28]

Os Passé, Cotegipe e Moniz Aragão eram ligados por parentesco. A esposa do velho Passé era membro da família Moniz Barreto de Aragão, sogra e tia do barão de Cotegipe. O entrecruzamento familiar, muitas vezes alinhavado por alianças matrimoniais, era estratégia secularmente usada pelos senhores de engenho para manter as propriedades sob o domínio da mesma parentela.[29] Foi assim que, durante séculos, essas e outras famílias mantiveram o controle das terras mais férteis do Recôncavo e se apossaram de parcela significativa do poder político dentro e fora da Bahia. Com a morte do conde de Passé, dois de seus engenhos mais produtivos caíram nas mãos de Cotegipe e Moniz Aragão; o primeiro herdou o Freguesia; o segundo ficou com o Maracangalha por meio de compra.[30]

Como veremos a seguir, o processo de transferência do Maracangalha para o domínio de Moniz Aragão não foi tranquilo. Antes mesmo de entrar na posse efetiva, os escravos daquela propriedade rebelaram-se ante a possibilidade de servi-lo. Em 26 de novembro de 1878, às sete horas da noite, em seu Engenho Cassarangongo, Moniz Aragão escreveu longa carta ao amigo e confidente barão de Cotegipe relatando o que se passara no Maracangalha, na tarde de domingo. Contou que, ao chegar de Salvador, ordenou a Favila, administrador da propriedade, que na manhã seguinte o esperasse com a "gente" no engenho, mandasse fazer a limpa no canavial e os demais trabalhos. Efetivamente, ali apareceu e encontrou os escravos "respeitosos, como sempre se mostraram para comigo". Aragão procurou agir como quem acabava de apropriar-se de novas "peças", ciosamente chamou-os um a um, anotou-lhes o nome, deu-lhes roupas, ordenou-lhes que ajuntassem os bois de brocha e os ferrassem com seu sinal. E, por fim,

> fiz uma pequena alocução aos escravos dizendo-lhes cousas apropriadas às circunstâncias; concedi-lhes o resto do dia; fui jantar em Pindobas e fiquei de concluir hoje o arrolamento dos objetos do Engenho. De volta do Pindobas, à noitezinha encontrei alguns que me saudaram; determinei ao Favila o serviço para hoje, caso chovesse, e cheguei contente a esta casa [Engenho Cassarangongo], onde minha mãe e avó me deu [sic] os parabéns pela aquisição que pretendia efetuar.[31]

Vemos que Moniz Aragão procurou marcar o momento da posse com os sinais e rituais característicos do domínio senhorial. Ele sabia que o reconhecimento desse domínio por parte dos escravos era fundamental para o sucesso do novo empreendimento. Os gestos dos cativos, a saudação e a deferência costumeira pareciam sinalizar positivamente. Assim, voltou ao Engenho Cassarangongo, que distava poucos quilômetros dali, quase certo de que o Maracangalha já lhe pertencia.

Disse quase certo porque, logo ao amanhecer, recebeu um bilhete do administrador informando que os escravos reunidos na bagaceira se recusavam a trabalhar e a obedecer-lhe. Aragão procurou tranquilizá-lo, dizendo que os deixasse esperar, que iria depois do almoço. Lembrou que, no dia anterior, fora prevenido por alguém que os "Rios & Cia" haviam comprado foguetes e preparavam uma "função" para a entrada no Maracangalha, dizendo um deles que se o engenho passasse ao domínio de Aragão, os escravos não se prestariam a seu serviço, "portanto não deixei de estimar aquela primeira recepção, como não me assustou a notícia desta manhã". A família Cruz Rios era proprietária de terras e escravos na região e estava na disputa pelo domínio daquele engenho; a recusa dos escravos parecia-lhes um trunfo importante para passar à frente do concorrente.

Moniz Aragão seguiu para Maracangalha acompanhado do "nosso" Prediliano, pajem escravo, e ali chegou a "passo de montada". Os escravos saíram do engenho logo que o avistaram e, com o feitor do serviço à frente, seguiram para a bagaceira. O feitor do serviço era também escravo e só então Moniz Aragão concluiu, decepcionado, que de nada adiantara a gratificação de cinco mil-réis que lhe dera no dia anterior. A descrição que fez da reunião na bagaceira é incrivelmente minuciosa, mostra como os escravos, habilmente, combinaram formalidades de deferência com disposição férrea de não passar ao domínio do barão. Contou ele que os escravos, formando linha, os saudaram, "alguns lançando-se de joelhos ao cavalo que montava". Em seguida:

> Perguntei-lhes com mansidão: o que quer dizer isto, minha gente? Responderam todos de uma só voz: Queremos venda, meu senhor — Todos? Sim, senhor! Mas vocês não foram já vendidos a mim? — Sim, senhor; mas não podemos servir a meu senhor. Por que razão? Porque não queremos servir senão a Ioiozinho ou aos filhos de Yayá. Mas se eles não quiseram ficar com vocês e preferiram que eu fosse o dono de vocês? — Responderam que a não poderem ser de Ioiozinho ou de V. Ex[a] não queriam ficar no Engenho, queriam ser vendidos para Barra fora — Inútil; pois era todo discussão e chamei-os para a sombra, na caixaria, onde repetiram as mesmas palavras declarando que nenhum serviço fariam em Maracangalha, desde que fosse minha Propriedade. Respondi-lhes sempre mansamente que isso era um absurdo; porque se eles não me quisessem ainda reconhecer como dono deles, eu poderia me apresentar como Procurador de V. Ex[a], estando o Zinho aí para me ajudar da sua parte, e os faria trabalhar e eles não teriam outro remédio senão trabalhar onde eu quisesse que trabalhassem; mas em sinal de respeito com V. Ex[a] e, enquanto não viesse sua resposta, eles haviam de trabalhar em Maracangalha no serviço determinado, debaixo das vistas de Zinho.[32]

Ao longo do diálogo, Moniz Aragão tentou convencer os cativos de que seu poder prevaleceria, fosse como senhor, fosse como procurador dos herdeiros do Passé. Os escravos deveriam conhecer suficientemente bem o temperamento e o estilo de mando de Aragão, mas pareciam estar blefando quando disseram preferir a ciranda abominável do tráfico interno ("vendido Barra fora") a passar ao domínio do barão. Por certo, avaliaram que passar ao domínio de novo senhor poderia ser-lhes bastante desfavorável; qualquer um que entrasse na posse do engenho iria querer extrair dele rendimento máximo e isso requeria tempo; para os escravos, isso poderia representar maior distância da alforria. Acreditavam, talvez, que se permanecessem com "Iaiá" (assim chamavam a viúva do visconde de Passé) estariam mais próximos da alforria, tal qual havia ocorrido com alguns escravos depois da morte do antigo senhor. Ao fim da discussão, Moniz Aragão havia sofrido grande revés, pois os escravos ameaçaram não trabalhar se o engenho lhe passasse às mãos e trabalhariam apenas sob a supervisão de um dos herdeiros do Passé. Mas, antes de retirar-se, Moniz Aragão anotou os nomes dos que não queriam servi-lo, como dos "poucos que tomaram melhor partido — isto é de ficarem sossegados". Vê-se que os escravos estavam divididos, embora fossem minoria os que consentiam em passar ao domínio do novo senhor.

Moniz Aragão, reservadamente, confessou a Cotegipe sentir medo diante da embaraçosa situação, tanto que apenas jantou no Maracangalha e, logo em seguida, retornou a Cassarangongo para dormir, "por ser mais cômodo e para tranquilizar a minha mãe". Veja como a micropolítica de domínio escravista era permeada de detalhadas reflexões e atos minimamente calculados que objetivavam interferir na vida dos dominados e controlá-la de forma eficaz. Disse ele que, diante da atitude dos escravos, seria mais conveniente proceder com calma e "estudada indiferença para com esses recalcitrantes, do que empregar meios rigorosos, que viriam dar gosto aos insufladores".

> Assim, disse-lhes que não queria o dinheiro que lhes havia dado; nem eles me fariam a desfeita recusando — visto como muitas vezes me pediram e receberam; mas que me entregassem a roupa que havia de ficar para que V. Ex[a] me entregaria ou eu teria de comprar, sendo que

cada um deles representava um valor, pelo qual se daria outro ou se compraria para suprir a falta. Disse-lhes também para persuadi-los e para impressionar aos insufladores, que para mim a questão não era dos escravos, mas dos terrenos.[33]

Portanto, o pretendente a senhor do Maracangalha tentou dissuadir os escravos de sua importância. Ao mesmo tempo, buscou ganhar a confiança de alguns, remunerando o feitor do serviço, distribuindo roupas e dinheiro aos demais. O barão finalizou a carta pedindo auxílio a Cotegipe para a solução do impasse, "porque não poderei ficar com escravos que não me querem servir e o declararam peremptoriamente; nem posso declarar aos Estabelecimentos que não quero mais o negócio, sem combinar com V. Exª em primeiro lugar".

Aqueles acontecimentos tiraram o sono do barão, pois, às quatro e meia do dia seguinte, logo que saltou da cama, ele começou a escrever outra carta a Cotegipe. Informou que se não pudesse substituir convenientemente os "escravos recalcitrantes", poderia sugerir à Caixa Econômica e à Sociedade do Comércio, instituições que financiavam a compra do engenho, que os recalcitrantes valiam 30:300$000, enquanto os que estavam "sossegados", inclusive a pequena Tertuliana, que por engano aparecia entre os primeiros, valiam 8:450$000. Sua ideia consistia em retirar os recalcitrantes — "todos sem exceção" — pela quantia acima avaliada e deixar apenas os "sossegados e inúteis".[34] Na verdade, a intenção era retirar do Maracangalha todos que não consentissem no seu domínio.

Não sabemos qual foi a estratégia usada por Moniz Aragão para contornar aquela situação embaraçosa. Até agora não foi possível saber qual o destino dos escravos "recalcitrantes", se foram vendidos ou obrigados a capitular diante do domínio irrevogável do barão. De acordo com a Tabela 4, nos anos seguintes à compra ele deslocou "gente" de outras propriedades para o Maracangalha, certamente por causa da relutância de parte dos antigos escravos. Revendo o perfil dos envolvidos no espancamento de Cerveira, percebe-se que pelo menos metade deles foi transferida para ali depois que o engenho passou ao domínio de Moniz Aragão. O fato é que, nos dez anos em que viveram ali, os novos cativos criaram vínculos na comunidade, aprenderam ofícios, constituíram famílias e alguns adquiriram o direito de ter a própria roça. Esses motivos contaram muito quando decidiram confrontar-se com o antigo senhor, recusando abandonar a propriedade depois do 13 de Maio. Não surpreende que, passados dez anos, eles se transformassem nos novos "recalcitrantes".

Em 1879 Moniz Aragão festejava os ganhos auferidos com sua mais nova propriedade. A venda de açúcar rendeu-lhe 5:814$215, e a de mel, 7:074$215, "que bem me aproveitaram". Portanto os rendimentos com a safra daquele ano haviam-lhe restituído quase a metade do valor dos "escravos recalcitrantes".[35] Nos anos seguintes, Moniz Aragão investiu na melhoria e no aperfeiçoamento do fabrico de açúcar, renovou o maquinário, comprando aparelho de vácuo e caldeira, turbinas centrífugas e pequeno alambique. Em 1880 chegou a trazer um oficial inglês para assentar e colocar para funcionar aqueles aparelhos. Ao mesmo tempo, promoveu algumas modificações na feitoria da propriedade. Em abril de 1882 destituiu o antigo feitor-mor por um certo Manuel Joaquim Álvares de Castro.[36] Mas o domínio escravista custou a estabilizar-se nas propriedades do barão. Em seu Engenho Pindobas, na noite de 13 para 14 de julho, os "pretos" dispararam tiros de espingarda contra o feitor-mor, que se salvou por pouco. Como se tentasse reproduzir a fala dos cativos, Moniz Aragão sublinhou a seguinte expressão: "Ninguém viu nada não."[37]

Depois desse e de outros distúrbios, Moniz Aragão passou a promover escravos às posições de supervisão, oferecendo-lhes em troca alforria e favores. Sua estratégia buscava maior cooperação dos libertos na condução dos serviços e manutenção da ordem em seus domínios. Mas os resultados não foram satisfatórios.[38] Na carta enviada a Cotegipe em 23 de outubro de 1883 afirmou que vinha tendo muito trabalho e contrariedades. Antes da safra daquele ano, fora obrigado a despedir do cargo de feitor do serviço o ex-escravo Ismael, "por abuso de confiança"; na mesma ocasião, exonerou Jaime, também liberto, da caixaria do Cassarangongo. São muito interessantes as reflexões que fez sobre as atitudes dos libertos que passavam a exercer cargos de feitoria. Segundo ele:

> essa gente não aprecia nem tem o sentimento de gratidão para corresponder às provas de bondade que recebem dos seus ex-senhores; ou se consideram indispensáveis ou se julgam engrandecidos; se não superiores aos proprietários; principiam pela ambição do mando e daí facilmente lhes vem a cobiça da apropriação do alheio. Enquanto não são pilhados com a mão na condução são muito reverentes e amigos; em seguida querem ostentar independência: É o veredicto da atualidade! Acostumado no trabalho e a receber ingratidão, não me penalizou mais esta da parte dos libertos e assalariados.[39]

Ao queixar-se da "ingratidão", o barão deixou evidentes as fragilidades do receituário paternalista para lidar com as expectativas de escravos e libertos, num momento em que se discutia intensamente o fim da escravidão. Vê-se que, desde o início da década de 1880, Moniz Aragão enfrentava problemas com os feitores de serviço, os intermediários entre ele e os demais escravos. Como vimos mais atrás, fora um feitor de serviço quem liderara os parceiros escravos contra as pretensões do barão de assenhorear-se do Maracangalha.

Em 7 de novembro de 1883, Moniz Aragão voltou a falar da "desordem" que reinava em suas propriedades. Além da demissão dos libertos Ismael e Jaime, disse que, para complementar as "medidas administrativas", dispensara também o lacaio Prediliano, o mesmo que em 1878 o acompanhara na discussão com os "recalcitrantes". Sobre essa decisão observou: "Principiam pela ambição do mando e caem no excesso de comunismo e da negligência dos deveres. Como não sou de meia enclita [sic], pus logo o maquinismo em movimento e tudo marcha regularmente."[40] "Excesso de comunismo" possivelmente queria dizer que escravos e recém-libertos de confiança estivessem tentando ampliar sua margem de independência pessoal numa conjuntura em que se debatia o fim da escravidão. É possível que, por conta disso, escravos e libertos estivessem tentando ampliar o acesso a bens e recursos existentes no engenho. Aliás, foi esse mesmo "excesso de comunismo" que o barão deploraria nos dias imediatos à abolição. Além disso, os conflitos com os feitores-mores sugerem que os escravos vinham forçando os limites do controle escravista.

Em 3 de outubro de 1887 o barão de Moniz Aragão observou com ironia a forma como os escravos inverteram a ordem dentro do engenho, apropriando-se da data do seu aniversário para fugir a mais um dia de trabalho. Comentou ele que:

> Seguindo-se o santificado Domingo ao dia festivo de minha aparição neste mundo de vadiação, regalaram-se os escravizados Irmãos em Cristo e tomaram ainda metade da sexta-feira para os preparativos das missas, sermão, Batizados e Crisma, que por especial mercê do Arcebispado aqui se fez. Com os anos vamos ficando beatos e resignados aos males que nos cercam, sem outra saída senão para os céus galgar [...]. Pagode, vadiação e comunismo! É a generosa Falange salvadora do nosso desgraçado País!⁴¹

De 1887 até o início de 1888 as tensões acirraram-se no Maracangalha, com as fugas e insubordinações que marcaram os últimos dias da escravidão. Como vimos no capítulo anterior, no começo de abril de 1887 panfletos conclamando os escravos a fugir, assinados por abolicionistas de São Félix e Cachoeira, circularam pelas senzalas do engenho. Dias antes da abolição, Moniz Aragão fixou residência no Engenho Mataripe, com a intenção de coordenar dali a "transição" para o trabalho livre em suas propriedades. Vale relembrar a carta em que Moniz Aragão, na condição de presidente da Câmara de São Francisco, em 19 de maio de 1888, informou ao presidente da província que os vereadores haviam deixado a cidade e seguido para seus engenhos para restabelecer a ordem. Naquela ocasião, afirmara que, desde 7 de maio, havia libertado seus 346 escravos, distribuídos entre os engenhos Cassarangongo, Mataripe e Maracangalha.⁴²

A intenção do senhor barão era conter a insubordinação que se havia instalado em suas propriedades, mas, pelo visto, a iniciativa não logrou o resultado esperado. Sua ausência no Maracangalha encorajou os libertos a romper de forma veemente e antecipada os laços escravistas. Desde março, faltando pouco menos de dois meses para a abolição, os escravos não compareceram aos canaviais e passaram a dedicar-se integralmente a suas roças. Se voltarmos às cartas escritas pelo barão ao presidente da província, logo após a abolição (discutidas no capítulo 4), concluiremos que os incidentes ocorridos no Maracangalha não o autorizavam a considerar suas propriedades entre as "mais moralizadas" da região, a não ser que a situação nos outros engenhos fosse bem mais grave. Além disso, as iniciativas dos ex-escravos naquele engenho não condiziam com o que qualificou de "respeitosa inércia".

Depois da promulgação da lei de 13 de maio, a situação parecia incontrolável e os libertos passaram a expressar a nova condição numa linguagem franca, que aos ouvidos de ex-senhores e feitores soou como "insolente" e "insubordinada". Em depoimento prestado ao delegado de São Francisco, o administrador do Engenho Quibaca, José Moreira Pinho, revelou que, "na ocasião da liberdade mandando o Senr [sic]. Barão de Moniz Aragão, ex-senhor dos acusados, chamá-los de Maracangalha para Cassarangongo, teve em resposta, que tão longe era de Maracangalha a Cassarangongo, quanto deste para aquele".[43] A intenção de Moreira Pinho era denunciar a insubordinação dos libertos, mas suas palavras revelaram-nos a firme disposição dos ex-escravos de permanecer no engenho, a despeito das ordens contrárias do ex-senhor. Para eles, a transferência representava a perda do acesso às roças, o que significava estar mais distante do que entendiam por liberdade. Mas, sem dúvida, aquela decisão também foi uma forma nada deferente de dizer que já não eram mais as "peças" que podiam ser deslocadas de um lado para o outro por interesse ou capricho do ex-senhor barão.

Nos dias seguintes à abolição, os libertos do Maracangalha experimentaram a doce sensação de viver sem senhor. Naqueles momentos, puderam livremente vender o produto das roças nas feiras locais, e não havia quem os obrigasse a seguir para o canavial. Na ocasião em que Cerveira agrediu Latino, alguns libertos encontravam-se na lavoura de mandioca, outros fabricando farinha ou coletando lenha. Possivelmente, a expectativa de poder cultivar a própria roça tenha-se ampliado para um número maior de libertos. Talvez entendessem que, a partir de então, o acesso a uma parcela de terra não estivesse mais atrelado à política de concessões paternalistas do senhor para privilegiar determinados grupos de trabalhadores. O certo é que, naqueles dias áureos, o feitor Latino reinou soberano em favor de seus parceiros de senzala, concedendo "licença" aos que queriam arranchar-se com lavouras de subsistência.[44]

Ao longo do processo, os libertos não mencionaram em momento algum as atividades nas lavouras de cana. Compreende-se, então, por que o subdelegado Rigaud se referiu ao Maracangalha como morada de "vadios, desordeiros e ladrões". No discurso dele e de outros senhores de engenho, a vadiagem confundia-se com a recusa em se ocupar na grande lavoura de cana. Ocorre que onde os senhores viam vadiagem os ex-escravos vislumbravam a possibilidade de melhoria de suas condições materiais e subjetivas de sobrevivência.

O que estava acontecendo no Maracangalha, ou seja, a viabilização das roças de subsistência independentes, era a concretização de uma opção que, se generalizada pelo Recôncavo, poderia frustrar o projeto senhorial de restabelecer alguma forma de controle sobre os libertos. Aos olhos dos ex-senhores, a possibilidade de ex-escravos "viverem sobre si" era algo extremamente perigoso, pois comprometia o futuro da grande lavoura de cana. No fundo, esses diversos incidentes tinham como cerne a definição das condições materiais de subsistência. Enquanto, para os ex-senhores, era preciso dar continuidade à grande lavoura açucareira, para os libertos era vital fortalecer e ampliar a pequena plantação, que lhes abriria possibilidades de sobreviver com mais independência. Portanto para aqueles libertos a questão central era o acesso à terra.

Por isso mesmo, a falta de reparos nas cercas não parece ter sido o resultado do simples descaso dos proprietários dos engenhos vizinhos ao Maracangalha. Possivelmente, a voracidade com que o gado matava a fome nas plantações dos ex-escravos conspirava com o propósito político dos senhores de inviabilizar aquelas iniciativas. A existência de ex-escravos vivendo "sobre si" era vista como péssimo exemplo para os trabalhadores recém-libertos das propriedades vizinhas.

O liberto Ismael esclareceu que na freguesia havia muita "prevenção" contra eles, não só da parte de Cerveira como de outras pessoas, especialmente depois que se tornaram libertos, "e como seu ex-senhor barão de Moniz de Aragão não se importasse com eles, retirando-se para o Engenho Mataripe, entendeu José Rodrigues [da Cerveira] tirar uma vingança".[45] Perante os jurados, os libertos disseram-se "perseguidos" pelo barão de Cotegipe. Acusaram-no de instruir as pessoas que moravam em suas terras a testemunhar contra eles e dar "proteção" às investidas violentas de Cerveira.

No entanto, como veremos a seguir, a defesa do direito de acesso às roças, a luta pela ampliação de espaços próprios de subsistência e a afirmação da condição de liberdade não foram os únicos ingredientes dos conflitos ocorridos depois da abolição, no Maracangalha e em outras localidades do Recôncavo.

Encantos da liberdade

Logo após a abolição, as fontes policiais acusaram recrudescimento de roubos e furtos nos engenhos do Recôncavo. Parte dessas ocorrências foi atribuída ao empobrecimento da população devido à seca e à fome que assolaram a região entre 1888 e 1889. Nesses anos, centenas de retirantes do interior migraram para cidades litorâneas, provocando escassez, desemprego e encarecimento dos produtos de subsistência. Em diversos pontos da região, as autoridades queixaram-se de bandos de famintos que invadiam propriedades para roubar plantações e animais. Ao ser presos na noite de 14 de abril de 1889, roubando gado no pasto do Engenho São João, em Santo Amaro, os seis homens envolvidos imploraram clemência, "porque haviam feito isto impelidos pela fome".[46]

Além dessas ocorrências motivadas pela fome e pelo desemprego, as autoridades acusaram a ocorrência de furtos e roubos cometidos por libertos nos canaviais e pastos dos engenhos. Os senhores aproveitaram para criticar o governo imperial pela forma como decretara o fim da escravidão. Muitos viram naquelas ocorrências a consequência lógica da lei de 13 de maio, que, abruptamente, havia tirado de sob a tutela e o controle dos ex-senhores indivíduos que acreditavam ter como única opção o crime. Por enquanto, deixemos os senhores e seus queixumes e examinemos mais de perto a questão.

Há evidências de que grupos de ex-escravos percorreram vários lugarejos do Recôncavo, saqueando roças e propriedades abandonadas pelos antigos senhores, nos dias que antecederam a abolição. Em São Francisco do Conde, sete homens, chefiados por um tal Marinho, identificado como ex-escravo, saquearam fazendas e roças na Ilha dos Frades. Consta que, na Fazenda Loreto, roubaram objetos da casa de um tal senhor Sócrates; na Fazenda Enseada, levaram panos e utensílios das embarcações do proprietário. Na ocasião, tiraram à força roupas, dinheiro e ferramentas de outros libertos moradores da fazenda. Consta que esse grupo vinha atuando desde 9 de maio de 1888, momento em que já se sabia próxima a abolição definitiva da escravidão.[47] Os incidentes não se restringiram ao Recôncavo. No sul da província, distrito de Boa Vista, termo da Vila de Canavieiras, o subdelegado informou que, "depois do grito de liberdade, grupos de negros armados" atacaram fazendas da região.[48] Muitas dessas ações possivelmente foram feitas por indivíduos que, antes de abandonar as propriedades, decidiram impor uma espécie de ajuste de contas final com os antigos senhores.

Mas é preciso ter muito cuidado com o discurso das autoridades policiais dos distritos açucareiros, especialmente quando acusavam os libertos de roubar os ex-senhores. Logo depois de abolida a escravidão, houve muito conflito entre libertos e ex-senhores sobre direitos de propriedade e usufruto de bens e recursos existentes nos engenhos. Possivelmente, o que os senhores definiam como roubos, na visão dos libertos eram pagamentos ou reparações por serviços prestados a partir do momento em que passaram à condição de liberdade.[49] Ademais, a intensificação dos supostos roubos nos dias que se seguiram à abolição sugere que, para os libertos, a liberdade trazia consigo a promessa de maior participação no que era produzido nos engenhos, ou de acesso a recursos materiais, independentemente das relações de poder tradicionais vigentes durante a escravidão.

Além disso, muitos roubos e furtos atribuídos aos libertos parecem relacionados à tentativa de reaver bens e direitos costumeiros duramente adquiridos. Muitos senhores entenderam que o fim do cativeiro marcara, também, a interdição do acesso a "direitos" e recursos havia muito pertencentes aos libertos. Possivelmente, proibir o cultivo de roças poderia tornar-se uma forma de represália senhorial contra libertos que se recusavam a trabalhar nos canaviais sob antigas condições. Algumas dessas disputas chegaram ao conhecimento das autoridades judiciais. Em 6 de julho de 1889, Tomás de Aquino Teixeira, 45 anos, "trabalhador de enxada", foi preso nos canaviais do Engenho Passagem, propriedade do barão de Vila Viçosa, retirando "olhos" de cana em plena luz do dia. Soubemos que Tomás fora expulso daquele engenho no fim de 1888 e, segundo testemunhas, ao se mudar para o Engenho Recreio deixara ali plantação de canas. Tempos depois, Tomás voltou para colher algumas sementes, possivelmente para iniciar uma nova plantação nas terras em que se estabelecera. Apesar do esforço do proprietário, não havia elementos suficientes para caracterizar como roubo a retirada das sementes. O promotor público de Santo Amaro inocentou Tomás, apoiado na convicção de que esse não havia cometido roubo, apenas estava recolhendo canas que por "direito" lhe pertenciam.[50]

Essas considerações prévias são fundamentais para entendermos a emergência de supostos roubos e furtos de gado em engenhos do Recôncavo ao longo de 1888 e 1889. Durante aquele período, os senhores de engenho de várias localidades queixaram-se da forma como os libertos assaltavam, furtiva ou abertamente, o gado de suas propriedades. Para aprofundar o entendimento desses supostos roubos, examinaremos como eles vinham acontecendo na freguesia açucareira de Nossa Senhora do Monte. Logo veremos que aqueles episódios tinham motivações diversas, podendo significar tanto o desejo de reparação por serviços prestados aos senhores como a defesa e a tentativa de ampliação do acesso a recursos existentes nos engenhos.

À medida que a análise avança, vê-se que no Maracangalha havia conexão entre o roubo de gado e a defesa do direito costumeiro às roças, pois muitos dos animais abatidos eram os mesmos que estragavam as plantações dos libertos. Como vimos mais atrás em relação ao sumiço de algumas reses do Engenho Quibaca em terras do Maracangalha, o "roubo" de gado poderia ser uma forma de represália dos libertos contra senhores que deixavam os animais fora das cercas. Não por acaso, reencontraremos a seguir alguns ex-escravos que aparecem nas duas primeiras partes deste capítulo, mais uma vez defrontando-se com os desafios e os problemas da sobrevivência no pós-abolição.

No mundo dos engenhos, o gado era importante fator de produção; servia não apenas para alimentar os escravos como para transportar pessoas, cana e, em algumas propriedades, mover as próprias moendas. Os bois empregados no trabalho pesado da lavoura, ao lado dos escravos, distinguiam-se dos que eram destinados ao corte, muitos deles reconhecidos por nomes alusivos ao temperamento. Os senhores de engenho elegiam os seus preferidos e, por isso, muitos animais eram cercados de cuidados e regalias.[51]

Em 11 de fevereiro de 1889 Roberto Moreira da Silva, proprietário do Engenho Pindobas, escreveu ao subdelegado da Freguesia do Monte denunciando Clemente, cabra, vaqueiro, e Antônio, crioulo, carreiro, "ex-escravos do Engenho Maracangalha", por terem furtado gado de sua propriedade. Segundo ele, os animais eram levados para aquela propriedade, onde eram abatidos e a carne era dividida entre moradores dos engenhos vizinhos. Após a denúncia, o subdelegado dirigiu-se às margens do rio Macaco e ali encontrou, próximo às cercas dos cafezais do Maracangalha, peles, ossadas, restos de gado abatido e uma corda.

Ao ser interrogado, Roberto Moreira da Silva deu mais detalhes dos supostos roubos. Contou ele que, numa das noites de janeiro, Clemente e Antônio laçaram e conduziram para as capoeiras do Maracangalha uma novilha de cor "alvaçã corada", mataram-na e repartiram a carne entre os companheiros. Poucos dias antes, amanheceu no pasto de sua propriedade o boi de um lavrador, com uma corda de couro presa às patas. Soubera que a corda pertencia a Clemente, que confessou tê-la vendido a Pôncio, ex-escravo do visconde de Paraguaçu.

Segundo ele, os indiciados revelaram os nomes de outros envolvidos: Luís Barbosa, crioulo, morador de Quibaca, Gordiano e seu irmão Agripino, crioulos, ex-escravos do referido visconde, Félix, ex-escravo de João Maurício Wanderley, e outros mais. Vê-se que ex-escravos, outrora pertencentes a senhores diferentes, estavam envolvidos nos supostos furtos.[52]

O relato das testemunhas é bastante interessante, pois revela como aqueles acontecimentos vinham afetando o cotidiano dos engenhos e o ânimo dos ex-senhores de escravos. Aurelino Ribeiro Sanches, 40 anos, lavrador do Engenho Pindobas, contou que, após o sumiço da novilha "alvaçã corada", Roberto Moreira mandou os moradores procurarem o animal. Após investigarem pelas vizinhanças, teve indícios de que os autores dos roubos eram "gente vinda dos lados de Maracangalha". Antônio Henrique Bandeira Chagas, 35 anos, proprietário, morador no Engenho Paciência, declarou que o doutor Roberto estava "muito contrariado" com o roubo da vitela de estimação. Ele desconfiava dos "moradores de Maracangalha; porque essa gente estava muito insubordinada depois da libertação e incomodavam não só a vizinhança como o que pertencia ao seu senhor".[53]

Bandeira Chagas declarou-se impressionado com o desembaraço e a "jactância" com que Clemente e Antônio assumiram o roubo da vitela e notou o "pouco caso" que fizeram do crime, declarando terem "sócios" em engenhos da vizinhança. Manuel da Silva Elesbão, 42 anos, "proprietário" em Passé, estranhou o "maior desembaraço" com que os ex-escravos confessaram ter comido gado dos engenhos vizinhos e diversos do seu ex-senhor "e que isto já era costume". O "pouco caso" que Bandeira Chagas viu nas atitudes de Clemente deixa evidente que ex-senhores e libertos tinham visões discrepantes sobre os significados daqueles atos. O que para os senhores e moradores da freguesia afigurava-se crime, para os libertos era "costume".[54]

Emílio Augusto Bandeira Chagas, por certo parente da testemunha anterior, 42 anos, proprietário, morador no Engenho Paciência, revelou que, na ocasião em que foi preso, Clemente dissera que depois da libertação haviam comido somente do seu ex-senhor em Maracangalha quatro bois e antes da libertação uma porção porque todos os seus feitores, até Latino inclusive participavam da comedela e que ele não havia de ser o denunciante contra os grandes da casa; e que não podia dizer quanto haviam comido da vizinhança, porque na vizinhança mesmo estava estabelecida a mesma ladroeira em sociedade.[55]

A julgar pelo que disse Clemente, o roubo de gado não se restringia apenas ao Maracangalha; foi uma prática que se disseminou pelos engenhos da vizinhança, principalmente após a "libertação". Provavelmente, os libertos aproveitaram a ausência de alguns senhores que abandonaram as propriedades para se apropriar de bens e recursos. Sabemos que Moniz Aragão se havia fixado no Engenho Mataripe e os libertos do Maracangalha ficaram sob as ordens de Latino. A ausência prolongada do barão talvez tenha feito daquele engenho ponto de afluência de libertos de outros lugares, que para ali conduziam os animais furtivamente tirados dos pastos dos senhores.

Em 15 de fevereiro de 1889, na residência do subdelegado, em longo e detalhado depoimento, o ex-escravo Clemente confessou sua participação nos roubos e, segundo está registrado nos autos, assim o fazia na esperança de que o "arrependimento" pudesse atenuar a pena. Há indícios de que o "arrependimento" fosse, na verdade, fruto das pressões provocadas por alguns dias no tronco. Com um mês de atraso, o jornal *Gazeta da Tarde*, com circulação na capital, denunciou que no Engenho Pindobas, propriedade de Roberto Moreira da Silva, achavam-se presos no tronco e espancados os libertos Amâncio, Lino e Clemente. Na ocasião em que foi instado pelo chefe de polícia a se pronunciar sobre essa denúncia, o subdelegado limitou-se a dizer que os libertos apenas haviam sido flagrados esfolando algumas reses roubadas do referido engenho.[56]

Rico em detalhes, o depoimento de Clemente revelou que, para os ex-escravos, o fim da escravidão acenava com a possibilidade de melhores dias. Ele disse ser filho da falecida Josefa, ser maior de 60 anos, solteiro, com ocupações de vaqueiro e lavoura e que morava no Maracangalha havia cerca de quarenta anos. Portanto, é o mesmo que figurava no processo anterior como um dos indiciados no espancamento de Cerveira, embora seu nome não fosse citado entre os que haviam ido a julgamento. Revelou "que de vez em quando os antigos escravos e moradores desse Engenho [Maracangalha], de sociedade com os da vizinhança, furtavam, matavam à escondida e comiam reses ora de um, ora de outro Engenho, mas que o maior número de reses foi comido do mês de março do ano passado para cá". Em outro trecho, disse não saber ao certo o número de reses abatidas no último ano, mas a "sociedade" havia consumido muitas, "porque logo antes da Páscoa e depois da liberdade a relaxação se tornou aí formidável".

O depoente deixou claro que os furtos se intensificaram entre março e maio de 1888, momento em que se afrouxaram os laços escravistas com a ausência do senhor, e, depois, com as expectativas criadas pela promulgação da lei que abolira em definitivo a escravatura. Naquela ocasião, a única autoridade presente no engenho era o feitor Latino, "o qual tinha sido também escravo do senhor barão e já estava de feitor para mais de um ano".[57] Se a "matança" recrudesceu nesse período, isso pode significar que, para aqueles libertos, o fim da escravidão teria como consequência o acesso a uma parcela maior de bens existentes nos engenhos ou o alargamento do poder de decisão e escolha diante de ex-senhores e feitores.[58]

Sobre as reses abatidas, Clemente lembrou-se de quatro pertencentes a seu "senhor moço", uma do doutor João Wanderley e mais quatro pertencentes a moradores do engenho. Sabemos que entre as vítimas dos roubos estava Firmino Vanderlei, o ex-escravo do barão de Cotegipe que aparece, na primeira parte deste capítulo, acompanhando Cerveira na infausta visita que fizera ao Maracangalha. Como esclareceu Clemente, foi isso "que motivou o barulho no mês de São João com o Administrador José Rodrigues, que veio responsabilizar o feitor e ficou esbordoado pela gente de Maracangalha".[59] A referência à "sociedade" é recorrente; isso significa que as investidas aos pastos senhoriais eram organizadas e envolviam libertos de engenhos diferentes.

Clemente acusou o feitor Latino de participar da referida sociedade, pois "vivia enganando seu senhor barão". Na intenção de pôr em evidência o caráter insubordinado de Latino, Clemente, inadvertidamente, revelou de que maneira o ex-escravo feitor buscara dar sentido a sua liberdade pessoal. Contou que, numa tarde de agosto, Moniz Aragão comparecera ao Maracangalha para preparar o engenho para moer e ficara admirado com a ausência do feitor. No dia anterior, Latino avisou a todos sobre a chegada do barão, ordenou no sobrado que aprontassem o jantar e gabou-se de ter recebido roupa da cidade, 10 mil-réis e mais um cavalo ruço do ex-senhor. Contudo o feitor, numa atitude de quem já se considerava livre de "sujeição", desapareceu naquela mesma noite, "sem dar parte a ninguém".[60]

Vê-se que ex-senhor e liberto tinham diferentes estratégias. O antigo senhor buscou manter o liberto em seu raio de domínio, concedendo incentivos e presenteando-o com bens que, provavelmente, ambicionava desde o tempo da escravidão. Em troca, esperava obter sua colaboração na continuidade das atividades no engenho, num momento de desorganização da produção. Moniz Aragão seguia a mesma política de premiação dos escravos mais qualificados ou dos que exerciam cargos de mando dentro do engenho, porém seu plano não logrou os resultados esperados. O liberto, aparentemente, consentiu em servi-lo, mas também procurou afirmar sua liberdade pessoal, retirando-se da propriedade sem pedir autorização ao senhor barão.

Os depoimentos de Clemente revelam que os ex-escravos visavam, primordialmente, ao gado pertencente a ex-senhores. Ele se lembrou do garrote chamado Pano-Fino, malhado, pertencente ao seu "senhor moço" Martin Moniz, filho do barão, abatido na capoeira de Santo Antônio, cuja carne fora repartida ali mesmo. O couro ficara com o liberto Antônio, que o guardou para aviamento. Disse que, na época, o barão chegou a oferecer 10 mil-réis de recompensa para quem o encontrasse, "porém ninguém quis descobrir". A falta de colaboração dos moradores sugere que aquelas atividades clandestinas contavam com a cumplicidade e o silêncio dos habitantes libertos da freguesia. Durante o interrogatório, o subdelegado apresentou a Clemente uma pele, e ele confirmou ser de Pano-Fino, pois reconhecia a marca de ferro especial que ele próprio havia gravado no animal. Ao ser perguntado sobre o fim que levara a vitela preta do senhor João Campos, não hesitou em dizer que fora igualmente comida pela "sociedade".

Clemente contou detalhes da forma como os libertos capturavam os animais. Lembrou que a vitela de Roberto Moreira da Silva era muito mansa, não houve dificuldade para laçá-la quando estava inocentemente deitada na bagaceira do Engenho Pindobas. Clemente, Pôncio, Gordiano, Luís Barbosa, Felipe, Jacinto e Antônio conduziram-na até a capoeira do rio Macaco, "onde tinham o costume de matar as reses; porque aí era um canto onde ninguém ia sem ter negócio especial; que neste ponto já esperavam os parceiros da dita sociedade". Perguntado por doutor Roberto como se orientara durante a noite, Clemente revelou ter conhecimentos especiais ao responder "que se regulava e muito certo pelas estrelas". Após abaterem e esfolarem a vitela, Antônio levou uma parte do animal para repartir com os "sócios" do Maracangalha; Luís Barbosa e Jacinto carregaram outra para Quibaca; Felipe, Pôncio, Gordiano, Miguel, Félix e outros se arranjaram com o restante.[61]

Em geral, Clemente ficava com o couro dos animais para aproveitá-los em aviamentos, mas a pele da vitela de Roberto Moreira da Silva fora enterrada num tabuleiro do rio Macaco. Os libertos sabiam que seu dono haveria de fazer grande "barulho" logo que notasse o desaparecimento do estimado animal. Sobre o local do enterramento do couro, puseram uma pequena cruz. Sempre feita em locais ermos do engenho, na capoeira chamada Canto Escuro ou às margens do rio Macaco, cada matança parecia ser consagrada ao dono dos animais. Assim, quando abateram a vitela do senhor de engenho Roberto Moreira da Silva, chamaram-na de "matança de Dr. Roberto". As "matanças" e "comedelas" ocorreram em meio à festa pelo fim da escravidão. Por meio do abate dos animais, os libertos pareciam, festivamente, causar a morte simbólica dos antigos senhores; possivelmente era o que representava a cruz posta sobre o espólio da vitela.[62] A ideia de que o fim da escravidão representasse a morte da autoridade senhorial parecia estar presente nas manifestações dos ex-escravos. Ademais, ao levar para o banquete os animais mais estimados, eles encontraram a oportunidade de cutucar as sensibilidades dos ex-senhores e troçar delas.[63]

Observa-se que a chamada "matança" parecia seguir determinados rituais de divisão e distribuição do que era apropriado furtivamente. É possível que a partilha da carne seguisse a tradição das comilanças das festas locais. A respeito disso, versos de antigo samba de roda cantado nas festas do bumba-meu-boi, no Maracangalha, na década de 1950 (ver epígrafe neste capítulo), parecem metaforizar os conflitos ocorridos naquela localidade após a abolição. Segundo os versos do samba, o boi era abatido e comido depois de ser surpreendido pastando nas roças. Em repremenda aos donos do animal, o refrão advertia que quem tivesse boi o mantivesse preso no curral ou no mourão, pois "eu não planto roça, ê, para boi ladrão". Em seguida, as partes do corpo do animal eram distribuídas festivamente entre os roceiros.[64]

Ainda sobre a "sociedade", Clemente asseverou que dela fazia parte "muita gente espalhada pela vizinhança", mas só revelou os nomes depois que obteve das autoridades a garantia de que seria protegido quando estivesse livre da prisão. As informações que oferece sobre alguns membros da "sociedade" são importantes para termos uma ideia aproximada do perfil do grupo. Vejamos:

Antônio, crioulo do Maracangalha (preso junto com Clemente); o crioulo Pôncio, os irmãos Gordiano e Agripino; Félix e Miguel, ex-escravos do Engenho Caboxi, mas morando ambos em Cassarangongo; Luís Barbosa, crioulo, e Jacinto, cabra, moradores do Quibaca; Odorico Mota, crioulo, e Felipe, mulato, antigo vaqueiro no Maracangalha e Pindobas, ambos moradores no Engenho São José; Caetano, cabra; Gentil mulato; os crioulos Silvino, Eleutério, Cosme e Manuel Joaquim (irmão de Antônio); e mais Laurindo, crioulo, que fora escravo do Pindobas e se mudara para a casa da crioula Júlia no Maracangalha; Latino, crioulo, feitor, que aparecera na véspera da "matança" da vitela do doutor Roberto "e passou o seu pedaço"; Vicente, crioulo, e Frederico, que viera do Engenho Cinco Rios para a casa da crioula Laurinda; Ângela, cabra; Maria do Espírito Santo, amásia de Antônio; Nicoleta "de Eleutério" e Olímpia "de Latino".[65]

Clemente sugeriu que a lista poderia ser mais extensa, pois "alguns outros mais daí e da vizinhança, que nem sempre tinham a coragem de vir pegar a rês, mas eram os primeiros que chegavam na ocasião da matança para exigir e receber cada um o seu pedaço de carne no talho". Na verdade, Clemente, Antônio, Pôncio, Gordiano, Félix e Firmino formavam o grupo restrito dos que apresavam e abatiam os animais. Mas a maioria dos libertos que os protegiam com o silêncio não abria mão de participar do que clandestinamente era retirado dos ex-senhores. Possivelmente, a comunidade de libertos aprovasse e apoiasse aquelas ações como formas justas de reparação impostas aos ex-senhores.[66]

Dos nomes citados, verificamos que Antônio, Clemente, Eleutério, Cosme, Manuel Joaquim, Vicente, Laurinda, Ângela e Maria do Espírito Santo eram todos residentes no Maracangalha desde o tempo do visconde de Passé; provavelmente a maioria fosse nascida ali. Os demais residiam no engenho havia menos tempo ou se estabeleceram depois da abolição.

A mudança de domicílio indica que houve intensa movimentação de libertos de um engenho para outro após a abolição. No caso de Laurindo, ex-escravo do Engenho Pindobas, fora a oportunidade de compartilhar a mesma casa com a amásia Júlia, no Maracangalha. Provavelmente, foi por alguma ligação de parentesco que os crioulos Vicente e Frederico, ex-escravos em Cinco Rios, se mudaram para a casa da crioula Laurinda. Roberto Moreira da Silva revelou em seu depoimento que Pôncio, ex-escravo do visconde do Paraguaçu, depois da abolição, se mudara do Engenho Cassarangongo para o Maracangalha. As informações mostram que, naqueles dias de liberdade, o Maracangalha se tornara ponto de convergência de ex-escravos de diversos engenhos da região, talvez atraídos pela possibilidade de possuir roças ou participar das "comedelas". Alguns se estabeleceram e outros apenas apareceram ali para experimentar a sensação de não ter senhor.

Vê-se que foi grande a participação de mulheres nas "matanças" e "comedelas". Segundo Clemente, as ex-escravas Maria do Espírito Santo, Nicoleta e Olímpia participaram na companhia dos amásios. Consultando o livro de batismos da Freguesia do Monte soubemos que Ângela, cor cabra, citada por Clemente como participante das "comedelas", era comadre de Germano, o mesmo que possuía roças e se envolveu no espancamento de Cerveira. Duas filhas "ingênuas" de Ângela foram batizadas por Germano no início da década de 1880.[67] Possivelmente, as mulheres participaram na preparação da carne, mas há indícios de que deram cobertura a parentes ou conhecidos que vinham de outros engenhos, recebendo-os em suas senzalas. Observa-se, ainda, que as incursões clandestinas ao gado eram operações que envolviam grupos familiares inteiros. Por exemplo, da família do ex-escravo Antônio participavam o irmão, Manuel Joaquim, e a amásia, Maria do Espírito Santo.

Percebe-se que Clemente, Latino, Gentil, Cosme e Vicente, implicados no espancamento de Cerveira, reaparecem nesse segundo processo como participantes do "roubo" de gado. A presença deles mostra mais uma vez que o abate clandestino estava relacionado à defesa das roças de mandioca. Ao abater e consumir o gado invasor, os libertos, a um só tempo, livravam-se daqueles visitantes indesejáveis e ainda retaliavam os senhores que deixavam os animais à solta para estragar suas plantações.

Os dados que até agora apresentamos sobre os envolvidos nos dois episódios mostram que os libertos emergiram da escravidão em situações econômicas e profissionais diferenciadas e isso deve ter influenciado suas opções e escolhas no pós-abolição. Deve ter determinado, também, as aspirações e as estratégias de lutas. O acesso às roças de subsistência, a posição de feitor, o domínio de um ou mais ofícios e a posse de animal de montaria ou de criação certamente marcavam as diferenciações dentro das comunidades de ex-escravos. A atuação de indivíduos que saíram da escravidão com a posse de alguns bens ou direitos era diferente daquela dos que, ao se emancipar, nada tinham além da força dos próprios braços.

Feitas essas observações, vejamos os desdobramentos daqueles acontecimentos. Tudo indica que as incursões clandestinas aos rebanhos começaram a dar errado no momento em que os libertos, por erro tático ou engano, abateram animais pertencentes a moradores modestos dos engenhos, alguns deles ex-escravos. Lembro que Firmino Wanderley, ex-escravo do barão de Cotegipe, teve um de seus animais abatidos pelos libertos do Maracangalha. Explica-se, então, por que acompanhara Cerveira na ocasião em que esse foi saber do gado do Quibaca desaparecido em terras daquele engenho. Isso deve ter contribuído para quebrar o pacto de silêncio, a cumplicidade que protegia as incursões dos libertos. A situação complicou-se na ocasião em que tentaram retirar gado dos pastos do Engenho Pindobas. Era noite clara de luar quando o grupo laçou um boi, mas o animal relutou, enfureceu-se e fugiu com a corda de Pôncio amarrada ao pescoço. No dia seguinte, logo de manhã, os libertos tentaram reaver a corda fingindo procurar bois de carro nos pastos do Pindobas. Mas era tarde; logo ao chegar avistaram o animal sendo conduzido ao curral e carregando a prova do crime.

Aurelino Ribeiro Sanches, morador do Engenho Pindobas, revelou-se surpreso ao ver o referido animal laçado com corda de couro de vaqueiro e ferido nas patas, sobretudo porque não havia sido escalado para o serviço do engenho. A intimidade com que os ex-escravos dos engenhos se conheciam certamente contribuiu para a identificação dos autores dos "roubos". O crioulo Panfilo, carreiro, trabalhando no Pindobas, "gritou logo que a corda era de Clemente". Disse reconhecê-la por causa de uma emenda, "porque ambos haviam sido escravos do barão de Moniz Aragão no Engenho Maracangalha".[68] Em seguida, Roberto Moreira da Silva foi ao Maracangalha indagar dos moradores sobre a tentativa de roubo e depois se dirigiu ao Engenho Cassarangongo para reclamar providências ao barão de Moniz Aragão. Ao inteirar-se do fato, Aragão mandou chamar o ex-escravo Desidério, carreiro, e esse reconheceu a corda que lhe fora apresentada como pertencente a Clemente. Pôncio, Gordiano, Agripino, Félix, Silvino, Gentil e Manuel Joaquim escutaram a conversa e tiveram tempo de fugir. Clemente e Antônio não tiveram a mesma sorte, estavam carreando cana e demoraram a saber que suas atividades haviam sido descobertas. Ao perceber a presença de Moreira da Silva na caixaria, Antônio ainda tentou fugir, largando o carro no picadeiro e correndo pela estrada. Na fuga, Antônio esbarrou num velho conhecido, José Rodrigues da Cerveira, que o fez voltar para o engenho sob a mira de uma pistola.[69]

Em abril de 1889 o inquérito foi enviado ao promotor público. Esse chegou a formular a denúncia, mas o processo, estranhamente, não aparece nos registros judiciais. Possivelmente foi extraviado ou mesmo encerrado por algum acerto entre as autoridades e os senhores de engenho. Mas os documentos que restaram deixam claro que as incursões clandestinas ao gado e a manutenção dos direitos de acesso às roças comportavam aspirações de liberdade. Numa parte do interrogatório, o subdelegado quis saber se os libertos vinham recebendo regularmente a ração diária fornecida pelo ex-senhor. Os referenciais escravistas estavam ainda frescos em sua cabeça e, por isso, tentava descobrir possíveis nexos entre as ações dos libertos e a quebra do compromisso senhorial de prover a subsistência aos antigos cativos. Clemente explicou que, até a última hora da escravidão e mesmo depois da "Lei", haviam recebido alimentos, roupas e ferramentas. Quando a carne chegava, era ele quem cortava e entregava ao caixeiro para distribuir entre os demais. Afirmou ainda que seus parceiros, logo "depois da liberdade", com licença de Latino, "arrancharam com o maior descaramento o que queriam para fazer farinha, que até iam vender em Paramirim a trinta réis o litro e algumas vezes por menos disso".[70] Vemos assim que, logo após a abolição, os ex-escravos pareciam dedicar-se ao cultivo de mandioca, a fazer farinha e vendê-la nas feiras locais. Vê-se, também, em ação a liderança do feitor Latino; era ele quem dava aos demais libertos "licença" para arrancharem-se.

Observa-se que, além da ampliação de direitos costumeiros às roças, os libertos buscaram viabilizar a sobrevivência em liberdade, por meio do livre acesso aos mercados locais. E não apenas isso; a partir de então, poderiam colocar o preço que quisessem no que era cultivado nas roças. Clemente afirmou que durante quatro ou cinco semanas receberam alimentos fornecidos pelo ex-senhor, "mas afinal a gente não quis fazer mais nada e até rejeitou a ração". Esclareceu que não se tratava de má qualidade do alimento, e sim que a gente tinha ficado muito encantado e de cabeça virada; que faziam dinheiro da mandioca do Engenho e diziam quase todos que não precisavam trabalhar no serviço do Engenho, porque não queriam sujeição mais de ninguém e que também não queriam mais ir receber ração na Caxaria [sic] e se o caxeiro [sic] quisesse mandar a ração em casa, que mandasse e se não quisesse que ficasse com ela.[71]

Novamente, a abolição da escravatura aparece na fala do liberto como momento fundamental na sua trajetória pessoal e na de seus parceiros de senzala. As referências ao "encantamento" e às "cabeças viradas" revelam que os libertos estavam decididos a criar condições de sobrevivência, para que não precisassem mais viver sob "sujeição". Ter a própria roça era vislumbrar a possibilidade de distanciar-se do passado escravista e viabilizar algum espaço próprio no mundo dos engenhos. Para aqueles libertos, a continuidade da ração fornecida pelos senhores significava ter de prestar serviços nos canaviais, algo que não estavam dispostos a fazer nos termos propostos pelos ex-senhores.

Para eles, a viabilidade da liberdade dependia do incremento da produção de gêneros cultivados nas roças e acesso livre às feiras locais. No fundo, os incidentes envolvendo libertos e ex-senhores eram a manifestação de projetos distintos e conflitantes em relação à definição das condições materiais de sobrevivência no interior da grande lavoura. Enquanto os ex-senhores se preocupavam em garantir as bases da lavoura de cana simplesmente reabsorvendo os ex-escravos como trabalhadores dependentes, os libertos viam na pequena plantação de gêneros a garantia de subsistência e o acesso aos mercados locais, independentemente dos controles senhoriais. Portanto eram infundadas as suposições dos ex-senhores de que os libertos estavam despreparados para a liberdade.

"Eu vou pra Maracangalha, eu vou, eu vou..."

Na década de 1950, a pequena povoação de Maracangalha, que surgiu em volta do antigo engenho e da Usina Cinco Rios, ficou imortalizada na canção de Dorival Caymmi como uma espécie de terra prometida

Engenho Cajaíba, com a cidade de São Francisco ao fundo. Aquarela de Julius Naeher, feita em viagem à Bahia em 1878.

Engenho Mussurunga, nas cercanias da cidade de Santo Amaro. Aquarela de Julius Naeher, 1878.

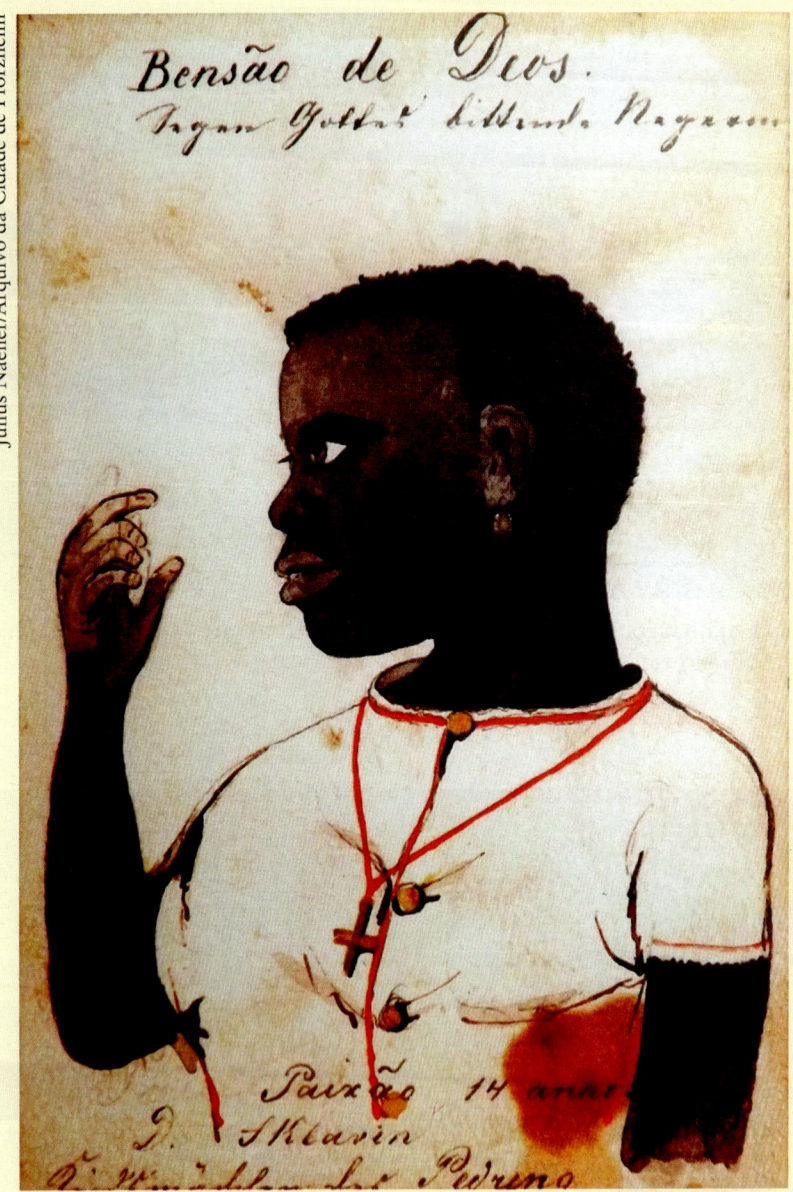

Aquarela de Julius Naeher intitulada *Bênsão de Deus* [sic], de 1878. Retrata a escrava Paixão, de 14 anos, em um momento de oração. A devoção dos escravos dos engenhos chamou a atenção do viajante alemão.

Transporte de uma família senhorial em carro de bois, Engenho Mussurunga. Aquarela de Julius Naeher, 1878.

Feitor com escravos no canavial. Aquarela de Julius Naeher, 1878.

Junta de bois no engenho. Aquarela de Julius Naeher, 1878.

Gado bovino nos pastos do engenho. Esses animais tornaram-se objeto de disputa entre ex-escravos e ex-senhores após a abolição. Aquarela de Julius Naeher, 1878.

Scenas da Escravidão na provincia da Bahia.

O tigre do engenho-Bom-Sucesso — revestido de forma humana marcando as suas victimas com ferro em braza.

Denúncia de maus-tratos infligidos a escravos no Engenho Bom Sucesso publicada em jornal abolicionista em 28 de abril de 1887.

Rev^m: capitão de matto — Santos Cunha — cançado de deitar annuncios na Gazeta da resolveu ir pessoalmente capturar os seus escravos.

Crítica abolicionista a membros do clero que possuíam escravos, publicada em 28 de abril de 1887. Como não podiam mais usar anúncios em jornal para localizar escravos fugidos, os próprios donos saíam à captura. Veja que o padre retratado abre mão da ajuda até do capitão do mato, que o observa por trás dos arbustos.

Julius Naeher/Acervo do Museu Stadtsarvich Pforzheim

Aquarela *Sr. barão em perigo*, 1878. A inscrição reporta-se ao aniversário de Moniz Aragão, celebrado com um jantar, provavelmente no Engenho Mataripe. Há ainda intenção de ironizar o barão, indiferente à presença ameaçadora de um jacaré. Possivelmente Naeher se referia ao medo senhorial naqueles anos críticos de movimentação dos escravos pela abolição.

João Maurício Wanderley, o barão de Cotegipe, foi um dos políticos mais influentes do Império. Após a abolição, defendeu a indenização dos ex-senhores e, por isso, enfrentou rebeliões de ex-escravos em seus engenhos.

Acervo do Arquivo Público do Estado da Bahia

Ignácio Mendo/Acervo do Museu de Arte da Bahia

Missa campal no adro da Igreja do Bonfim em 13 de maio de 1888.

Trabalhador do Engenho Benfica, em Santo Amaro, retratado na década de 1920. Muitos desses trabalhadores eram filhos ou netos dos antigos cativos.

Trabalhador do Engenho Benfica, em Santo Amaro, na década de 1920.

Engenho Vitória, em Cachoeira, *c.* 1930.

Trabalhadores negros no canavial, *c.* 1930.

Domingos (Mingo), ex-escravo, e Maria Arlinda dos Santos Silva, filha do ex-senhor, na Fazenda Rumo, em Feira de Santana, 1930.

Roceiros a caminho da feira, em Cachoeira, *c.* 1930. Trabalhar na roça e vender o excedente nas feiras era a oportunidade para ex-escravos.

Roceiros, marisqueiras e ganhadeiras na feira de Cachoeira, *c.* 1930. Semanalmente a cidade era ocupada por pessoas que vinham da área rural, em geral filhos e netos de ex-escravos.

Mulheres negras na fábrica de charutos Dannemann em São Félix, *c.* 1930.

Mulheres negras e canoeiros no porto de Cachoeira. Ao fundo, o rio Paraguaçu e a cidade de São Félix, *c.* 1930.

Família negra em Cachoeira, 1911. As roupas e a postura buscam expressar a altivez de quem conseguiu alguma forma de ascensão social.

do Recôncavo. Embora não conhecesse a localidade que lhe serviu de inspiração, o compositor baiano foi sensível à mística do lugar. A decisão obstinada de ir a Maracangalha, com ou sem Anália, "de liforme branco e chapéu de palha", parece resgatar de algum recanto da memória popular a lembrança de que ali, em algum momento, a despeito da escravidão e do trabalho árduo nas usinas, fora possível vislumbrar a liberdade. Se assim foi, não seria absurdo escutarmos na canção murmúrios e ecos daqueles ruidosos dias em que libertos de vários engenhos próximos se "arrancharam" ali para plantar roças ou para experimentar a agradável sensação de viver sem "sujeição".

Na verdade, os acontecimentos ocorridos no Engenho Maracangalha não foram episódios isolados. Os ex-escravos manifestaram em toda a província desejo de viabilizar opções de sobrevivência independentes da grande lavoura. No sul da província, onde ainda existiam áreas de florestas virgens, ex-escravos reivindicaram do governo licença para explorá-las. Em 24 de maio de 1888, o juiz comissário de Ilhéus, Teodoro Augusto Cardoso, em telegrama enviado ao Ministério da Agricultura, informou que "grande número de libertos aos quais não convém trabalhar assalariados têm me requerido posses de terrenos devolutos, onde pretendem cultivar cacau, lavoura única a que se dedica o povo desta rica e fértil comarca". O juiz disse que vinha negando os pedidos apoiado na orientação do próprio ministério com relação às terras devolutas, mas prometeu-lhes consultar o ministro, "visto a grande quantidade e impaciência dos mesmos requerentes". Segundo Cardoso, era "manifesta a tendência desses indivíduos pelo solo, pela sua posse e grande repugnância pelo trabalho assalariado. Consta-me que alguns contrariados em suas pretensões começam a derrubar e queimar as matas". Em 15 de junho de 1888, o ministro da Agricultura recomendou ao presidente da província que oferecesse opções de trabalho aos libertos para evitar que derrubassem e queimassem as matas, "como eles já fazem, segundo lhe consta".[72]

Em 21 de janeiro de 1889, ao responder a um pedido feito por um certo José Ricardo Floresta do Bonfim, para a exploração de piaçava nas matas do sul do estado, o inspetor de terras públicas da província afirmou ser contrário a tais concessões. Para ele, a ocupação das terras devolutas aniquilava o futuro daquelas regiões, "sobretudo hoje que as ideias de colonização parecem ir calando seriamente no espírito público".[73]

As autoridades da província tentaram impedir que os libertos tivessem acesso a determinados recursos e determinadas opções econômicas. Era imperativo redefinir o "lugar" dos libertos na divisão social do trabalho, mantendo-os como força de trabalho disponível para a grande lavoura. Os próprios senhores de engenho empenharam-se em dificultar o acesso dos libertos a atividades que garantissem alguma independência em relação à lavoura de cana. Em novembro de 1888 houve sério conflito em terras da Fazenda Misericórdia, Freguesia de São Roque, Vila de São Felipe, quando vários indivíduos, provavelmente libertos, tentaram coletar piaçava nas matas do engenho. Segundo o relato de algumas testemunhas, o proprietário puniu alguns com chicote e prisão no tronco.[74]

No Recôncavo, muitos ex-escravos se estabeleceram em engenhos abandonados e iniciaram as próprias plantações. Em 16 de junho de 1888 o delegado da Vila de São Francisco informou ao chefe de polícia que "vadios, vagabundos e desordeiros" se estavam reunindo nos engenhos Bomba, São Paulo e imediações. O delegado acusou aqueles indivíduos de causar sobressalto às populações daquelas paragens e advertia que o número deles tendia a aumentar, "em vista da quantidade de libertos que, sem se quererem sujeitar ao trabalho, abandonam os engenhos". Lastimava nada poder fazer, pois só contava com três praças, e pedia aumento do efetivo policial. Finalizou alertando que na vila vinham ocorrendo com frequência pequenas desordens resultantes da acumulação de "libertos vadios que se entregam à noite a ruidosos sambas".[75]

Tudo indica que aqueles assentamentos de libertos resistiram durante meses, até que senhores de engenho da região, finalmente, os desbaratassem. Em 28 de março de 1889 uma denúncia publicada no *Diário da Bahia* informou que, na noite de sábado, vários indivíduos armados, sob o comando do nosso conhecido José Rodrigues (da

Cerveira) e de José Ramos, administradores dos engenhos do barão de Moniz Aragão, invadiram o Engenho Bomba, na Freguesia do Socorro (termo da Vila de São Francisco), pertencente ao capitão Francisco Ribeiro Lopes, e lançaram fogo em todas as casas dos trabalhadores. Alguns trabalhadores foram amarrados e levados para o Engenho Mataripe, onde se achavam encarcerados. Talvez aqui se trate também de represálias contra ex-escravos que haviam deixado o engenho do barão de Moniz Aragão.[76] É possível, ainda, que esses incidentes estivessem vinculados a disputas entre ex-senhores e libertos pelas terras devolutas ou abandonadas por senhores falidos.

Em 6 de abril de 1889 uma outra denúncia, assinada por "As vítimas", apontava os barões de Rio de Contas e Moniz Aragão por não cercarem as suas propriedades e deixarem o gado invadir as fazendas vizinhas, estragando tudo o que se plantava. Os denunciantes diziam que os trabalhadores do Engenho Bomba eram os mais prejudicados, pois a intenção daqueles senhores era obrigá-los a abandonar aquela propriedade para dar lugar ao gado. O denunciante referiu-se até à noite de 16 de março, quando indivíduos armados, comandados por Ramos e Cerveira, invadiram a propriedade, cercaram as casas dos trabalhadores, arrombaram as portas e amarraram os moradores que conseguiram capturar. Depois disso, lançaram fogo nas casas e apoderaram-se de objetos e dinheiro encontrados.

Segundo a denúncia, os trabalhadores capturados foram levados aos engenhos Mataripe e Tanque, pertencentes aos barões de Moniz Aragão e de Rio de Contas, respectivamente. Nessas propriedades, foram metidos no tronco e espancados até que o capitão Francisco Ribeiro Lopes, "amo e ex-senhor", requisitasse sua soltura. Entre os bens retirados dos libertos constavam porcos, galinhas, utensílios de lavoura e instrumentos de fabrico de farinha.[77] A relação dos bens roubados mostra que a economia doméstica dos ex-escravos incluía a criação de animais, a plantação de mandioca e o fabrico de farinha. Portanto, foi uma incursão destinada a desbaratar pequenos núcleos de moradores libertos, onde talvez se encontrassem ex-escravos dos senhores que ordenaram a destruição das casas.

O autor da denúncia, provavelmente o próprio capitão Ribeiro Lopes, buscou conectar aqueles acontecimentos ao que chamou de "consequência forçada" da lei que aboliu a escravidão. Segundo afirmou, "o fidalgo privado de viver do suor do mísero negro, dele se tem declarado inimigo a ponto de não poder vê-lo tranquilo em parte alguma: cadeia ou trabalho de graça — é o dilema". Denunciou, ainda, os feitores e caixeiros de engenhos da localidade por agirem contra os libertos como se fossem autoridades policiais. Para ele, os libertos não eram criminosos ou vagabundos, mas "apenas vítimas de uma perseguição feroz pelo fato de terem sido obstáculo a que fosse convertida a fazenda alheia em solta de gados de certos senhores feudais".[78] Aqui, o denunciante revela que as roças dos libertos poderiam ser obstáculos às pretensões dos ex-senhores de ampliar a área de pastagem do gado.

As considerações anteriores permitem mais uma reflexão sobre o que vinha acontecendo na Freguesia do Monte logo após a abolição. Enquanto os libertos buscavam ampliar as opções de sobrevivência, os ex-senhores farejavam perigo. Não foi por outra coisa que se apressaram em desmontar aquele cenário de "desordem" e "desorganização do trabalho". Daí a reação senhorial, sob forma de perseguição e de repressão às iniciativas dos libertos em atividades que oferecessem maior independência em relação à grande lavoura de cana. Possivelmente, a própria modernização tecnológica empreendida pelos senhores encaixava-se no projeto de reinserir os libertos no "circuito do açúcar" como trabalhadores dependentes. Em 5 de janeiro de 1889 o barão de Moniz Aragão festejava o empréstimo de 400:000$000 obtido no governo da província, para o estabelecimento de um engenho central no Maracangalha. Segundo o contrato, os lavradores interessados no fornecimento de cana deveriam concorrer com 10% daquele capital, o qual era inacessível para indivíduos recentemente egressos da escravidão.[79] Além do mais, não se mencionava em nenhum momento o direito dos antigos escravos às roças.

Além disso, aqueles episódios mostram que a luta dos ex-escravos para se afirmar como pessoas livres e para viabilizar novas condições de sobrevivência no pós-abolição partia das experiências vividas no mundo da escravidão. Ampliar o direito de acesso à terra significava distanciar-se das relações de dependência senhorial. Como observa o historiador Dale Tomich, a reconstrução do sistema de grande lavoura após a abolição não foi um processo unilateral e funcional de simples "transição" para um sistema "capitalista" mais racional. Na verdade, foi um processo violento, em que os antigos senhores procuraram recapturar a força de trabalho, buscando submetê-la a novos laços de dependência.[80]

Notas

1. Conflitos entre senhores e ex-escravos após a emancipação foram frequentes em outras partes da América. Ver Dale Tomich, "Contested terrains", p. 241.
2. Sobre o costume enquanto campo para a mudança e a disputa, ver E.P. Thompson, *Costumes em comum*, pp. 16-17.
3. As informações sobre esse incidente estão no Apeb, *Processo-crime*, 29/1.032/04 (1888), ff. 4-8v.
4. Ibidem, f. 7v.
5. Ibidem, ff. 9-10.
6. Ibidem, ff. 10v-12v.
7. Ibidem, ff. 12v-13.
8. Apeb, *Chefes de polícia*, 2.987 (1880-89), carta do subdelegado da Vila de São Francisco, Ernesto Alves Rigaud, ao chefe de polícia, 30/6/1888.
9. Apeb, *Processo-crime*, 29/1.032/04 (1888), f. 74.
10. Apeb, *Chefes de polícia*, 2.987 (1880-89), telegrama do delegado da Vila de São Francisco para o chefe de polícia, 6/7/1888.
11. Apeb, *Processo-crime*, 29/1.032/04 (1888), ff. 24v-25.
12. Apeb, *Processo-crime*, f. 32v.
13. Luís dos Santos Vilhena, *A Bahia no século XVIII*, pp. 185-87.
14. Na verdade, o motivo do conflito não era novo, pois, segundo Schwartz (*Segredos internos*, p. 103), o cercamento dos canaviais e das demais lavouras não era algo comum nos engenhos do Recôncavo. A proximidade das propriedades provocava contínuas altercações entre os senhores. A novidade do episódio é que os próprios libertos tomaram a iniciativa de exigir os reparos nas cercas do engenho vizinho.
15. Apeb, *Processo-crime*, 29/1.032/04 (1888), f. 31v.
16. Ibidem, ff. 25-26.

17. Ibidem, ff. 30-36. Sobre as expectativas de acesso à terra, ver Hebe Matos, *Das cores do silêncio*, especialmente capítulos 17 e 18.
18. Silvia H. Lara ("Escravidão, cidadania e história do trabalho no Brasil", p. 28) observa que para muitos ex-escravos a liberdade significou manter condições de acesso à terra conquistada durante o cativeiro. Ressaltamos que a plantação de roças como aspiração de ex-escravos não foi algo restrito ao Brasil. Ver, por exemplo, Julie Saville, *The Work of Reconstructions*, pp. 118-19.
19. Como observa Carolyn Fick,"Camponeses e soldados negros na Revolução de Saint-Domingue", p. 225, o desejo de possuir terra era parte essencial da visão de liberdade do ex-escravo. Isso porque sem terra nem possibilidade de trabalhar para si mesmo e para sua família, a liberdade não era mais do que uma abstração jurídica.
20. Apeb, *Processo-crime*, f. 32.
21. Ibidem, f. 25.
22. Sobre os escravos do Engenho Maracangalha em 1872, ver Apeb, *Inventários*, 1/95/137/1 (1871-1877), ff. 403-8.
23. Apeb, *Processo-crime*, 29/1.032/04 (1888), f. 89v.
24. Apeb, *Registro de terras da Freguesia do Monte (São Francisco do Conde)*, 4.748 (1857-62), ff. 17 e 17v.
25. Sobre a biografia do conde de Passé, ver Antônio Bulcão Sobrinho, *Titulares baianos*, pp. 137-38, mimeo. Passé nasceu na Vila de São Francisco do Conde, em 1793, e ao longo do século XIX foi personagem importante dos principais acontecimentos políticos da Bahia, na Guerra de Independência, na repressão à Sabinada e na organização de combatentes para a Guerra do Paraguai. Ver também W. Pinho, *História de um engenho do Recôncavo*, pp. 509-10; esse autor faz um relato sobre os últimos anos de vida do velho conde de Passé.
26. Apeb, *Inventários*, 1/95/137/1 (1871-77). O visconde de Passé morreu com uma dívida de 605:377.330 réis com a comerciantes e bancos da capital; entre os seus credores figurava o barão de Pereira Marinho, rico comerciante de Salvador e fornecedor de capitais a senhores de engenho do Recôncavo.
27. Apeb, *Inventários*, f. 17.
28. A respeito do barão de Moniz Aragão e outros senhores da Bahia, ver Antônio Bulcão Sobrinho, *Titulares baianos*, p. 25. Segundo Carlos G. Rheingantz (*Titulares do Império*, p. 56), Moniz Aragão alcançou o baronato em 14/8/1877.
29. Sobre as estratégias de alianças familiares dos senhores de engenho, ver Kátia Mattoso, *Família e sociedade na Bahia do século XIX*, pp. 139-58. Ver, também, Stuart Schwartz, *Segredos internos*, p. 229. Segundo esse autor, as famílias Argolo, Moniz Barreto, Aragão, Bulcão, Rocha Pita e Vilas Boas eram ligadas por uma complexa trama de laços endogâmicos, de casamentos entre

primos, em várias gerações, e parentescos secundários selados nos batismos, nas crismas e nos casamentos.
30. Observo que o barão de Cotegipe era proprietário dos engenhos Caboxi, Freguesia, Quibaca e Sapucaia. Já os engenhos Maracangalha, Cassarangongo e Mataripe pertenciam a Moniz Aragão.
31. IHGB, *Coleção barão de Cotegipe*, lata 873 A, pasta 142, carta de Moniz Aragão para Cotegipe, 26/11/1878.
32. IHGB, *Coleção barão de Cotegipe*, pasta 144, carta de Moniz Aragão para Cotegipe, Cassarangongo, 27/11/1878.
33. Ibidem.
34. Ibidem.
35. Ibidem, carta de 19/5/1879.
36. Sobre essas informações, ver ibidem, carta de 4/8/1880; ver também lata 873 A, pasta 149, carta de 2/4/1882.
37. Ibidem, pasta 152, carta de Moniz Aragão para Cotegipe, 17/7/1882.
38. Na verdade, essa estratégia era antiga; Stuart Schwartz (*Segredos internos*, p. 134) observa que os engenhos baianos do século XVII já usavam escravos em ocupações de supervisão e observa que, ao longo do tempo, a tendência foi seu uso crescente.
39. IHGB, *Coleção barão de Cotegipe*, lata 873 A, pasta 169, carta de Moniz Aragão para Cotegipe, Engenho Cassarangongo, 23/10/1883.
40. Ibidem, pasta 170, carta de Moniz Aragão para Cotegipe, 7/11/1883.
41. Ibidem, pasta 199, carta de Moniz Aragão para Cotegipe, 3/10/1887.
42. Remeto o leitor ao quarto capítulo deste trabalho, em que discuto e analiso as cartas do barão de Moniz Aragão, presidente da Câmara de São Francisco, endereçadas ao presidente da província.
43. Apeb, *Processo-crime*, 29/1.032/04 (1888), f. 56v.
44. Em São Domingos, a abolição da escravidão encorajou muitos libertos a expandir as áreas dedicadas à subsistência, especialmente nas propriedades abandonadas pelos ex-senhores. Sobre isso, ver Carolyn Fick, "Camponeses e soldados negros na Revolução de Saint-Domingue", p. 218.
45. Apeb, *Processo-crime*, 29/1.032/04 (1888), ff. 71-71v.
46. Ibidem, 15/538/7 (1889), f. 2.
47. Ibidem, 18/646/05 (1888).
48. Apeb, *Delegados*, 3.003 (1887-1888), carta de Felipe Alvares da Paixão, subdelegado do distrito de Boa Vista, Canavieiras, para o chefe de polícia, 31/5/1888.
49. Litwack, *Been in the Storm so Long*, p. 142, enfatiza esse aspecto no Sul dos Estados Unidos.
50. Apeb, *Processo-crime*, 32/1.152/14 (1889), ff. 1-38v.

51. Sobre a importância do gado nos engenhos, ver Gilberto Freyre, *Nordeste:* aspectos da influência da cana sobre a vida e a paisagem do Nordeste do Brasil, pp. 73-79. Segundo Freyre, o escravo e o boi formaram o "alicerce da civilização do açúcar" no Nordeste. No Engenho Maracangalha os bois "mansos", ou seja, os que eram empregados nos serviços dos engenhos, traziam nomes curiosos, muitos dos quais faziam alusão a personagens da história, nacionalidades ou traços do temperamento do animal. Vejamos: Dengoso, Fidalgo, Amorzinho, Soberano, Brasileiro, Francês, Marujo, Beija-damas, Benzinho, Namorado, Ajudante, Presumido, Tartaruga, Bonaparte, Labatut. Sobre isso, ver Apeb, *Inventários*, 1/93A/133/1 (1877-1878), inventário do conde de Passé, f. 72.
52. Apeb, *Processo-crime*, 15/538/2 (1889), f. 6.
53. Ibidem, 17v-19v.
54. Ibidem, f. 18.
55. Ibidem, f. 21v.
56. Apeb, *Subdelegados*, 6.253 (1888-89), carta do subdelegado da Freguesia de Passé, João Leôncio Ribeiro Sanches, 3/1889.
57. Apeb, *Processo-crime*, 15/538/2 (1889), f. 21v.
58. Ibidem, f. 24.
59. Ibidem, ff. 24-24v.
60. Ibidem, ff, 25v-26.
61. Ibidem, ff. 20v-28.
62. O enterro simbólico com objetivos políticos de ridicularizar os superiores hierárquicos era parte das tradições de lutas populares na Bahia do século XIX. Sobre isso, ver João Reis, *A morte é uma festa*, pp. 165-67.
63. Ferir ou matar animais estimados dos poderosos foram formas de manifestar insatisfação ou vingar alguma injustiça sofrida por populares em diversos momentos e lugares. Robert Darnton, *O grande massacre de gatos e outros episódios da história cultural francesa*, pp. 131-32, mostra como tais ações serviram aos assalariados de uma tipografia francesa para atingir os patrões e expressar suas insatisfações. Ver também E.P. Thompson, *Senhores & caçadores*, sobre o abate clandestino de cervos nos parques reais ingleses no século XVIII. No mundo dos engenhos, a sabotagem da produção promovida por escravos poderia incluir o abate clandestino ou o ferimento do gado, especialmente daqueles destinados aos serviços. Sobre isso, ver Tomich, *Slavery in the circuit of sugar*, p. 252.
64. A versão completa do samba encontra-se em Valdevino Neves Paiva, *Maracangalha*, p. 72.
65. Apeb, *Processo-crime*, 15/538/2 (1889), f. 27v.
66. Ibidem, ff. 27v-28.

67. Ver ACMS, *Livro de registro de batizados da freguesia do Monte (1879-1888)*, ff. 5 e 14. Em 24/7/ 1880 foi batizada na capela do Engenho Cassarangongo Mafalda, dois meses, cor cabra, filha de Ângela, escrava do Engenho Maracangalha. Em 2/9/1882 batizou-se Cassimira, cinco meses, crioula.
68. Apeb, *Processo-crime*, 15/538/2 (1889), f. 17v.
69. Ibidem, f. 29v.
70. Ibidem, f. 25v.
71. Ibidem, f. 26.
72. Apeb, *Avisos recebidos do Ministério da Agricultura*, 783 (1888), f. 89, carta do Ministério da Agricultura para o presidente da província, 15/6/1888. Anexo, telegrama do juiz comissário de Ilhéus, Teodoro Augusto Cardoso, enviado ao Ministério da Agricultura, 24/5/1888.
73. Apeb, *Terras públicas*, 4.847-1 (1840-1889), carta do inspetor especial interino de terras públicas para o presidente da província, 21/1/1889.
74. Apeb, *Processo-crime*, 25/885/7 (1888).
75. Apeb, *Polícia-delegados*, 3.003 (1887-89), carta do delegado da Vila de São Francisco, Luís de Oliveira Mendes, para o chefe de polícia, 16/6/1888.
76. BPEB, "Assalto à propriedade", *Diário da Bahia*, 28/3/1889, p. 1.
77. BPEB, "Um crime monstruoso", *Diário da Bahia*, 6/4/1889, p. 2.
78. O denunciante definiu aquela ação como atentado à liberdade e ao direito de propriedade. Afirmou também que as autoridades locais não fizeram corpo de delito nem abriram inquérito policial, porque o subdelegado era mandatário do crime e o delegado era parente dos mandantes.
79. Ver "Falla do Presidente da Província" (1889), p. 151. Segundo relato do presidente, foram concedidos quatrocentos mil contos de réis de empréstimo para estabelecimento do Engenho Central de Maracangalha com capacidade para moer diariamente trezentas toneladas de cana. Em 18/1/1889 o *Jornal de Notícias* informou que o barão de Moniz Aragão enviara à redação exemplares de contratos para fornecimento de canas ao Engenho Central Maracangalha que seriam celebrados com lavradores da região que quisessem aderir ao empreendimento. Informava que havia quatrocentos mil contos de capital para a ampliação do engenho, bastando que os interessados concorressem na entrada com 10% daquele capital. Metade dele seria aplicado na construção de uma linha férrea de vinte quilômetros até Catu. A produção seria consignada ao comerciante Manuel José Lopes Lisboa e Sobrinho, na cidade de Salvador.
80. Ver D. Tomich, *Slavery in the circuit of sugar*, p. 262.

CAPÍTULO 6 Depois da liberdade: tensão e conflito nos engenhos do Recôncavo

> Lavra o incêndio ainda nestes campos,
> Onde passastes um dia foragido*

Libertos e ex-senhores tinham percepções e expectativas diferentes acerca das relações a serem forjadas depois da abolição da escravatura. Essas diferenças marcaram as tensões e os conflitos em torno da definição dos parâmetros das relações cotidianas no Recôncavo açucareiro, entre 1888 e 1889. Neste capítulo, veremos como os ex-escravos tanto rechaçaram a continuidade de ritmos de trabalho e formas de autoridade vigentes na velha ordem escravista como buscaram criar condições para viver sem "sujeição". Talvez por isso o grande impacto da abolição para os ex-senhores tenha sido a impossibilidade de restabelecer antigas formas de controle sobre a população egressa da escravidão. Sem dúvida, o fim do cativeiro desencadeou transformações decisivas e irreversíveis nas relações cotidianas nos engenhos.

A abolição do cativeiro recolocou o problema da mão de obra no centro da discussão sobre o processo de "transição" para o trabalho livre no setor açucareiro. Segundo Barickman, ao longo da segunda

---

*João de Brito, poema intitulado "13 de Maio", *Diário do Povo*, 14/5/1889, p. 2.

metade do século XIX, "não se incorporou um contingente significativo de mão de obra livre à força de trabalho empregada nos engenhos dos distritos canavieiros mais tradicionais do Recôncavo" e, por isso mesmo, a produção de açúcar continuou a ter por base, principalmente, o braço escravo, até as vésperas da abolição. Segundo aquele autor, a população livre foi capaz de se sustentar, com certa independência, por meio da produção de fumo, café e farinha e, dessa forma, pôde evitar o trabalho assalariado e semiassalariado permanente nos canaviais e nos engenhos da região. Além disso, a economia oferecia a homens e mulheres livres e libertos, a maioria negra e mestiça, outras opções para o trabalho permanente nos canaviais. Podiam, por exemplo, empregar-se nas fábricas de Cachoeira, São Félix e Maragojipe ou na indústria têxtil que se desenvolveu na Bahia na segunda metade do século. Devido a essas opções, os senhores de engenho não puderam contar com uma força de trabalho livre barata, segura e abundante antes de 1888. E por isso mesmo continuaram a depender do braço escravo até os últimos dias da escravidão.[1]

Quando o governo imperial decretou a abolição definitiva, os senhores protestaram contra a lei, alegando que fora promulgada de forma precipitada e sem medidas coercitivas complementares que garantissem a obrigatoriedade da oferta de trabalho pelos libertos. Foi nesse contexto que setores ligados à produção açucareira trouxeram novamente à baila a questão da escassez de braços e a necessidade de imigração europeia ou asiática. Inúmeros projetos de imigração foram propostos e defendidos por diversos setores da sociedade. Entretanto, muitos ex-senhores de escravos defenderam o uso dos "braços nacionais", atrelado à adoção de leis punitivas da vadiagem. O certo é que os projetos de imigração não vingaram e os donos de engenho tiveram de recorrer à mão de obra nativa, a maior parte dela egressa da escravidão.

O fato de a maior parte dos braços da lavoura açucareira ter vivido a experiência da escravidão foi decisivo para definir os contornos das relações cotidianas que se formaram depois da abolição. As vivências no cativeiro serviram de parâmetros para os libertos definirem o que era "justo" e aceitável na relação com os antigos senhores, incluindo estabelecer condições de trabalho que julgavam compatíveis com a nova condição. Foi nesses termos que os ex-escravos rejeitaram a continuidade de práticas ligadas ao passado escravista ou que ensejassem maior controle sobre suas vidas. Ao reclamar da "desorganização do trabalho" nos engenhos, após a abolição, os ex-senhores estavam referindo-se à recusa dos antigos cativos em se submeter à velha disciplina, especialmente às longas jornadas de trabalho. Os ex-senhores acusaram os antigos cativos de recusar a lida na lavoura ou de trabalhar apenas o estritamente necessário à subsistência imediata. Mas o que para eles era inclinação à vadiagem, para os libertos significava poder criar outras opções de subsistência dentro e fora do mundo dos engenhos. Foi com essas questões que antigos senhores e ex-escravos se defrontaram, logo após a abolição.

Tensões e negociações

Os incidentes analisados nos dois capítulos anteriores mostraram que, nos dias seguintes à Lei Áurea, as relações entre ex-senhores e libertos ficaram bastante tensas nos engenhos do Recôncavo. Ambas as partes não entraram em acordo sobre as novas condições de trabalho que dali por diante norteariam as relações sociais cotidianas. Não foi pequeno o embaraço experimentado por muitos senhores ao verem-se obrigados a negociar condições de trabalho livre com homens e mulheres que até então lhes haviam servido como cativos. Esses momentos decisivos marcariam para sempre as memórias das famílias dos antigos senhores. Rememorando passagens importantes da trajetória de sua família, na cidade de Nazaré, Gastão Sampaio escreveu que, no dia da abolição,

> Em meio aos festejos e muito foguetório, meu avô chamou os escravos pelo sininho do sobrado, a fim de que se reunissem em sua presença e lhes disse: "Todos estão livres e podem tomar o destino que melhor lhes aprouver, sem ressentimentos". Imediatamente, os

negros se reuniram na cozinha com Dona Sinhá, minha avó, a quem eles adoravam. Ela serviu de intermediária, pedindo ao marido que promovesse um meio dos [sic] negros ficarem, já que diziam "dali só por morte arredariam o pé". Foi feita então uma das primeiras composições trabalhistas de Nazaré. Todos se transformaram em empregados e, de fato, só deixaram a casa por morte dos velhos.²

O "sem ressentimentos" que aparece na fala do ex-senhor parece significar justamente o contrário. Vê-se, também, que o figurino paternalista fazia parte das expectativas senhoriais para encaminhar a passagem da escravidão ao trabalho livre. Até certo ponto, fazia parte das expectativas dos libertos, mas em outra direção. Em 23 de maio de 1888 (quarta-feira) *O Tempo* publicou reportagem intitulada "Manifestação de apreço", na qual informava que, no sábado anterior, portanto seis dias depois da abolição, o barão de Belém, presidente da Câmara de Cachoeira, fora alvo de "esplêndida" manifestação de afeição dos ex-escravos do seu Engenho Calolé, na Freguesia do Iguape. Segundo o articulista, os libertos dirigiram-se à residência do ex-senhor, cobriram-no de flores, confessaram-se agradecidos pelo "modo humanitário" como foram tratados durante o cativeiro e imploraram a graça de permanecer em sua companhia. Manifestações semelhantes foram noticiadas pelo referido jornal durante o mês de maio, certamente numa tentativa de mostrar que a conversão de escravos em trabalhadores livres poderia ser conduzida sem perturbação da ordem e mantendo intacta a autoridade dos donos de engenho da região.

O barão vestiu a máscara da magnanimidade. Após reconhecer a "sinceridade" das manifestações dos ex-cativos, disse que os aceitaria como trabalhadores, desde que estivessem dispostos a trabalhar,

> que somente a amizade e a gratidão que a eles devia, faziam com que continuasse naquele ramo de agricultura; que portanto se pretendiam abandoná-lo para o futuro fossem francos consigo, porque iria adotar outro meio de vida; e se pelo contrário, estavam, como diziam,

prontos a acompanhá-lo, ele entregava-lhes a sua propriedade com todos os seus pertences para trabalharem em comum, tomando para si somente uma parte módica dos resultados. Reconhecidos, aceitaram os libertos esta proposta e cada qual disputava a preferência em carregá-lo, testemunhando assim o entusiasmo e a gratidão de que se achavam possuídos os seus corações.

O articulista terminou entusiasticamente a reportagem informando que para a propriedade do barão de Belém estava afluindo grande número de libertos de outros engenhos e de outras fazendas vizinhas.[3]

O antigo senhor esperava manter os ex-escravos nas propriedades à força do que definia como "dívida de gratidão". O articulista não percebeu, e o barão também não entendeu, que, ao manifestar apreço, os libertos provavelmente estivessem usando o repertório simbólico do paternalismo para viabilizar as próprias aspirações. Entretanto, a forma como os acontecimentos se precipitaram após a lei de 13 de maio e as expectativas dos libertos em relação à liberdade frustraram os planos senhoriais de conduzir o processo por meio dos mecanismos tradicionais de controle da população recém-liberta. Dois meses depois da abolição, um jornal da capital, fazendo um balanço da situação da lavoura, constatou que, até as vésperas do fim do cativeiro, só restava à grande lavoura libertar os escravos e tentar "prendê-los pela gratidão aos serviços dos engenhos", mas a abolição imediata havia frustrado aquele plano e o que se via era a mais "completa desorganização".[4] À medida que os dias passavam, os jornais da capital e do interior da província foram dando mais espaço às queixas e contrariedades dos senhores de engenho. Esses protestaram abertamente contra a forma como o governo imperial vinha encaminhando o processo de "transição" para o trabalho livre. Para eles, a lei de 13 de maio fora implantada de forma brusca e precipitada, dando margem à insubordinação e à quebra da autoridade senhorial. Ademais, não se adotaram medidas legais que obrigassem os libertos a servi-los.

Em artigo publicado em 25 de julho de 1888, alguém que se assinou "Epaminondas", por certo um senhor de engenho da região, referindo-se aos últimos acontecimentos resultantes da lei de 13 de maio, escreveu:

> Os engenhos e fazendas, onde se cultiva a pequena lavoura, acham-se quase todos paralisados pela ausência de trabalhadores libertos, que os abandonaram porque viam que o resultado de seu trabalho aí, mesmo em que existem ainda alguns libertos, que ligados pela gratidão aos seus ex-senhores não os quiseram desprezar, estão em completa inatividade, sem esperança de prosperarem pela desorganização e falta de constância no trabalho que nelas reinam, consequências aliás que poderiam ser prevenidas e evitadas pelos nossos legisladores que deveriam compreender que a ociosidade é um mal congênito com a natureza daqueles, que trabalharam obrigatoriamente.

Segundo o articulista, os libertos não queriam submeter-se ao trabalho rural e abandonavam as propriedades porque os proprietários não podiam pagar salários diários, razão pela qual estavam afluindo para os centros urbanos para servir de ganhadores, "profissão esta, cujos resultados sendo falíveis, torna-os ociosos e os faz premeditar os crimes contra a propriedade e a segurança individual".[5] A "falta de constância no trabalho" mostra que os libertos que permaneceram nos engenhos estavam decididos a diminuir a carga de trabalho nas lavouras de cana. Demonstra também que os ex-escravos estavam usando o abandono, outrora considerado fuga, como recurso de pressão ante a resistência dos senhores em ceder a suas demandas, incluída a remuneração pelos serviços feitos.

Para termos uma imagem mais aproximada do que vinha ocorrendo no interior da grande lavoura açucareira, iremos acompanhar a correspondência que Aristides Novis manteve com o barão de Cotegipe ao longo de 1888. Novis era negociante conceituado na praça de Salvador e estava ligado à exportação de açúcar; assim sendo, financiava as safras, emprestando dinheiro a grandes senhores de engenho do Recôncavo, entre eles Cotegipe. Na condição de correspondente, ele conhecia de perto a situação financeira da lavoura açucareira. Com o tempo, o negociante de açúcar tornou-se grande senhor de engenho e boa parte de suas propriedades rurais foi adquirida de senhores endividados.[6] Foi assim que se tornou dono dos engenhos Brito (Santo Amaro), Praia e Campina (Iguape). No ano da abolição, além de dirigir suas propriedades, Novis administrava pessoalmente o Engenho da Ponta, na Freguesia do Iguape, pertencente ao velho tio, o barão de Santiago.

Depois da abolição, Novis viu-se obrigado a viajar pelas freguesias do Iguape e Rio Fundo, a fim de negociar condições de trabalho com os libertos das propriedades que possuía e administrava. As cartas são privilegiadas, pois apresentam-nos as impressões de alguém que estava envolvido diretamente nos primeiros entendimentos que se estabeleceram com os ex-escravos. Elas revelam em detalhes os pontos de tensão, desacordos e impasses que dividiam ex-senhores e libertos nos momentos imediatos à abolição. Segundo disse em uma das cartas, a intenção da correspondência era pôr Cotegipe a par das "nossas desgraças".

Havia intenção clara de influenciar as posições de Cotegipe no Parlamento, especialmente com relação à indenização dos senhores pela perda da propriedade escrava, devido à lei de 13 de maio. Não é por acaso que, na maior parte da correspondência, ele tratou da falta de capitais, motivo forte para justificar a indenização. Nesse ponto, ele falava tanto em nome dos interesses da classe dos senhores como dos comerciantes que haviam adiantado dinheiro aos donos de engenho para a safra do ano seguinte. Novis defendia, também, a implantação de mecanismos de controle sobre a mão de obra egressa da escravidão, principalmente leis que obrigassem os libertos a se submeter a contratos de trabalho.

Na avaliação de Novis, a manutenção da ordem nos engenhos começou a se complicar meses antes da abolição. Em 7 de março de 1888 ele escreveu ao barão de Cotegipe lamentando a queda dos preços do açúcar e as chuvas que caíam em pleno verão, impedindo a moagem.

Não bastassem esses percalços, nos engenhos enfrentava-se o que se definia como "má vontade dos escravos que não querem trabalhar, e há uma coralhada constante de fugas".[7] Vê-se que os escravos já se estavam antecipando aos acontecimentos e rompendo os laços escravistas dois meses antes da decretação do fim do cativeiro.

No dia da promulgação da Lei Áurea, Aristides Novis achava-se em Salvador. Três dias depois, escreveu longa carta a Cotegipe, confidenciando suas preocupações com os últimos acontecimentos. Foi naquela carta que ele externou seus temores em relação aos festejos da abolição na capital, conforme vimos no quarto capítulo. Naquela ocasião, confessou outras preocupações, entre as quais a viagem que em breve faria ao Recôncavo para negociar contratos de trabalho com os ex-escravos dos engenhos que administrava. "No sábado vou para o Iguape tratar com os libertos contractos de serviço, etc., etc., foi uma lei de afogadilho!! que pressa!"[8]

A referência à "lei de afogadilho" mostra que era grande o embaraço do ex-senhor diante da necessidade de negociar condições de trabalho com os recém-libertos, especialmente porque, desde o início de 1888, eles vinham-se recusando a trabalhar e muitos haviam fugido. A viagem inesperada mostra que a necessidade de entendimentos com os libertos era condição indispensável para a retomada das atividades produtivas nos engenhos. Aos olhos de Novis e de outros senhores, a liberdade imediata e incondicional teve o desconforto de colocar os libertos em posição de negociar e barganhar melhores condições de trabalho. Mas, como veremos a seguir, as expectativas dos libertos iam além da redefinição das relações de trabalho. A abolição havia recolocado no horizonte a possibilidade de alcançar novos espaços de independência e melhoria das condições de vida.

Em 18 de maio, às vésperas de seguir para o Iguape, Novis confidenciou a Cotegipe que se sentia num "completo desconhecido" diante do declínio acentuado dos preços do açúcar, que variavam entre 1$000 e 1$200 a arroba, segundo ele quantias insuficientes para estabelecer contratos de trabalho.[9] Dias depois, o próprio Novis percebera que o problema era mais complexo e não se resumia apenas à escassez de capitais. Na carta de 30 de maio de 1888, depois dos primeiros contatos com os libertos, ele desabafou:

> Eu vou bem de saúde graças a Deus, mal porém de tudo mais, e tendo andado depois do dia 13 de Maio em uma roda viva de viagens, ora no Iguape, ora em S. Amaro, e o resultado atualmente é muito duvidoso, porque os libertos ainda estão com a cabeça exaltada, e não entram em combinação segura. No Iguape, nos engenhos do velho S. Tiago, nenhum abandonou, entabolei o seguinte negócio: eles ficariam todos como lavradores e quando o negócio precizasse [sic] do serviço deles se prestariam mediante salário de 500 réis diários [...]. Repeliram formalmente as rações porque dizem eles que era continuação de cativeiro — porém mandei dar alimentação aos velhos e ingênuos que são órfãos — obrigando os trabalhadores a trabalharem na proporção de suas forças, digo-lhe francamente que não tenho fé na constância deste trabalho.[10]

Percebe-se que a população egressa da escravidão procurou acionar politicamente suas prerrogativas de liberdade, rejeitando situações que julgavam incompatíveis com a nova condição. Novis duvidava dos resultados dos primeiros entendimentos, pois os ex-escravos estavam com as "cabeças exaltadas" e não entravam em combinação segura. Essas palavras merecem algumas considerações, já que expressões similares, frequentemente, apareciam no discurso dos senhores de engenho para definir o estado de ânimo dos libertos. Elas significavam tanto a rejeição das condições colocadas pelos ex-senhores como a firme decisão de repelir atitudes e práticas inerentes à ordem escravista, recentemente extinta.

Desde então, a continuidade da distribuição das rações diárias tornar-se-ia um ponto de tensão entre ex-escravos e antigos senhores. Segundo Schwartz, os métodos de manutenção dos cativos variavam muito nos engenhos coloniais. Havia propriedades em que os escravos dependiam exclusivamente, ou quase, da ração fornecida pelos senhores. Em outras, permitia-se que produzissem o próprio alimento, usando o tempo livre e os dias santos para cultivar gêneros de subsistência nas roças. Finalmente, outros engenhos usavam uma combinação desses dois métodos. A ração normalmente era escassa e os escravos eram obrigados a trabalhar dobrado, aos domingos e feriados, para diversificar seu alimento.[11] Robert Slenes mostra que, durante a escravidão, os cativos procuraram criar e ampliar opções para diversificar a dieta e depender menos do que lhes era fornecido pelos senhores.[12]

Para aqueles ex-escravos, a continuidade do fornecimento da ração significava maior dependência em relação aos antigos senhores. Ao recusar as rações diárias, eles queriam dizer que só trabalhariam mediante remuneração em dinheiro; talvez dessa forma se sentissem mais próximos da condição de livres.[13] Além disso, o alimento que queriam levar para casa deveria ser da própria escolha, não decidido pelos ex-senhores. Vemos também que, em algumas propriedades, os ex-escravos aparentemente concordaram em receber as rações diárias nos dias em que prestassem serviços nos engenhos, mas exigiram parte da semana para produzir a própria alimentação nas roças. Em outras propriedades, os libertos receberiam a ração de costume, combinada com o pagamento em dinheiro. Ainda assim, essas soluções senhoriais não eram suficientes para que os ex-escravos continuassem a prestar serviços nas lavouras de cana, tanto assim que

> Em Santo Amaro, em alguns engenhos eles ficaram mediante ração, dando 4 dias na semana para pagamento, e os outros 3 eles aplicam em suas plantações, etc., etc. Nos engenhos do rio de Cotegipe tem sido maior a debandada. No Aratu, Mapele, Freguesia, Água Comprida, Engenho de Baixo, etc., etc., todos abandonaram o trabalho, em Jacaracanga estão trabalhando pela ração do costume e gratificação de 200 réis diários conforme eu aconselhei, porém me consta por carta que recebi hoje do Chiquinho da Freguesia, que estão muito vagarosos, e ameaçam não continuarem.[14]

Devo salientar que os ex-escravos estavam também brigando pela manutenção de determinadas garantias e que os senhores pretendiam desvencilhar-se em nome dos "ditames" do trabalho livre. Em 21 de maio de 1888, o feitor do Engenho Freguesia informou que, no tempo do cativeiro, quando os escravos adoeciam, lhes eram concedidos três ou quatro dias de folga e a "ração de domingo". Depois do 13 de Maio, eles continuaram a pedir auxílios, justificando que era pouco o dinheiro que recebiam. Segundo o feitor, essa era uma forma refinada de roubo.[15]

Vemos que as propostas apresentadas por Novis variavam bastante, em algumas contemplavam o acesso às roças. No entanto, em contrapartida à concessão de lotes de terras, exigia-se que os ex-cativos prestassem serviços nos canaviais sob condições diversas. Nos engenhos do Iguape, os libertos deveriam trabalhar em lavouras próprias, com a obrigação de prestar serviços mediante a diária de 500 réis. Nos engenhos de Santo Amaro, os libertos disporiam de três dias na semana para cuidar de suas roças e trabalhariam nos quatro restantes, o que significava trabalhar aos sábados e domingos para obter algum ganho da própria lavoura. No caso do Engenho Jacaracanga, pertencente ao barão de Cotegipe, deveriam trabalhar com ração diária e gratificação de 200 réis por dia, conforme sugestão de Novis. Os impasses devem ter surgido no momento de definir o tempo dedicado à lavoura do ex-senhor e o tempo dedicado às roças.

Os libertos reagiram de diversas formas para manifestar insatisfação com as propostas apresentadas pelos ex-senhores e demonstrar quanto estavam distantes de suas demandas e expectativas. Em algumas propriedades, mostraram-se "muito vagarosos", ameaçando paralisar-se; em outras, abandonaram completamente o trabalho. Vê-se que os libertos estavam recorrendo a antigas formas de pressão contra seus ex-senhores; o que agora era chamado de abandono não passava de algo semelhante às antigas fugas.

Em 20 de junho, Novis voltou a escrever sobre a crítica situação no Iguape. "O serviço está em geral desorganizado, os lavradores que dispõem de recursos estão mais ou menos trabalhando, porém a maior parte dos engenhos estão [sic] inteiramente parados." Para Novis, o grande problema dos senhores, para superar os impasses, residia na falta de capitais para remunerar os libertos. Na missiva, ele não escondeu a indignação ante a atitude de Inocêncio Góes, membro de uma das famílias mais tradicionais de senhores de engenho, que havia distribuído um impresso contrário à indenização. Novis reiterou a defesa da indenização, pois a maior parte dos donos de engenho estava na penúria, inclusive o barão de Camaçari, que ficou sem "gente". Esperava ele que a indenização pudesse fornecer capitais necessários para iniciar a próxima safra. Novis falava também como comerciante interessado em reaver os capitais emprestados a senhores falidos.[16]

Se apenas os que tinham capitais estavam "mais ou menos" trabalhando é porque, em parte, tiveram de atender a uma exigência básica dos libertos: remuneração pelos serviços prestados. Os libertos recusaram-se a trabalhar sem remuneração, pois entendiam ser "continuação do cativeiro". Na carta de 11 de julho Novis mal escondeu o nervosismo ao dizer:

> Tenho me visto em apuros, esses recursos para adiantar dinheiro aos proprietários para salários de trabalhadores, etc., etc., estes a me pedirem, os bancos inteiramente exaustos e retraídos, faça ideia que posição aflitiva! Os meus devedores a verem entregar-me os engenhos, uma vez que não têm recursos para trabalharem etc., etc., — enfim se não tivermos bancos e indenização estamos perdidos. [...] A desorganização do serviço é geral, não há trabalho algum nos engenhos — só querem dinheiro e quando muito trabalham 3 dias da semana que é a conta que dá para comprarem carne e farinha.[17]

O grande interesse manifestado pelos libertos na remuneração em dinheiro certamente estava ligado às expectativas de ampliar o leque de possibilidades de escolha na vida cotidiana. Por exemplo, ter dinheiro na algibeira poderia significar maior liberdade para escolher o que levariam para consumir na dieta do dia a dia ou comprar passagem de trem ou vapor para seguir para outra localidade.

Além de remuneração, os libertos queriam mais "tempo livre". Desde a escravidão, a luta pelo controle do tempo de trabalho foi um campo de conflitos, no qual os cativos contestavam as condições de dominação e exploração. Para o escravo, o tempo livre representava um espaço social a ser protegido e, se possível, expandido.[18] A tensão existente no tempo do cativeiro entre senhores, que queriam extrair maior quantidade de trabalho possível, e escravos, que almejavam ampliação das margens de tempo livre, projetou-se com toda a força nos primeiros dias de liberdade.[19]

Durante a escravidão, o cativo era obrigado a trabalhar durante os cinco dias úteis da semana, dispondo apenas do sábado, domingo e, eventualmente, dos dias santos para se dedicar às próprias atividades. Apenas por meio das fugas, da sabotagem ou de outros artifícios cotidianos os escravos poderiam apropriar-se de algumas horas ou dias que pertenciam ao senhor. A referência aos três dias de trabalho demonstra que, depois da abolição, os ex-cativos vinham tentando redefinir essa repartição semanal dos trabalhos nos engenhos. Esse talvez fosse o ponto mais sensível das negociações ocorridas nos engenhos. Foi por isso que Novis e os demais senhores de engenho se queixaram da insistência dos libertos em trabalhar apenas o suficiente para a aquisição dos gêneros básicos de subsistência. Na perspectiva dos ex-escravos, a subtração de alguns dias de trabalho nas lavouras de cana era a possibilidade de alargar o tempo dedicado às próprias plantações ou mesmo de abrir outras opções de subsistência fora dos engenhos. Trabalhar menos na grande lavoura de cana era um imperativo da nova condição de liberdade.

O fim de agosto anunciava o começo da moagem, o período de mais intensa atividade nos engenhos. Porém nosso correspondente não acreditava na possibilidade de poder contar com os libertos, "porque se para limpas e plantações eles só querem trabalhar 3 dias na semana, isto é a conta de comprarem um pouco de carne e farinha, agora que o serviço torna-se mais duro e exige mais assiduidade, eles se prestariam? Este é o grande problema a resolver".[20]

Sabemos que o trabalho das "limpas" ou mondadura correspondia à retirada periódica das ervas que cresciam nos canaviais. Era cansativo e ocupava os trabalhadores durante todo o período que antecedia a safra. Dos serviços da lavoura, era o menos pesado, porém o mais desagradável. Durante a escravidão, os trabalhadores eram obrigados a fazê-lo ao longo de todo o ano, até mesmo nos intervalos de outras atividades. Ao contrário de outros serviços feitos nos engenhos, distribuídos na base de cotas ou tarefas, a "limpa" era uma operação ininterrupta, de sol a sol.[21] A disposição de reduzir os dias de trabalho chocava-se com as exigências dessa atividade nas lavouras de cana.

A moagem começava entre agosto e setembro e estendia-se até março do ano seguinte. Era o período de mais intensa atividade nos engenhos. Ao longo daqueles meses, a cana era cortada, transportada para o engenho e moída, e o açúcar, fabricado. Na temporada de colheita e fabrico, o trabalho era ininterrupto; conforme a necessidade, as atividades poderiam estender-se até a noite. Normalmente a moenda operava por 18 ou 20 horas, para garantir a continuidade do processo de fabricação do açúcar. Além de requerer o máximo de produtividade dos trabalhadores, a moagem exigia coordenação entre corte, moagem da cana e operações de fabrico.[22] Naquele período, nitidamente, consubstanciava-se a submissão do trabalhador ao ritmo implacável da produção. Nas poucas horas de folga, os escravos tentavam dormir ou procuravam alimentos. Segundo Novis, após a abolição, os libertos negavam-se a cumprir as extensas jornadas de trabalho durante a moagem.

Ainda segundo o comendador, em pleno período de moagem, a maior parte dos engenhos do Recôncavo continuava parada, cercas danificadas, gado invadindo os canaviais, libertos roubando o gado das propriedades e vendendo-o nas feiras. Na Vila de São Francisco, apenas três engenhos estavam em atividade; nos demais, os libertos estavam de "braços cruzados". No Iguape e em Santo Amaro, as atividades estavam completamente paralisadas. Na Freguesia de Bom Jardim, "os libertos abandonam as canas e só querem plantar fumo e mandioca". Portanto a recusa em trabalhar nos engenhos poderia estar vinculada às pretensões dos ex-escravos de abrir outras opções de sobrevivência. Observo também que o período de colheita nas lavouras de fumo começava em setembro, justamente o período de mais intensa atividade nos engenhos.[23] Por certo, os libertos que tinham acesso às roças estavam determinados a trabalhar mais intensivamente nas próprias plantações de fumo e mandioca, em detrimento da lavoura de cana.

Até o fim do ano de 1888, o comendador Novis não havia encontrado solução satisfatória para superação dos impasses nos entendimentos com os ex-escravos residentes nos engenhos sob seu domínio. Em 6 de outubro de 1888 ele escreveu:

> Por aqui vamos da pior forma, nada se tem feito!!! Principiou a época da moagem e os engenhos estão parados na maior parte!! Os libertos não se prestam a este serviço, e nem de outro engenho que está trabalhando [...] e aturando-se as maiores exigências, trabalhando a metade do que é costume porque assim que dá 3 horas da tarde eles querem parar, porque dizem que o serviço não deve entrar pela noite.[24]

Nessa carta, Novis queixou-se da intensificação dos roubos nas propriedades. Segundo ele,

> A rapinagem vai se desenvolvendo em grande escala! E sem providência alguma das autoridades!! Os cavalos são roubados das propriedades sem o menor embaraço! Os bois são roubados e conduzidos para as feiras, ainda ontem tive notícia que levaram 4 cavalos do Engenho Guaíba do barão de São Francisco, 2 do seu filho, e 2 reses do Engenho Britto!! Já estão atacando e arrombando as casas de morar e fizeram isto no Engenho d'Água do mesmo barão e levaram louça, etc., etc., e também no engenho do barão de Sauípe.[25]

Verificamos, mais uma vez, que os supostos roubos reaparecem aqui como parte das tensões entre libertos e ex-senhores. Na economia rural, o gado era importante bem de troca e, também, de remuneração por serviços prestados. Tudo indica que os supostos roubos significaram, para os libertos, uma forma de impor remuneração "justa" sobre serviços prestados nos engenhos, principalmente numa conjuntura em que os donos de engenho se ressentiam da falta de capitais. Novis mostrou-se surpreso com a naturalidade demonstrada pelos libertos ao comparecerem em pleno dia às feiras próximas aos engenhos. Segundo ele, o "arrojo dos ladrões chega ao ponto de contratarem e vender [sic] animais ainda em casa dos seus donos, fazem o preço e vão roubar depois".[26] Assustavam também as invasões às casas-grandes, os símbolos maiores do poder senhorial. Pelo que disse Novis, os libertos estavam levando delas apenas objetos de uso cotidiano, especialmente as estimadas louças. Assim, o que os senhores consideravam "rapinagem", para os libertos era remuneração por serviços prestados.

Em várias partes do Recôncavo, os impasses entre donos de engenho e ex-escravos desaguaram em sérios conflitos. Em 1º de agosto de 1888 *O Tempo* publicou um artigo avaliando a situação da lavoura no município de Cachoeira:

> É desesperador o estado atual de cousas. Os agricultores estão vendo as suas propriedades desertas, os seus campos sem cultura, por não encontrarem pessoas para este gênero de trabalho. Estamos em mais de meio da estação adequada para as plantações e não há um só proprietário que tenha nesta época plantado a terça parte do que em anos anteriores já o teria. O desânimo vai-se apoderando de todos, e a consequência que prevemos, a julgarmos pelas freguesias componentes deste distrito, é uma horrorosa calamidade para o país, se imediatamente não se puser um paradeiro à marcha fatal de tão funestos acontecimentos.

Sobre as tentativas frustradas de negociação dos senhores com os ex-escravos, informava:

> Não há convenção alguma a respeito do trabalho que possa ser aceita pelos libertos como vantajosa e agradável; e ainda mesmo que tenham a princípio adotado alguma, proposta pelos seus ex-senhores, rescindem-na sem prestarem satisfações, ou não a cumprem, porque não havendo lei em execução que estabeleça garantia a locação de serviços não há para eles obrigatoriedade. Há uma cousa só em que eles creem e que querem: é o trabalho assalariado; mas este presentemente é uma utopia, principalmente nas lavouras deste distrito.[27]

Na carta de 6 de outubro Novis informou que alguns senhores suspenderam as atividades de moagem para não ter de se defrontar com as exigências dos libertos. "Alguns proprietários mandaram acudir as caldeiras para moer, e daí a pouco retiraram o combustível para que não apareça gente para o serviço, não obstante pagarem pontualmente!!! Veja V. Ex.ª que estado deplorável!"[28] Fica claro aqui que a suspensão das atividades de moagem foi o recurso usado por alguns senhores de engenho para não negociar ou ceder às demandas dos libertos. Um senhor que abria mão dos serviços dos ex-escravos poderia sentir-se desobrigado de dar-lhes moradia ou ceder-lhes terras para roças. A paralisação das atividades nos engenhos podia significar a quebra de obrigações antigas que norteavam as relações entre donos da terra e moradores.

Em 19 de dezembro de 1888 *O Tempo* noticiou uma rebelião de ex-escravos num engenho da povoação de São Félix. Segundo o jornal, depois da abolição, "os libertos ingratos em sua maioria, que, por se julgarem livres, já pensam que se devem declarar isentos do trabalho contratado, revoltaram-se em diversos pontos deste país, despertando com esse procedimento repulsivo e mesquinho a indignação e o pasmo de todos". O "grito de revolta" chegou ao Engenho Capivari da Passagem, propriedade do coronel Francisco Vieira Tosta. O noticiário não entra em detalhes sobre os motivos do conflito, mas tudo indica que os libertos rejeitavam condições de trabalho que lembravam o cativeiro. É notável como o informante, manejando noções paternalistas de "ingratidão", desfere toda a ira senhorial contra o comportamento dos libertos:

> Os trabalhadores que há pouco tempo por graça da lei deixaram o eito em que se revolviam quais uns vermes acoutados pela dureza dum destino infecundo. Mal agradecidos à bondade e à tolerância, Sr. Coronel Vieira Tosta com relação à negligência e o mau gosto com que tem, na qualidade de fâmulos contratados, arroteado os terrenos de sua propriedade, hoje armou-se contra o único benfeitor que os tem acolhido com reconhecida generosidade, dando com essas cenas aos outros libertos um exemplo de incomparável corrupção.[29]

Segundo o noticiário, Vieira Tosta imediatamente comunicou ao delegado da cidade, mas antes da chegada da força policial, os "sediciosos" fugiram.

Além disso, muitos ex-senhores expulsaram de suas terras libertos acusados de cometer atos de insubordinação e "ingratidão" nos dias que se seguiram à abolição. Houve senhores que adotaram medidas drásticas para pressionar os ex-escravos "insubordinados" a se submeterem às velhas formas de "sujeição", privando-os de antigos direitos de acesso às roças.

Trabalho e cotidiano no pós-abolição

Mas, a despeito da intensificação das tensões, da seca, da perda da capacidade produtiva e da difícil conjuntura econômica, a maioria dos engenhos continuou a operar durante 1888 e 1889, embora não repetissem o mesmo desempenho de anos anteriores. As relações cotidianas de trabalho que se estabeleceram nesse período conturbado são fundamentais para entendermos de que maneira os ex-escravos ainda se relacionavam com as atividades açucareiras. Demonstraremos, mais adiante, que a experiência da escravidão e as expectativas de liberdade foram decisivas para os libertos definirem os limites do que julgavam condizente com a nova condição.

Segundo Wanderley Pinho, os donos de engenho nunca foram amigos de escriturações e muito menos de arquivar folhas de pagamentos e anotações concernentes às safras. Muitos deles preferiam confiar à memória os dados referentes a preços, regularidade das estações, bons ou maus resultados da moagem. Infelizmente, foram poucos os livros de escrituração dos engenhos que sobreviveram ao tempo. Por sorte, escapou um livro "borrador" do Engenho Freguesia, contendo anotações feitas pelo seu administrador entre 1889 e 1901.[30] As informações contidas neste livro abrem perspectivas interessantes para entendermos de que maneira os trabalhadores egressos do cativeiro se inseriram na vida produtiva do engenho após a abolição.

O Engenho Freguesia pertencia ao barão de Cotegipe e localizava-se na Freguesia de Matoim, termo da Vila de São Francisco do Conde. Essa propriedade foi até mesmo visitada por Aristides Novis, durante as andanças que fez pelo Recôncavo depois da lei de 13 de maio. Pelas informações daquele correspondente, o Freguesia não ficou imune aos conflitos que se seguiram à abolição, pois ali muitos libertos "abandonaram o trabalho".[31] Porém, examinando-se as anotações do administrador para as safras de 1889 e 1899, percebe-se que, ao longo desse tempo, o engenho não interrompeu suas atividades, embora sejam visíveis os sinais de crise e as modificações que ocorreram em consequência do fim do cativeiro. As anotações referentes às safras trazem inúmeras informações sobre o cotidiano da plantação, a limpeza dos campos, a moagem, o transporte do açúcar e, o mais importante, a remuneração dos trabalhadores recém-libertos.

Dos 74 escravos residentes ali em 1887, pelo menos 16 aparecem nas folhas de pagamento como trabalhadores livres do engenho, alguns meses depois da abolição. As folhas de pagamento trazem informações detalhadas sobre os serviços de manutenção da propriedade, reparo no telhado e limpeza da casa-grande, conserto das cercas, lavagem do saveiro, fornecimento de lenha e assim por diante. Para essas atividades, o administrador registrou o nome do trabalhador, o serviço feito e o valor da remuneração. Infelizmente, não repetiu o mesmo procedimento em relação aos que trabalharam nos serviços de plantação e corte de cana, setor produtivo que mobilizava a maior parte dos ex-escravos. Por exemplo, em 26 de agosto de 1889 ele anotou apenas: "os pretos do Caboto, 3 tarefas e 10 braças de cana grande". A referência a "pretos" demonstra que se tratava de trabalhadores recentemente egressos da escravidão.

No entanto, os registros oferecem indícios reveladores das formas de remuneração adotadas no engenho. Na folha de pagamentos de 1889, alguns trabalhadores especializados eram remunerados por dia ou mês de trabalho, mas a maioria recebia "por tarefa", ou seja, o senhor determinava o serviço e negociava com o liberto o valor a ser pago. Assim, em 19 de maio daquele ano, os ex-escravos Atanásio e Cláudio receberam 1$500 cada "por lavar o saveiro". Em 20 de junho, pagou-se a 23 "peças" para "coivarar" quatro tarefas de capim; na mesma data, pagou-se a 42 "peças" para cortar sementes. As referências às "peças" e, mais atrás, a "pretos" demonstram que o administrador ainda não havia abandonado a terminologia vigente durante a escravidão, quando se referia aos trabalhadores do eito. Em abril, a ex-escrava Marcelina foi remunerada por coser 89 sacos de açúcar; Samuel, por carregar quatro carros de lenha. Naquele mesmo mês, fixou em 6$000 a tarefa roçada com enxada; Martiliano recebeu 25$500 por ter roçado pouco mais de quatro tarefas no "tabuleiro pequeno".[32]

Vê-se que o pagamento aos libertos se baseava nas formas de remuneração do trabalho livre vigentes durante a escravidão. Sabe-se que, nos engenhos coloniais, se costumava pagar ao trabalhador livre por tarefa ou por dias trabalhados. Os senhores remuneravam pelo corte de tantos tabuleiros de cana ou pelo plantio de tantas tarefas de terras.[33] Segundo Barickman, trabalhadores livres especializados, carpinteiros, costureiras, ferreiros, marceneiros e outros artesãos costumavam receber por tarefa ou pelo número de dias trabalhados. Para trabalhadores no corte de cana, pagava-se salário diário ou pela quantidade de cana cortada. Ambas as formas de remuneração permaneceram no pós-abolição e, por certo, foram bem-aceitas pelos libertos, por ter sido feitas em dinheiro.

Acompanhando a contabilidade do Engenho Freguesia entre 1889 e 1898 foi possível verificar que, ao longo daquele período, alguns ex-escravos ainda figuravam nas listas de trabalhadores daquela propriedade. O que ocorreu no Engenho Freguesia não foi um fenômeno isolado. Vendo as folhas de pagamentos dos trabalhadores do Engenho Benfica, feitas em 1913, e comparando-as com a lista de escravos de 1886, percebe-se que alguns ex-escravos ainda permaneciam na propriedade. Na relação dos que recebiam pagamentos semanais, veem-se os nomes de José Quirino, Tertuliano, José de Santana, José Banha, Lourenço, José Batista, Alexandre, Rufino, Salu, Paulinho de Jesus, José Vitorino, Felipe Santiago e Zacarias, todos ex-escravos do falecido conde de Subaé. Exceto José Vitorino, que exercia a profissão de carpina, todos trabalhavam no plantio de cana, milho, fumo, capim, reparando as cercas e cuidando do gado.[34]

É preciso lembrar que a população que emergiu da escravidão era bastante diferenciada internamente. A posse de alguns bens, o direito de acesso à terra, o domínio de uma profissão especializada e a posição de feitor de serviço estabeleceram algumas diferenças dentro do contingente escravo, definiram escolhas e poder de barganha frente aos ex-senhores. Por certo, os trabalhadores especializados, sobretudo os que trabalhavam nas moendas e no fabrico do açúcar, tinham maiores condições do que os demais de barganhar o acesso a bens e recursos dentro dos engenhos. Essas diferenciações interferiram também nas trajetórias de vida.

Para manter os trabalhadores oriundos da escravidão, os senhores de engenho lançaram mão de diversas estratégias. Escrevendo sobre as relações que se instauraram no Recôncavo após a abolição, Maurício Lamberg afirmou que muitos senhores de terras buscaram atrair lavradores, muitos deles antigos escravos, concedendo um pedaço de terra para cultivarem cana, que deveria ser moída no engenho e o produto ser dividido entre ambos.[35] Segundo o viajante alemão, após o fim do cativeiro, apareceu uma classe de pequenos lavradores, em parte formada pelos antigos escravos dos engenhos. Não eram proprietários, e sim "colonos" que repartiam a produção com os ex-senhores. Além disso, tinham acesso a lotes de terras para plantar gêneros para consumo próprio, assim como criar no pasto comum algumas cabeças de gado. Ele observou ainda que, diante da crise da lavoura canavieira, muitos senhores deixaram de plantar cana e passaram a sobreviver da renda que lhes davam esses colonos. Segundo Lamberg, havia propriedades em que esse sistema não vinha dando os resultados esperados, pois, entre outros motivos, havia desconfiança dos "pretos" em relação aos fazendeiros, "outrora seus senhores e amos".[36]

O inspetor de terras referiu-se a senhores que estavam concedendo pequenas parcelas de terras para libertos plantarem gêneros de subsistência própria, em troca de trabalho nas lavouras de cana; e a outros que estavam estabelecendo um sistema de parceria com os ex-cativos.

Além de terras, os ex-senhores ofereceram outros incentivos materiais. Em 15 de janeiro de 1895 um jornal da capital anunciava que os proprietários do Engenho São Paulo, na Vila de São Francisco do Conde, estavam fornecendo "gratuitamente" arados e gado para lavradores que se estabelecessem na propriedade.[37]

Sabe-se que a prática do arrendamento foi muito comum no Recôncavo até meados do século XX. Os senhores concediam o usufruto de um pedaço de terra em que o rendeiro cultivava gêneros de subsistência ou criava animais. Parte do excedente produzido poderia ser vendida nas feiras locais. O rendeiro podia plantar também gêneros de exportação, fumo ou cana, mas, em contrapartida, pagava a ocupação da terra com dinheiro ou trabalho semanal nas grandes propriedades. O pagamento em forma de trabalho era chamado "pagar renda" e a quantidade de dias da semana que, por obrigação, prestava nas terras do senhor variava bastante.[38] No período de crise da lavoura açucareira, o arrendamento das terras tornou-se fonte de renda adicional para muitos ex-senhores de escravos. Na caderneta de anotações de Pinho Júnior, dono do Engenho Benfica, vê-se, por exemplo, que em abril de 1911 ele recebeu 270$000 pelas "rendas das terras do Paço da Pedra", onde havia terras arrendadas para plantio de fumo.[39]

Além da política senhorial de formar dependentes, os ex-escravos poderiam negociar com os ex-senhores condições de moradia dentro dos antigos engenhos. A condição de "morador" abrigava uma variedade grande de relações de trabalho. Comumente, o morador era aquele trabalhador que fixava residência no engenho com a condição de prestar serviços na lavoura de cana em alguns dias da semana. Muitos tinham acesso a lotes de terra em que plantavam a própria subsistência. Outros cultivavam pequenas parcelas e pagavam o arrendamento em dinheiro. Esses talvez tivessem maior independência em relação aos donos das terras e, por isso, procuravam diferenciar-se dos demais autointitulando-se "roceiros". Possivelmente os engenhos estivessem operando com "trabalhadores alugados", que permaneciam nos engenhos apenas durante o período em que cumpriam suas tarefas. Talvez a maioria dos escravos do serviço de enxada se tenha transformado em alugados.

A concessão de incentivos foi imperativa para manter nas propriedades libertos que tinham profissões especializadas ou os domésticos. Foi diante da incerteza de continuar a contar com o serviço dos ex-escravos domésticos que, ao escrever seu testamento em 8 de junho de 1888, o conde de Subaé, proprietário do Engenho Benfica, deixou diversas quantias em dinheiro para cinco de seus "fâmulos", Benedito Borges Moreira; José, pardo, "meu companheiro de viagem"; Fernando, cozinheiro; Rufina, ajudante de cozinheiro e ao "distinto" Jacob, africano, "como gratidão ao bom tratamento que me dispensaram". Mas condicionou a concessão do legado à obrigação de permanecerem "em minha companhia até ao tempo do meu falecimento".[40] É possível que libertos ligados a setores produtivos importantes fossem agraciados com incentivos monetários e mesmo acesso a determinados recursos das propriedades. Ex-escravos que tinham funções de mando no engenho receberam algumas concessões.

Em 4 de junho de 1893 o velho Araújo Pinho, herdeiro do conde de Subaé, informou ao filho que estivera durante toda a semana no seu Engenho Benfica, "pondo as cousas em melhor ordem". Na ocasião, confidenciou: "Hoje o trabalho coletivo nas propriedades agrícolas exige da parte da administração um prodígio de paciência e de outras raras qualidades."[41] Araújo Pinho não esclarece o que seriam as "raras qualidades" nem os motivos que tornaram o "trabalho coletivo" nos engenhos algo tão complicado. Porém as informações contidas nas cartas do administrador do seu Engenho Benfica oferecem-nos elementos valiosos, para vislumbrarmos alguns pontos de tensão nas relações entre senhores de engenho e os ex-escravos ou seus descendentes. As demandas e as expectativas dos libertos continuaram a repercutir nas relações cotidianas nos engenhos muitos anos depois de abolida a escravidão.

No fim da década de 1910, quando o filho do velho Araújo Pinho finalmente assumiu a direção do Engenho Benfica, possivelmente se defrontou com o que o pai definia como dificuldades do "trabalho coletivo nas propriedades agrícolas". Em 12 de julho de 1927 o administrador tentou justificar a não conclusão dos trabalhos da cerca do quintal da casa-grande dizendo que "o pessoal com a plantação de fumo ñão quer trabalhar, mandei chamar mais umas pessoas no Passo da Pedra que se fez um pouco dela esta semana passada". Na semana seguinte, o administrador informou: "Pouco se trabalhou, os trabalhadores com a plantação de fumo, chama-se para trabalhar não querem. V. Ex² deveria aparecer em breve porque está fazendo falta por cá." Entrou agosto e os tormentos do administrador continuaram: "O pessoal com o resto das plantações de fumo ainda estão [sic] custosos a trabalhar."[42]

Vê-se que o administrador não conseguia mobilizar os moradores para as atividades regulares do engenho em função dos preços mais atraentes do fumo. A referência reiterada ao "pessoal" mostra que os trabalhadores egressos da escravidão tinham na mobilização coletiva o principal trunfo para negociar com os senhores e administradores. Talvez por conta disso tenham inibido o exercício da violência nas relações cotidianas de trabalho, tanto assim que, incapaz de convencer os trabalhadores a comparecer ao serviço, o administrador viu-se obrigado a apelar para a autoridade moral do patrão.[43]

Alguns ex-escravos conseguiram ampliar as opções de cultivo das roças, plantando até mesmo gêneros de exportação, como o fumo.[44] Possivelmente cresceram as velhas tensões entre a grande lavoura canavieira de exportação e a "economia interna" dos ex-escravos. A colheita do tabaco era costumeiramente feita ao longo de todo o ano, o que, com frequência, causava transtornos aos senhores, nas conjunturas em que os preços do fumo eram mais atraentes ou havia grande demanda das indústrias fumageiras locais.[45] A preocupação do administrador do Benfica mostra como as atividades autônomas dos ex-escravos podiam colidir com os interesses dos antigos senhores. Assim, os períodos de alta dos preços do fumo ou da mandioca podiam determinar a oferta de trabalho nos canaviais.

Daí que a mobilização de trabalhadores para o trabalho no eito exigia negociação permanente, para conciliar as necessidades dos engenhos com as atividades alternativas dos ex-escravos e seus descendentes. Além disso, era preciso negociar com os trabalhadores a remuneração dos serviços nas propriedades. Em 15 de julho de 1930 o administrador José Antônio de Santana informou que "o pessoal está mal satisfeito com o preço que fiz de nove mil-réis a tarefa [de pasto] nos lugares mais fechados".[46] A possibilidade de maiores ganhos na plantação de fumo talvez tenha dificultado a mobilização dos trabalhadores. Em 29 de julho de 1930 o administrador informou: "Os trabalhos da roçagem estão um pouco atrasados, o pessoal com a plantação de fumo não tem aparecido." No início do mês seguinte, voltou a informar que "a roçagem vai indo um pouco atrasada porque o pessoal está cuidando dos restos das plantações de fumo".[47]

Além disso, os ex-escravos e seus descendentes mostraram habilidade política para negociar ou tirar proveito da nova condição, barganhando melhor remuneração. Em 1º de fevereiro de 1928 o administrador do Benfica informava que o corte de cana prosseguia, mas os trabalhos do pasto estavam atrasados, porque o "pessoal tem largado o trabalho e está trabalhando fora porque querem que eu aumente mais preço". Na semana seguinte voltou a falar da insatisfação do "pessoal" com a remuneração semanal e da disposição de procurar trabalho fora da propriedade.[48] Vê-se que os libertos e seus descendentes estavam usando o "abandono" dos engenhos em que residiam como meio de pressão por melhor remuneração.[49] Em certos períodos do ano, durante a safra, o abandono poderia tornar-se um trunfo importante para os trabalhadores do eito.

A carta de Aristides Novis deixou patente que os egressos do cativeiro buscaram modificar o ritmo e a duração da jornada de trabalho dedicados às lavouras de cana. Ao trabalho intensivo ao longo dos dias úteis da semana, os libertos buscaram incorporar parte da semana que antes pertencia ao senhor. Os libertos criaram na prática o que definiremos aqui como "semana partida", que consistia em prestar alguns dias da semana ao ex-senhor e nos demais cuidar das próprias atividades.[50] Nos dias imediatos à abolição Novis dizia que os libertos só aceitavam trabalhar três dias da semana e tudo indica que ao longo das primeiras décadas do século XX foi esse o sistema que vigorou na maioria dos engenhos do Recôncavo. Francisco Ambrósio, filho de escravos, nascido no Engenho Europa, distrito de Lustosa, contou que, no início daquele século, ele e seus parentes, alguns deles ex-escravos, dedicavam dois dias da semana (segunda e terça-feira) ao cultivo das roças e só nos demais dias seguiam para o canavial dos antigos senhores. Francisco demonstrou consciência das implicações daquele sistema de trabalho na vida dele e dos parentes, ao ressaltar que a vida que levavam era diferente do "tempo da escravidão", quando eram obrigados a trabalhar apenas para os senhores.[51]

Entretanto a semana partida poderia variar para mais ou para menos, de acordo com o tipo de trabalho feito pelos ex-escravos, inclusive sua especialidade profissional, ou o tipo de negociação que estabeleciam com os antigos senhores. No início do século XX, em algumas fazendas de criação de gado próximas a Feira de Santana, o rendeiro prestava apenas um dia de trabalho nos pastos do dono da terra e nos demais cuidava dos seus roçados ou das criações.[52] Essas combinações variavam muito, mas o importante é ressaltar que os ex-escravos e seus descendentes conseguiram arrancar dos ex-senhores alguns dias da semana. Pode-se afirmar que a semana partida foi uma conquista dos libertos.

Na visão dos antigos senhores, essa disposição dos libertos não passava de "inclinação à ociosidade". Foi com esse argumento que membros da elite açucareira incluíram a recusa da mão de obra local em trabalhar mais de quatro dias por semana entre as causas do fracasso dos engenhos centrais na Bahia.[53] O que os senhores viam como tempo dedicado à ociosidade para os ex-escravos era a possibilidade de ampliar o "tempo livre" que poderia ser dedicado à produção da própria subsistência, às atividades alternativas fora dos engenhos ou ao lazer.

Talvez a propalada "escassez de braços", que aparece com insistência nos discursos dos senhores de engenho após a abolição, estivesse relacionada à recusa dos libertos em trabalhar além do que avaliavam ser justo e condizente com a condição de liberdade.[54] Por isso que, aos olhos dos ex-senhores, o trabalhador egresso da escravidão se tornara excessivamente exigente e sempre pronto a rechaçar condições de trabalho que lembrassem a escravidão. Mariana da Costa Pinto Victória

Filha, que na infância ainda testemunhou o Engenho Carapiá em pleno funcionamento, contou-nos que, por volta da década de 1930, grupos familiares compostos de mais de vinte pessoas "desciam do sertão" para trabalhar no corte de cana. Segundo ela, era uma gente que não se importava de alojar-se num grande telheiro chamado de "senzala", habitação essa recusada pelos moradores mais antigos, muitos deles descendentes de escravos.[55]

Assim, no curso dos anos que se seguiram à abolição, os libertos buscaram ampliar as atividades independentes da grande lavoura de cana, cultivar gêneros de subsistência nas roças e vender o excedente nas feiras locais, diminuir o ritmo de trabalho, negociar melhor remuneração, enfim, forjar condições de vida que os distanciassem do passado de escravidão. Podemos interpretar essas iniciativas como manifestações locais do que um historiador do pós-abolição no sul dos Estados Unidos definiu como "testar os limites da liberdade".[56] Creio também que, além disso, aquelas iniciativas representaram parte dos esforços dos libertos para impedir que a "sujeição" escravista, insidiosamente, retornasse sob outras formas.

Por certo, o que os libertos conseguiram arrancar dos ex-senhores, no curso das lutas que ocorreram nas duas primeiras décadas do pós-abolição, estava bem distante do que aspiravam em termos de liberdade. Grande parte dos recursos produtivos continuou concentrada nas mãos dos ex-senhores e o acesso à terra se vinculava em grande medida às relações de dependência. Além disso, o que os libertos conquistaram naqueles embates estava permanentemente sob ameaça. Nas áreas onde ocorreu a modernização da produção, como nas freguesias rurais de Santo Amaro, houve pressão dos proprietários para acabar com a semana partida. Ao longo das primeiras décadas do século XX os usineiros vociferaram contra os hábitos dos trabalhadores agrícolas e pressionaram por medidas legais que os obrigassem a trabalhar durante toda a semana nos canaviais. Ao longo daquele período, ex-escravos e descendentes travaram encarniçada luta para defender a semana partida das investidas dos que pretendiam transformá-los em trabalhadores assalariados.

Da mesma forma, o acesso às roças estava sendo ameaçado tanto pela expansão dos canaviais das usinas, ocorrida no fim da década de 1890, como pela conversão das terras dos engenhos decadentes em pastagens para gado. Nesses últimos, antigos proprietários investiram na pecuária, o que implicou a expansão das áreas de pastagens sobre espaços outrora dedicados às roças. Para os descendentes dos escravos, isso significou menos opções de sobrevivência no campo.

O fim da escravidão não representou para os libertos apenas expectativas de modificação e melhoria das condições de vida e de trabalho. Implicou, também, transformações decisivas na forma como desejavam ser tratados cotidianamente. É desse assunto que nos ocuparemos no capítulo seguinte.

Notas

1. Ver Bert Jude Barickman, "Até a véspera", pp. 209-27.
2. Gastão Sampaio, *Meu avô paterno, Tertuliano Coelho Sampaio*, p. 2.
3. IGHB, "Manifestação de apreço", *O Tempo*, 23/5/1888, p. 2.
4. BPEB, *Diário da Bahia*, 17/7/1888, p. 1. O editorial defendia a indenização.
5. IGHB, "Consequências da lei de 13 de maio", *O Tempo*, 25/7/1888, p. 1.
6. Ver Wanderley Pinho, *História de um engenho do Recôncavo*, p. 512.
7. IHGB, *Coleção barão de Cotegipe*, lata 918, pasta 21, carta de Aristides Novis para o barão de Cotegipe, 7/3/1888.
8. Ibidem, pasta 23, 16/5/1888.
9. Ibidem, pasta 24, 18/5/1888.
10. Ibidem, pasta 25, 30/5/1888.
11. Sobre as formas de subsistência dos escravos de engenho, ver Schwartz, *Segredos internos*, p. 127. Segundo a avaliação desse autor, a ração diária dos engenhos baianos no período colonial era ruim e escassa, razão pela qual os escravos preferiram trabalhar para conseguir seu próprio sustento. Ver também, do mesmo autor, *Escravos, roceiros e rebeldes*, pp. 95-99.
12. Ver Robert Slenes, *Na senzala, uma flor*, pp. 190-91. Segundo esse autor, escapar da refeição no curro, ou simplesmente não depender dela, teria significado também a possibilidade de melhorar a "qualidade" da comida.
13, A questão das rações diárias foi objeto de tensão entre senhores e ex-escravos em outras partes da América pós-escravista. Em Porto Rico, após a emancipação

os ex-escravos das *plantations*, além de salários, exigiram refeições diárias. Ver Andres Ramos Mattei, "El liberto en el régimen de trabajo azucarero de Puerto Rico, 1870-1880", pp. 107-8.
14. IHGB, *Coleção barão de Cotegipe*, lata 918, pasta 23, carta de Aristides Novis, 18/5/1888.
15. A carta do feitor do Engenho Freguesia foi analisada em outra perspectiva por Dale Graden, "Voices from under", p. 155.
16. IHGB, *Coleção barão de Cotegipe*, lata 918, pasta 24, carta de Aristides para Cotegipe, 18/5/1888.
17. Ibidem, pasta 27, 11/7/1888.
18. Dale Tomich, *Slavery in the circuit of sugar*, p. 255, discute essas questões.
19. Segundo Robert Slenes, *Na senzala, uma flor*, p. 111, essa foi uma luta constante no interior da sociedade escravista.
20. IHGB, *Coleção barão de Cotegipe*, lata 918, pasta 28, carta de Aristides Novis para Cotegipe, 25/8/1888.
21. Sobre as mondaduras, ver Schwartz, *Segredos internos*, p. 128.
22. Ibidem, pp. 96-98.
23. Sobre calendário do plantio e colheita do fumo, ver Ministério da Agricultura, Indústria e Comércio, *Aspectos da economia rural brasileira*, pp. 430-31.
24. IHGB, *Coleção barão de Cotegipe*, lata 918, pasta 29, carta de Aristides Novis para Cotegipe, 6/10/1888.
25. Ibidem, lata 91.
26. Ibidem.
27. IGHB, "A crise atual", *O Tempo*, 1/8/1888, p. 1.
28. Ibidem.
29. IGHB, "Sediciosos", *O Tempo*, 19/12/1888, p. 1.
30. Wanderley Pinho, *História de um engenho do Recôncavo*, pp. 512-17, analisa alguns dados do livro "borrador" e, segundo ele, as anotações ali contidas "fotografam a agonia do banguê".
31. Remeto o leitor à transcrição de trecho da carta de Aristides Novis ao barão de Cotegipe, 30/5/1888, feita na primeira seção deste capítulo.
32. IHGB, *Coleção Araújo Pinho*, livro de contas dos engenhos (1889-1898), ff. 22-28.
33. Sobre as formas de remuneração do trabalhador livre no Recôncavo açucareiro, ver B.J. Barickman, "Até a véspera", pp. 206-7.
34. ACS, matrícula de escravos do conde de Subaé, 1886. Os nomes da matrícula foram comparados com AJFAP, *Lista de pagamento dos trabalhadores do Engenho Benfica*, 2/1913.
35. Maurício Lamberg, *O Brazil*, pp. 199-200. Segundo sua avaliação, esse sistema era em muitos pontos bom, "pois chama aqueles trabalhadores que não querem

trabalhar por dia para os outros e também aqueles que se ocupam de culturas menos lucrativas". Os maus resultados eram decorrentes da falta de animais para transportar a cana, bem como de mecanismos antigos que extraíam um mínimo de açúcar da cana. Conclui daí que os "pretos", muito desconfiados com os senhores, "outrora seus senhores e amos", só em pequeno número se faziam lavradores. Fiel a sua convicção racista, observou que a "invencível indolência" do negro contribuía para o insucesso de tal modelo. Observa que tal modelo vinha sendo adotado com sucesso no Engenho Novo, pertencente ao senhor Cruz Rios, onde muitos lavradores, cuja maior parte tinha sido escrava, tiravam todos os anos lucros relativamente grandes das pequenas plantações. Em contrapartida, os lavradores tinham um certo número de cabeças de gado e podiam cultivar, para sustento próprio, cereais e frutas.

36. Ver ibidem, pp. 81 e 199.
37. BPEB, *Jornal de Notícias*, 15/1/1895, p. 2. O anúncio informava que os interessados deveriam dirigir-se ao próprio engenho ou à rua Julião, nº 11, o que demonstra que tinham expectativa de atrair lavradores que residiam na cidade, provavelmente ex-escravos que para lá migraram depois da abolição.
38. A pesquisa de Edinélia Maria Oliveira Souza "Cruzando memórias e espaços de cultura", pp. 367-69, mostra que a prática do arrendamento era bastante comum nas relações entre fazendeiros e descendentes de escravos na zona rural da cidade de Dom Macedo Costa, Recôncavo sul, entre 1930 e 1960.
39. AJFAP, *Caderneta de receitas e despesas (1911-1912)*, anotações de Pinho Júnior.
40. Apeb, *Inventários*, 05/2.184/2.653/6 (1888), Francisco Moreira de Carvalho, conde de Subaé.
41. AJFAP, *Correspondência de Araújo Pinho para Pinho Júnior*, 4/6/1893. É importante notar que essas formas de remuneração eram praticadas com relação aos trabalhadores livres e libertos durante a escravidão. Na contabilidade dos engenhos, distinguiam-se os trabalhadores livres que "ganham a dia" dos que ganhavam "por empreitada". Os escravos poderiam ser remunerados de ambas as formas, caso trabalhassem nos domingos. O inventário do proprietário do Engenho Lagoa, em Santo Amaro, discrimina as várias modalidades de pagamentos aos trabalhadores livres e escravos. Ver AMSA, *Inventários*, caixa 4 (1901-1902), ff. 300-9, Inventário de Arquimedes Pires de Carvalho.
42. AJFAP, *Correspondência do administrador, enviada a João Wanderley Pinho Júnior*, 12/7/1927. O assunto continua na carta de 19/7 e na de 19/8.
43. Rebecca Scott, "Stubborn and disposed to stand their ground", p. 107, observa que a mobilização coletiva aumentou o poder de barganha dos trabalhadores e inibiu o exercício da força nas plantações de cana na Louisiana, após a abolição.

44. Tal fenômeno se deu em outras partes da América após a abolição. Ver Paul K. Eiss, "A Share in the Land", pp. 61-63.
45. Sobre o calendário do plantio e da colheita de fumo, ver Ministério da Agricultura, Indústria e Comércio, *Aspectos da economia rural brasileira*, pp. 430-31. Segundo aquele estudo, a maior parte dos plantadores de tabaco era composta de "lavradores sem recursos".
46. ACS, carta de José Antônio de Santana, administrador do Engenho Benfica, para João Ferreira de Araújo Pinho Júnior, 15/7/1930.
47. Ibidem, 29/7 e 5/8/1930.
48. AJFAP, carta de José Antônio de Santana, administrador do Engenho Benfica, para João Ferreira de Araújo Pinho Júnior, 17 e 24/1 e 1/2/1928.
49. Rebecca Scott, "Stubborn and disposed to stand their ground", p. 107, mostra que, na Louisiana, o medo do abandono das propriedades ampliou o poder de barganha dos ex-escravos na negociação com os ex-senhores.
50. A expressão "semana partida" foi-me sugerida pela professora Silvia Lara quando da discussão deste capítulo na qualificação, 2/9/2003.
51. Depoimento de Francisco Ambrósio, 21/7/2003.
52. Sobre as fazendas de gado em Feira de Santana, ver Gastão Sampaio, *Feira de Santana e o Vale do Jacuípe*, pp. 76-81. Ele observa que no início da década de 1920 os donos das fazendas de gado concediam terras aos lavradores para plantarem roças; em compensação, exigiam a limpeza de seus pastos. O proprietário comprometia-se a manter também as cercas em bom estado para evitar que o gado invadisse as plantações.
53. Eul-Soo Pang, *O Engenho Central do Bom Jardim na economia baiana*, pp. 55-56, reconhece a força da mudança dos hábitos de trabalho no processo de modernização da produção açucareira no Recôncavo após a abolição. Segundo ele, a maioria dos libertos trabalhava apenas quatro dias para os primitivos donos e três para eles próprios.
54. Comentando as consequências da emancipação no Caribe, E. Foner, *Nada além da liberdade*, p. 70, observa que a escassez de braços se transformou numa arma poderosa de pressão dos libertos sobre os antigos senhores. Foi a maneira pela qual os libertos buscaram determinar as condições, o ritmo e a compensação pelo trabalho tanto seu como de suas famílias.
55. Mariana da Costa Pinto Victória Filha gentilmente nos concedeu esse depoimento, em 19/10/2001. Seu pai era dono do Engenho Carapiá, em Santo Amaro. O deslocamento de população dos sertões para a área dos engenhos pernambucanos é analisado por Peter Eisenberg, *Modernização sem mudança*, pp. 202-203.
56. Ver Litwack, *Been in the Storm so Long*, p. 227.

CAPÍTULO 7 Trajetórias de escravos e libertos
em engenhos do Recôncavo

> Que se quisessem era assim.
> Tempos de cativeiro já tinham passado*

As memórias de descendentes de antigos senhores de engenho da Bahia, por vezes, fazem referências a ex-escravos que permaneceram nas propriedades muitos anos depois da abolição. Em suas memórias sobre a Bahia antiga, Pedro Calmon recordou do velho Lisardo, um "preto" de Mataripe que o avô barão recomendou aos cuidados da filha, rogando que não o abandonasse e lhe desse alojamento e comida pelo resto da vida. "Pertencia à escravatura do engenho, boçal e honrado"; salvara o barão de um motim promovido por colonos em Canavieiras, presumivelmente depois da abolição.[1] A história de Lisardo parece confundir-se com a de muitos outros que envelheceram na escravidão e, no fim dela, já não tinham outra opção senão apoiarem-se na "proteção" dos antigos senhores.

Na "viagem sentimental" que fez aos distritos rurais das cidades de Santo Antônio e Nazaré, entre o fim do século XIX e o início do XX, Isaías Alves visitou propriedades que ainda mantinham traba-

---

*Fala da ex-escrava Generosa, José Lins do Rego, *Menino de engenho*, p. 59.

lhadores remanescentes da escravidão. Alves chegou a conversar com a ex-escrava Benvinda, que havia pertencido a seu avô, no Engenho Outeiro. Benvinda ainda relembrava os tempos difíceis de "sua escravidão" e o dia em que chegou ao engenho. Dizia ela: "Eu vim num panacum, o Belisário veio no outro e Gracileia no meio da cangalha. Quando eu cheguei, pegava a chorar e o finado Sampaio mandou as moças sair comigo para esquecer."[2]

As referências aos ex-escravos quase sempre aparecem nas recordações dos memorialistas para exaltar a generosidade e a qualidade de bons senhores dos antepassados ou para atestar a suposta benignidade das relações patriarcais vigentes no Recôncavo açucareiro. Contudo essas reminiscências oferecem pistas importantes para entendermos as complexas e variadas relações engendradas depois da abolição. As evidências colhidas ao longo desta pesquisa indicam que alguns ex-escravos continuaram a residir nas localidades onde nasceram ou serviram como escravos.[3] Mostram também que muitos ex-escravos, mesmo abandonando as propriedades onde viveram na condição de cativos, permaneceram ligados à grande lavoura de cana, empregando-se em outros engenhos.

Neste capítulo pretendemos desvendar os sentidos das trajetórias dos libertos que continuaram ligados à lavoura canavieira, muitos deles residindo nas propriedades onde nasceram ou serviram como escravos. Aqui é possível verificar como e em que sentido buscaram modificar as relações com os antigos senhores. A forma como os ex-escravos atribuíram significados à liberdade afetou as relações com os antigos senhores e modificou os padrões de relações sociais. No seu cotidiano, os ex-escravos procuraram demarcar limites e expressar a diferença entre o passado de escravidão e a liberdade.[4] Assim, pretende-se verificar de que forma a permanência nas antigas propriedades representou escolhas estratégicas para sobreviver no pós-abolição.[5]

Abolindo a escravidão no cotidiano

Checando os nomes de moradores de engenhos internados no Hospital da Santa Casa de Santo Amaro entre 1906 e 1913 constatamos que a maioria dos internados residia e trabalhava nos engenhos em que nasceu. Anotando apenas os nomes de pessoas negras (pretos e crioulos) e mestiças (pardos, mulatos, cabras e morenos), entre os quais se incluíam os de ex-escravos e seus descendentes, foi possível identificar 232 doentes que residiam em engenhos. Daquele total, 189 (80,6%) residiam nos engenhos em que nasceram. Os 43 restantes eram oriundos de outras propriedades ou de povoações e cidades do Recôncavo. Embora houvesse uma tendência favorável à permanência, havia grande mobilidade entre a população residente nos engenhos.[6]

Ao cruzar as informações do hospital com as listas de escravos dos engenhos, conseguimos descobrir o passado cativo de alguns doentes internados na Santa Casa. Em 23 de agosto de 1910 foi internado no hospital o ex-escravo José Eduardo de Jesus, 68 anos, "preto", natural e morador no Engenho Pouco Ponto, carreiro, internado com antraz. Pela lista de escravos daquele engenho, pude verificar que José Eduardo fora ali cativo até 1887.[7] Em 7 de julho de 1913 foi internado Simão de "tal", "preto", 50 anos, solteiro, natural e morador do Engenho São Miguel, que vivia de roça. Na lista de escravos do Engenho São Miguel, pertencente ao barão de Pirajá, feita em 1871 localizamos Simão, crioulo, que tinha então cerca de 16 anos e trabalhava na lavoura. Tudo indica que Simão conseguiu alforriar-se antes da lei de 13 de maio, pois em 1887 seu nome já não constava entre os escravos daquele engenho.[8]

Entre os que permaneceram nos engenhos, 42,8% declararam viver de lavoura e 31,6% eram "roceiros". As domésticas constituíam o terceiro grupo profissional mais numeroso, ao todo 24 mulheres, ou seja, 12,8% dos internados. O restante era composto de diversos profissionais especializados e semiespecializados em atividades ligadas à produção açucareira ou artesãos, carreiros (sete), pedreiros (quatro), carpinas (dois), ferreiros (dois), carpinteiros (dois), sapateiros (um) e carroceiro (um). Entre esses profissionais, aparecem um maquinista e um turbinador, profissões que surgiram no processo de modernização dos engenhos. Localizamos também quatro diaristas, dois serventes, dois criados e um pescador.[9]

Os registros de nascimento feitos em duas freguesias produtoras de açúcar no Recôncavo indicam que a maior parte da mão de obra dos engenhos era formada por trabalhadores nascidos nas próprias localidades. A partir do registro de 73 crianças nascidas na Freguesia de Rio Fundo, em Santo Amaro, entre 1889 e 1890 foi possível identificar o local de nascimento de 89 pais e mães. Constatamos que 67,3% dos pais e das mães haviam nascido na localidade ou nos próprios engenhos onde trabalhavam; os demais eram naturais de freguesias próximas. Na Freguesia de Santana do Lustosa, outro importante distrito açucareiro de Santo Amaro, de 54 crianças registradas entre 1889 e 1892 foi possível identificar a naturalidade de 56 pessoas. Dessas, 85,7% eram naturais da povoação.[10] A maior proporção de migrantes em Rio Fundo talvez se explique pela presença da usina em suas cercanias. Embora os números não sejam conclusivos quanto à permanência ou à mobilidade dos trabalhadores dos engenhos, os dados referentes a Rio Fundo e Lustosa deixam claro que os engenhos continuavam a operar com mão de obra local, boa parte dela egressa da escravidão.

A título de ilustração, aprofundamos a pesquisa para saber a origem dos trabalhadores residentes no Engenho Europa, pertencente à família Costa Pinto, na Freguesia de Lustosa. Entre 1889 e 1900 foram registradas ali 31 crianças. Verificamos que a maioria dos 51 pais, mães e avós era natural de Lustosa; 19 traziam o sobrenome Costa Pinto, um sinal claro do passado escravo. Uma das famílias era composta pela africana Lucara da Costa Pinto e Romão da Costa Pinto. Ao longo do período, quatro filhas do casal, Margarida, Maria Romana, Micaela e Helena da Costa Pinto, compareceram ao cartório para registrar o nascimento dos filhos. Por sorte, conseguimos localizar e entrevistar um dos netos de Lucara, chamado Francisco Ambrósio, ainda residindo na povoação de Lustosa. Ele nasceu em 1906, no Engenho Europa, filho de Ambrósio de Jesus e Helena da Costa Pinto, filha de Lucara.

Francisco contou que, no engenho ainda, conhecera a avó nagô, que falava uma "língua estranha", e se recordou dos tios e das tias, todos oriundos da escravidão e trabalhando no canavial.[11]

Motivos diversos concorreram para que muitos libertos permanecessem nas localidades onde passaram a maior parte da vida na condição de cativos. Nos anos que se seguiram à abolição, as condições climáticas e a conjuntura econômica e social não foram favoráveis a quem pretendia migrar para outras localidades. Possivelmente, a seca que assolou a Bahia entre a segunda metade de 1888 e 1890, o desemprego, a carestia de gêneros e a fome não motivaram grande fluxo migratório do Recôncavo para outras regiões da província. Além disso, depois do fim do cativeiro, intensificaram-se a repressão policial e o preconceito em relação aos indivíduos egressos da escravidão. Um ex-escravo distante de sua localidade de origem podia ser considerado forasteiro e, facilmente, preso como "suspeito" ou vagabundo. Havia ainda a suposição generalizada de que o liberto era um criminoso em potencial. Em 1º de janeiro de 1889, uma denúncia de roubo de cavalos publicada em jornal de Cachoeira dizia: "Quando some-se qualquer animal dizem: são os ciganos e os libertos."[12]

Nem sempre o desejo de quebrar os laços de dependência com os antigos senhores estava associado à migração para outras localidades. Para muitos, a decisão de permanecer podia estar vinculada à expectativa de sustentar e até ampliar espaços alternativos de sobrevivência, dentro das propriedades ou nos lugarejos onde nasceram escravos. A mudança de residência poderia significar penoso recomeço para aqueles que conseguiram acumular alguns bens e "direitos" ao longo da vida cativa. A posse de um animal de montaria ou de criação ou o usufruto de algum lote de terra para cultivar gêneros de subsistência fazia muita diferença na vida das famílias que emergiram da escravidão nos engenhos. Para elas, permanecer na propriedade do antigo senhor significou a possibilidade de continuar a ter acesso à terra. Os recursos materiais e simbólicos que puderam acumular ao longo da vida escrava foram importantes fatores de fixação. Por meio deles, os libertos puderam assegurar a sobrevivência e, quem sabe, alimentar esperanças de abrir outras opções dentro e fora das localidades onde viviam. Por isso, a decisão de permanecer nas propriedades obedeceu a uma lógica diferente da que foi traçada pelos antigos senhores.

Não se pode esquecer que os antigos engenhos eram o lócus de comunidades negras havia muito sedimentadas. Os vínculos comunitários e familiares forjados durante a escravidão foram fundamentais para a sobrevivência da população negra liberta e importante fator de fixação nas localidades onde residiam. A proteção da família, dos companheiros de trabalho e da vizinhança oferecia alguma garantia na luta pela sobrevivência. A seu modo, cada comunidade havia acumulado experiências históricas na relação com os antigos senhores de engenho e com os demais setores da população livre local.[13]

Essas considerações são importantes para entender as escolhas e as opções disponíveis para os libertos após o fim do cativeiro. Para os escravos que haviam adquirido "direito" de possuir roças, a abolição deve ter acenado com a possibilidade de fortalecer esses direitos. Não se pode esquecer que foi a defesa do acesso costumeiro às roças de mandioca que levou os ex-escravos do Engenho Maracangalha a se rebelar contra a decisão do ex-senhor de retirá-los daquela propriedade. Na ocasião, os libertos defenderam o acesso livre às feiras locais e o direito de fixar livremente o preço da farinha produzida em suas roças. Por isso mesmo, a permanência nas propriedades não deve ser desligada do processo de redefinição das estratégias de luta pela ampliação de espaços próprios e das expectativas em relação à nova condição de liberdade.

Saliento que a permanência não era motivada apenas pelos imperativos materiais da sobrevivência; havia motivações religiosas na fixação de muitos homens e mulheres aos locais onde passaram boa parte da vida sob cativeiro. O mundo dos engenhos não guardava apenas a memória dos dias difíceis da escravidão, era também testemunho do esforço incessante para conquistar espaços e para cultuar deuses e santos. No Engenho Nossa Senhora da Natividade, em São Félix, pertencente à família Tosta, o babalorixá crioulo Anacleto Urbano da Natividade arrancou dos senhores o direito de celebrar "discretamente" os rituais dedicados a Obaluaiê. Durante uma grande epidemia, provavelmente varíola, em 1889, Anacleto teve destacada atuação prescrevendo receitas de ervas aos doentes das cidades de São Félix e Cachoeira que recorriam a sua ajuda. Segundo a memória oral, membros da própria família do senhor foram tratados e restabelecidos pelo curandeiro. Segundo a tradição oral da família, após a epidemia, ele conseguiu permissão dos senhores para a construção de terreiro em terras do engenho, às margens do rio Capivari. Segundo Fayette Wimberly, após a abolição, a liderança religiosa de Anacleto se fortaleceu e a casa de culto atraiu devotos de outros engenhos próximos.[14]

Por isso, a permanência nos antigos engenhos colocou questões importantes e decisivas para os indivíduos egressos da escravidão, entre as quais controlar as condições de trabalho e resistir à imposição de disciplina ligada ao passado. Possivelmente, um dos grandes desafios para os ex-escravos que permaneceram nas propriedades foi lutar contra a continuidade de padrões de domínio praticados durante o cativeiro. Aqui é importante verificar de que maneira acionaram estratégias, mobilizaram recursos e criaram situações que neutralizaram a possibilidade de retorno às formas de dominação vigentes no passado escravista.[15]

Conforme foi visto no capítulo anterior, houve ex-senhores que buscaram negociar condições para que os antigos escravos permanecessem nos engenhos. Ao empenhar-se em formar dependentes, buscaram manter algum controle sobre a força de trabalho emergente da escravidão. Não por acaso, os ex-senhores continuaram a cultivar a imagem de "protetores" dos antigos cativos e seus descendentes. É por isso que alguns elementos da simbologia do poder e da autoridade senhorial puderam sobreviver ao fim da escravidão. Era comum donos de engenho usarem as expressões "minha gente" ou "meus moradores" quando se referiam aos residentes e agregados de suas propriedades, como se aquelas pessoas ainda lhes pertencessem.

A correspondência entre o senhor de engenho Araújo Pinho e seu administrador mostra em que medida os senhores de engenho ainda eram figuras importantes no mundo rural do início do século XX.

Por meio das cartas, vê-se que, dentro de seus domínios, o senhor de engenho ainda gozava de muito poder sobre "seus" moradores. Regularmente, ele era inteirado do comportamento dos trabalhadores e sempre convocado para mediar conflitos entre os ex-escravos e o administrador. Além disso, era procurado para resolver as desavenças entre vizinhos, interceder em favor dos moradores em conflitos fora da propriedade, conseguir a soltura dos que cometiam algum crime, resolver pendências judiciais, cuidar do tratamento dos doentes, providenciar o enterro dos indigentes e muito mais. Era quem adiantava dinheiro para auxiliar os lavradores no plantio e no corte da cana.

Por isso mesmo, durante o período que estamos estudando, muitos ex-senhores continuaram a representar figuras proeminentes no cotidiano dos ex-escravos e seus descendentes. Em 26 de junho de 1892, quando se casaram, no oratório do Engenho da Cruz, os ex-escravos Valério e Etelvina Dutra, o padre registrou que a solenidade fora "em presença" dos ex-senhores Luís Rodrigues Dutra e sua mulher, Amélia Rodrigues Pereira Dutra. Em 30 de junho de 1894 dona Amélia mandou representante para o casamento dos ex-escravos Afonso Dutra e Emília Avelina, na matriz do Iguape. Possivelmente, a adoção do sobrenome de família dos ex-senhores expressasse a estratégia dos libertos para se aproximar dos Dutra, visando à manutenção ou ampliação de "direitos".[16] Ao longo de três séculos de domínio escravista, os libertos acumularam algumas experiências na forma de lidar com o poder senhorial e de tirar proveito do paternalismo senhorial.

Entretanto a permanência não significa que os ex-escravos fossem indiferentes ou ignorassem as implicações e os significados da Lei Áurea em sua vida. Basta dizer que o 13 de Maio era bastante festejado nos engenhos baianos muitos anos depois da abolição. Um antigo morador do Engenho da Cruz contou que, naquele dia, ninguém saía para trabalhar. Os moradores, muitos deles ex-escravos ou descendentes, reuniam-se no terreiro do engenho para cantar, sambar, jogar capoeira e comemorar o que chamavam de "o dia da liberdade". Em 12 de maio de 1912, véspera do aniversário da promulgação da Lei Áurea, Pinho Júnior saiu de Santo Amaro e refugiou-se no seu Engenho Benfica, possivelmente para não ver e escutar as ruidosas comemorações de rua que ocorreriam no dia seguinte. Mas, no engenho, não pôde evitar a contribuição de 4$000 "para os festejos deste dia".[17] Além do mais, cotidianamente os libertos faziam questão de estabelecer a diferença entre a sua nova condição e o velho escravismo que haviam deixado para trás. No início da década de 1930 o ex-escravo Argeu, ao repelir lembranças dolorosas da escravidão, especialmente castigos e controle sobre sua vida, sempre rebatia com um "vórta, Diabo", como se essa expressão afastasse de si a possibilidade de retorno do tempo ruim de cativeiro.[18]

Mas a "proteção" era um campo de disputas e negociações entre ex-escravos e antigos senhores. O ex-escravo podia consentir em se tornar "protegido" do ex-senhor desde que tivesse como contrapartida certas obrigações e respeito à condição de livre. Não ser submetido a castigos físicos ou a trabalho excessivo e sem remuneração eram condições básicas das relações cotidianas de trabalho que emergiram no pós-abolição. Colocar-se na condição de "protegido" do poderoso ex-senhor poderia ser uma estratégia para movimentar-se no mundo dos brancos. A relação de dependência com o ex-senhor foi o preço que muitos pagaram para continuar a ter acesso a um pedaço de terra para sobreviver e sustentar a família.

Houve ex-escravos que, estrategicamente, concordaram com essa prerrogativa senhorial, na medida em que a "proteção" implicava possibilidades de garantir e ampliar espaços de sobrevivência dentro e fora dos engenhos. Em situações adversas e de conflito, o paternalismo dos antigos senhores poderia ser acionado para repelir abusos de outros poderosos locais. Em 6 de maio de 1903 Higino Froes, ex-escravo, morador nas terras do Engenho Catacumba, Freguesia do Rosário, em Santo Amaro, recorreu ao "seu ex-senhor e protetor", o coronel Américo Froes, depois que cerca de 12 homens armados agrediram seu filho e lhe tomaram alguns bois que criava nos pastos do antigo senhor. A ação foi desencadeada por questões de herança, mas todos que testemunharam no processo disseram que os bois havia muito pertenciam a Higino. Pacífico Pires (provavelmente ex-escravo), nascido no Engenho Passagem, "trabalhador rural" e residente no Engenho Catacumba, foi um dos que viram o grupo de homens levar os animais.[19]

De certa forma, a afirmação de liberdade implicou desconstruir a autoridade senhorial ou, pelo menos, fazer com que ela se exercesse em bases diferentes. No romance de Xavier Marques, 12 anos depois da abolição, um ex-escravo de engenho proclamava, triunfante: "Não há mais senhores. Os tempos são outros. Hoje tudo é um. Tão bom como tão bom."[20] Na vida real, a questão era mais complicada, pois os ex-cativos eram obrigados a enfrentar o racismo difuso nas práticas cotidianas. Ao refletir sobre os retrocessos da lavoura açucareira baiana, o viajante alemão Maurício Lamberg atribuiu grande responsabilidade aos proprietários, que dificilmente se habituaram à ideia de que seus trabalhadores já não eram escravos, mas homens livres com direito a remuneração por seus serviços, direito de apresentar as suas condições e, antes de tudo, de exigir "tratamento digno".[21]

Para afastar-se da interferência dos ex-senhores, muitos libertos buscaram distanciar-se fisicamente dos engenhos. Em vários engenhos se podiam encontrar comunidades de ex-escravos que, deliberadamente, se afastaram das casas-grandes como forma de limitar a ingerência dos antigos senhores em suas vidas. Em suas memórias, Gastão Sampaio relembrava que, na década de 1920, conheceu, na Fazenda Paus Altos, distrito de Umburanas, uma comunidade negra chamada Negros de São Joaquim, habitando um morro que tinha o mesmo nome. "Nele moravam muitos rendeiros da fazenda, inclusive um grupo de negros que ali fizeram seus casebres, suas roças e se embrenharam, distanciando-se de todos." Segundo Sampaio, apareciam na fazenda nos dias determinados de renda e mais um ou dois dias em cumprimento às diárias que lhes eram exigidas. "Não sei se por coincidência, os poucos que eu cheguei a conhecer eram caladões, de estatura baixa e fortes. Profundamente tabaréus, seu isolamento era comentado. Dali saíam para ir ao adro, nos dias de festa e fim de ano." Segundo o memorialista, eram trabalhadores, pontuais nos serviços, mas resistiam a se apresentar nas sedes da fazenda. Em alguns engenhos do Recôncavo também existiam comunidades desse tipo. Um antigo morador do Engenho da Cruz contou-nos que, no início do século XX, existia naquela propriedade uma localidade chamada Baixa Grande, onde residiam famílias negras vivendo em quase completo isolamento. Segundo nosso informante, era com muita dificuldade que os proprietários conseguiam mobilizá-los para algum serviço no engenho.[22]

Ao recusar a velha disciplina de trabalho, ao afirmar a liberdade de circular à procura de melhor remuneração e de melhores condições de moradia e, principalmente, rechaçar os castigos físicos, os ex-escravos buscaram alargar as opções de sobrevivência. Na verdade, essas questões demarcaram o campo sobre o qual se desenrolaram as experiências de luta dos ex-escravos que permaneceram nas atividades açucareiras após a abolição. Os processos-crimes que serão analisados a seguir trazem as marcas dessas tensões e conflitos.

Para começar, em muitos momentos, os ex-escravos tiveram de se esforçar bastante para se afirmar como pessoas livres e, principalmente, para lutar contra a presunção de que ainda poderiam ser tratados segundo os padrões escravistas. Em 15 de junho de 1891 compareceu à subdelegacia da Freguesia de São Gonçalo, distrito da Vila de São Francisco, Maurício José de Santana, provavelmente ex-escravo, dizendo-se "pessoa miserável" e acusando Antônio Ferreira Portela Júnior, proprietário do Engenho Buranhém, de ter-lhe agredido fisicamente. No corpo de delito, constava que Maurício tinha 55 anos, era crioulo, tinha uma perna amputada e usava muletas para se locomover. Os peritos verificaram que realmente houvera ofensas físicas, pois havia ferimentos no rosto e no tórax. Maurício contou que, ao passar em frente à porteira do Engenho Buranhém, discutiu asperamente com seu proprietário sobre umas madeiras que foram retiradas do Engenho Itatingui, onde ele residia e era encarregado de vigiar as matas. Em seguida, Portela investiu contra Maurício, derrubou-o do cavalo, tomou-lhe as muletas e começou a espancá-lo. Alguns moradores do Engenho Buranhém chegaram a interferir na briga depois que o senhor de engenho ameaçou prender Maurício no tronco.[23] A denúncia de espancamento feita por Maurício e a própria interferência dos moradores ante a ordem do senhor — prender um homem livre no tronco — demonstram como a população recém-liberta reprovava os castigos físicos.

Muitos conflitos foram desencadeados no momento em que antigos senhores ou seus parentes tentaram controlar ou disciplinar a conduta dos antigos cativos. Na povoação de Muritiba, Jerônimo Vieira Tosta, irmão do senhor de engenho Joaquim Vieira Tosta, deu-se mal quando resolveu admoestar um ex-escravo de seu irmão chamado Pedro, que se vinha mostrando "muito malcriado". Parece que Jerônimo Tosta não se limitou à reprimenda verbal e aplicou alguma ofensa física, pois diversos moradores da localidade disseram ter visto "barulho" e "desavença" entre os dois. O certo é que Pedro saiu do conflito ofendido e decidido a vingar-se da descompostura, certamente algo que julgou incompatível com sua nova condição. Possivelmente, não atentando para os novos tempos, Jerônimo julgou bastante normal sua atitude, tanto assim que não suspeitava de qualquer reação, fiado no fato de que Pedro, desde criança, servira como "criado em casa do irmão dele respondente".

Entretanto, em 11 de março de 1892, entre 11h e 12h, às margens de um riacho da Fazenda Ilha, Pedro espancou o irmão do ex-senhor com um pau e desferiu-lhe diversos golpes de faca. Uma testemunha afirmou que, momentos depois do incidente, Pedro chegou em casa com as feições transtornadas e dizendo ter "dado em Yoyô Jerônimo umas pancadas e nesse dito foi correndo". Augusta Francisca do Amor Divino, 25 anos, solteira, lavradora, lembrou que estava na casa de Joaquim Vieira Tosta fazendo farinha quando chegou "Pedro, ex-escravo do senhor Joaquim", pegou o chapéu que estava no torno e disse "agora sim estou vingado e retirou-se de dentro de casa nas carreiras". Perante os jurados, o ex-escravo demonstrou grande acuidade em se fazer assinar como Pedro Vieira Tosta, nome que simbolicamente evocava fidelidade e deferência para com o antigo senhor. Dessa forma, pretendia convencer os jurados de que o conflito tivera como motivo a perseguição feita pelo irmão do ex-senhor.[24]

A mesma povoação de Muritiba foi palco de outro conflito semelhante. Em 22 de fevereiro de 1896 Roque, de cerca de 40 anos, ex-escravo de José Vicente de Almeida, filho da falecida Maria, também "ex-escrava do mesmo José Vicente", foi preso, às onze horas da noite, nas ruas daquela localidade, depois que Marcelino José de Almeida, parente do ex-senhor, desconfiou da "olhadela" que o ex-escravo lhe dirigira. Marcelino afirmou que Roque tinha "intrigas" antigas com seu pai e, por isso, se juntara ao irmão para prendê-lo, pois temia ser agredido pelo "valentão" e "facínora". Depois da voz de prisão dada pelos dois rapazes, Roque sacou suas armas e abriu fogo contra ambos, ferindo-os. Manuel Pedro Cavalcante, que testemunhou no processo, ao vê-lo encostado a uma parede, armado de facão, não teve dúvidas em qualificá-lo de "preto", termo usado durante a escravidão para identificar sociorracialmente os cativos.[25]

Muitos conflitos ocorreram devido à interferência dos ex-senhores na vida dos libertos ou de membros de sua família. Em 19 de março de 1893 Francisco de Assis Queirós, 25 anos, morador e natural da Freguesia de São Sebastião do Passé, que vivia de "roças de mandiocas", denunciou o senhor de engenho Manuel Maria de Bitencourt por espancá-lo com chicotes e colocá-lo no tronco. Bitencourt aborreceu-se por ter o morador retirado sem consentimento umas estacas da cerca de uma roça de mandiocas que arrendara. Francisco de Assis contou que, já preso ao tronco, Bitencourt o ameaçou com bolos de palmatória e só não concretizou o seu intento por causa dos apelos da esposa. O morador denunciou o senhor de engenho por praticar violência com toda sua família e mantê-la "subjugada".[26]

Os ex-escravos buscaram também formas de tratamento que fossem condizentes com a condição de liberdade de que passaram a gozar depois da lei de 13 de maio. Em 1933 o ex-escravo Argeu contou que, logo depois da abolição, abandonara o engenho onde servira; justificou a decisão dizendo: "Carreio cana quando quero, ninguém me bate, vochê brinca comigo, Iaiá me dá dinheiro prá o pito, seu capitão brinca também comigo. Só não trabaio nas chuvas."[27] Ser "bem tratado" — não ser submetido a castigos e determinar o próprio ritmo de trabalho — parece ter sido o requisito básico de liberdade para o ex-escravo.

Em suas memórias de menino de engenho, na Paraíba, o escritor José Lins do Rego traz evidências de que os ex-escravos e seus descendentes repeliram firmemente formas de tratamento vinculadas ao passado de escravidão. Ainda que se refira a outro contexto, os detalhes relembrados por José Lins do Rego estão bem próximos do mundo dos engenhos do Recôncavo Baiano. Ele narra o caso do sumiço de uma chave da despensa que foi atribuído à "negra" Pia, doméstica. Afrontada pela acusação injusta, Pia tentou o suicídio, mas, antes de concretizá-lo, foi descoberta. O velho Albuquerque levou-a para o quarto e deu-lhe dois bolos com palmatória, a mesma que lhe servira "no tempo da escravidão". Dias depois, Pia desapareceu do engenho e nunca mais se soube notícia dela.[28] Muitos senhores de engenho do Recôncavo perceberam a imprudência de usar castigos corporais ante a possibilidade de abandono das propriedades.

Os ex-senhores sabiam que os libertos contavam com alguns trunfos em caso de ser destratados ou ver aviltada sua condição de pessoas livres. Se fossem insultados ou maltratados, havia sempre o risco de abandonarem as propriedades, especialmente se eram trabalhadores qualificados. José Lins do Rego referiu-se a Cândido, mestre de açúcar do Engenho Corredor que "viera da escravidão", que a qualquer descompostura ameaçava abandonar a propriedade. Segundo o escritor, "aos gritos do meu avô, não se recolhia como os outros. Ouvia-o dizendo bem alto: 'Vou para o Gameleira [engenho] do doutor Lourenço!'"[29] Os libertos procuraram também colocar limites às formas de exploração de seu trabalho. José Lins do Rego se lembrava da velha Generosa, ex-escrava que trabalhava na cozinha da casa-grande do engenho, que reagia a qualquer pessoa que a importunasse nos seus serviços, mesmo a "gente da sala", com as seguintes palavras: "Que se quisessem era assim. Tempos de cativeiro já tinham passado."[30]

Deve-se salientar que nem sempre os ex-escravos optaram por estratégias de aproximação com os antigos senhores. Houve quem permanecesse nas localidades, mas vivendo fora do raio de influência dos ex-senhores, exercendo atividades alternativas à grande lavoura de cana. Em 1917 o professor Pedro Celestino da Silva observou que a maioria da população da antiga freguesia açucareira do Iguape vivia da pesca e da coleta de mariscos nos mangues que contornavam o povoado. A forma como a população ribeirinha do Iguape rechaçava a disciplina rotineira do trabalho chocava-se com as noções de "progresso econômico" professadas pelo estudioso cachoeirano. "É óbvio que dessa facilidade de vida, nas classes menos favorecidas da fortuna, que são justamente as mais numerosas, resulta que nesses centros a única preocupação é colher enquanto o estômago reclama, e só." Mais adiante, conclui: "Daí a imprevidência que amortece o estímulo para o trabalho e deixa lugar a que impere com todos os seus inconvenientes a indolência tão nociva, quão prejudicial às nossas populações ribeirinhas."[31] O racionalismo econômico do professor não dava conta de que, para os mariscadores do Iguape, grande parte deles ex-escravos e descendentes, as "necessidades do estômago" deveriam ser supridas por meio de trabalho por eles controlado.

Na seção seguinte, serão retomadas as questões acima, acompanhando as condições de sobrevivência, as atitudes e os trajetos de ex-escravos que continuaram a residir num engenho do Recôncavo, anos depois do fim do cativeiro.

Sujeição e liberdade em um engenho do Recôncavo

Logo que a notícia da abolição chegou às terras do Engenho da Cruz, na Freguesia do Iguape, houve grande alvoroço entre os escravos e, naquele dia, ninguém mais trabalhou. Segundo a tradição oral, nos dias seguintes alguns deixaram a propriedade e migraram para as cidades de Cachoeira e Salvador. Foi com grande estremecimento emocional que o proprietário, Inácio Rodrigues Pereira Dutra, o barão do Iguape, assistiu ao desmoronamento da escravidão em sua propriedade. Custou-lhe aceitar que a "desordem" e a "desobediência" alcançassem seus domínios. Numa reação inesperada, reuniu os filhos e netos, mandou juntar todos os pertences necessários a uma longa ausência e embarcou num saveiro com destino a Salvador. Na cidade, o barão do Iguape refugiou-se num grande solar que possuía no Largo de Roma, residência da família durante o período de entressafra. Mas, para desapontamento do barão, o casarão ficava bem em frente ao caminho que levava à Igreja do Bonfim. Da sacada, pôde ver o imenso cortejo formado por libertos e populares que seguiu festivamente para render graças ao santo pela abolição da escravidão. O barão não resistiu àquelas manifestações e, aborrecido, retornou ao Iguape. Comparadas ao que presenciara em seu engenho, aquelas imagens talvez fossem mais assustadoras. Conta-se que o barão sofreu grande abalo emocional, vindo a morrer meses depois daqueles acontecimentos. Segundo o relato de um antigo morador do Engenho da Cruz, o barão "morreu apaixonado" diante do que presenciara nos dias seguintes à abolição.[32]

Histórias de morte e suicídio de ex-senhores de escravos depois da abolição são frequentes na tradição oral dos habitantes do Recôncavo. De alguma forma, elas atestam o impacto psicológico da lei de 13 de maio sobre pessoas visceralmente dependentes do braço escravo. Em verdade, o barão do Iguape faleceu em 23 de setembro de 1888, mas não sabemos em que medida o impacto emocional provocado pela abolição havia contribuído para sua morte. Contudo, é possível perceber as transformações que ocorreram em sua propriedade após o fim do cativeiro. O inventário dos bens do falecido foi iniciado no mês seguinte, sob a responsabilidade do genro, Luís Rodrigues Dutra.

A descrição da propriedade mostra que se tratava de um grande engenho: possuía 3.516 tarefas de terras, 531 consideradas "terras de cultura"; o restante compunha-se de pastos e matas. Nos pastos, contaram-se 360 cabeças de gado, 164 empregadas no serviço do engenho. Porém a casa-grande não parecia ostentar a mesma imponência das residências dos grandes senhores do Recôncavo; era um sobrado de pedra e cal, paredes dobradas, tendo no pavimento superior três janelas de frente e um terraço sobre abóbada. A família do senhor ocupava o pavimento superior, composto de "sala de frente", sala de jantar, vários quartos e cozinha nos fundos. O conjunto completava-se com a enfermaria, a casa de morada do administrador, a levada, que se erguia ao fundo para movimentar a roda da moenda, casa de depósito de bagaço, estrebaria, casa de ferreiro e as 63 senzalas cobertas de telha, "em estado de ruína", segundo o inventariante.[33] Embora não conste no inventário, sabemos que o Engenho da Cruz possuía pequeno oratório contíguo à casa grande, onde se rezavam missas e celebravam-se casamentos e batizados das crianças que ali nasciam. A pouca distância do engenho erguia-se o cemitério, chamado de Santo Antônio, onde eram sepultados escravos e moradores livres.

Esse inventário é importante, pois as informações que contém permitem-nos acompanhar o cotidiano do engenho, saber sobre a vida dos ex-escravos e das relações que passaram a ter com seus antigos senhores, seis meses depois da abolição. A partir de setembro, quando morreu o barão, Luís Rodrigues Dutra assumiu a direção e a gerência do engenho e, desde então, passou a anotar minuciosamente todas as receitas e despesas, discriminando inclusive os gastos com a remuneração dos trabalhadores.

As informações contidas no inventário permitem avaliar o impacto provocado no desempenho produtivo do engenho pela perda da mão de obra escrava. Na primeira safra, o engenho produziu apenas 21.300 quilos de açúcar e 13 pipas de mel. Segundo cálculos feitos por Barickman, o rendimento da safra não daria para cobrir as despesas com a mão de obra e rendeu menos de 10% da quantidade de açúcar que provavelmente teria produzido em meados da década de 1850. Além disso, a propriedade não conseguiu cumprir suas obrigações contratuais com a Bahia Central Factories Limited, empresa britânica proprietária do Engenho Central do Iguape, a cerca de seis quilômetros do Engenho da Cruz. Por contrato, o barão deveria fornecer anualmente 1.500 toneladas de cana, mas a safra desastrosa de 1888-1889 produziu apenas 378.[34] Cruzando as informações do inventário com registros de batismos, nascimento, óbitos e depoimentos de um antigo morador, foi possível explorar outros aspectos das transformações que vinham ocorrendo ali depois da abolição.

O inventário não oferece indicação de que os trabalhadores mencionados nas listas de pagamentos fossem ex-escravos. A forma como as anotações são feitas sugere que o eram, pois são registrados apenas os primeiros nomes dos trabalhadores, tal qual faziam os senhores de engenho quando listavam suas propriedades humanas. Por meio dos registros de batismos da Freguesia do Iguape foi possível verificar que boa parte dos trabalhadores, a maioria nascida no próprio Engenho da Cruz, de fato havia sido escrava do velho barão do Iguape. Isso demonstra que o engenho continuou operando com mão de obra oriunda da escravidão. Percebe-se que, depois da abolição, as relações se haviam modificado bastante. A maioria dos ex-escravos permaneceu na propriedade, mas, para dar continuidade aos serviços, Rodrigues Dutra teve de remunerá-los por toda a atividade feita no engenho. Aliás, a tradição oral dos moradores da região conta que, logo após a abolição, quando o barão do Iguape se dirigiu ao mestre do saveiro, recém-liberto, para conduzi-lo a Salvador, esse exigiu alguns mil-réis pelo serviço. Ferido em seu orgulho, foi aí que o barão se recolheu à casa-grande, vindo a falecer depois de poucos meses.[35]

Setembro foi de intensa atividade no Engenho da Cruz. Naquele mês, contamos cerca de 45 trabalhadores; entre eles, apenas 14 mulheres, cinco na moagem, cinco entre a "gente da casa" e quatro no corte de cana. Em 1853 trabalhavam 127 escravos no engenho, o que demonstra que, ao longo da segunda metade do século, houve redução da força de trabalho, redução que pode ter sido mais drástica depois da abolição. Na época, trabalhavam 45 mulheres; portanto, houve diminuição significativa do trabalho feminino no engenho, possivelmente refletindo a iniciativa das famílias de afastar as mulheres da lida no canavial.[36]

No serviço de moagem, que reunia trabalhadores especializados e semiespecializados, identificamos 17 trabalhadores. Entre esses profissionais, havia mestre de açúcar, "feitor de pé de moenda", "caldeireiro", fornalheiro, clarificador e tacheiro. A importância desse setor se refletia nas melhores remunerações. Por exemplo, o caldeireiro Júlio (africano) recebeu por seis dias trabalhados 3$600, quantia correspondente à metade de um mês de trabalho da criada mais graduada da casa-grande. O salário mais alto era do mestre de açúcar; por cinco dias de trabalho recebera 4$200. Havia também nesse setor atividades auxiliares como "tiradeiras de bagaço" e "chegadeiras de canas", serviços feitos por cinco mulheres, Eduvigem, Helena, Maria do Rosário, Esmeralda e Adelaide. Em outubro, foram adicionados os nomes de Antônia, Joana, Rosalina e Maria dos Reis.[37]

Verificamos que durante a segunda semana de setembro a maioria dos trabalhadores da moagem, à exceção de Idelfonso e Roberto, compareceu ao trabalho nos seis dias. A soma das horas trabalhadas pelo grupo chegou a 96 naquela semana. No mês seguinte a assiduidade não foi a mesma. Na última semana de outubro o grupo estava desfalcado de um trabalhador e apenas Valério, "feitor do pé de moenda", havia comparecido nos seis dias de trabalho. O restante trabalhou quatro ou cinco dias, num total de setenta horas, vinte menos do que no mês anterior. O mesmo se observa em relação aos carreiros. Na primeira semana de outubro, à exceção de Justino e Firmo, todos deram seis dias de trabalho no transporte de cana; no fim desse mesmo mês, só compareceram cinco dias. É possível que o ritmo de atividades no engenho tenha diminuído devido à crise, especialmente por falta de créditos e pela queda dos preços do açúcar. Porém é possível que se estivesse repetindo ali o que vinha ocorrendo em várias propriedades do Recôncavo. De forma deliberada, os ex-escravos estavam diminuindo o tempo dedicado aos serviços do engenho em proveito de atividades autônomas nas roças ou de trabalhos extras em outras propriedades que lhes ofereciam melhor remuneração.

Em setembro, contamos 17 trabalhadores no corte de cana, entre eles quatro mulheres, Justina, Antônia, Leonarda e Marcelina. Nesse setor, a remuneração era por quantidade de carros de cana cortada; pagavam-se $160 por carro. Entre os cortadores encontramos os nomes de Idelfonso e Roberto, que também faziam parte da moagem. Possivelmente estivessem fazendo serviço extra e por isso foram os que menos produziram na semana. Enquanto os seus companheiros cortaram 15 carros, Idelfonso e Roberto cortaram apenas nove e seis, respectivamente. Talvez o corte de cana fosse para eles um trabalho suplementar. As mulheres citadas acima trabalharam na retirada da palha das canas e ganharam $200 por carro.

No serviço da lavoura, os carreiros constituíam outro grupo importante. Eram responsáveis pelo transporte da cana para o engenho, abastecimento de lenha das fornalhas e dos fogões da casa-grande e, eventualmente, transporte de gêneros da cidade para o engenho ou vice-versa. Nas folhas de pagamentos aparecem nove carreiros recebendo remuneração semanal; ganhavam $640 por dia. Em setembro, à exceção de Justino, todos compareceram ao trabalho nos seis dias. Os carreiros eram auxiliados por "moços dos carros", rapazes que guiavam os animais pelos caminhos. A condição de auxiliares fica evidente na forma como aparecem nos registros, "moço de Venceslau", "moço de Jacinto" e assim por diante. O rendimento deles era um pouco inferior; recebiam $500 por dia.

Outro importante grupo de trabalhadores é registrado como "gente da casa". Aqui entram os criados domésticos e outros trabalhadores "de confiança" que prestavam serviços na casa-grande e no engenho. Eram 16 pessoas, cinco delas mulheres. Entre elas temos Militão, vaqueiro, Quintino, "da estrebaria", o pastor de ovelhas, o caixeiro, a hortalheira e o feitor chamado Dativo. Alguns desses, o pastor de ovelhas, a hortalheira e o cocheiro, receberam por serviços prestados em alguns dias. Os demais trabalharam durante todo o mês e a remuneração era mensal. Os de maior remuneração eram o vaqueiro, o feitor e o caixeiro. Entre as mulheres, Virgina, Leopoldina e Etelvina, certamente as responsáveis pelo serviço doméstico, recebiam as maiores remunerações, 6$000 mensais. Entre os homens, Militão, vaqueiro, Dativo, feitor, e o caixeiro recebiam 15$000 mensais cada um.

Com os preparativos do sepultamento do barão do Iguape, foi preciso pagar aos trabalhadores que fizeram viagens a Cachoeira e ao porto do Calembá. Numa delas, Justino, Cassiano e Idelfonso transportaram o caixão funerário; cada um recebeu 1$000 pela viagem.

O cotidiano de um engenho era um labutar constante ao longo de todo o ano. Além do trato das plantações de cana e das operações complexas de fabrico do açúcar, havia os cuidados com as cercas, a limpeza dos pastos, o reparo das estradas e das pontes, o tratamento dos animais de criação e de montaria, a limpeza do pomar e da horta, o reparo periódico das instalações do engenho e do seu maquinismo, o conserto dos carros, o reparo dos barcos e uma infinidade de outros afazeres. Por isso mesmo alguns trabalhadores transitavam entre dois ou mais setores do engenho. Por exemplo, Idelfonso aparece na segunda semana de setembro trabalhando na moagem; compareceu dois dias e recebeu 1$400. Na mesma semana, cortou nove carros de cana e recebeu 1$440. Nessa semana, foi a Cachoeira buscar o caixão em que seria enterrado o ex-senhor e, como sabemos, recebeu 1$000.

Por meio do cruzamento de fontes documentais — registros de nascimento, casamento e óbitos — foi possível determinar com segurança o passado escravo de pelo menos 28 trabalhadores que aparecem nas listas de pagamentos do Engenho da Cruz. No setor de moagem, conseguimos identificar maior número de ex-escravos, 12. Dois deles, Júlio, caldeireiro, e Mateus, possivelmente os mais idosos, eram africanos. Eduvigem, Helena, Esmeralda, Adelaide e Adolfo tinham quase a mesma idade; nasceram entre 1861 e 1868. Além desses identificamos Desidério, tacheiro, Idelfonso, Maria do Rosário, Maria dos Reis e Valério. Entre os cortadores de cana, identificamos Roberto, Justina, Antônia e Leonarda. Entre a "gente da casa", eram ex-escravos Virgina, Leopoldina, Etelvina, Dativo e Quintino. Entre os carreiros, eram ex-escravos Jecundo, Félix, Felipe, Justino, Antioco e Felicíssimo. Em serviços diversificados, encontramos o nome do ex-escravo Policarpo.

Checando os nomes de crianças nascidas e batizadas no Engenho da Cruz entre 1860 e 1871 foi possível obter mais detalhes sobre o passado escravo de alguns trabalhadores. Vejamos: Eduvigem nasceu em 1860, foi batizada no oratório do Engenho da Cruz, em 6 de janeiro de 1861, com dois meses. Era filha natural da escrava Felismina, crioula. Na mesma data batizou-se também Anísio, seis meses, filho de Felicidade, africana, escrava. Em 25 de dezembro de 1861 foi batizado Adolfo, com cinco meses, filho de Lourença, crioula, escrava. No mesmo dia batizou-se Policarpo, com dez meses, filho de Ursulina, parda. Em 4 de outubro de 1863 foi batizado Maximiano, com um ano, filho de Etelvina, escrava. Etelvina aparece na lista de pagamentos de 1888, trabalhando no serviço doméstico. Em 7 de janeiro de 1864 batizou-se Adelaide, crioula, com dois meses, filha de Virgina, escrava. Em 28 de dezembro de 1864, Helena, de cor cabra, com cinco meses, filha de Maria do Nascimento. Na mesma data foi batizada Esmeralda, parda, dois meses, filha de Nascimenta, cabra. Em 5 de maio de 1866 batizou-se Quintino, pardo, seis meses, filho de Leopoldina, parda, escrava. Em 6 de janeiro de 1868, na capela de São João da Acutinga, foi batizado Felicíssimo, filho de Justina, escrava de Inácio Rodrigues Dutra.[38]

Verificando os nomes dos padrinhos e das madrinhas das crianças batizadas, pude localizar também alguns nomes que aparecem na lista de pagamentos de 1888. Assim, vemos o nome da ex-escrava Leopoldina, parda, batizando o pequeno Adolfo no Natal de 1861. Na lista de pagamentos, ela aparece na "folha da gente da casa", ou seja, trabalhava no serviço doméstico e, como vimos acima, era a mãe de Quintino, batizado em maio de 1866. Virgina, que trabalhava no serviço doméstico em 1888, mãe de Adelaide, aparece como madrinha do crioulo Ismael, em fevereiro de 1864. Dativo, feitor em 1888, aparece nos assentos de batismos como padrinho de um crioulo chamado Gregório, filho da escrava Generosa, batizado em janeiro de 1868.[39] Nota-se que, desde meados do século XIX, a grande maioria dos batismos ocorria entre o Natal e o Dia de Reis, certamente datas em que os trabalhos eram suspensos. Naqueles dias, o pároco da freguesia do Iguape batizava as crianças livres e escravas que haviam nascido ao longo do ano. A solenidade era feita no próprio oratório, anexo à casa-grande.

Nos registros de óbitos feitos depois de 1888, descobrimos outros nomes que aparecem nas listas de pagamentos. Assim, em março de 1890, localizamos o óbito de Desidério Dutra, solteiro, "agrícola", 60 anos, "filiação desconhecida", sepultado no cemitério Santo Antônio. Em junho de 1891 foi registrado o óbito do africano Mateus, também trabalhador na moagem. Em janeiro de 1896 registrou-se a morte do africano Júlio, que aparece na lista de trabalhadores da moagem como caldeireiro.[40]

A maioria dos ex-escravos identificados havia nascido no Engenho da Cruz; muitos eram filhos de escravos que estavam sob o domínio da família Dutra desde a metade do século XIX. Dos 28 ex-escravos identificados, apenas Anísio descendia de mãe africana; os demais eram filhos de pardas e crioulas e isso indica que descendiam da segunda ou terceira geração de escravos. Uma relação dos escravos feita em 1853, quando o engenho pertencia a Tomé Pereira de Araújo, sogro do barão do Iguape, traz os nomes de Ursulina, mãe de Policarpo, Virgina, crioula, mãe de Adelaide, e Maria do Nascimento, crioula, mãe de Helena.[41] Tomé Pereira de Araújo adquiriu o engenho em 1826 e após a sua morte, em 1853, a propriedade passou ao domínio do genro, o barão do Iguape. O fato de ter permanecido em mãos de uma única família durante a maior parte do século XIX deve ter favorecido a formação e a consolidação de núcleos familiares extensos e vínculos comunitários mais sólidos.[42] No ano da abolição, as mães de Maximiano, Adelaide, Quintino e Felicíssimo eram vivas e ainda labutavam nos domínios do ex-senhor, ao lado dos filhos. Leopoldina e o filho Quintino trabalhavam juntos no serviço doméstico, ela na cozinha e ele na estrebaria. Uma filha dela, chamada Maria do Rosário, amasiada com o vaqueiro Militão, trabalhava no serviço de moagem do engenho.

Na verdade, os ex-escravos identificados acima formavam uma comunidade com extensas redes de relações sociais, articulando indivíduos e grupos familiares. Como em outras partes do país, o batismo e as relações de compadrio tiveram papel fundamental na formação e no fortalecimento dos laços familiares e comunitários. Sobre o compadrio, teciam-se redes de parentesco ritual e, como vimos, muitos desses vínculos foram forjados no tempo da escravidão. Dos 41 batismos ocorridos entre 1856 e 1871, dez tiveram como padrinhos e madrinhas escravos ou escravas residentes no engenho. Como veremos adiante, esses laços se projetaram para além da escravidão e, certamente, continuaram sendo elos importantes nas vivências dos ex-escravos.

Pesquisando os assentos de batismos celebrados entre 1888 e 1902, localizamos alguns dos ex-escravos acima mencionados. Por meio das informações colhidas naqueles registros foi possível acompanhar suas trajetórias. O sobrenome e o local onde aconteciam os batismos serviram de guias na identificação dos ex-escravos do engenho. Vejam-se alguns nomes. Em 22 de fevereiro de 1893 batizou-se Benício, com sete meses, filho de nossa conhecida Eduvigem Dutra; a solenidade foi no oratório do Engenho da Cruz. A madrinha do menino foi a ex-escrava Justina Dutra, que aparece na lista de pagamentos de 1888.[43] Em 13 de maio de 1893, no oratório do engenho, batizou-se a recém-nascida Maria de São Pedro, filha da ex-escrava Esmeralda Dutra. Foram padrinhos os ex-escravos Antioco Bernardo Dutra e Maria da Glória Dutra.[44] Certamente, a escolha desse dia não foi ao acaso. Em 25 de setembro de 1893, no oratório do engenho, batizou-se Maria, com um ano de idade, filha de Gabriel Pereira Dutra e Maria Ferreira Dutra. O ex-escravo Quintino Dutra figurava como padrinho.[45]

Vê-se também que as crianças nascidas entre 1857 e 1870 se tornaram o núcleo da comunidade de libertos que residia e trabalhava no engenho após a abolição. Foram elas os pais e as mães da primeira geração de descendentes de escravos nascidos depois da liberdade. Os dados acima e os que veremos adiante mostram que grande parte dos ex-escravos do Engenho da Cruz adotou o sobrenome do antigo senhor. E isso não nos deve surpreender: muitos ex-escravos fizeram o mesmo em outras regiões de passado escravista. Trazer o sobrenome Dutra possivelmente fosse uma forma de se movimentar num mundo em que as relações pessoais eram decisivas para a sobrevivência. Em algumas situações, carregar o sobrenome de uma família poderosa poderia fazer alguma diferença. Além disso, compartilhar o sobrenome poderia ser uma forma de fortalecer os vínculos e a identidade do grupo. Assim, ligavam-se várias famílias, numa rede de parentesco que tinha por base o passado comum de escravidão.[46]

Como vimos anteriormente, desde meados do século XIX os batismos ocorriam frequentemente entre o Natal e o Dia de Reis e, quase sempre, eram celebrados no oratório do engenho. Ocorre que, depois da abolição, passaram a ocorrer em datas diversas ao longo do ano; logo que as crianças completavam alguns meses de vida, os pais levavam-nas à pia batismal. Nota-se também que boa parte das solenidades passou a ser feita na Matriz do Iguape. Isso pode significar que os Dutra não estavam franqueando o oratório particular a indivíduos que já não estavam mais sob seu domínio.

Por meio dos livros de registro de casamentos da Freguesia do Iguape de 1888 a 1902 obtivemos mais informações sobre os destinos de alguns dos ex-escravos. Por eles, soubemos que, em 1889, Maria dos Reis, que trabalhava como "chegadeira de canas", se casou na Matriz do Iguape com José Fábio Dutra. Ele tinha 35 anos, era filho de Generosa, e ela, 28, filha de Felismina, portanto irmã de Eduvigem.[47] Revendo os assentos de nascimento depositados no Cartório do Iguape, constatamos que naquele mesmo ano um certo Fabiano dos Reis Dutra registrou o nascimento do filho Cândido, tido com Maria dos Reis Dutra.[48] A diferença do nome pode ter sido erro de um ou outro escrivão, mas pode também refletir a hesitação de José Fábio, ou Fabiano, em definir seu nome de liberto.

Localizamos também um filho de Leopoldina Dutra, ex-escrava, chamado Gabriel Dutra, 25 anos, casando-se com Maria Leopoldina Gomes, 20 anos. Em 8 de fevereiro de 1892 outro conhecido, Jecundo Dutra, se casou com Ricardina Dutra, gravemente enferma. Pela lista de trabalhadores de 1888, sabemos que ele trabalhava no engenho como carreiro. Quando se casou, residia no Engenho Acutinga, cerca de três quilômetros do local onde servira como escravo. Possivelmente, de lá se mudara depois da abolição.[49] Em 26 de junho de 1892, logo após os festejos do São João, casaram-se Etelvina e Valério Dutra, cerimônia oficiada no oratório do engenho. Como foi detectado acima, Etelvina aparece na lista de 1888 como doméstica ("gente da casa"), e Valério, como "feitor de pé de moenda". [50]

Os livros de registro de nascimento e óbito guardados no Cartório Civil do Iguape revelam outros detalhes da vida daqueles ex-escravos. Em 2 de janeiro de 1889 compareceu ao Distrito de Paz do Iguape o ex-escravo Manuel Dutra, declarando que, no dia anterior, às duas horas da madrugada, no Engenho da Cruz, sua amásia Adelaide Dutra, filha de Virgina Dutra, dera à luz um menino chamado Silvestre. Em 9 de maio de 1889 registrou-se o nascimento de Felipa, filha do casal Valério Manuel e Helena Dutra. Em 20 de junho daquele ano compareceu também Silvano Dutra, afirmando que havia cinco dias sua irmã Esmeralda Dutra dera à luz um menino chamado Cristiano. Ela era solteira e, como sabemos, filha de Maria do Nascimento. Em 30 de setembro de 1890 o vaqueiro Militão da Silva, amasiado com a ex-escrava Maria do Rosário, registrou o nascimento das filhas gêmeas, Maria Felipa e Maria Paula.[51]

Os assentos de óbitos revelam-nos outros pedaços de vida desses ex-escravos. As breves palavras dos escrivães mal escondem a precariedade da vida que levavam. Em 28 de dezembro de 1889 Andrelina Bulcão (que se deixou assinar também como Andrelina Dutra), esposa de Máximo Damaceno, apresentou-se ao Cartório do Iguape para registrar o falecimento da filha, Maria das Virgens, segundo declarou, por causa de vermes. Em 8 de maio de 1890 faleceu de parto Bráulia Dutra, 35 anos, filha de Leonarda, ambas ex-escravas. Em 20 de julho de 1897 a ex-escrava Adelaide Dutra voltou a notificar o falecimento de uma outra filha, chamada Francisca, que "morreu de dentição".[52]

Foi um tempo difícil, em que filhos e netos enterraram os últimos africanos, os elos vivos que tinham com a África. Em 5 de junho de 1891 o liberto Policarpo Dutra declarou que, às três horas da madrugada, falecera o africano Mateus Dutra, 65 anos, solteiro, sepultado no Cemitério Santo Antônio. Em 12 de janeiro de 1896 Barnabé do Espírito Santo notificou a morte de Júlio Dutra, africano, 60 anos. Em 29 de março de 1897 Manuel Dutra registrou o falecimento de sua mãe, Silvéria Dutra, 70 anos, africana, sepultada no Cemitério Santo Antônio.[53] Na lista de pagamentos de 1888 os africanos acima citados ainda trabalhavam no setor de moagem.

As evidências até aqui reunidas permitem afirmar com segurança que parte dos ex-escravos permaneceu no Engenho da Cruz muitos anos depois de abolida a escravidão. Possivelmente, o mesmo ocorreu em outros engenhos da região. Mas não se pense que permaneceram por fidelidade aos ex-senhores. Para alguns, a permanência no engenho representou a possibilidade de garantir a posse de alguns bens e direitos que durante conseguiram acumular durante a escravidão. Especialmente os que tinham ofícios especializados devem ter contado com maiores possibilidades de acesso à terra na condição de moradores. Por relatos orais, sabemos que o crioulo Máximo se tornara feitor e tudo indica que permaneceu no Engenho da Cruz até o fim da vida. Segundo um antigo morador do engenho, entre os trabalhadores oriundos da escravidão era ele o único que possuía animal de montaria. Temos o caso também de Idelfonso que, segundo esse mesmo informante, "vivia sobre si", cultivando roça nas terras do engenho. O "viver sobre si" era uma das condições de quem vivia sem depender ou trabalhar para outrem e, possivelmente, muitos dos que ainda residiam na Freguesia do Iguape deveriam morar fora dos domínios dos ex-senhores.

Vários conflitos ocorreram como consequência da forma como aqueles libertos procuraram estabelecer limites à dependência. Em 8 de junho de 1893 Luís Rodrigues Dutra escreveu ao comissário de polícia da Freguesia do Iguape denunciando Firmino Bulcão, morador nas terras do vizinho Engenho Acutinga, por tê-lo insultado com palavras que atingiram sua "honra". Disse que naquele dia estava na porta de sua residência quando viu o acusado passar, trazendo à cinta uma garrucha (arma de fogo) e um comprido facão; admoestou-o a guardar as armas, pois não permitia pessoas armadas em suas terras. A certa distância, o acusado começou a insultá-lo. Um morador ouviu-o afirmar que Luís Rodrigues não tinha por que desarmá-lo, não tinha nada dele, e ameaçou levantar 5$000 para denunciá-lo nos jornais da cidade. Um outro trabalhador que estava na olaria ouviu Firmino dizer que "não era dos moleques do Engenho da Cruz".[54]

Esse episódio nos permite algumas reflexões. Pelo sobrenome que carregava, Firmino deve ter sido cativo da família Bulcão, proprietária do Engenho Acutinga, que fazia limite com o Engenho da Cruz. Portanto, Dutra sabia estar-se dirigindo a um ex-escravo e esperava a obediência dele. O incidente revela-se importante, devido às palavras que Firmino usou para defender a prerrogativa de carregar as próprias armas. Firmino Bulcão viu na admoestação do senhor uma intromissão indevida em sua condição de homem livre e, por isso, ameaçou denunciá-lo nos jornais. Essa ameaça parece estar ligada às experiências dos últimos anos da escravidão, quando escravos e abolicionistas usaram as denúncias em jornais como meio de enfrentamento dos senhores que castigavam antigos cativos ou ameaçavam a liberdade deles. A referência aos "moleques", termo usado durante a escravidão para designar escravos moços, buscava salientar a diferença de sua condição e a dos que viveram nas terras do antigo senhor na condição de escravos.

Deve-se observar também que, depois da abolição, a comunidade de ex-escravos do Engenho da Cruz vinha sofrendo transformações decisivas. O ingresso de ex-escravos que abandonaram propriedades vizinhas e, mesmo, a contratação de "catingueiros" modificaram as relações cotidianas dentro do engenho. Um levantamento feito com 17 trabalhadores do engenho que aparecem em processos-crimes entre 1889 e 1894 indica que a composição da população de trabalhadores vinha sofrendo algumas modificações importantes. Daquele número, apenas cinco pertenciam à lista de trabalhadores de 1888; os demais se estabeleceram ali depois da abolição. A maioria dos novatos era oriunda de localidades próximas do Iguape; possivelmente fossem ex-escravos. É possível que os ex-escravos mais jovens se estivessem movimentando em busca de trabalhos em engenhos e cidades da região. Essa movimentação intensificou tensões e conflitos entre os que chegavam e os que havia muito estavam estabelecidos.

Essas tensões podiam manifestar-se em forma de drama familiar. Na manhã de 5 de abril de 1889 a ex-escrava Isabel Bulcão, junto com outras mulheres, lavava roupas às margens do rio Acu, em terras do Engenho da Cruz, quando foi gravemente ferida à faca pelo amásio Possidônio Bulcão. Isabel chegou a ser levada ao hospital da Misericórdia, em Cachoeira, mas depois de quatro dias não resistiu aos ferimentos e faleceu. Algumas testemunhas ouviram Possidônio dizer que matara a amásia porque ela o trocara por um tal Fortunato. O nome de Fortunato não aparece na lista de trabalhadores de 1888; talvez fosse um ex-escravo que para ali migrara depois da abolição. No corpo de delito, os peritos descreveram Isabel como uma mulher de cor "parda", aparentando 22 anos.[55]

Com base nesse processo, podemos fazer algumas ponderações sobre a trajetória do casal de ex-escravos. Sabemos que Isabel Bulcão foi escrava do Engenho Calembá, propriedade da filha do barão do Iguape, Maria Rodrigues Pereira Bulcão. O Calembá passara ao domínio de Maria Rodrigues depois da morte da mãe, ocorrida em 1881, ocasião na qual foi feita a partilha dos bens do casal. Segundo os dados da partilha, Isabel era filha da africana Claudiana e tinha uma irmã chamada Margarida. Examinando o livro de batismos da Freguesia do Iguape (1856-1871) verificamos que Isabel, "parda", fora batizada em 7 de janeiro de 1864, com dois meses, filha natural de Claudiana, escrava do então tenente-coronel Inácio Rodrigues Dutra.[56] Provavelmente, depois da abolição Isabel retornou ao Engenho da Cruz, talvez para ficar próxima de parentes que lá viviam.

Sobre Possidônio Bulcão, não conseguimos levantar mais detalhes sobre o seu passado além daqueles que aparecem no processo; tinha 52 anos, era filho de Leocádia (falecida), de "profissão agrícola", natural da Freguesia do Iguape, nascido no Engenho Acutinga. O sobrenome, possivelmente escolhido depois da abolição, denuncia seu passado escravo sob o domínio da família Bulcão, que era também proprietária do Engenho Calembá, onde residia e trabalhava na roça. Possidônio Bulcão foi a julgamento no fórum de Cachoeira e teve como advogado o abolicionista Antônio José Balieiro.[57] A defesa escrita por Balieiro é uma peça interessante do processo, porque seus argumentos ainda trazem a marca das contendas abolicionistas. Ao contestar a decisão do júri de condenar Possidônio às galés perpétuas na primeira instância, Balieiro afirmou que os jurados foram movidos por "ódio velho" e pelo "amor arraigado à escravidão, esse abutre que há muito deveria ter desaparecido dentre nós". Segundo o advogado, o rigor da condenação devia-se ao fato de Possidônio ter sido liberto pela lei de 13 de maio e de os jurados serem inimigos daquela lei. A despeito do empenho e dos argumentos de Balieiro, a condenação às galés perpétuas foi confirmada pelo Supremo Tribunal de Justiça, em 1891. No entanto, em 11 de maio de 1892, como por ironia, a dois dias do quarto aniversário da abolição, o ex-escravo Possidônio faleceu, na Casa de Prisão da capital. Na certidão de óbito, constava apenas que era de "cor preta", sendo a causa provável da morte o diabetes de que havia muito sofria.

Memórias do pós-abolição

Para captar mais alguns aspectos das trajetórias dos ex-escravos do Engenho da Cruz, contamos com o valioso depoimento de um antigo morador, Manoel Araújo Ferreira, mais conhecido como Manoelzinho. Ele nasceu em 1904, num povoado do agreste baiano chamado Tanquinho da Feira. Quando tinha 3 anos, o pai e um tio migraram com toda a família para o Recôncavo; segundo ele, "vinham corridos da seca" e à procura de emprego nas plantações de cana. Nosso entrevistado era o mais novo dos três filhos da família Ferreira. Na época, os retirantes que migravam sazonalmente para o Recôncavo eram chamados de "catingueiros". Depois da abolição e, diante do que os senhores de engenho chamaram de "desorganização do trabalho", a mão de obra dos catingueiros tornou-se bastante requisitada na região. Mas para aquela família o que era apenas uma estada provisória, enquanto não chovesse no sertão, tornou-se moradia permanente. No Engenho da Cruz, Manoelzinho fez "de tudo"; trabalhou no serviço da casa como copeiro, cuidou da horta e do jardim. Mais tarde, ganhou a confiança dos Dutra e passou a administrador.

Seus depoimentos são fundamentais não apenas porque Manoelzinho teve acesso à intimidade da casa-grande, mas porque conheceu alguns dos antigos escravos do engenho. Chegando ali em 1907, 19 anos depois da abolição, teve oportunidade de relacionar-se com pessoas que, segundo disse, "vieram da escravidão", algumas das quais foram relacionadas anteriormente. Foi emocionante ouvi-lo falar de pessoas que até então eram apenas nomes que eu havia lido nas folhas amareladas das listas de pagamentos, nos assentos de nascimentos, batismos, casamentos e óbitos da Freguesia do Iguape.

Manoelzinho definiu-se como um curioso pelas coisas do passado; sempre que podia, "reservadamente", conversava com os moradores que "vieram da escravidão". Por vezes, quando os homens iam receber dinheiro ou quando as mulheres iam buscar água na fonte que havia no fundo do sobrado, aproveitava para perguntar-lhes sobre o passado escravo. Notamos que o passado transmitido ao nosso entrevistado trazia imagens clássicas da escravidão nos engenhos: os escravos saindo bem cedo das senzalas, levando nas costas um saco com alimentos; o trabalho no eito desde o amanhecer até o anoitecer; a supervisão do feitor, que carregava uma vara com tiras de couro na ponta; as artimanhas para "pegar do senhor" alguma galinha ou carneiro, quando desejavam variar a dieta. A rotina era quebrada apenas nos dias santos, especialmente nos dias de Reis e Santo Antônio, quando se reuniam no terreiro que havia em frente do engenho para sambar e jogar capoeira.

A prodigiosa memória do nosso entrevistado revelou serem bem diferentes as lembranças que os antigos senhores guardavam da escravidão. Manoelzinho chegou a conhecer Luís Rodrigues Dutra e sua esposa, "dona" Amélia, filha do barão do Iguape. Segundo ele, os dois tinham reputação de ter sido senhores "bons", mas ao falar da escravidão sempre lamentavam a forma como fora encaminhada a abolição e deploravam suas consequências. Isso demonstra que a perda de controle sobre a mão de obra escrava ainda era algo marcante e traumático na memória dos ex-senhores. Luís Rodrigues Dutra costumava dizer que, depois da abolição, "os senhores deixaram de mandar para serem mandados", um exagero evidente que traduzia a insatisfação do ex-senhor com as relações que se estabeleceram após a lei de 13 de maio.

Entre os moradores que fizeram parte da escravatura e que ainda moravam no engenho no seu tempo de menino lembrou-se da "preta" Andrelina e do marido, Máximo Damaceno, de Cristiano, carreiro (segundo ele, irmão de Máximo), Policarpo (irmão de Andrelina), Leonarda, Justino (apelidado Pajoba), Tomás, Rodolfo, Esmeralda, Teodora, Valério, ferreiro, Fábio ou Fabiano, Andreza e Idelfonso, nomes que aparecem nas listas de pagamento de 1888. Portanto o depoimento do nosso entrevistado é confirmado pelas informações colhidas na documentação da época e ainda acrescenta alguns detalhes importantes sobre alguns grupos familiares de ex-escravos que residiam no engenho. Contou-nos que Andrelina e Máximo Damaceno moravam numa casa de taipa, coberta de telhas, próxima ao sobrado dos antigos senhores. Quando os conheceu, já eram bastante idosos, tinham três filhos: Francisco, apelidado Chico de Máximo, Felipa e Maria do Carmo.[58] Ferreira recordou-se de que Máximo ocupava o posto de "feitor da lavoura"; segundo disse, era um "preto" já velho, quieto e "muito sério".

Nosso entrevistado revelou alguns detalhes que ajudam a definir alguns lugares que esses ex-escravos ocupavam na comunidade. Segundo ele, Andrelina fazia, periodicamente, em casa, um "batucagé": possivelmente fora mãe de santo. Policarpo, irmão de Andrelina, vivia numa roça a certa distância do engenho, tinha mulher e filhos. Tratava-se de homem "respeitado e procurado pelos moradores do lugar", pois era conhecedor do poder curativo das ervas. Era também "puxador de rezas" nas festas de santo; especialmente no Dia de Reis e nas novenas de Santo Antônio, era ele quem entoava cânticos e rezava.

Segundo Manoelzinho, todos viviam "sobre si", "habitando casas simples", algumas chamadas ainda de senzalas, plantando roças nos fundos das casas e trabalhando na lavoura dos antigos senhores. Muitos pagavam "comissão" aos Dutra para beneficiar a mandioca na casa de farinha do engenho. Eles plantavam roças nas terras dos antigos senhores, com a obrigação de prestar um dia de serviço na lavoura do engenho; era o que chamavam de "pagar renda", que ocorria geralmente na segunda-feira de cada semana. Nos outros dias, os proprietários tinham de pagar por qualquer serviço. Mas observou que alguns usavam a "malandragem" e a "manha" para se esquivar daquela obrigação.

Portanto, a permanência, para alguns libertos, significou a possibilidade de manter o acesso a parcelas de terra para o plantio de roças, garantir a sobrevivência da comunidade e preservar valores culturais próprios. Para Andrelina, foi a possibilidade de continuar a cultuar seus deuses. Para os libertos, foi a chance de "viver sobre si", embora ainda estivessem ligados aos antigos senhores por laços de dependência. No entanto, a decisão de permanecer na propriedade não era algo definitivo. Algumas evidências de saída de libertos do Engenho da Cruz podem ser detectadas na documentação. Na lista de pagamentos de 1888 constatamos que até setembro daquele ano Jacinto Dutra fazia parte da "gente da casa" do engenho. Nós o localizamos residindo em 1894 no Engenho Desterro, na Freguesia do Iguape, envolvido numa briga com um morador residente na mesma propriedade.[59] Falando dos filhos dos ex-escravos que conheceu, Manoelzinho contou que muitos deixaram o engenho assim que chegaram à idade adulta. Um dos filhos de Máximo e Andrelina foi morar na povoação do Iguape e, anos depois, as duas moças mudaram-se para Cachoeira; recordou-se de que, nessa cidade, Maria do Carmo trabalhou como empregada doméstica. Os filhos de Policarpo e Idelfonso migraram para Salvador.

Possivelmente, indivíduos pertencentes à primeira geração de descendentes de libertos no 13 de Maio migraram para outras localidades. Muitos devem ter-se estabelecido em localidades do Recôncavo, não muito longe do local onde nasceram e onde ainda viviam os parentes. Foi uma geração que chegou à idade adulta com outras expectativas de sobrevivência. Mas, como veremos adiante, eles logo perceberam que, para onde quer que fossem, a luta pela liberdade se tornaria algo constante em sua vida.

Notas

1. Pedro Calmon, *Memórias*, p. 40.
2. Ver Alves, *Matas do Sertão de Baixo*, p. 46.
3. Estudos sobre o pós-abolição em outras regiões escravistas das Américas também constataram que parte dos ex-escravos permaneceu nas antigas localidades. Veja Fields, *Slavery and Freedom on the Middle Ground*, p. 190; ver também Litwack, *Been in the Storm so Long*, p. 243.
4. Litwack, op. cit., p. 228.

5. Grande parte das reflexões feitas neste capítulo é inspirada em Rebecca Scott, "Exploring the Meaning of freedom", pp. 19-21. Não descartando a opressão que se seguiu à abolição, a autora propõe a compreensão das iniciativas e das escolhas dos ex-escravos como parte fundamental das relações que se estabeleceram no pós-emancipação em diversas partes das Américas, inclusive no Brasil.
6. A respeito dessas informações, ver ASCMSA, Livro de entrada de doentes da Santa Casa, 1906-1913.
7. Ver Apeb, *Inventários*, 8/3.444/4 (1887-1891), f. 548, inventário da baronesa de Pirajá, lista de escravos do Engenho Pouco Ponto, em 1887; ASCMSA, Livro de entrada de doentes (1906-1911), f. s/n.
8. ASCMSA, Livro de entrada de doentes (1911-1913), f. s/n; ver também Apeb, *Inventários*, 3/1.206/1.675/1 (1869-1887), f. 73, inventário da baronesa de Pirajá.
9. ASCMSA, Livro de entrada de doentes, 1906-1913.
10. Os dados sobre Rio Fundo encontram-se em CRCRF, Livro de registro de nascimento, número 1 (1889-1919); as informações sobre Santana de Lustosa foram colhidas no CRCSL, Livro de registro de nascimento, número 1 (1889-1900).
11. Depoimento de Francisco Ambrósio, 21/7/2003.
12. IGHB, *O Tempo*, 1/1/1889, p. 2. A frase está inserida numa denúncia de que rapazes usaram clandestinamente animais de montaria alheios durante a noite de Natal de 1888 para se deslocar até a povoação de Belém.
13. Hebe Castro, *Das cores do silêncio*, p. 355, chama a atenção para a importância social dos laços familiares e pessoais para a inserção dos libertos no mundo rural do Sudeste brasileiro. Esses laços tiveram grande peso na decisão de permanecer nas propriedades.
14. Sobre a história de Anacleto Urbano da Natividade, ver Fayette Darcell Wimberly, "The african liberto and the Bahian lower class", pp. 190-91. Wimberly apoiou-se em depoimentos de Yeda Bahia dos Santos, descendente de Anacleto. Anacleto era crioulo, nascido no Engenho Natividade, provavelmente filho de pais africanos nagôs.
15. Por meio do caso específico da Martinica, Dale Tomich chama a atenção para a forma como os libertos que permaneceram nas propriedades açucareiras depois da emancipação procuraram modificar as relações cotidianas de trabalho. Sobre os argumentos do autor acima citado, ver Mary Turner (Org.), *From Chattel Slaves to Wage Slaves*, pp. 241-54.
16. ACMS, Livro de registros de casamentos, Freguesia do Iguape (1857-1902), ff. 161v-69.
17. AJFAP, Caderneta de receitas e despesas (1911-1912), anotações de Pinho Júnior.
18. Sobre o depoimento de ex-escravo Argeu, ver *O Escudo Social*, 14/10/1933, p. 2.
19. AMSA, *Processo-crime* (1903), ff. 1-11.

20. Ver Xavier Marques, *As voltas da estrada*, p. 198. Essa é uma frase do ex-escravo Nasário Ribeiro ao justificar sua ascensão social e política na cidade de Amparo.
21. Maurício Lamberg, *O Brazil*, p. 197.
22. Ver Gastão Sampaio, *Feira de Santana e o Vale do Jacuípe*, p. 119. A referência aos moradores de Baixa Grande, Engenho da Cruz, foi feita por Manoel Araújo Ferreira, em entrevista de 7/12/2002.
23. Apeb, *Processo-crime*, 9/310/19 (1891), ff. 2-53v. O juiz de direito da Vila de São Francisco, Benigno Dantas de Brito, anulou o processo por questões puramente formais, tudo indica que para proteger o senhor de engenho.
24. Ibidem, 32/1.152/8 (1892), ff. 1-14v. O processo foi instaurado no fórum da cidade de São Félix, 24/3/1892. Apesar de negar a autoria do crime, Pedro foi condenado à pena máxima prevista no artigo 304 do Código Criminal, a quatro anos de prisão.
25. Ibidem, 32/1.143/5 (1896), ff. 2-9.
26. Ibidem, 26/915/7 (1893), ff. 2-10v. Assis denunciou o senhor de engenho por tentar deflorar uma irmã menor e por ter sido descoberto vinha perseguindo toda sua família. O inquérito não resultou em processo, pois o juiz, claramente protegendo Bitencourt, entendeu que as agressões infligidas provocaram "ferimentos simples", segundo ele sem consequências graves para o ofendido.
27. Ver entrevista com o liberto Argeu, em *Escudo Social*, 14/10/1933, p. 2.
28. José Lins do Rego, *Meus verdes anos*, p. 205. O romancista nasceu em 1901 e passou boa parte de sua infância no Engenho Corredor, pertencente ao avô materno.
29. Ibidem, pp. 61-62.
30. Ver idem, *Menino de engenho*. Esse romance foi publicado pela primeira vez em 1932. É um livro que se baseia nas experiências pessoais do autor no engenho do avô, no interior da Paraíba, onde viveu boa parte da infância.
31. Ver Pedro Celestino da Silva, "Notas e impressões sobre o districto de S. Thiago do Iguape", pp. 418-19. As observações feitas por Celestino são datadas de 1917.
32. A narrativa desse acontecimento foi feita a partir de depoimentos de José Luís Barbosa Dutra, bisneto do barão do Iguape, em 18/2/2002. Essas informações chegaram a ele por meio do pai, que na época da abolição era adolescente e testemunhou aqueles fatos. Com algumas alterações, esse mesmo caso me foi contado por um antigo administrador do engenho, Manoel Araújo Ferreira, conhecido como Manoelzinho, em entrevista concedida em 7/12/2002.
33. Apeb, *Inventários*, 2/519/964/17 (1888-1892), inventário do barão do Iguape, ff. 8 a 15.
34. Ver B. Barickman, "Até a véspera", pp. 178-79.
35. Relato de Manoel Araújo Ferreira (ver nota 32).

36. ARC, *Inventários*, caixa sem numeração (1853), inventário de Tomé Pereira de Araújo.
37. Segundo Schwartz, *Segredos internos*, p. 132, os cativos empregados na casa das caldeiras eram em geral mulatos ou crioulos, que podiam ser ensinados desde bem novos para sua ocupação. No setor de moagem era necessária experiência no manejo das temperaturas e no preparo do açúcar, algo que se aprendia ao longo do tempo. A presença de trabalhadores jovens na moagem pode estar relacionada ao fato de terem herdado a experiência dos pais.
38. ACMS, Livro de batismos da freguesia do Iguape (1856-1871), ff. 113, 160, 201, 230v, 274v, 345.
39. Ibidem, f. 306v.
40. Ver CRCI, Livro de registro de óbitos do distrito do Iguape, s/n (1889-1900), ff. 57, 85, 145.
41. ARC, *Inventários*, caixa sem numeração (1853), inventário de Tomé Pereira de Araújo.
42. Apeb, Livro de notas do tabelionato de Cachoeira, n° 90, f. 40; escritura de venda do Engenho da Cruz feita por Manuel Pereira de Macedo Aragão para Tomé Pereira de Araújo, 27/9/1826.
43. ACMS, Livro de registro de batismos da freguesia do Iguape (1893-1902), f. 6.
44. Ibidem, f. 5.
45. Ibidem, f. 50v.
46. A respeito da relação entre a adoção do nome e a construção de identidades na cidade de Campinas, ver Regina Xavier, *A conquista da liberdade*, pp. 114-15.
47. ACMS, Livro de registro de casamentos da freguesia do Iguape (1857-1902), f. 201. Neste trabalho, analisei apenas os assentos de casamentos de 1888 a 1902.
48. CRCI, Livro de registros de nascimento do distrito do Iguape, n° 1 (1888-1897), f. 61v.
49. ACMS, Livro de registros de casamento da freguesia do Iguape, n° 1 (1857-1902), f. 160.
50. Ibidem, f. 161v.
51. CRCI, Livro de registros de nascimento do distrito do Iguape, n° 1 (1889-1897), ff. 1, 21, 62v e 69.
52. ACMS, Livro de registros de casamento da freguesia do Iguape, s/n (1889-1900), ff. 46, 65v.
53. Ibidem, ff. 56v, 85v, 145.
54. Apeb, *Processo-crime*, 15/309/12 (1893), ff. 2-10.
55. ACMS, Livro de registros de casamento da freguesia do Iguape, 4.432 (1891), sumário de culpa contra Possidônio Bulcão impetrado pelo promotor público de Cachoeira em 1899.

56. ACMS, Livro de registros de batismo da freguesia do Iguape (1856-1871), f. 210v.
57. Antônio José Balieiro era advogado e participou do movimento abolicionista na cidade de Cachoeira. Atuava principalmente na defesa de escravos em ações de liberdade.
58. CRCI, Livro de registros de nascimento da freguesia do Iguape, nº 1 (1888-1897), fl. rasurado. Consta registro de nascimento de uma filha de Andrelina e Máximo chamada Maria do Carmo. Andrelina e Máximo Damaceno casaram-se em 23/11/1896, na matriz do Iguape, e até então viviam "amancebados e com prole". Esses dados se encontram em ACMS, Livro de registros de casamento da freguesia do Iguape, nº 1 (1857-1902), ff. 160, 161v e 176v.
59. Apeb, *Processo-crime*, 12/419/10 (1894), ff. 11-13. Severiano Pinto faleceu no hospital da Misericórdia de Cachoeira no dia seguinte ao crime. Jacinto fugiu e até novembro de 1894 não havia sido localizado.

CAPÍTULO 8 Comunidade e vida familiar de libertos

No capítulo anterior, buscamos rastrear trajetórias de pessoas e grupos familiares egressos da escravidão, enfatizando suas interações cotidianas com os ex-senhores. Neste, pretendemos aprofundar o entendimento das transformações que ocorreram no interior de comunidades rurais formadas por ex-escravos entre os últimos anos do século XIX e a primeira década do século XX. A intenção é verificar como o fim do cativeiro afetou a organização desses agrupamentos e norteou padrões de inserção dos antigos cativos no mundo rural. Ao explorar essa dimensão das experiências dos ex-escravos no pós-abolição, pretendemos também demonstrar que suas escolhas e decisões foram norteadas pelas vivências comunitárias e pelos laços familiares penosamente engendrados ao longo da vida escrava.

Para começar, vejamos em detalhes a comunidade de ex-escravos residentes em terras do Engenho Pitinga, Freguesia do Rosário, em Santo Amaro. Para esse engenho, contei com registros detalhados dos escravos em 1871, 1883 e 1887. O engenho pertencia a José Joaquim Pires de Carvalho e Albuquerque, o barão de Pirajá. Com a morte da baronesa, em 1862, os bens do casal passaram por detalhado inventário. Por diversas razões, inclusive a saúde debilitada do barão, o inventário só teve início em março de 1871 e se estendeu até depois de sua morte, em fevereiro de 1888. Pelo levantamento feito em 1871, Pirajá possuía, nos seis engenhos de Santo Amaro, 379 escravos e 18 ingênuos, distribuídos entre os engenhos São Miguel (41), Botelho (45), Nossa Senhora do Desterro (59), Conde (106) e Pitinga (128). Além desses, contava com os serviços de 17 cativos em sua residência, em Salvador.[1]

De 1871 a 1883 a propriedade escrava do barão sofreu significativo decréscimo. No início do período inventariaram-se 379 escravos; após 12 anos, esse número caíra para 314: um desfalque de 17,2% da mão de obra. De 1883 a 1887 a perda de cativos foi mais acentuada nos domínios do barão de Pirajá, um reflexo do agravamento da crise do sistema escravista. Em 1887 contaram-se apenas 196 escravos, uma perda de 37,6% da mão de obra em quatro anos. Mas, em comparação com os outros engenhos, o Pitinga não sofreu desfalque tão acentuado ao longo daquele período — em 1887 ainda residiam ali 93 cativos. Provavelmente, era a propriedade mais rentável e o barão deve ter concentrado nela a maior parte da escravaria que lhe restava.[2] Tudo indica que, nos últimos anos do século XIX, os outros engenhos se tornaram meros fornecedores de cana ao Pitinga. Mas a propriedade apresentava sinais claros de declínio do patrimônio; ao longo daqueles anos, não se modernizou tecnologicamente e continuou a operar com velhas máquinas e moendas. A descrição da casa-grande nos três inventários repete os mesmos sinais de decadência: "muito velha", "soalho estragado", "muito baixa" e sem conforto preciso para moradia. A Tabela 5 mostra a evolução da propriedade escrava nos domínios do barão de Pirajá nos últimos anos da escravidão.

Tabela 5. Escravos do barão de Pirajá, 1871-1887

Engenhos	1871	1883	1887
Pitinga	127	103	93
Conde	106	75	41
Desterro	59	53	–
São Miguel	41	48	31
Botelho	45	35	31
Total	379	314	196

Fonte: Apeb, *Inventário*, 3/1206/1675/1 (1869-1887). Inventário de Aguida Maria Zeferina da Silva, baronesa de Pirajá.

Em 1871, todos os 127 escravos residentes no Engenho Pitinga eram nascidos no Brasil; desses, 101 crioulos, 25 de cor cabra e um pardo. A maioria nascera na propriedade e pertencia à segunda ou terceira geração de escravos ali residentes. Do número total de escravos, o de mulheres era superior ao de homens, sendo 71 mulheres e 56 homens. Em 1887 a quantidade de homens e mulheres quase se equipara, com ligeira vantagem dos primeiros; então se contaram 48 pessoas do sexo masculino e 45 do feminino. É possível que depois de 1871 a diferença tenha diminuído devido ao maior número de mulheres alforriadas.

A partir das listas de escravos de 1871, 1883 e 1887 foi possível identificar 46 mulheres, acompanhadas de um ou mais filhos, residindo no Engenho Pitinga. Com o auxílio de outras fontes documentais, soubemos que muitas delas conviviam maritalmente com escravos do próprio engenho. Como em outras grandes propriedades, esses casais gozavam de certa estabilidade, o que permitiu à maioria de seus membros permanecer junta por mais de duas gerações. Além dos grupos primários formados por pais e filhos, foi possível identificar a presença de avôs e avós, tios, tias e primos. Verificamos ainda que entre os casais muitos eram parte de redes familiares extensas articuladas por meio do casamento e do compadrio.

Em 1871 inventariaram-se, para 127 escravos, 43 senzalas, feitas de taipa sobre esteios de madeira, cobertas de telhas; segundo o inventariante, "arruinadas". Pelo levantamento de 1887 contaram-se apenas vinte senzalas para 97 escravos. Em 16 anos o número de senzalas reduziu-se a menos da metade. Possivelmente os escravos viviam em senzalas tão rústicas que nem constavam nos inventários como construções que tinham algum valor. Esses dados podem indicar também que os escravos estavam residindo em casas que não levavam aquele nome. Provavelmente, nos últimos anos da escravidão, os alforriados construíram casas distantes da residência dos ex-senhores e para lá levaram os parentes ainda escravos.

A partir das listas de escravos, foi possível selecionar algumas famílias e acompanhar suas trajetórias entre 1871 e 1887. Veja na Tabela 6.

Tabela 6. Grupos familiares selecionados do Engenho Pitinga, 1871-1887

Nome dos pais	Ano de nascimento	Cor	Profissão	Nome dos filhos	Ano de nascimento	Cor
Silvéria	1826	Crioula	Lavoura	Timóteo	1856	Crioula
				Damásio	1858	Crioula
Luís	—	—	—	Orminda	1860	Crioula
Gonzaga				Martinho	1861	Crioula
				Apolônia	1868	Crioula
				João	1870	Crioula
				Maria da Purificação	Após 1871	—
Esperança	1841	Crioula	Lavoura	Leonarda	1864	Crioula
				Aurelino	1870	
Serafina	1826	Crioula	Lavoura	Cristina	1861	Crioula
Senhorinha	1823	Cabra	Lavoura	Bonifácio	1861	Crioula
				Venância	1864	Cabra
				Paulo	1869	Crioula
Verecunda	1842	Crioula	Lavoura	Emílio	1861	Crioula
				Olímpio	1865	Crioula
				Alexandrina	1868	Crioula
				Beatriz	1870	Crioula
				Eusébio	Após 1871	—
				Cândida	Após 1871	—
Henriqueta	1821	Crioula	Serviço da enxada	Delfina	1854	Cabra
				Joaquim	1865	Cabra
				Salustiana	1867	Cabra
Conegundes	1837	Crioula	Lavoura	Tomé	1868	Cabra
				Esmeralda	1870	Cabra
				Mariano	1871	Cabra
				Dorotea	Após 1871	—
Luciana	1822	Crioula	Lavoura	Cecília	1857	Crioulo
				Josefina	1861	Crioulo
Hípio	1831	Crioulo	Lavoura	Valentim	1865	Crioulo
				Rafaela	1867	Cabra
				Inês	Após 1871	—
Teodora	1841	Crioula	Lavoura	Benigna	1862	Crioula
				Lúcia	Após 1871	—
				Brígida	Após 1871	—
Eusébia	1801	Crioula	—	Hípio	1831	Cabra
Cornélia	1817	Crioula	Lavoura	Antero	1852	Preto
				Marciano	1853	Preto

(cont.)

COMUNIDADE E VIDA FAMILIAR DE LIBERTOS

Nome dos pais	Ano de nascimento	Cor	Profissão	Nome dos filhos	Ano de nascimento	Cor
Raimunda Pires	—	—	—	Esequiel Olímpia Constantino Matildes	1849 1851 1853 1853	Preta Preta Preta Preta
Orminda	1860	Crioula	Lavoura	Dalmácia Diniz Raimundo	Após 1871 Após 1871 Após 1871	— — —
Delfina	1854		Lavoura	Valentim Florência Placiana	Após 1871 Após 1871 Após 1871	
Cristina	1861			Menino (sem nome)	Após 1871	
Leonarda	1864			Abílio	Após 1871	—
Cecília	1857			Eugênio Evaristo Menino (sem nome)	Após 1871 Após 1871 Após 1871	
Olímpia	1851	Crioula	Lavoura	Gregória Sofia Geminiana Herculano Onofre	1870 Após 1871 Após 1871 Após 1871 Após 1871	Crioula
Ludovina	—	—	—	Policarpo	1858	Crioulo

Fonte: Apeb, *Inventário*, 3/1206/1675/1 (1869-1887). Inventário de Aguida Maria Zeferina da Silva, baronesa de Pirajá.

A tabela mostra que nos últimos anos do século XIX indivíduos da mesma família tiveram experiências diversas com a escravidão. Muitos deles testemunharam o esforço familiar para resgatar do cativeiro algum parente e participaram dele. Mesmo em franco declínio, o escravismo continuou a marcar as vivências e as trajetórias daquelas famílias. Pelo que apuramos, boa parte dos escravos listados ali só alcançou a liberdade depois da lei de 13 de maio. Dos 72 indivíduos que aparecem na Tabela 6, 29 ainda estavam sob a escravidão em 1887; 23 foram favorecidos pela Lei do Ventre Livre e vinte não foram listados, pois provavelmente teriam morrido ou alcançado a alforria antes daquele ano.

Os registros cartoriais de nascimento feitos depois da abolição permitem reencontrar alguns daqueles grupos familiares. Detalharemos aqui as trajetórias de três. Em fevereiro de 1889 e em março de 1892 Procópio Pires compareceu ao cartório de registro civil de Santo Amaro, na primeira data para informar o nascimento dos filhos gêmeos e na segunda para registrar o nascimento de uma filha chamada Henriqueta. A mãe das crianças chamava-se Apolônia de Góes. O casal vivia de lavoura nas terras do Engenho Pitinga. Consultando as listas de escravos daquele engenho, foi possível apurar que Procópio e Apolônia estavam na lista de escravos do barão de Pirajá. Em 1871 Procópio fora registrado como crioulo, 24 anos, serviço da lavoura, "aleijado de um pé" e avaliado em 300$000, um valor bem abaixo do que se pagava por um escravo com a mesma idade. Procópio era filho de Davi e Felícia Pires, mas não há referências a seus pais nos inventários do barão, tendo sido eles, provavelmente, escravos em outra propriedade. Nos registros de 1883 Procópio fora avaliado em 100$000 e por esse valor é possível que tenha conseguido comprar a alforria antes de 1887.[3]

Em 1871 Apolônia de Góes tinha 3 anos, era crioula, foi registrada junto com os cinco irmãos crioulos, João, 8 meses, Martinho, 10 anos, Orminda, 11, Damásio, mais de 12, e Timóteo, 15 anos. Essas crianças eram filhas de Silvéria (a mesma que aparece na Tabela 6), crioula, 45 anos, serviço da lavoura, "doente". Após 1871, Silvéria daria à luz uma menina chamada Maria da Purificação; portanto, liberta pela Lei do Ventre Livre. Pela lista de escravos de 1883 soubemos que a família de Apolônia havia crescido, pois aparecem listados três sobrinhos, Dalmácia, Diniz e Raimundo, filhos de sua irmã Orminda, todos beneficiados pela Lei do Ventre Livre. Em 1887 Apolônia e mais três irmãos, Orminda, João e Damásio, continuavam escravos do barão de Pirajá e tudo indica que para eles a liberdade só chegou com a lei de 13 de maio. Ao longo daqueles anos, a família de Apolônia viveu dividida pela escravidão e certamente envolvida no projeto de alcançar a liberdade.[4]

Depois da abolição, a família de Apolônia continuou crescendo, pois, em junho de 1889, sua irmã Maria Orminda dera à luz os filhos gêmeos Antônio e Antônia. Orminda era amasiada com Antero Ramos da Purificação, natural e morador no Engenho Pitinga. Em junho de 1891 o casal registrou o nascimento de uma outra filha, chamada Crescência.[5] As três crianças acima citadas foram os primeiros filhos daquele casal de ex-escravos nascidos depois da abolição. Eles se juntaram aos outros três, nascidos sob a vigência da Lei do Ventre Livre. Soubemos que Antero fora também escravo do barão de Pirajá. Em 1883 ele foi qualificado como crioulo, mais de 30 anos, trabalhador na lavoura. Seu pai, Vicente da Purificação, aparece na lista de 1871 simplesmente como Vicente, "crioulo", maior de 60 anos, "doente de cansaço". A mãe, Cornélia "de tal", crioula, 54 anos, trabalhava na lavoura e, segundo o inventariante, estava doente.[6]

O segundo grupo familiar era formado em torno do casal de ex-escravos crioulos Rafaela de Jesus e Rodopiano dos Santos Soares. Quase um ano depois da abolição Rodopiano compareceu ao cartório de Santo Amaro para registrar o nascimento do filho Paulo, nascido havia poucos dias. Ele declarou ser amasiado com Rafaela de Jesus e que ambos trabalhavam na lavoura do Engenho Pitinga. A partir das listas de escravos do barão de Pirajá, pudemos verificar que Rafaela era filha de Hípio de Jesus, nascido em 1831, e Luciana, nascida em 1822, ambos escravos e trabalhadores da lavoura do Engenho Pitinga. Quando inventariada em 1871 Rafaela tinha 4 anos e foi identificada como "cabrinha", sofrendo de epilepsia e avaliada em 100$000. Ela tinha mais três irmãs: Cecília, 14 anos, Josefina, 10 anos, e Valentina, 6 anos. Hípio, o pai de Rafaela, era crioulo, maior de 40 anos e exercia as funções de mestre e carreiro; certamente tinha posição destacada na hierarquia dos trabalhadores cativos. No inventário, é descrito como "doente de cansaço" e avaliado em 600$000.

Em 1883 Rafaela já era uma moça de 17 anos, mas, devido à epilepsia, seu valor era cerca de um quinto do das demais jovens de sua idade; foi avaliada em 100$000. Nessa época, uma de suas irmãs, chamada Cecília, havia gerado três filhos "ingênuos": Eugênio, Evaristo e "um por batizar". Em 1887, à exceção de Josefina, liberta ou falecida, Rafaela e as irmãs ainda figuravam entre os escravos do barão de Pirajá. A um ano da abolição Rodopiano também figurava na lista de escravos e tudo indica que o casal só alcançou a liberdade depois do 13 de Maio.

Com base nos dados encontrados nos inventários e nos registros civis de nascimento, foi possível recompor o seguinte esquema da família dos ex-escravos Rafaela de Jesus e Rodopiano dos Santos Soares.

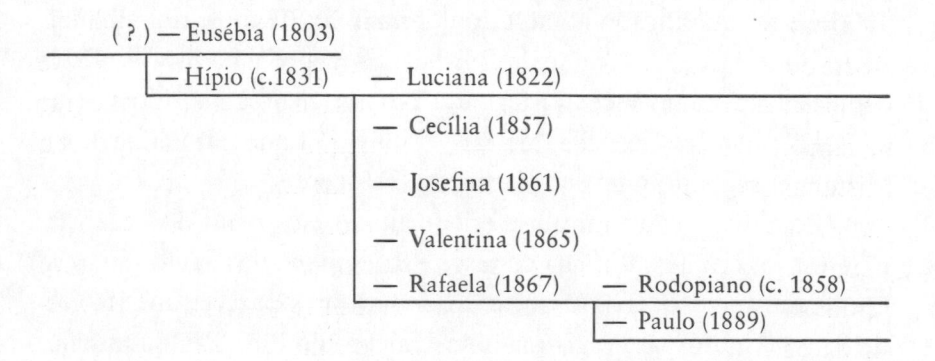

```
( ? ) — Eusébia (1803)
    — Hípio (c.1831)    — Luciana (1822)
                        — Cecília (1857)
                        — Josefina (1861)
                        — Valentina (1865)
                        — Rafaela (1867)    — Rodopiano (c. 1858)
                                            — Paulo (1889)
```

O pequeno Paulo, nascido em 1889, quase um ano depois da abolição, tinha atrás de si três gerações de parentes que viveram a experiência da escravidão. Certamente, deve ter ouvido as histórias da bisavó Eusébia, crioula, nascida no início do século. Ela provavelmente morreu escrava, pois em 1883 seu nome aparece entre os escravos do engenho; no alto dos seus cerca de 80 anos e impossibilitada de trabalhar, foi considerada "sem valor". Paulo ainda conviveu com os avós e os tios que nasceram escravos e, provavelmente, cresceu com alguns dos primos nascidos depois da Lei do Ventre Livre. Deve ter ouvido também histórias dos esforços dos avós para manter os filhos juntos e das esperanças acenadas para os primos nascidos depois da lei de 28 de setembro de 1871.

O terceiro grupo trazia claramente inscritas em sua trajetória marcas dos esforços para manter os parentes reunidos e para livrar-se do cativeiro. Em 15 de agosto de 1890 compareceu ao cartório Conegundes dos Anjos, para registrar o nascimento da neta, que se chamaria Maria Estevão dos Anjos, filha de Esmeralda dos Anjos. Dois meses depois a própria mãe compareceu ao cartório para notificar a morte da pequena Maria Estevão, vítima de "mal de umbigo". No ano seguinte Conegundes voltaria ao cartório para registrar o nascimento de outro neto, Manoel do Rosário, "preto", também filho de Esmeralda. Pelas listas de escravos, soubemos que, em 1871, Conegundes, crioula, filha de Felipa (falecida), tinha três filhos, Tomé, cabra, 3 anos (avaliado em 200$000), Esmeralda, "cabrinha", 1 ano (avaliada em 100$000), e Mariano, "cabrinha", 1 mês (avaliado em 50$000). Conegundes teve a sorte de ver seus filhos crescerem sob sua proteção, mas também deve ter percebido que à medida que o tempo passava a quantia para livrar a família da escravidão aumentava num ritmo que cada vez mais a distanciava da possibilidade de libertá-los, mesmo considerando que na década de 1880 os preços médios dos escravos tenham declinado. Conforme as avaliações feitas no inventário, em 1883 Esmeralda foi avaliada em 400$000; Tomé, em 500$000. Em 1887 Esmeralda foi avaliada pela mesma quantia, mas o valor do filho Tomé havia saltado para 800$000. Em 1887, Conegundes e os filhos Esmeralda e Tomé ainda estavam sob cativeiro e tudo indica que só alcançariam a alforria depois do 13 de Maio.[7]

As evidências mostram que até o início do século XX Conegundes e alguns membros de sua família residiam no engenho onde serviram como escravos. Em 14 de agosto de 1904 ela compareceu ao cartório da cidade para registrar o nascimento de mais uma neta, chamada Maria do Carmo, filha de Esmeralda. Ao justificar a demora no registro da criança, declarou "que o estado de velhice dela declarante e moléstia da mãe da criança motivou [sic] a demora do competente registro".[8]

Com base nos registros de nascimento, foi possível construir a Tabela 7, em que aparecem alguns ex-escravos, com seus respectivos sobrenomes de livres, e os filhos nascidos antes e depois da abolição.

Se adicionarmos aos nomes listados na Tabela 7 os avôs e as avós das crianças registradas, é possível identificar 34 ex-escravos residindo no Engenho Pitinga depois da abolição. Tomando como base os 93 cativos residentes ali em 1887, constata-se que pelo menos mais de um terço dos ex-escravos continuou residindo no engenho. Dos 19 que declararam profissão, 17 disseram trabalhar na lavoura e apenas dois afirmaram ser roceiros. A referência a roceiro certamente estava relacionada a uma diferenciação no interior da comunidade de ex-escravos: expressava a condição de quem não dependia exclusivamente do trabalho na grande lavoura de cana.

Com base nos registros das crianças nascidas entre 1888 e 1899 foi possível identificar vinte grupos familiares; oito são formados por esposos e esposas que viveram juntos a escravidão, no Engenho Pitinga. Em seis casais, verificamos que um dos cônjuges havia pertencido àquela propriedade. Seis ex-escravas aparentemente viviam sós, pois os filhos foram registrados sem o nome do pai. Esses laços de parentesco reforçaram a coesão da comunidade e demonstram que os libertos não emergiram da escravidão em estado de "anomia social".

Algumas uniões matrimoniais articulavam grupos familiares que residiam no Engenho Pitinga havia mais de duas gerações. Vejamos o casal Policarpo de Góes, crioulo, nascido em 1858, e a amásia, Maria Alexandrina, crioula, nascida em 1868, ambos filhos de escravas daquele engenho: a mãe de Policarpo chamava-se Ludovina, provavelmente falecida antes de 1871. A mãe de Maria Alexandrina chamava-se Verecunda e servira como escrava até 1887; nessa condição, tivera seis filhos, dois deles "ingênuos". Entre 1892 e 1894 Policarpo de Góes registrou o nascimento de dois filhos, Porfírio e Aniceto. Portanto Porfírio e Aniceto tinham atrás de si, pelo lado da mãe e do pai, pelo menos três gerações de ex-escravos que haviam servido no Engenho Pitinga. Anos depois da abolição, a avó Verecunda prosseguia em seu esforço para proteger filhos e netos. Foi ela quem, em 12 de junho de 1892, se dirigiu à cidade de Santo Amaro para registrar o nascimento do neto Eleutério, filho de Beatriz de Alcântara. Há evidências de que membros da família de Verecunda ainda residiam no Pitinga no fim do século XIX. Localizamos o registro em 3 de maio de 1899 de seu neto Domingos, nascido no Pitinga, filho de Cândida.[9]

Tabela 7. Grupos familiares de ex-escravos residentes no Engenho Pitinga — 1889-1904

Casais	Cor	Profissão	Nome dos Filhos	Ano de nascimento	Cor
Apolônia de Góes (1)	—	Lavoura	Gêmeos (menina e menino)	1889	
Procópio Pires	—	Lavoura	Demétrio	1902	Preta
			José Paulo	1904	Cabra
Rafaela de Jesus (2)	Cabra	Lavoura	Paulo	1889	
Rodopiano dos Santos Soares (3)	Crioulo	Lavoura			
Maria Benigna de S. Pedro (4)	Crioulo	Lavoura	Maria Rosa	1889	
Claudemiro Neves da Conceição		Lavoura	Arlinda	1890	Cabra
			Marcelino	1902	Preta
Maria Orminda (1)		Lavoura	Antônio e Antônia (gêmeos)	1889	
Antero Ramos da Purificação (5)		Lavoura	Crescência	1891	Preta
Leonarda Pires (6)	Preta	Roceira	Marcelino da Ressurreição	1890	Preta
Tobias de Santa Rosa (3)		Lavoura	José de Santana	1891	Parda
Maria Delfina (7) Fortunato Calmon			Maria das Mercês	1890	Cabra
Esmeralda dos Anjos (8)	—	—	Maria Estevão dos Anjos	1890	Cabra
—			Manoel do Rosário	1891	Preta
			Maria do Carmo	1904	—
Cristina dos Reis (9)		Roceira	Gregória dos Reis	1890	Cabra
Maria Alexandrina (10)	Crioula	Lavoura	Porfírio	1892	Pardo
			Aniceto	1894	Pardo
Policarpo de Góes (11)	Crioula	Lavoura	Joana	1900	Parda

(cont.)

Casais	Cor	Profissão	Nome dos Filhos	Ano de nascimento	Cor
Beatriz de Alcântara (10)	Crioula	Lavoura	Eleutério	1892	Preto
Maria Lúcia (4) Esequiel dos Reis da Purificação (12)	Crioula Preto	Lavoura Lavoura	Hermelino Auta	1892 1893	Pardo Pardo
Matildes dos Reis (12) Demétrio de Góes (3)	Preta Preta	Lavoura Lavoura	Irineu de Góes		Pardo

Fonte: ASCMSA, *Registro de Nascimento da freguesia do Rosário*, Santo Amaro, A-I e A-II (1889-1899).

Notas explicativas: 1. Filha da escrava Silvéria. 2. Filha dos escravos Luciana e Hípio. 3. Ex-escravo residente no engenho. 4. Filha de Teodora. 5. Filho de Cornélia. 6. Filha de Esperança. 7. Filha de Henriqueta. 8. Filha de Conegundes. 9. Filha de Serafina. 10. Filha de Verecunda. 11. Filho de Ludovina. 12. Filho de Raimunda.

O casal formado por Esequiel dos Reis do Espírito Santo e Maria Lúcia descendia também de famílias extensas havia muito residentes no Pitinga. Ele nasceu cativo, filho da escrava Raimunda, e a amásia era "ingênua", pois nascera depois da lei de 1871, filha da escrava Teodora. Esequiel tinha três irmãos que nasceram escravos, Constantino, Olímpia e Matildes, e até 1887 todos eles permaneciam na mesma condição. Pelos registros de 1883 soubemos que Olímpia tivera três filhos "ingênuos", Sofia, Geminiana e Herculano. Em 22 de agosto de 1892 Esequiel compareceu ao cartório de Santo Amaro para registrar o nascimento do filho Hermelino, "pardo", nascido havia poucos dias. No ano seguinte ele retornaria para registrar uma filha batizada de Auta, também de cor parda.[10]

No quadro a seguir, reproduzimos a aliança matrimonial entre três casais e seus filhos residentes no Engenho Pitinga, entre meados do século XIX e inícios do XX. Vê-se que as crianças nascidas nos primeiros anos do pós-abolição ainda puderam conviver com avós, pais, tios, tias e primos nascidos sob a escravidão.

Nos registros cartoriais, localizamos, também, uniões matrimoniais entre ex-escravos do Pitinga com moradores de engenhos vizinhos. Por exemplo, em 11 de dezembro de 1897 João Lourenço da Anunciação, 19 anos, lavrador residente no Engenho Santa Catarina, casou-se com Adelina de Góes, 15 anos, filha de Matildes dos Reis, ex-escrava residente no Engenho Pitinga.[11] É possível que, depois da abolição, por conta da maior circulação de libertos pelas propriedades, a comunidade do Pitinga tenha ficado mais permeável ao ingresso de indivíduos residentes em outros engenhos. Possivelmente, os jovens egressos da escravidão tiveram maiores opções para escolher seus parceiros e suas parceiras em outras propriedades, sem que isso acarretasse grandes problemas para a convivência do casal.

	Silvéria (1826) — Luiz Gonzaga	Cornélia (1817) — Vicente
	— Timóteo (1856)	
	— Damásio (1858)	
	— Orminda (1860)	Antero (1852) —
Procópio	— Martinho (1861)	Marciano (1853) —
	— Apolônia (1868)	
	— João (1870)	
	— Maria da Purificação (após 1871)	— Dalmácia (após 1871)
		— Diniz (após 1871)
		— Raimundo (após 1871)
Menino e Menina (1889) —		— Antônio e Antônia (1889)
		— Crescência (1891)

Os registros civis de nascimento são excelentes fontes para se entender um pouco da lógica seguida pela comunidade de ex-escravos na escolha dos nomes dos filhos e a revelação dos próprios sobrenomes.[12] Vê-se que alguns incorporaram os sobrenomes Pires e Góes, pertencentes às famílias dos ex-senhores. Mas, em comparação com os ex-escravos do Engenho da Cruz (ver capítulo anterior), foram poucos os libertos do Engenho Pitinga que batizaram os filhos com o sobrenome de família dos ex-senhores. De 26 ex-escravos que registraram os filhos entre 1888 e 1899, dez traziam os sobrenomes Pires ou Góes (sobrenomes dos ex-senhores); nove tinham sobrenomes referentes a devoções cristãs; dois carregavam os sobrenomes Silva e Alcântara. Cinco deles simplesmente traziam nomes compostos. É o que vemos no casal de ex-escravos Leôncio José e Maria Elisa, que trabalhavam na lavoura do engenho e batizaram o filho Paulino, "preto", em junho de 1892.[13]

Observa-se que os Pires e Góes nem sempre transmitiram aos filhos nascidos depois da abolição os sobrenomes do antigo senhor. Como foi visto anteriormente, a ex-escrava Leonarda Pires (filha de Esperança Pires) registrou o filho, nascido em 1890, com o nome de Marcelino da Ressurreição. Talvez fossem sinais dos novos tempos, em que os pais se sentiam mais livres para dar aos filhos os sobrenomes que quisessem.[14] Outros sobrenomes foram transmitidos aos filhos e aos netos, certamente como forma de definir e fortalecer o vínculo entre as gerações. Isso pode evidenciar a preocupação com a manutenção da memória geracional, ligando os mais jovens aos antepassados. Assim, Maria Estevão dos Anjos, nascida em 1890, herdou o sobrenome da mãe Esmeralda e da avó Conegundes.

Os resultados obtidos com o cruzamento de fontes permitem ampliar a reflexão sobre o papel das comunidades de ex-escravos formadas em torno dos antigos engenhos do Recôncavo. As informações colhidas sobre o Engenho Pitinga e sobre outros engenhos do Recôncavo mostram que as populações oriundas da escravidão nas localidades rurais formavam comunidades sólidas. Forjados ainda sob a vigência da escravidão, os laços comunitários, tecidos a partir do parentesco entre ex-escravos do mesmo engenho ou de engenhos vizinhos, foram fundamentais para os egressos da escravidão recomporem a vida em liberdade. No pós-abolição, essas comunidades foram a base sobre a qual os ex-escravos e seus descendentes buscaram novas opções de sobrevivência.

Foi nesse contexto que alguns núcleos territoriais ocupados por essas comunidades alcançaram certa independência em relação aos proprietários dos engenhos, proporcionando aos ex-escravos e seus descendentes condições de morar e plantar roças sem obrigações de prestar serviços aos antigos senhores.[15] No decorrer das primeiras décadas do século XX, esses povoados se tornaram enclaves incômodos para os ex-senhores ou seus descendentes, principalmente quando buscaram converter os antigos engenhos em pastos para gado ou modernizá-los por meio das usinas.

Nessas comunidades, os ex-escravos continuaram a contar com a ajuda e a solidariedade dos antigos parceiros de escravidão.[16] É o que se pode constatar tomando por base a atitude do crioulo Juvenal, que se deslocou até Santo Amaro para registrar o falecimento do africano Salomão, depois de tê-lo conduzido à sepultura. Ou a do ex-escravo Policarpo Dutra, morador no Engenho da Cruz, que fez o enterro do africano Mateus, ambos residentes naquela propriedade, onde haviam servido como escravos.[17] Além dos cuidados com os mortos, era preciso criar os filhos e os netos.

As situações de conflitos localizadas nos processos-crimes instaurados após a abolição permitem verificar a persistência de práticas de ajuda mútua e solidariedade entre trabalhadores residentes nas proximidades dos grandes engenhos. Na verdade, alguns conflitos só chegaram ao conhecimento das autoridades depois que normas locais foram quebradas por algum membro da comunidade. Muitas vezes a reunião de moradores ocorria nas ocasiões de plantações ou colheitas de gêneros de subsistência. Não por acaso boa parte dos incidentes ocorreu justamente em momentos de grandes reuniões, normalmente festas e mutirões, enfim, momentos em que se celebrava a própria comunidade ou se buscava reforçar os laços de cooperação do grupo.

Em 18 de agosto de 1892, no arraial do Sumidouro, à margem do rio Pojuca, diversos "trabalhadores rurais" foram à roça de Simplício "cavar umas covas de fumo". O roceiro Antônio José do Espírito Santo foi à tarde com o irmão e "aí ainda tiraram umas carreiras de covas, então à noite ele testemunha e os mais companheiros que ali se achavam a convite do mesmo Simplício foram jantar, findo o qual principiou o samba". Foi nessa ocasião que dois convidados se desentenderam e, na briga, foi ferido mortalmente um roceiro chamado Tomás.[18]

As tensões tendiam a manifestar-se com mais frequência nos sábados e nos dias santos, momentos de folga da lida nos canaviais. Na noite de São João de 1899 Manuel Liberato do Nascimento, 38 anos, que "viv[ia] de lavoura", foi agredido na porta de sua residência por José Caetano, morador em terras do Engenho Santana, em Santo Amaro. O ex-escravo africano Fuas Bandeira, 65 anos, disse ter escutado Caetano pedir "seu São João" e, em seguida, desentender-se com Manuel Liberato.[19] Na noite de 20 de julho de 1901 José Jerônimo dos Santos, "trabalhador rural" da usina Passagem, após receber o pagamento da semana, foi a uma "casa de samba" próxima a sua residência e "aí divertiu-se até dez horas da noite quando terminou o brinquedo". Segundo ele, a confusão começou depois que Antônio Francisco, foguista da mesma fábrica da Passagem, provocou todos que estavam presentes no "batuque". Outras pessoas que testemunharam a briga disseram que Antônio Francisco e José Jerônimo se desentenderam por causa de um pandeiro.[20]

A referência reiterada aos "batuques" e aos sambas mostra que as invenções rítmicas e religiosas forjadas a partir das heranças africanas eram bastante vigorosas no cotidiano dessas populações. No interior dessas comunidades os ex-escravos puderam manter e recriar tradições religiosas sem a interferência dos ex-senhores.

Observa-se também que as comunidades eram socialmente diferenciadas. Os libertos emergiram da escravidão em situações diversas. A condição de acesso às roças foi importante fator de diferenciação nas comunidades de ex-escravos. Os registros da época, quase sempre, faziam distinção entre roceiros e lavradores. A possibilidade de acesso a um lote de terra assegurava mais opções de subsistência, embora os roceiros fossem obrigados a prestar serviços nas terras dos ex-senhores. Para esses, era possível ter acesso às feiras locais e diversificar o cultivo de gêneros de subsistência. Vimos que o direito a parcelas de terras talvez tenha sido o grande fator de permanência nos engenhos. Na condição de "roceiro", encontramos Donato "de tal", 45 anos, solteiro, nascido no Engenho Mombaça. Em 1899, acusado de matar um outro morador, foi identificado como "liberto do Engenho Mombaça". No depoimento que prestou perante os jurados Donato revelou que, no dia do crime, um domingo, vinha da feira de Nazaré, aonde fora negociar.[21]

Dos doentes que deram entrada no hospital da Santa Casa de Santo Amaro, 19,5% se disseram "roceiros". Os demais foram registrados como "lavrador" ou "viver de lavoura", o que certamente recobria uma variedade grande de situações no mundo dos engenhos. Por vezes, os processos-crimes fazem referências à condição de "alugado" e essa era a condição de trabalhadores que circulavam pelo Recôncavo nos períodos de safra e de moagem. Nessa categoria poderia ser incluído também o "trabalhador de enxada" ou "trabalhador rural". Alguns disseram viver do trabalho em "roças alheias". Eram pessoas que circulavam pelos engenhos fazendo serviços temporários, geralmente retornando a casa no fim do serviço das colheitas. A maioria era originária de outras freguesias. Por exemplo, ao testemunhar sobre um crime ocorrido no Engenho Cazumbá, na Freguesia de Rio Fundo, dois indivíduos identificaram-se da seguinte forma: Porfírio Inácio de Oliveira, 36 anos, casado, filho de Francisca de Pinho, nascido no Engenho Sapucaia, "trabalhador rural" no Engenho Cazumbá. O outro, Manuel Leocádio de Abreu, 25 anos, solteiro, filho de Cirilo Francisco de Abreu, natural do Engenho Brotas, "trabalhador rural".[22]

Possivelmente essa fosse a condição da maioria dos ex-escravos mais jovens, especialmente os que não tiveram acesso à terra e eram obrigados a migrar sazonalmente para áreas onde fosse possível obter alguma remuneração do trabalho "alugado". Em 1895 Josino Messias, 20 anos, solteiro, acusado de roubar gado no Engenho Brito, em Santo Amaro, disse que "trabalha[va] em roças dos outros" e "não ter morada fixa". Atribuía a acusação do roubo ao fato de "não querer ele interrogado sujeitar-se a trabalhar no Engenho Brito com um salário muito diminuto, como ali se costuma pagar". Aqui fica evidente como o recurso da violência poderia ser usado contra trabalhadores alugados. Mas fica clara a recusa em submeter-se a condições que julgavam aviltantes.[23]

Geralmente, nos processos-crimes, os trabalhadores que diziam "viver de lavouras alheias" eram indivíduos provenientes de outras partes do Recôncavo. Muitos vinham de engenhos onde, provavelmente, haviam nascido escravos. Num processo instaurado em 1901, para apurar um crime ocorrido na Usina Passagem, figuravam como testemunha José Justino da Silva, 20 anos, solteiro, natural do Engenho Europa, "trabalhador rural" e residente naquela usina. No mesmo local vivia também Francisco Glicério dos Santos, 23 anos, solteiro, natural do Engenho Santa Cruz, "trabalhador rural".[24]

Outro aspecto a ser observado é que os registros de nascimento feitos no fim do século XIX acusam grande número de mulheres que tinham filhos residindo nas casas dos pais. Isso pode ser um indício de que as gerações mais novas não dispunham da mesma garantia de acesso à terra ou à moradia nos antigos engenhos. Francisco Ambrósio, descendente da africana Lucara da Costa Pinto, ex-escrava no Engenho Europa, contou que ele e os filhos ainda trabalhavam na roça dos pais e dos avós até meados do século XX. Porém seus irmãos foram obrigados a migrar para outras localidades, no início daquele século.[25] É possível que, em longo prazo, os descendentes de ex-escravos tenham perdido a condição de moradores e se tenham transformado em trabalhadores alugados, sem acesso à terra.

Inserção dos libertos nas comunidades rurais

Na manhã de 24 de novembro de 1889, na Fazenda Olhos d'Água, Freguesia de Oliveira, ocorreu um fato que impressionou toda a vizinhança. Luísa, "preta liberta", amanhecera morta, em casa. O que chamou a atenção de todos foi o estado do cadáver, o rosto ensanguentado, um olho bastante inchado e um ferimento profundo sob o braço esquerdo. Logo se espalhou a notícia de que Luísa fora assassinada pelo pai, o "preto liberto" chamado João Alves. Vitorina Alves, 20 anos, lavradora, prima da falecida, disse que se achava em casa quando chegou o tio, João Alves, pedindo-lhe para ir ver Luísa, que havia morrido. Ao chegar, viu o corpo da prima sobre o chão, próximo a um pote de água. Logo em seguida, ela e Francisca, irmã da falecida, colocaram o corpo sobre a tábua em que costumava dormir. Notou o rosto ensanguentado e os ferimentos no corpo.[26]

Na ocasião, foram ouvidas também a irmã da falecida, Francisca de Almeida, conhecida como Chica, 18 anos, as primas Conceição Alves, 28 anos, e Jacinta Alves, 25, e a tia Joana Alves, 55 anos. Todas eram "lavradoras" nascidas e residentes na Fazenda Olhos d'Água. Todas estranharam os ferimentos no rosto e no corpo de Luísa e afirmaram que ela não estava doente. O caso só chegou ao conhecimento das autoridades duas semanas depois de correrem rumores e suspeitas em relação ao pai da falecida. Em 4 de dezembro João Alves, 60 anos, foi preso como suspeito. Em seguida, foi feita a exumação do corpo, mas os peritos não conseguiram encontrar sinais de crime devido ao estado do cadáver. Somente em 7 de março de 1891 João Alves foi levado a julgamento e declarado inocente.

Ao longo do processo, alguns detalhes revelaram a relação daqueles ex-escravos com seus antigos senhores. Contou Vitorina que, no dia anterior, a prima fora à casa de Herculano Alves de Freitas e ali recebera da esposa dele milho, farinha e carne. O sobrenome Alves pode ser indício de que Luísa, o pai, a tia e as três primas haviam sido escravos de Herculano. O fato de Luísa receber gêneros de subsistência da esposa de Herculano pode indicar que aquela era a contrapartida dos ex-senhores aos serviços prestados pela ex-escrava. Somente a irmã, Francisca de Almeida, tinha sobrenome diferente. Provavelmente, quando escrava, pertencera à família Almeida e fora esse o nome que adotara quando liberta. Com efeito, no seu depoimento, Chica disse que, no dia do falecimento da irmã, estava na casa da "ex-senhora", dona Teresa de Almeida, e foi por causa dos afazeres domésticos na residência dos ex-senhores que não pôde prontamente atender ao chamado do pai para ver a irmã morta.[27]

O processo acima coloca diversas questões prementes na vida dos que foram libertos no 13 de Maio. Primeiro, a inserção dessas pessoas nas comunidades em que viviam; os ajustes que ocorreram nas formas de percepção dos demais segmentos das comunidades rurais em relação à nova condição desses indivíduos; a forma como se relacionavam dentro da comunidade de libertos, seus conflitos internos e os ajustes que ocorreram dentro das comunidades para sobreviverem no pós-abolição.

Aqui, cabe refletir sobre a forma como os ex-escravos eram percebidos ou identificados como membros das comunidades em que viviam.[28] Assim, compulsamos informações de processos-crimes instaurados em diversas localidades da Bahia, algumas delas fora do Recôncavo.

Para os libertos que permaneceram nas localidades onde nasceram ou serviram como escravos, era difícil fugir do passado. Em 1889, ao defender-se da acusação de furtar gado e plantações na Freguesia de São Sebastião do Passé, Antônio Cecílio afirmou que seu acusador, Zeferino dos Santos, "nunca se corrigiu quando sujeito pela escravidão a Manoel dos Santos que, não o podendo suportar, vendera-o a um outro senhor, que, por sua vez, não o podendo corrigir voluntariamente o abandonou".[29] Quando instados a falar sobre o procedimento ou o comportamento dos moradores de suas propriedades, ou de outras, os senhores de engenho, com frequência, referiam-se ao passado escravo dos trabalhadores. Em maio de 1899 Luís Guilherme de Almeida Junqueira, dono do Engenho Limoeiro, na Freguesia de Nossa Senhora do Monte, ao falar do assassinato de um morador de sua propriedade, acusou Donato de Tal, "liberto" do Engenho Mombaça.[30]

Com frequência, os indivíduos residentes nos engenhos ainda eram reconhecidos ou identificados pela ligação que tinham, ou algum dia tiveram, com os donos das terras onde residiam. O africano Nereo, cerca de 60 anos, ex-escravo, morador na Fazenda Tobá, ao falar sobre os saques que ocorreram nas fazendas da região em maio de 1888, disse ter identificado um certo Marinho, "que foi escravo do falecido senhor Custódio, dono da fazenda Maria Guarda". O próprio Nereo se disse ex-escravo de um senhor da região.[31] Em 17 de agosto de 1888 o administrador da Casa de Correção da Bahia, ao notificar a morte do sentenciado Zeferino, observou que esse era "ex-escravo do barão de Cajaíba".[32]

Como se percebe, o passado de escravidão podia ser usado como forma de condenação de condutas ou para tentar inferiorizar socialmente indivíduos envolvidos em crimes. Em julho de 1889, na Vila de Itapicuru, Amâncio foi identificado como "ex-escravo de Jovino Garcia de Noronha" depois de ser indiciado em processo de lesão corporal.[33]

Muitas vezes a identificação do passado escravo vinha seguida da ligação que os indivíduos tiveram ou ainda tinham com os antigos senhores. Em 8 de outubro de 1891 o promotor público de Cachoeira denunciou Tranquilino "de tal", "ex-escravo do comendador Albino José Milhazes", por ter, em 27 de setembro, por volta das três horas da tarde, na rua da Feira, tentado matar a amásia Maria Glicéria da Conceição com um tiro de garrucha. Após desferir os tiros, o enciumado Tranquilino foi perseguido e capturado por pessoas do "povo", inclusive o irmão da vítima. O mais surpreendente é que os populares o levaram para a casa do ex-senhor, Albino José Milhazes.[34]

Em determinadas situações, o termo "preto" poderia ser usado como sinônimo de ex-escravo. Recordemos o ex-escravo João Alves, que foi identificado como "preto liberto". Num processo instaurado contra o ex-escravo Roque, na povoação de Muritiba, uma das testemunhas referiu-se a ele como o "preto Roque". Em muitos casos, a cor aparece como marca distintiva da condição pregressa do indivíduo. Aqui, condição escrava e racial confundiam-se.

No entanto, em muitas situações, os ex-escravos rechaçaram essas classificações sociorraciais que evocavam o passado de escravidão ou depreciavam sua condição de livres. Podemos dizer que o cotidiano do negro egresso do cativeiro foi marcado pelo esforço permanente para distanciar-se dessas marcas ou desses estigmas. Em 1889 o promotor público de Condeúba denunciou o "ex-escravo" Cesário por ter, na tarde de 12 de maio, a um dia da comemoração do primeiro aniversário da Lei Áurea, atirado contra um indivíduo no interior de uma taberna. As testemunhas contaram que, naquele dia, Pedro José Soares entrara na taberna e saudara todos os presentes, mas o denunciado foi o único que não respondeu. Soares dirigiu-se a Cesário e encostou-lhe o joelho, em atitude provocativa. Foi então que o ex-escravo reagiu, ferindo-o com tiros de garrucha.[35]

Alguns episódios revelam que muitos libertos resistiram à suposição de que deveriam ser tratados de acordo com a antiga condição de escravos. Na manhã de domingo 28 de setembro de 1890, na Fazenda Pegui, propriedade da viúva Teodora Flores Venerote, na Colônia

Leopoldina, sul da província, os trabalhadores, possivelmente alguns ex-escravos, estavam aguardando o administrador concluir a folha de pagamentos para receberem o salário. Enquanto isso, a "preta" Macólea, ex-escrava da propriedade, saiu da cozinha em que trabalhava, transpôs o "quadrado da fazenda" e seguiu pelo campo fumando cachimbo. Nesse instante aproximou-se Sebastião, ex-escravo da mesma fazenda, e começou a espancá-la com o chicote. Mais tarde, ao ser interrogado pelo subdelegado, Sebastião explicou que batera na amásia por ciúmes. As pessoas que testemunharam no processo impressionaram-se com a resistência esboçada pelo ex-escravo ao ser conduzido até o "quadrado da fazenda". Por certo, para Sebastião, ser amarrado, espancado e conduzido até o "quadrado da fazenda" representava um rebaixamento de sua condição.[36]

Esse processo revela como as autoridades locais identificavam os ex-escravos. Macólea foi descrita, na denúncia redigida pelo promotor público, como "ex-escrava" e "preta". No fórum, o juiz referiu-se ao réu como "ex-escravo"; aliás, é essa expressão que está estampada na folha de rosto do processo, junto ao nome do acusado. Entretanto, em nenhum momento os libertos mencionaram no depoimento sua antiga condição. Sebastião simplesmente assumiu sua identidade funcional, dizendo-se ora "trabalhador de roça", ora "jornaleiro", enquanto Macólea se apresentou como "empregada" na cozinha da fazenda. O certo é que os jurados decidiram pela condenação de Sebastião, visto que praticara ofensas graves contra a amásia, usando "instrumento aviltante" com o fim de injuriá-la. Tudo indica que os jurados decidiram a sorte de Sebastião apoiados na convicção de que o liberto não estava preparado para a liberdade. Segundo o juiz, a pena de nove meses de cadeia imposta ao ex-escravo fora branda e compatível com o princípio de que o criminoso não tinha condições de compreender a gravidade e as "consequências de sua responsabilidade".[37]

Percebe-se também que algumas tensões estavam relacionadas à forma como os libertos defendiam a condição de livres. Os conflitos muitas vezes resultavam de disputas em torno da definição de papéis dos indivíduos no interior das comunidades rurais. Muitos ex-escravos tiveram de enfrentar as atitudes de pessoas livres que continuavam querendo ver neles indivíduos subordinados. Sob tais condições, tiveram de rechaçar formas de tratamento que julgavam incompatíveis com sua nova condição de liberdade. Há alguns incidentes que mostram como estavam empenhados em afastar de si as marcas que ainda os vinculavam à escravidão.

Muitos conflitos ocorridos no campo depois da abolição explodiram quando os ex-escravos viam ameaçada ou aviltada a condição de liberdade. Em 21 de janeiro de 1889 o promotor da comarca de Geremoabo denunciou Tibúrcio Francisco, "escravo que foi de Francisco Joaquim de Carvalho", por ter, em 18 de novembro de 1888, espancado Paulo Celestino de Santana, quando esse voltava da feira. Paulo Celestino, cerca de 18 anos, solteiro, morador no Engenho Lagoa Salgada, disse que fora à feira da Vila de Coité levar um carregamento de rapaduras. Na volta, encontrou Tibúrcio, com quem tinha amizade, e surpreendeu-se ao ser agredido com palavras e, em seguida, com um pedaço de madeira. Ludovina Maria, ex-escrava do Engenho Lagoa, interferiu na briga e impediu que Tibúrcio continuasse a espancar Paulo Celestino. Novamente, aqui, as testemunhas reconhecem Tibúrcio pelo seu passado escravo. Seu senhor era conhecido, provavelmente morava nas vizinhanças, mas não estava na companhia dele, pois naquele momento residia no Engenho Lagoa Salgada.

O depoimento de Silvestre Barbosa de Sousa, 18 anos, que viajava em companhia de Paulo Celestino, ajuda a desvendar os motivos da súbita explosão de violência do "ex-escravo" Contou ele que Tibúrcio dissera: "Paulo, tive uma briga com sua mãe e ela me jurou de mandar-me bater, e como sei que será isto na sua chegada, logo deve você apear-se do burro para decidirmos aqui." Em seguida houve a briga. Por esse depoimento, fica claro que, não querendo dar motivo para ser espancado, Tibúrcio se adiantara, brigando com Paulo Celestino, de quem ele suspeitava levar uma surra.[38]

As identidades, possivelmente, foram forjadas a partir de elementos definidores da condição de liberdade vigente durante a escravidão. Por essa razão, os ex-escravos identificavam-se perante as autoridades como "morador", "roceiro" ou "lavrador", categorias que definiam a condição de homens livres no mundo dos engenhos. Mas também foram redefinidas a partir do distanciamento que pretendiam estabelecer em relação ao passado de escravidão.

NOTAS

1. Ver Apeb, *Inventários*, 3/328/1.797/13 (1898), inventário e testamento de José Joaquim Pires de Carvalho e Albuquerque, barão de Pirajá. Em testamento feito em 15/9/1869, o barão declara que era filho do visconde de Pirajá, "Grande do Império". Era casado com Aguida Maria Zeferina da Silva, falecida no mesmo ano. Desse casamento não teve filhos.
2. As informações sobre os engenhos do barão de Pirajá, inclusive sobre o Engenho Pitinga, encontram-se em Apeb, *Inventários*, 3/1.206/1.675/1 (1869-1887), inventário de Aguida Maria Zeferina da Silva, baronesa de Pirajá, falecida em 12/8/1862. O inventário cobre três avaliações (1871, 1883 e 1887).
3. CRCSA, Livro de registro de nascimentos, A-1 (1889-1893), f. 157v. Ver também Apeb, *Inventários*, 3/1.206/1.675/1 (1869-1887).
4. As listas de escravos estão anexadas ao inventário da baronesa. Sobre o registro civil dos filhos gêmeos de Procópio Pires e Apolônia de Góes, ver CRCSA, Livro de registros de nascimentos I-A (1889-1893), f. 5.
5. CRCSA, Livro de registro de nascimentos A-1 (1889-1893), f. 170.
6. Apeb, *Inventários*, 3/1.206/1.675/1 (1869-1887), f. 17.
7. Ver Apeb, *Inventários*, 3/1.206/1.675/1 (1869-1887), ff. 23-32; Ver também CRCSA, Livro de registro de nascimentos, 3 (1900-1905), ff. 77 e 141v.; ver, no mesmo cartório, Livro de registros de óbitos, O-1, f. 105.
8. CRCSA, Livro de registro de nascimentos, 3 (1900-1905), f. 174.
9. CRCSA, Livro de registro de nascimentos, 3 (1900-1905), 2-A (1893-1900), ff. 3 e 12v. As informações do registro de nascimento foram cruzadas com dados existentes no Apeb, *Inventários*, 3/1.206/1.675/1 (1869-1887), ff. 154-56.
10. CRCSA, Livro de registro de nascimentos, 2-A (1893-1900), f. 3.
11. CRCSA, Livro de registro de casamentos, B-1 (1889-1898), f. 130v.
12. Os nomes como evidências históricas reveladoras de experiências pessoais, acontecimentos importantes, visões de mundo, ideias e valores culturais são destacados por vários autores. Ver Hebert G. Gutman, *The Black Family in Slavery and Freedom*, pp. 185-86. Sobre práticas nominativas em grandes propriedades escravistas, ver também Manolo Florentino e Cacilda Machado, "Famílias e

mercado", pp. 62-63. Regina Xavier, *A conquista da liberdade*, pp. 114-15, revela aspectos importantes da construção dos nomes entre libertos da cidade de Campinas, no fim do século XIX. Um estudo amplo e pioneiro sobre adoção de nomes e sobrenomes na Bahia foi feito por Eliane Azevedo, "Sobrenomes no Nordeste e suas relações com a heterogeneidade étnica", pp. 103-16.

13. CRCSA, Livro de registro de nascimentos A-1 (1889-1893), f. 165v. Por meio da quantificação de atestados de óbitos de Salvador, entre 1890 e 1899, Eliane Azevedo, op. cit., verificou que 32% dos "pretos" não possuíam sobrenome.
14. Uma análise da questão encontra-se em H. Gutman, *The Black Family*, principalmente no capítulo 6.
15. O trabalho de Doris Rinaldi Meyer *A terra do santo e o mundo dos engenhos* abre perspectivas importantes para pensar como as comunidades de ex-escravos buscavam criar territórios próprios para escapar do controle dos antigos senhores. A autora trata dos esforços dos trabalhadores rurais da Zona da Mata pernambucana em estabelecer territórios independentes do poder dos senhores de engenho, ao distinguirem o "mundo dos engenhos" da "terra do santo", espaço ocupado e sacralizado pelos moradores.
16. Rastreando histórias de vida de ex-escravos em Campinas, Regina Xavier, *A conquista da liberdade*, pp. 135-52, demonstrou como laços de solidariedade entre companheiros de escravidão foram preservados após a abolição.
17. Ver CRCI, Livro de registros de óbitos (1889-90), f. 85v. João Reis, *A morte é uma festa*, pp. 89-103, observa que, nas tradições lusitanas e africanas de bem-morrer, o cuidado no sepultamento de amigos ou parentes era uma das obrigações dos vivos para com os mortos.
18. Apeb, *Processo-crime*, 11/396/19 (1892), ff. 5-9v. Instaurado na Vila de São Francisco em 17/8/1892.
19. Sobre os crimes aqui tratados, ver Apeb, *Processo-crime*, 33/1.153/21 (1899), ff. 2-14; ver Apeb, *Processo-crime*, 33/1.154/11 (1901), ff. 2-12.
20. Apeb, *Processo-crime*, 33/1.154/11 (1901), ff. 2-8. Instaurado em Santo Amaro, 24/7/1901.
21. Apeb, *Processo-crime*, 18/648/17 (1899). Instaurado na Vila de São Francisco, 28/5/1899. Donato foi absolvido.
22. Informações sobre esses trabalhadores estão contidas em Apeb, *Processo-crime*, 18/648/17 (1899), 15/538/2 (1889). Porfírio e Manuel Leocádio testemunharam em crime de assassinato ocorrido no Engenho Cazumbá.
23. Sobre Josino Messias, ver Apeb, *Processo-crime*, 15/538/2 (1899), 38/1344/1 (1895).
24. Apeb, *Processo-crime*, 33/1.154/11 (1901).
25. Entrevista com Francisco Ambrósio, ex-morador do Engenho Europa, 21/7/2003.
26. Apeb, *Processo-crime*, 15/538/8 (1890), ff. 2-5v.

27. Apeb, *Processo-crime*, 15/538/8 (1890), ff. 7-8.
28. A presente discussão inspira-se na instigante reflexão feita pelo antropólogo Clifford Geertz, *A interpretação das culturas*, pp. 225-36, sobre a definição de pessoa na sociedade balinesa. Segundo Geertz, "o mundo cotidiano no qual se movem os membros de qualquer comunidade, seu campo de ação social considerado garantido, é habitado não por homens quaisquer, sem rostos, sem qualidades, mas por homens personalizados, classes concretas de pessoas determinadas, positivamente caracterizadas e adequadamente rotuladas".
29. Apeb, *Processo-crime*, 9/210/16 (1889), ff. 10-11. Denúncia do promotor público da Vila de São Francisco do Conde, 2/8/1889.
30. Sobre o liberto Donato Santos de Oliveira, ver Apeb, *Processo-crime*, 18/648/17 (1899), ff. 8-36.
31. Apeb, *Processo-crime*, 18/646/5 (1888), São Francisco do Conde, f. 7v.
32. Apeb, *Polícia-cadeias*, 6.282 (1887-1889), carta do administrador da Casa de Correção, Justiniano Rabelo Santos, para o chefe de polícia, 17/8/1888.
33. Apeb, *Processo-crime*, 8/284/10 (1889), Itapicuru. Denúncia da promotoria contra Amâncio, ex-escravo, 25/7/1889.
34. Ibidem, 4.432 (1892). A denúncia da promotoria foi julgada procedente pelo juiz municipal da Cachoeira, mas não encontramos a continuação do processo.
35. Ibidem, 3/433/6 (1889). Condeúba, denúncia da promotoria contra Cesário "de tal", ex-escravo, 28 maio, 1889.
36. Ibidem, 20/695/18 (1890). O presente relato foi feito em cima das informações prestadas pelos ex-escravos Sebastião e Macólea, pelo administrador e pelos trabalhadores da fazenda.
37. Ibidem, 20/695/18 (1890), folhas finais sem numeração.
38. Ibidem, 8/274/11 (1889), ff. 1-9v.

CAPÍTULO 9 Outros itinerários de libertos no pós-abolição

> Vou pra Bahia
> Vou vê se o dinheiro corre
> Se o dinheiro não corre
> De fome ninguém morre.*

Neste capítulo, buscaremos rastrear trajetórias de ex-escravos e descendentes que migraram dos engenhos para localidades do Recôncavo nos anos seguintes à abolição. Assim, pretendemos refletir sobre as experiências da escravidão e da liberdade e como essas influenciaram escolhas migratórias e formas de inserção dos ex-escravos no meio urbano. Refazendo os itinerários seguidos pelos libertos, ao longo do tempo e do espaço, esperamos verificar, também, como essas escolhas estavam articuladas a projetos de liberdade. A diversidade de caminhos percorridos poderá revelar como pessoas e famílias recorreram a estratégias e arranjos variados para sobreviver e encaminhar a vida após o fim do cativeiro. As mudanças ocorridas nas trajetórias pessoais dos que migraram para outras localidades, sobretudo por meio da adoção de outro sobrenome, do aprendizado de uma nova profissão ou do reaproveitamento das experiências profissionais e dos laços

---

*Trecho do samba de roda intitulado *Vou pra Bahia*, recolhido por Gastão Sampaio no início do século XX, *Feira de Santana e o Vale do Jacuípe*, p. 235.

sociais construídos no tempo do cativeiro, podem iluminar aspectos importantes das escolhas e dos caminhos percorridos.

Outros rumos

Nos dias imediatos à abolição houve intensa movimentação de homens e mulheres egressos da escravidão, dos engenhos para as cidades ou dos engenhos para outras freguesias rurais. No capítulo 5, vimos como, nos meses imediatos à abolição, libertos de vários engenhos se mudaram para Maracangalha, a fim de rever parentes ou fixar moradia. Na mesma ocasião, autoridades da Freguesia do Monte queixaram-se do deslocamento de libertos para engenhos abandonados, possivelmente tentando estabelecer roças fora das terras dos antigos senhores. Em parte, esse deslocamento de libertos era prolongamento das fugas de escravos, que se intensificaram nos últimos anos da década de 1880 como decorrência do processo de desmonte das relações escravistas nos engenhos e alhures. Conforme vimos no capítulo 1, as fugas avolumaram-se nos meses que antecederam a lei de 13 de maio, verificando-se, inclusive, fugas coletivas.

Com o fim do cativeiro, formalmente, deixou de haver restrição ao movimento dos ex-escravos e esses não se sentiam mais obrigados a pedir "consentimento" aos ex-senhores para sair das localidades onde viveram cativos. Assim, os libertos não estavam mais obrigados a permanecer presos a um lugar por vontade ou decisão de outrem. Na perspectiva dos antigos senhores, os abandonos das propriedades foram parte do que rotularam de "desorganização do trabalho" decorrente da lei de 13 de maio. Um senhor de engenho baiano observou que os "libertos entregues à agradável impressão de liberdade entenderam quase todos que não deviam ficar na companhia de seus ex-senhores por parecer-lhes que continuariam no cativeiro".[1] Sem os freios morais do escravismo, os libertos abandonariam as propriedades e recusariam o trabalho nos canaviais.

Como em outras partes do Brasil escravista, a imagem de negros abandonando propriedades e engrossando as fileiras dos desempregados e vadios das cidades fez parte do repertório de temores das elites baianas. Na verdade, a imagem do abandono em massa das senzalas era uma projeção de antigos medos senhoriais, algo que se intensificara nas últimas décadas do século XIX. Vimos que, após a abolição, essa imagem continuou presente, sobretudo porque era preciso convencer as autoridades da necessidade de indenização pela perda da propriedade escrava.

Aliás, finda a escravidão, os senhores de engenho apoiaram-se nesses argumentos para reivindicar, dos governos imperial e provincial, medidas repressivas à vadiagem e à vagabundagem. Após o primeiro mês de vigência da Lei Áurea o barão de Vila Viçosa escreveu longo artigo defendendo urgentes medidas para reprimir a insubordinação e a vadiagem que perturbavam os trabalhos agrícolas.[2] Na sua visão, a vadiagem correspondia tanto à recusa ao trabalho nas lavouras de cana como ao abandono das propriedades. Em julho de 1888 a Associação Comercial da Bahia, em representação enviada à princesa Isabel, reivindicou medidas enérgicas para reprimir a suposta "vagabundagem dos livres e libertos".[3]

Nos meses seguintes à abolição autoridades policiais de freguesias açucareiras chegaram a colocar em prática medidas de repressão aos ex-escravos que deixavam os engenhos. Em agosto de 1888, ao prender um liberto por vadiagem, uma autoridade policial de Santo Amaro recomendou punição rigorosa, para que se "coíba aos demais companheiros, principalmente agora que a cidade está cheia de libertos que em nada se empregam, vivendo apenas da rapinagem".[4]

Embora a repressão à vadiagem não se tenha convertido numa solução viável para o controle da população, as autoridades policiais das cidades próximas aos engenhos continuaram a pedir atenção especial à movimentação dos libertos. Em 4 de abril de 1889, em carta enviada ao presidente da província, o delegado da cidade de Alagoinhas, ao falar das dificuldades de policiar uma cidade que se localizava na convergência de três ferrovias e por onde circulava uma "população estranha e desconhecida", incluiu, entre as causas de desordens, a presença dos "que entraram no gozo da liberdade pela lei de 13 de maio" e abandonavam as fazendas e os engenhos da região. Segundo o delegado, "é grande o número deles, o que vindo em busca de trabalho, não encontrando-o [sic], atiram-se a uma vida desregrada". Acusar os libertos de promover desordens ou entregar-se a uma vida supostamente "desregrada" era um argumento forte para sensibilizar o governo provincial para a necessidade de aumentar o destacamento policial da cidade.[5]

Mas, para além dos temores das elites e das preocupações repressivas das autoridades policiais, é necessário pensar a movimentação geográfica do período, a partir dos referenciais dos libertos. Para muitos ex-escravos a migração significou distanciar-se do passado de escravidão. Como observa Rebecca Scott, a mobilidade era um componente do que os libertos definiam como liberdade.[6] Naqueles dias, muitos abandonaram os engenhos em que viviam para rever parentes que residiam em outras propriedades ou retornar para localidades de onde haviam sido retirados por interesse dos ex-senhores. O ex-escravo Argeu contou que, no dia seguinte à abolição, abandonara o engenho em que servira como cativo, para onde fora transferido como dote de casamento da filha do antigo senhor.[7]

Muitas vezes, a decisão de migrar relacionava-se ao desejo de reunir parentes havia muito separados pela escravidão. Em 19 de agosto de 1889 o ex-escravo José Pedro Calazans, casado, residente nas matas da Cachoeira, termo da Comarca de Ilhéus, escreveu ao presidente da província da Bahia requisitando passagens para embarcar a família liberta pela lei de 13 de maio. Na petição enviada ao presidente, José Pedro falou de sua difícil viagem pelos sertões da Bahia e de Sergipe para reencontrar a família. Contou ele que em Ilhéus:

> possui uma fazendinha de cacau e diversas plantações da pequena lavoura, tendo ido à procura de seus descendentes favorecidos pela áurea lei de 13 de maio de 1888 — que se achavam no centro da província de Sergipe acossados pela fome, e reunindo apenas três filhos, uma nora viúva e oito netos com os quais — exaustos de forças e de dinheiro, quase às esmolas — teve de atravessar os sertões daquela e desta província; felizmente pôde alcançar esta capital; porém não podendo atingir o termo de sua jornada como almeja, por lhe faltarem

absolutamente meios com que pagar as passagens para Ilhéus, vem humilde e respeitosamente implorar a V. Exª a caridade de ordenar à Companhia Bahiana, cujo vapor deve seguir viagem amanhã para dar ao suplicante e sua família as passagens necessárias, conforme a lista junta, porque Exm^o Sr., exceto o suplicante, todos eles são foragidos da fome, que em boa hora emigraram [sic] para escapar àquele horrível flagelo e vão no seio desta hospitaleira Província entregar-se ao trabalho cotidiano da lavoura, seguindo o exemplo que seu pai e avô há de implantar-lhes — amor ao trabalho e à pura e sã moral.[8]

O presidente da província despachou favoravelmente e, no dia seguinte, o liberto embarcou no vapor *Visconde Marinho*, acompanhado dos nove membros da família.

Mas o esforço para reencontrar e reunir parentes nem sempre era bem-sucedido. Em 21 de maio de 1888 a liberta Isabel Pereira Teles, provavelmente residente na corte, em carta enviada ao Ministério da Justiça, pediu a restituição do filho menor, chamado Eugênio, levado para a cidade de Salvador como criado por um tal doutor Afonso de Oliveira Marques Sobrinho, por volta de 1884. O mais dramático foi que, entre janeiro daquele ano e abril de 1888, o nome de Eugênio não foi localizado nos registros de passageiros desembarcados na Bahia.[9]

Ao deixar a companhia do ex-senhor, a ex-escrava Maria Justina do Sacramento procurou dar uma outra direção à vida. Em 11 de junho de 1888 o delegado da Vila de São Felipe, José Leandro Gesteira, foi convocado para desvendar o misterioso desaparecimento de Maria Justina e do filho de 4 anos, suspeitos de estar sob cativeiro ilegal no Engenho Coelhos, na Freguesia de Conceição do Almeida. Uma denúncia enviada às autoridades judiciais da vila levantou a suspeita de que a liberta poderia ser mais uma vítima do senhor de engenho Manuel Francisco dos Prazeres, "por ter cometido o grave pecado de não querer continuar a trabalhar para o referido capitão que abusando dos poderes que lhe dá a lei desce à toda sorte de tirania para com os pobres e miseráveis, mandando violentar a um, raptar a outros, prendendo-os finalmente em um tronco que tem em seu engenho".[10]

Tudo indica que a denúncia partiu de algum desafeto político de Prazeres, que na época também ocupava o posto de subdelegado da freguesia. Essas lutas políticas, muitas vezes, se relacionavam à disputa entre senhores pela mão de obra emergente da escravidão. Meses depois, em 26 de setembro de 1888, um senhor de engenho da região denunciou Manuel dos Prazeres por prender no tronco "seu alugado", o liberto Francisco Grosso, depois que esse decidira abandonar o ex-senhor e trabalhar em sua propriedade.[11]

Pelas informações contidas no processo, soubemos que Maria Justina fora escrava de Amâncio Soares dos Reis e, desde o "tempo da escravidão", estava "alugada" ao capitão Manuel dos Prazeres. O amásio da liberta informou que ela morava no engenho do capitão, "a quem fora alugada quando era escrava", mas que "logo que ela ficou liberta fora para a companhia dele e com ele morava". Portanto, para a ex-escrava, abandonar a propriedade onde vivia como cativa e compartilhar o mesmo teto com o companheiro foram os primeiros passos para exercitar sua condição de livre. Contou o amásio que, dias depois, Maria Justina abandonara a casa e, pelo que sabia, achava-se num local chamado Bebedouro, em terras de Francisco Soares dos Reis, irmão do ex-senhor.

Os depoimentos dos vizinhos do casal apontaram outros motivos para o desaparecimento da ex-escrava. Amâncio Soares dos Reis, ex-senhor de Maria Justina, contou que, na noite de 1º de junho, apareceram em sua casa a liberta com o filho de 4 anos e um rapaz de cor parda e que dali se retirou sem dizer para onde ia.[12] Um vizinho do casal contou que Maria Justina era espancada pelo amásio e, numa ocasião, chegou a ouvi-la dizer: "Me solta, me deixe que eu vou dizer a sinhozinho." A referência à intervenção do "sinhozinho" pode significar que Maria Justina pretendia acionar o poder do ex-senhor contra as tentativas violentas do amásio de controlá-la. Havia pouco saída da escravidão, para Maria Justina era inaceitável a tirania doméstica do amásio. Mesmo recorrendo à proteção do ex-senhor e tratando-o com deferência, a liberta parecia obstinada em defender sua liberdade de movimento e de escolha, tanto assim que saiu da casa dele sem "dizer para onde ia".[13]

Mas a decisão de migrar poderia esbarrar na resistência dos antigos senhores. Após a abolição, chegaram às mãos das autoridades da província denúncias, muitas delas redigidas por antigos abolicionistas, contra ex-senhores que estavam impondo castigos físicos ou impedindo a saída de libertos dos engenhos. Em 25 de agosto de 1888 uma carta publicada no *Diário da Bahia* denunciava:

> Por diversos meios têm os senhores buscado reaver a autoridade que a lei de 13 de maio os despojou. Ora requerem das autoridades tutoria dos ingênuos, mascarando assim o interesse de manterem sobre eles o perdido poder. Ora contratam para o trabalho das fazendas os antigos escravos e deixam de cumprir seus compromissos, não pagando os salários e quando os espoliados reclamam em vez de atendê-los ofendem-nos e querem compeli-los ao serviço gratuito.[14]

Segundo a denúncia anterior, o controle sobre os "ingênuos" foi uma estratégia usada pelos senhores para garantir a permanência dos pais. Em 16 de agosto de 1888 a ex-escrava Eulália denunciou o ex-senhor, dono do Engenho Topá, na Vila de Maragojipe, de manter sob seu domínio os filhos "ingênuos" Teodora, Valentina e Júlio. Contou ela que, na noite de 27 para 28 de julho, fora surpreendida por vários indivíduos que cercaram sua casa em terras do Engenho Sinunga e levaram seus filhos para o Engenho Topá, "onde não poderão ter a necessária educação e estão sofrendo as maiores crueldades". Ela justificou o direito à guarda dos filhos alegando que estava habilitada a dar-lhes educação.[15] Tudo indica que o controle sobre sequestro dos filhos ingênuos foi uma forma de forçar o retorno de Eulália ao engenho.

Houve senhores de engenho que se apoiaram na Lei do Ventre Livre para requerer judicialmente a tutela dos menores. Em 8 de outubro de 1888 Vitória, crioula, mãe de Vitorina, 12 anos, Porcina, 10 anos, e Eutrópio, 6 anos, denunciou o ex-senhor Marcos Leão Veloso, proprietário do Engenho Coité, termo da Vila de Inhambupe, por não querer entregar seus filhos e ainda mantê-los no canavial "como se fossem escravos, sujeitos a castigos". A avó dos menores, a africana nagô Felicidade, intercedeu pelos netos, mas Veloso manteve-se irredutível. A denúncia foi redigida pelo abolicionista Eduardo Carigé, que acusou o ex-senhor de desrespeitar a lei de 13 de maio e o direito da ex-escrava Vitória de criar e educar os filhos "para serem úteis à Pátria".[16]

Antônio Calmon de Brito, juiz de órfãos da Vila de Inhambupe, saiu em defesa do coronel Marcos Leão Veloso, recorrendo ao argumento do despreparo dos libertos para a vida em liberdade. Em carta enviada ao presidente da província, em 19 de novembro de 1888, ele afirmou que, depois da promulgação da lei de 13 de maio, fora grande o número de libertos que abandonaram as fazendas e engenhos. Segundo ele, no engenho de Marcos Veloso, houve deserção em grande escala e muitas mães deixaram para trás os filhos "ingênuos", em "completo desamparo", e seguiram para diversos povoados, "a fim de se entregarem à prostituição". Vitória foi acusada de tal procedimento. O juiz buscou desqualificar moralmente as ex-escravas, rotulando-as de irresponsáveis e incapazes de criar os próprios filhos. Ao que parece, o presidente convenceu-se da cantilena do juiz, pois em seu despacho deu por encerrado o caso.[17]

Em 19 de fevereiro de 1889 Adelina, crioula, "ex-escrava", queixou-se da perseguição promovida pelo antigo senhor, doutor Porfírio Veloso, dono de engenho em Santo Amaro, depois que ela decidiu fixar residência na cidade. Adelina contou que, ainda sob vigência da escravidão, ela, o filho Belmiro, crioulo, e mais "alguns parceiros" foram transferidos para o Engenho Jacu como dote de casamento da filha do ex-senhor. Após a lei de 13 de maio, decidira retirar-se do referido engenho, levando consigo o filho. Na estrada para Santo Amaro, fora surpreendida por quatro indivíduos armados, que lhe deram pancadas, levaram seu filho e os animais em que viajavam. Adelina conseguiu fugir para a cidade, mas acusou o ex-senhor de persegui-la. Denunciou, também, que o filho se achava preso no tronco do Engenho Pinguela, perto do mesmo Jacu, sofrendo castigos. Finalizou pedindo providências para que lhe fosse entregue o filho e que cessassem as perseguições. No mesmo dia, o chefe de polícia ordenou ao juiz de órfãos de Santo Amaro que providenciasse a respeito.[18]

Na verdade, não houve abandono "em massa", como haviam previsto os senhores de engenho. Tudo indica que a saída de libertos e seus descendentes dos engenhos se foi processando ao longo dos anos que se seguiram à abolição. Aliás, o incremento da movimentação geográfica de populações egressas da escravidão ocorreu em outras regiões de passado escravista.[19] Escrevendo sobre os engenhos pernambucanos na década de 1920, Gilberto Freyre observou que a mobilidade dos trabalhadores parecia uma volúpia. À relativa sedentariedade de antes da abolição, sucedeu o ciganismo de então. Caldeireiros, metedores de cana, trabalhadores de enxada "são agora a gente mais sem raiz deste mundo. Vivem rolando dum engenho a outro". Segundo Freyre, desapareceram as relações fixas entre senhores e trabalhadores; entre senhores e aderentes; entre senhores, rendeiros e lavradores de partido; enfim, quebrou-se a "coesão patriarcal" que outrora os estabilizava.[20]

Na visão de Freyre, esse desenraizamento da população trabalhadora dos engenhos era consequência do processo de modernização da produção açucareira. O patriarcalismo senhorial que protegia e abrigava os libertos sob os telheiros das casas-grandes foi substituído pela impessoalidade das relações nas usinas. A visão nostálgica de Freyre ocultava as motivações dos trabalhadores. Como temos visto, a decisão de abandonar os engenhos tinha motivações diversas; incluíam a expectativa de melhoria das condições de sobrevivência e a reparação de laços afetivos quebrados pela vida escrava.

Além disso, é preciso pensar as migrações no contexto da diversidade de experiências dos libertos no pós-abolição. A decisão de migrar para outras localidades poderia estar relacionada à esperança de alargar possibilidades de sobrevivência fora dos antigos engenhos ou de distanciar-se da autoridade dos antigos senhores.

A partir dos registros cartoriais, foi possível reencontrar libertos que migraram dos engenhos para as vilas e cidades. No início do século XX Belarmino Balbino de Santana e Leolinda Isabel, ex-escravos do Engenho Passagem, moravam na rua Sinimbu, em Santo Amaro, quando nasceu a filha Rita de Cássia. Localizamos Maria Domingas de Ramos, lavadeira, registrando em 25 de novembro de 1903 o nascimento do filho Catarino da Cruz, "preto", nascido em sua residência, no Beco da Inquisição, na cidade de Santo Amaro. Por aquele registro, soubemos que Maria Domingas nascera no Engenho Macaco, na Vila de São Francisco.[21] Entre os registros de nascimento de Cachoeira localizamos uma ex-escrava do Engenho da Cruz chamada Constança Maria das Mercês registrando a bisneta nascida em dezembro de 1894, que haveria de se chamar Maria Valentina, filha de sua neta Saturnina Dutra.[22]

Em 2 de junho de 1902 Procópio Gomes de Sales, lavrador, amasiado com Apolônia de Góes, apresentou-se ao cartório de Santo Amaro para registrar o nascimento do filho Demétrio, cor "preta". Conforme vimos no capítulo anterior, até 1889, quando nasceu o primeiro filho sob o regime de liberdade, o casal morava e trabalhava na lavoura do Pitinga, mas em 1902 já havia mudado para o Engenho Santa Catarina. Na época, Procópio revelou que a amásia era doméstica e vivia "em sua companhia há muitos anos". Entre um registro e outro passaram-se 13 anos e, durante esse tempo, algumas mudanças na vida do casal podem ser percebidas por meio dos registros. Vê-se que Procópio abandonou o sobrenome Pires, herdado do antigo senhor, e adotou o Gomes de Sales. Tudo indica que Apolônia havia deixado a lavoura, pois, no segundo registro, exercia a profissão de doméstica.[23]

Para entender mais sobre as razões e os significados da movimentação dos ex-escravos dos engenhos, recorremos mais uma vez aos registros de entrada e saída de doentes do Hospital da Santa Casa de Misericórdia de Santo Amaro, entre 1906 e 1917. Infelizmente, os livros anteriores a 1906 foram extraviados, mas os que restaram guardam informações valiosas sobre pessoas de cor negra ou mestiça nascidas em engenhos do Recôncavo e internadas naquela instituição. Além de idade, cor, estado civil e profissão, o escrivão registrou o local de nascimento e de residência dos doentes, no momento em que ingressavam no hospital. Com essas referências, foi possível recompor parte do itinerário de libertos ou descendentes que mudaram de residência ao longo daqueles anos.

Sabemos que as informações colhidas nos livros de internamento da Santa Casa não são suficientes para definir o perfil da população de ex-escravos e descendentes que deixaram os engenhos durante aquele período. Entretanto as informações ali contidas podem oferecer indicações importantes sobre as escolhas e opções disponíveis aos que saíram das localidades onde nasceram. Com base nesses dados, foi possível saber quais direções essas pessoas tomaram, depois da abolição, e tecer algumas considerações sobre as consequências das escolhas migratórias nas trajetórias pessoais e familiares.

Conseguimos identificar com segurança 228 internados entre 1906 e 1917 que haviam nascido em engenhos e, no momento em que deram entrada no hospital, residiam em outras localidades. Com as informações sobre local de nascimento e endereço atualizado daquelas pessoas, montamos a Tabela 8.

Tabela 8. Mobilidade geográfica de pessoas nascidas em engenhos do Recôncavo, 1906-1917

Destinos	Quantidade	%
Cidades	82	36,0
Outros engenhos	86	37,8
Usinas	29	12,6
Freguesias rurais	31	13,6
Total	228	100

Fonte: ASCMSA, *Livros de entrada de doentes no hospital*, 1906-1917.

Nela, vê-se que a mobilidade das pessoas nascidas em engenhos dava-se em várias direções, para outros engenhos, outras usinas, freguesias rurais e cidades. Do total de internados, 64% movimentaram-se dentro do mundo rural, muitos deles envolvidos na produção açucareira. Os engenhos e as usinas eram o destino de mais da metade dos internados; talvez essa proporção fosse maior se incluíssemos os que apenas declararam residir em outras freguesias rurais.

Os engenhos atraíram 58,9% dos que circulavam na zona rural. Em 23 de janeiro de 1907 foi admitido no hospital Pedro de Nogueira, "preto", 48 anos, solteiro, nascido no Engenho São Bento, que, naquele momento, morava no Engenho Brotas. Em 14 de junho de 1908 Ciriaco dos Santos, "preto", 23 anos, nascido no Engenho Traripe e morador do Engenho Catacumba.[24] Infelizmente, ainda não localizamos evidências que permitam determinar em que momento abandonaram as localidades de origem ou o tempo de residência nos locais para onde se mudaram. Possivelmente, parte daquela movimentação era determinada pelo calendário das colheitas de cana, fumo e mandioca.

Havia grande circulação de trabalhadores que se empregavam apenas durante o período de corte da cana, retornando para suas residências no fim da safra. A condição de trabalhadores temporários nos engenhos ficou bem explícita em alguns registros. Ao dar entrada no hospital, em 25 de abril de 1916, Marcolino Pires, "preto", 66 anos, nascido no Engenho Jacu, informou que trabalhava no Engenho Botelho como "jornaleiro". Em março de 1917 Umbelina de Jesus, "preta", 30 anos, natural do Engenho Fortuna, disse trabalhar como "diarista" no Engenho Caloé.[25]

Cabe observar que nem sempre a mudança para os engenhos significava trabalho em canavial. Lavradores de mandioca e fumo, que tinham terras arrendadas nos engenhos, frequentemente empregavam trabalhadores de enxada no período de colheita. Além disso, trabalhadores rurais costumavam deslocar-se de um engenho para outro, a fim de participar de mutirões nas roças de amigos e parentes.

As informações sobre os pacientes do hospital mostram que, de diversas maneiras, a modernização do setor açucareiro estava afetando a vida dos ex-escravos e seus descendentes. Alguns trabalhadores de usinas deram entrada no hospital para tratar-se de problemas de saúde causados por acidentes de trabalho. Em 31 de agosto de 1915 foi internado Manuel Moreira, "preto", 13 anos, vítima de acidente, nascido no Engenho Brito e trabalhador da lavoura de cana da usina Itapetingui. Em 25 de novembro de 1916 foi internado por motivo de acidente de trabalho Félix dos Santos, "preto", 15 anos, nascido no Engenho Camaçari e cortador de cana na Usina Passagem.[26] Parece que a maioria ia para as usinas plantar e cortar cana. Ao ser internado em 13 de julho de 1908, Manuel Estevão, 40 anos, nascido no Engenho Botelho, declarou que residia na Usina São Carlos e trabalhava na lavoura de cana.[27] Da mesma forma Felipe Bulcão, "preto", 73 anos, solteiro, nascido no Iguape e trabalhador na lavoura de cana da Usina São Carlos, em Santo Amaro.[28] A julgar pelo sobrenome que carregava, é provável que Felipe tenha sido ex-escravo da família Bulcão, proprietária de vários engenhos no Iguape.

De alguns trabalhadores de usina foi possível descobrir o passado escravo. Em 3 de agosto de 1910 deu entrada no hospital Manuel Brás, "preto", solteiro, nascido no Engenho Velho, trabalhador da Usina São Carlos. Revendo a lista de escravos do Engenho Velho, pertencente ao barão de Pirajá, verificamos que Manuel Brás de fato fez parte da escravaria daquele engenho. Filho da escrava Eufrosina, em 1887 ele tinha 23 anos e era solteiro. Um ano antes do fim do cativeiro, toda a família de Manuel Brás ainda estava presa à escravidão, pois na lista ainda constavam o nome de sua mãe e de três irmãs, Eufemia, Agostinha e Dana.[29]

A amostragem revela que 36% das pessoas nascidas em engenhos se haviam mudado para as cidades. Como era de esperar, a maioria dos internados residia em Santo Amaro; ainda assim, os dados confirmam a importância dos centros urbanos como destino possível dos que saíram dos engenhos. Na Tabela 9, listamos as ocupações dessas pessoas nas cidades.

Tabela 9. Ocupações dos que migraram para as cidades, 1906-1917

Profissões	Frequência	Profissões	Frequência
Lavoura	18	Pedreiro	2
Roceiro	12	Aguadeiro	2
Doméstica	11	Carroceiro	1
Cozinheira	1	Servente	1
Costureira	5	Garimpeiro	1
Engomadeira	1	Ganhadeira	1
Criado	3	Charuteiro	1
Ganhador	2	Salineiro	1
Diarista	5	Forneiro	1
Carreiro	1	Marítimo	1
Marceneiro	4	Sem declaração	3
Total			78

Fonte: ASCMSA, *Livros de entrada de doentes no hospital*, 1906-1917.

Nela, observa-se grande quantidade de trabalhadores urbanos ligados às atividades agrícolas; 38,4% declararam trabalhar em lavoura ou roça. A proximidade da fronteira agrícola do centro de Santo Amaro tornava possível a um trabalhador residir na cidade e andar até o canavial de alguma usina ou engenho próximo. Cipriana Maria Pesote, "preta", 44 anos, nascida no Engenho Tebaida, declarou "viver de roça" e residir na rua do Bonfim, em Santo Amaro.[30] O ex-escravo Antero Ramos da Purificação trabalhava na lavoura e residia na cidade. No capítulo anterior, vimos que, até junho de 1891, quando registrou o nascimento da filha Crescência, ele e a amásia Maria Orminda moravam no Engenho Pitinga. Mas, ao reencontrá-lo nos registros do hospital da Santa Casa, em 14 de julho de 1918, soubemos que Antero Ramos havia fixado residência em Santo Amaro.[31]

Alguns internados exerciam, nos centros urbanos, profissões aprendidas nos engenhos. Em 16 de março de 1916 compareceu ao hospital Próspero dos Santos, "preto", 70 anos, solteiro, pedreiro, nascido no Engenho Mombaça e, naquele momento, residindo na cidade de Santo Amaro. Vendo a lista de escravos daquele engenho, feita em 1880, constatamos que Próspero era pedreiro. Ao trocar a vida no engenho pela cidade, o ex-escravo aproveitou o ofício aprendido no tempo da escravidão.[32] Até então, muitos ofícios exercidos na zona rural se encaixavam perfeitamente nas necessidades do mercado urbano. Daí que é equívoco supor que os ex-escravos rurais estivessem despreparados para a vida nas cidades. Mas parece que a maioria teve de aprender novos ofícios ou profissões para sobreviver. Manuel Clemente, "preto", 70 anos, nascido no Engenho Tanque, viabilizou a sobrevivência em Santo Amaro tornando-se aguadeiro. Já Manuel Cirilo da Hora, mulato, 28 anos, solteiro, nascido no Engenho Velho, teve de aprender a profissão de charuteiro.[33]

As mulheres internadas, em sua maioria, exerciam profissões domésticas, eram as amas-secas, engomadeiras e cozinheiras nos sobrados da cidade. O setor doméstico era o que mais absorvia trabalho feminino saído dos engenhos. Henriqueta Maria da Silva, "preta", 60 anos, nascida no Engenho Brotas, trabalhava como doméstica na cidade de Santo Amaro quando, em outubro de 1906, foi internada para tratar-se de anemia. Mas o serviço doméstico não era ocupação exclusiva de mulheres. Em 15 de outubro de 1916 Dionísio dos Santos, "pardo", 16 anos, nascido bem depois da abolição, no Engenho São Bento, declarou trabalhar como criado em Santo Amaro.[34] Pelo menos uma mulher nascida em engenho atuava no pequeno comércio ambulante como ganhadeira; tratava-se de Delfina Ribeiro, "preta", 68 anos, nascida no Engenho Pericoara, internada em 16 de fevereiro de 1916.[35] Seu isolamento talvez reflita a dificuldade das que migraram dos engenhos para encontrar algum espaço no competitivo universo das ganhadeiras.

Tal como no campo, a vida na cidade era muito difícil para os que haviam emergido da escravidão, e não surpreende que alguns tenham sucumbido à indigência. Em 5 de novembro de 1920 foi internada no hospital Venância "de Tal", "mulata", 68 anos, solteira, nascida no Engenho Pitinga; vivia em Santo Amaro como "esmoler". Folheando a lista de escravos daquele engenho, feita em 1887, pode-se ler o nome de Venância, então com 36 anos, solteira, filha de Patrícia. A mãe provavelmente é a mesma que aparece entre os escravos do Engenho Conde, também pertencente ao barão de Pirajá, em 1871.[36]

É preciso observar que os dados do hospital dão conta, apenas, dos ex-escravos ou descendentes que se estavam movimentando dentro do Recôncavo, muitos deles ainda ligados à grande lavoura de cana. Ocorre que, nos anos seguintes à abolição, houve um movimento silencioso de libertos em direção às freguesias rurais mais distantes da lavoura de cana, especialmente para regiões de fronteira ou do litoral. Possivelmente, o fluxo de ex-escravos para as terras do sul do estado intensificou-se em fins do século XIX, em função das promessas da cultura cacaueira.[37] Além da esperança de possuir roça, os salários pagos na lavoura cacaueira eram mais atraentes do que os pagos na lavoura de cana. Segundo um estudo feito pelo Ministério da Agricultura, em 1912 o valor médio da diária do trabalhador agrícola na lavoura cacaueira era de 2$000, enquanto nos distritos açucareiros era de 1$500. O mesmo estudo mostrou que, durante a colheita de cacau, era comum o deslocamento de trabalhadores rurais de outras regiões para as lavouras daquele produto.[38]

É provável que muitos povoados litorâneos tenham atraído libertos que nasceram nas freguesias rurais do Recôncavo. Estudos futuros sobre comunidades que habitam nas proximidades dos mangues da Baía de Todos os Santos e do baixo sul talvez acusem a entrada de gente que desertou dos canaviais após o fim do cativeiro.

Sabemos que, após o fim da escravidão, se intensificou o movimento de retorno à África. Acompanhando o movimento de saída de passageiros do Brasil para a África, Kim Butler identificou sensível aumento de saída de africanos e crioulos para a cidade africana de Lagos. Duas semanas depois do 13 de Maio, 54 passageiros embarcaram com destino àquela cidade. No ano seguinte ainda era grande a saída de africanos e descendentes para portos da África.[39] Quando a abolição foi promulgada, a maioria dos africanos já havia conseguido a alforria e, provavelmente, muitos haviam decidido viajar depois que filhos e netos foram libertos pela lei de 13 de maio. Talvez tenha sido com isso em mente que, em 9 de maio de 1888, no dia em que os jornais noticiaram a aprovação do projeto de abolição, empresários da cidade anunciaram na imprensa a venda de passagens para a Costa da África a bordo da barca nacional *Cecília*. Um outro anunciante prometeu que, naquele mês, partiria para Lagos o patacho *Bonfim*.[40]

Recôncavo em movimento

Infelizmente, os censos populacionais de 1872 e 1890 não fornecem informações sobre tendências da movimentação das populações negras pelo Recôncavo nas duas últimas décadas do século XIX. Sabe-se que, nos anos finais daquele século, alguns centros urbanos do Recôncavo se destacaram como importantes polos de atração da população livre e liberta. Além de Salvador, Santo Amaro, São Félix e Cachoeira constavam entre os principais centros urbanos da região do açúcar. O recenseamento de 1872 registrou 8.146 habitantes na freguesia urbana de Nossa Senhora do Rosário do Porto da Cachoeira; desses, 79,6% eram negros e mestiços. Em 1890 aquela população saltou para 12.607 pessoas. Dos residentes no centro urbano, 2.542 eram de cor "preta", ou seja, representavam 20,1% da população da cidade. Se acrescermos a esses os caboclos e os mestiços, veremos que a população não branca chegava a pouco mais de 72% da população geral.[41]

Entre os dois recenseamentos, observa-se também incremento populacional na vizinha povoação de São Félix. Em 1872 residiam na então Freguesia de Deus Menino de São Félix 2.857 pessoas; dentre elas, 14,5% eram de cor "preta". Em 1890, ano em que foi elevada à condição de cidade, a população de São Félix saltou para 4.358 habitantes; desses, 953 eram "pretos", ou seja, 21,8%. Apenas 36,6% eram de cor branca. Nos primeiros anos do século XX a população desse centro portuário do interior continuou crescendo. Cabe ressaltar que tanto Cachoeira como São Félix comportavam uma população flutuante constituída por trabalhadores residentes nas freguesias rurais próximas, que se deslocavam diariamente para as fábricas de charutos e retornavam no fim do dia.

São Félix e Cachoeira eram centros urbanos que atraíam população devido às atividades portuárias, comerciais e, principalmente, à concentração de indústrias fumageiras. Entre 1880 e 1890 as fábricas de charutos experimentaram conjuntura de crescimento das exportações para o mercado europeu. O nível de empregos nessas atividades também seguiu num ritmo de crescimento. Vejamos alguns números referentes a trabalhadores contratados nas maiores fábricas de charutos da região, entre o fim do século XIX e o início do XX. A Suerdieck, sediada em Cachoeira, em 1916 empregava cerca de quatrocentos operários; em 1921 esse número saltou para 900. Em 1887 a Costa Ferreira & Penna, sediada em São Félix e com filial em Muritiba, empregava setenta trabalhadores; em 1921 esse número já estava em torno de mil operários. Em 1877 a fábrica Dannemann, fundada por dois imigrantes alemães, empregava entre trezentos e quatrocentos trabalhadores; em 1921 contava com cerca de 1.200 operários.[42]

Além da indústria fumageira, as referidas cidades constituíam importantes pontos de ligação entre Salvador e as localidades mais distantes do litoral, genericamente chamadas de sertão. A condição de entreposto comercial fortaleceu-se com a construção das estradas de ferro no fim do século XIX. A circulação de pessoas e mercadorias ampliou o mercado de trabalho para ganhadores, carroceiros, tropeiros, saveiristas, canoeiros, estivadores e marinheiros, cujas profissões eram tradicionalmente exercidas por negros e mestiços. Nos últimos anos da escravidão, libertos e escravos fugidos seguiram para aqueles centros, especialmente atraídos pelas obras das estradas de ferro.

Em contraste, a população do Iguape, o maior distrito açucareiro de Cachoeira no século XIX, sofreu diminuição de seu contingente populacional. Em 1872 a população de Santiago do Iguape era de 7.159 pessoas; entre elas, 43,5% eram "pretos". Em 1890 a população do distrito chegou a 9.741 habitantes; desses, 34,8% eram "pretos" e apenas 10,6%, brancos. Os negros e os mestiços chegavam a quase 90% da população. O impacto da crise açucareira parece ter-se refletido nos números populacionais dos anos posteriores. Ao longo das duas primeiras décadas do século XX a Freguesia do Iguape sofreria significativo esvaziamento populacional. Em 1912 um pároco afirmou que a freguesia estava em estado de decadência e "sem esperança de futuro". Segundo sua estimativa, a população da freguesia era de cinco mil habitantes. O recenseamento de 1920 acusou 8.063 pessoas morando no Iguape.[43]

Tudo indica que nos últimos anos do século XIX houve migração de populações do interior da província para a cidade de Salvador. Segundo o censo de 1872 a população de Salvador era de 129.109 habitantes. Em 1890 esse contingente saltou para 171.412. Pelo censo de 1890 soubemos que os "pretos" constituíam 26,9% da população. Juntando esse contingente com os mestiços, vê-se que os não brancos representavam 67,4% da população.[44] Sabemos que, na década de 1880, Salvador foi o destino principal de grande número de escravos fugidos do Recôncavo. Parte dos que fugiram ou abandonaram os engenhos foi incorporada ao mercado de trabalho urbano, nas profissões tradicionalmente ocupadas pela população livre e liberta. Para saber em que medida a movimentação de escravos e libertos vinha afetando a composição dos trabalhadores da cidade, averiguamos alguns dados sobre dois setores fundamentais do mercado urbano: o trabalho de rua e os serviços domésticos.

Em estudo sobre o serviço de ganho nas ruas de Salvador, entre 1887 e 1893, o historiador João Reis verificou que, dos 1.703 ganhadores registrados no livro de matrícula, 11,6% eram oriundos da região do açúcar, Santo Amaro, São Sebastião do Passé, Cachoeira e São Francisco do Conde. Muitos deles eram ex-escravos. Se adicionarmos os ganhadores vindos de outras localidades do Recôncavo, esse percentual pode chegar a 17,5%. Muitos desses trabalhadores de rua haviam abandonado os canaviais nos últimos anos de escravidão ou logo após o 13 de Maio.[45]

Entre os ganhadores matriculados que saíram dos engenhos, alguns traziam referências às propriedades de onde vieram ou aos antigos senhores. Manuel João, acaboclado, 52 anos, natural de Santo Amaro, informou que "foi escravo do falecido barão de Pirajá". Manuel Panfilo, cor fula, 26 anos, natural da Freguesia do Monte, declarou ter sido "cria de Joaquim Alves da Cruz Rios", senhor de engenho em São Francisco do Conde. José Antônio de Oliveira, preto, 46 anos, natural de Santo Amaro, afirmou ter sido "escravo do barão de Alagoinhas". Alguns se declararam libertos pela lei de 13 de maio. No canto N, no bairro Comercial, também trabalhavam Manuel Longuinho, fula, 27 anos, natural de Santo Amaro (ex-escravo do senador Junqueira), Anacleto Teixeira Magno de Nazaré, preto, e Julião Maurício Wanderley, cor fula, nascido na freguesia de Matoim, ex-escravo do barão de Cotegipe. Todos se declararam libertos pela lei de 13 de maio.[46]

Alguns ex-escravos procedentes de freguesias açucareiras se concentravam no mesmo canto de trabalho. No canto da rua da Louça trabalhavam Ângelo Veríssimo da Purificação e Paulo Narciso das Chagas Viana, ambos pretos e vindos da Freguesia do Monte, na Vila de São Francisco do Conde. Sobre alguns foi possível saber que haviam saído da mesma propriedade. No canto localizado no beco da Carne Seca, centro da cidade, trabalhavam José Antero, cor fula, 28 anos, e Pedro Celestino, cor cabra, 26 anos, ambos nascidos na freguesia do Passé e ex-escravos do mesmo senhor. Pedro Francisco de Sousa, 18 anos, e o irmão Nilo Manuel de Sousa, 19 anos, ambos pretos e nascidos em Paripe, ex-escravos do mesmo senhor, não apenas trabalhavam juntos, mas também residiam na mesma rua das Laranjeiras. Essas evidências mostram que libertos e livres buscaram reconstituir na cidade laços afetivos e de amizade tecidos no mundo dos engenhos.[47]

Separando os 58 ganhadores provenientes de freguesias que concentravam grandes engenhos, Nossa Senhora do Monte, Socorro, Rio Fundo, Bom Jardim, Iguape, Matoim, Paramirim e São Sebastião do Passé, verificamos que 17 deles traziam registro de alguma profissão. Entre as profissões citadas estavam copeiro, tanoeiro, arrieiro, ferreiro, marceneiro, carpinteiro, roceiro, carapina, sapateiro e cabeleireiro — provavelmente aprendidas nas localidades de origem, o que pode significar que a saída de trabalhadores dos engenhos para as cidades não se restringiu apenas aos que labutavam na lavoura.

Os homens e as mulheres que abandonaram os engenhos, após a abolição, enfrentaram uma conjuntura de crescente controle, pelos poderes municipal e provincial, das profissões tradicionalmente exercidas por pessoas de cor negra. Desde o fim do século XIX, especialmente com o declínio da escravidão nas cidades, as autoridades baianas vinham adotando medidas enérgicas para disciplinar o trabalho e os trabalhadores urbanos, a maior parte deles negra e egressa da escravidão. A matrícula dos ganhadores era parte dessa política elaborada pelas autoridades baianas.

Mas elas estavam, também, atentas a outros setores que concentravam trabalhadores libertos na cidade. Além dos ganhadores, foram obrigados à matrícula carroceiros e aguadeiros. Segundo um levantamento parcial das matrículas feitas até julho de 1893, atuavam nas ruas de Salvador 2.452 trabalhadores, sendo 1.721 ganhadores, 473 carroceiros e 258 aguadeiros. Na ocasião, os jornais anunciaram que a matrícula daqueles profissionais finalizaria em 6 de agosto daquele ano e quem não fosse matriculado estaria sujeito à multa de 10$000 ou quatro dias de prisão. Os profissionais matriculados ficariam obrigados a usar boné e carregar no braço uma chapa com o respectivo número.[48]

Além dos trabalhadores de rua, as autoridades vinham implantando medidas de controle das criadas e dos criados domésticos. Em 30 de dezembro de 1886 a Câmara de Salvador, respondendo às requisições do chefe de polícia e aos "reclamos do público", elaborou algumas posturas regulando a relação entre amos e criados. A medida pretendia regulamentar a locação de serviços domésticos na cidade, estabelecendo regras formais na relação entre criados e amos. Os camaristas disseram estar legislando sobre matéria "espinhosa", uma vez que a "classe que se dedica ao serviço doméstico" não estava habituada a prescrições.[49] Na verdade, eram medidas que refletiam a preocupação das autoridades com o rápido declínio da escravidão na cidade de Salvador, na década de 1880. Era também uma resposta do poder municipal às "famílias baianas", em relação não só à oferta de trabalho doméstico livre e liberto, mas, principalmente, à adoção de mecanismos eficazes de controle que substituíssem as relações escravistas em seus lares.

Os camaristas apresentaram 27 posturas, regulando aspectos diversos do serviço doméstico e da relação entre amos e criados. O conteúdo das posturas revelava as principais preocupações dos camaristas de estabelecer o controle policial sobre os criados, obrigá-los a cumprir contratos e garantir que a oferta do serviço fosse feita segundo os preceitos higienistas de então. A primeira postura determinava que haveria na Secretaria de Polícia um livro de registro destinado à inscrição de livres e libertos que exercessem as profissões de cozinheiro, copeiro, engomadeira, ama-seca ou de leite, lacaio, cocheiro, jardineiro, moço de hotel, casa de pasto e hospedagem; enfim, todo serviço doméstico. A postura 3 determinava que não seria inscrito quem sofresse de moléstia contagiosa ou causasse repugnância, aquele que tivesse contra si procedimento criminal, menores sem autorização do pai ou pessoa responsável e a mulher casada sem autorização do marido. Portanto, pretendiam os camaristas acionar os mecanismos de dominação masculina no controle das criadas. No ato da inscrição, o criado receberia uma caderneta fornecida pela Câmara e autenticada pela Secretaria de

Polícia e folhas em branco destinadas a qualquer observação feita pelo delegado ou pelo chefe de polícia. A primeira caderneta seria gratuita, mas, da segunda em diante, o criado deveria pagar, por cada uma, 1$000. O criado ficava obrigado a comparecer uma vez ao ano, para exibir a caderneta.[50]

Os vereadores legislaram sobre a relação entre amos e criados definindo direitos e deveres das duas partes. A postura 9 determinava que os criados que abandonassem os serviços antes do prazo estipulado em contrato seriam multados em 20$000 ou quatro dias de prisão. Em compensação, a postura 10 facultava ao criado o direito de abandonar a casa do amo por falta pontual de pagamento e maus-tratos ("justas causas"). Consideravam-se também justas causas de despedida a enfermidade, embriaguez, imperícia no serviço, "ofensa e falta de respeito" ao amo ou a uma pessoa de sua família.[51]

A postura 15 determinava que a ama de leite que ocultasse moléstia ou tivesse reconhecida a incapacidade de amamentar criança incorreria na pena de 20$000 ou quatro dias de prisão. Além disso, não se poderia recusar ao exame médico. A ama de leite que abandonasse a criança antes de findo o prazo de contrato (ou seja, o período de amamentação) seria multada em 30$000 ou oito dias de trabalho. Resguardavam-se os direitos da ama de leite de recusar o trabalho, entre outras coisas pela falta de pagamento de salário e maus-tratos e por ser obrigada a serviço que não tivesse sido ajustado previamente. A amamentação seria determinada por médico designado pela câmara ou delegado de polícia e a ama de leite seria obrigada a fazê-lo pelo tempo necessário.[52]

Em 4 de janeiro de 1887 um ato do presidente da província aprovou provisoriamente a implantação das posturas apresentadas pela Câmara até que a Assembleia se posicionasse a respeito. Uma das consequências imediatas da aprovação das posturas da Câmara foi a matrícula das criadas domésticas. No Arquivo Público da Bahia, localizamos parte do livro de matrículas de criadas domésticas que cobre 1887 e 1893. Infelizmente os registros de 1893 estão incompletos. Obedecendo às determinações contidas nas posturas, o livro registrava nome,

OUTROS ITINERÁRIOS DE LIBERTOS NO PÓS-ABOLIÇÃO

naturalidade, estado civil, idade, profissão, "sinais característicos" e nacionalidade do inscrito.[53]

Antes de analisar a procedência das criadas domésticas, veremos outros aspectos importantes do perfil desse importante contingente de trabalhadores urbanos. Foram matriculados 791 criados e criadas domésticas; desses, 566 mulheres e 225 homens; as mulheres representavam 71,5% dos profissionais do setor. Destacando apenas os 781 que tinham profissão declarada, foi possível compor a Tabela 10.

Tabela 10. Distribuição dos criados e criadas por sexo e profissão

Profissão	Mulheres	%	Homens	%	Total	%
Cozinheira	265	47,6	25	11,1	290	37,1
Criado	77	13,8	58	25,8	135	17,3
Ama seca	64	11,5	—	—	64	8,2
Ama de leite	20	3,6	—	—	20	2,6
Engomadeira	69	12,5	—	—	69	8,8
Costureira	12	2,2	—	—	12	1,6
Lavadeira	20	3,6	—	—	20	2,6
Copeira	20	3,6	84	37,3	104	13,3
Serviço doméstico	9	1,6	1	0,4	10	1,3
Jardineiro	—	—	23	10,3	23	2,9
Cocheiro	—	—	15	6,6	15	1,9
Outros serviços	—	—	19	8,5	19	2,4
Total	556	71,5	225	28,5	781	100,0

Fonte: Apeb, *Livro de matrícula das criadas domésticas* (1887-1893).

Por motivos óbvios, o serviço de ama de leite era dominado por mulheres. Também cuidar de crianças, engomar, costurar e lavar eram atribuições reservadas inteiramente às pessoas do sexo feminino. Em parte, essa predominância feminina refletia a preferência dos amos. Mas a copa e a cozinha das casas e dos sobrados da cidade eram disputadas por homens e mulheres. Apenas na copa o número de homens superava o de mulheres. Os serviços externos à casa — cuidados com o jardim, roça e animais — eram inteiramente ocupados por criados do sexo masculino.

Assim como no livro de matrícula dos ganhadores, o escrivão da polícia usou vários termos para classificar a cor da pele das empregadas domésticas. Por exemplo, as negras eram divididas em preta, crioula e fula. As mestiças eram fracionadas em categorias e subcategorias. As pardas, por exemplo, eram classificadas em matizes, parda-clara, parda-escura. Os brancos poderiam ser repartidos em "brancos macilentos" e "quase brancos". Reclassificando essas variações cromáticas em torno de categorias que demarcavam as classificações raciais de então, montamos a Tabela 11.[54]

Tabela 11. Distribuição das criadas domésticas por cor

Cor	Frequência	Percentual
Preta	337	43,6
Parda	273	35,3
Cabra	101	13,0
Cabocla	15	1,9
Branca ou "quase branca"	48	6,2
Total	774	100,0

Fonte: Apeb, *Livro de matrícula das criadas domésticas* (1887-1893).

Vemos que o serviço doméstico era um setor predominantemente ocupado por pessoas de cor negra ou mestiça; essas representavam 93,8% dos que cozinhavam, lavavam e cuidavam das crianças dos moradores dos sobrados urbanos. Entre as criadas, encontramos apenas oito africanas. Criadas e criados brancos eram rara exceção e seu número poderia ser menor se retirássemos os classificados como "quase brancos". Mas não podemos pensar que essa maioria negra fosse apenas resultado da recusa dos brancos pobres em empregar-se nas casas dos brancos ricos. Anúncios de emprego publicados em jornais da época mostram que muitos amos manifestaram preferência por ser servidos por pessoas de cor negra.

Do total de criadas domésticas, 205, ou seja, 25,9%, eram naturais de freguesias rurais e urbanas do Recôncavo. Dos centros açucareiros (Santo Amaro, São Francisco, Cachoeira e São Sebastião do Passé) vieram 110 criados, ou seja, 13,9% do total de criados e criadas. Entre as criadas egressas daquelas freguesias, identificamos algumas que haviam saído dos engenhos. Em 1887 compareceu à Secretaria de Polícia Laurentina Dutra, filha de Joana Dutra (já falecida), 42 anos, solteira, cozinheira, "alugada" na casa do ex-senhor Luís Rodrigues Dutra, na Freguesia da Vitória. Laurentina havia sido ex-escrava do Engenho da Cruz e, pelo visto, continuou ligada ao ex-senhor, na capital. Daquele engenho migrou, também, Simoa Dutra, 40 anos, filha de Manuel Luís e Simoa, criada, cor cabra, que declarou estar alugada no bairro da Graça.

Duas outras ex-escravas do Engenho da Cruz foram matriculadas em 1893. Orminda Pereira, 35 anos, solteira, filha da nossa conhecida Etelvina Dutra, nascida no Iguape, criada, cor parda, alugada na casa de Francisco Teixeira de Carvalho desde 1883. Maria Serafina Dutra, 35 anos, solteira, cozinheira, nascida no Iguape, filha da ex-escrava Generosa Dutra, alugada na casa de uma família residente no Rio Vermelho.[55] Sabemos que, nessa época, a mãe de Orminda e o irmão Maximiano continuavam morando e trabalhando no Engenho da Cruz. Portanto Orminda ainda tinha parentes nos locais onde fora escrava e a referência a pai e mãe demonstra que, mesmo a distância, tinha ligação com a comunidade de origem.

É possível que parte dos egressos da escravidão que migraram dos engenhos para Salvador se estivessem engajando em profissões urbanas autônomas. Tudo indica que, após a abolição, houve crescimento desse setor, especialmente de vendedores ambulantes de doces, frutas e iguarias em gamelas e tabuleiros, engraxates e vendedores de bilhetes de loteria. Os governos republicanos estabeleceram rígido controle policial e fiscal sobre os que mercadejavam na cidade. Basta dizer que, no fim do século, os ambulantes não podiam mercadejar sem licença paga à Câmara Municipal. Sucessivos governos municipais e a imprensa local, em diversos momentos, engajaram-se em campanhas para afastá-los de ruas centrais, sob a justificativa de higienizar e melhorar a circulação da cidade. Em 18 de março de 1895 o *Jornal de Notícias* chamou a atenção das autoridades municipais para a necessidade de retirar do cruzamento das ruas Duarte, Cabeça, Beco do Vigário e São Pedro o "comércio animado de ganhadeiras". Segundo aquele jornal, à noite o mercado aumentava de proporções e, com ele, o inconveniente de ruas tão concorridas ficarem com o trânsito público interrompido.⁵⁶

Ao longo do fim do século XIX e do início do seguinte, a municipalidade tentou afastar os vendedores ambulantes da Baixa dos Sapateiros. Em 24 de fevereiro de 1899 o *Jornal de Notícias* aprovou a decisão da intendência de renovar as posturas que proibiam a permanência de ganhadeiras e vendedores ambulantes nos passeios da Baixa dos Sapateiros. Em 3 de maio de 1899 uma ação combinada entre a polícia e a municipalidade expulsou quitandeiras e "negociantes outros" que ocupavam o largo do mercado da Baixa dos Sapateiros, sob a alegação de dificultarem o trânsito público e sujarem as ruas com "quanta espécie de imundície conseguem reunir em cestos e gamelas". Um outro jornal aprovou a operação e recomendou que essa se estendesse ao cais do comércio, à Praça Castro Alves e a outros pontos da cidade "onde grande número de vendedores ambulantes permanece, de dia e noite, com tabuleiros, gamelas e bandejas de doces, com manifesta violação das leis municipais".⁵⁷

Em 15 de setembro de 1900 o *Jornal de Notícias* denunciou o comércio com bandejas, tabuleiros e gamelas na Praça Castro Alves. "Aí, além de lustradores de calçados, vê-se concorrido mercado de pão, doces, frutas, etc., e até de folhas medicinais". Segundo o órgão de imprensa, as pessoas que transitavam por aquele local eram obrigadas a descer dos passeios, pois os "vadios" empatavam a passagem com suas pernas estiradas, com caixas de lustrar, bandejas de balas e balaios.⁵⁸ Em 1º de agosto de 1904 o *Diário de Notícias* festejou a decisão da municipalidade de retirar das proximidades do mercado da Baixa dos Sapateiros a infinidade de cestos, gamelas e tabuleiros de verduras e legumes dispostos sobre as calçadas da referida rua.⁵⁹

Por certo, os ex-escravos dos engenhos buscaram recompor na cidade os laços construídos na época da escravidão. Mais atrás, vimos ganhadores oriundos de freguesias açucareiras trabalhando no mesmo canto e, às vezes, morando na mesma rua. Em 1901, quando foi denunciada pelos vizinhos por espancar o neto, Maria Luísa Dutra Bulcão, crioula, lavadeira, ex-escrava do Engenho da Cruz, informou que, mesmo residindo em outro endereço, ia sempre à casa da filha, Maria do Espírito Santo. Marcas da vida difícil de mãe e filha ficaram gravadas nas páginas do processo. Maria do Espírito Santo contou que vivia "alugada" como cozinheira e, por isso, não ia dormir em casa diariamente. Disse também que não denunciou a mãe à polícia para não vê-la sofrer.[60] Provavelmente avaliou que, se denunciasse a mãe, a estaria condenando a outro cativeiro.

A inserção dos ex-escravos nas comunidades urbanas era permeada de conflitos. Por vezes, em meio a eles, o passado de escravidão poderia ser relembrado por algum desafeto. Em 20 de fevereiro de 1892, depois de entrar em várias casas de conhecidos para sambar, rapazes e moças residentes em Cachoeira, alguns deles com profissão de ganhador, entraram na casa de Manuel Nicolau Delfino, conhecido como Nicolau Muniz, jornaleiro, nascido no Engenho Vitória. Depois que o grupo saiu, Nicolau e a amásia deram por falta de objetos de uso doméstico e resolveram reavê-los. Ao chegar à rua das Flores, Nicolau dirigiu-se a Fuão, conhecido como Crioulo, e ao ganhador Aprígio, pedindo a devolução dos objetos. Houve desentendimento e o grupo partiu para Nicolau aos gritos de "Mata o negro". Negro aqui tinha um sentido não apenas racial, mas também da antiga condição de escravo. Por certo, o grupo que agrediu Nicolau sabia estar-se dirigindo a um ex-escravo. Na verdade, essa suspeita se confirma depois de verificada a lista de escravos do Engenho Vitória, feita em 1871: nela, vê-se o nome de Nicolau, crioulo, 40 anos, "aleijado da mão esquerda", marinheiro.[61]

Segundo Manuel Querino, existia em Salvador a curiosa instituição dos "recolhedores de tradições"; era constituída de pessoas idosas que sabiam dos fatos ocorridos na sociedade. Em cada freguesia, um ou mais indivíduos tinham por hábito recolher em cadernos de notas os fatos mais importantes dos respectivos quarteirões, especialmente assuntos da vida pública e particular das pessoas de destaque social. Dava-se uma luta entre famílias e cada um punha em relevo a sua "importância social". Mas quem quisesse saber do "lado fraco" do oponente bastava procurar o "homem do arquivo". Entre as questões embaraçosas que podiam atingir a reputação dos contendores estava o passado de escravidão. Bastava dizer: "Fulano nasceu em tal tempo, seus pais foram fulano e fulana, sua avó era escrava e por vezes levou surra." Ou então:

> Fulano, que está hoje figurando como gente, é filho de mulher escrava, que fugiu do engenho ainda rapariga nova; veio para aqui, a sorte correu-lhe a mil maravilhas, os filhos já estavam bem-arranjados quando apareceu o senhorio. Houve uma luta tremenda para que tudo ficasse em sigilo, como de fato ficou devido a muitos empenhos e considerável soma de dinheiro.[62]

Na verdade, ex-escravos ou seus descendentes da cidade e do campo rechaçaram qualificativos que evocavam a antiga condição escrava, principalmente se usados para depreciar a nova condição de livres. Na manhã de 2 de março de 1906, na rua da Preguiça, Maria Secundina da Conceição, identificada pelo escrivão da polícia como de "cor preta", 27 anos, engomadeira, sentiu-se insultada ao ser chamada de "neguinha" por um pescador chamado Fábio. Por causa disso, houve áspera discussão e Fábio espancou gravemente Maria Secundina.[63] Mas a referência ao passado de escravidão poderia ser feita por outros meios. Na noite de 15 de março de 1891, na cidade de Cachoeira, Laudelino Ferreira da Silva foi violentamente agredido depois que ameaçou espancar com chicote Pompeu "de Tal", trabalhador da fábrica de charutos Dannemann, em São Félix.[64] Bater em alguém com chicote era rebaixá-lo à condição de escravo e Laudelino pagou caro pela afronta.

Para além dessas diferenças, as fugas de escravos e a migração de libertos após a abolição haviam colocado em contato pessoas que viveram a experiência da escravidão no campo e na cidade. O trabalho conjunto de ganhadores no mesmo canto mostrou que trocas de experiências entre libertos de diversas localidades se estavam processando nas ruas de Salvador. E, mais do que isso, a equiparação de todos na mesma condição de cidadãos livres, após a lei de 13 de maio, havia criado novos padrões de relações cotidianas, não mais fundadas nas diferenças entre livres, libertos e escravos. Talvez por isso os trabalhadores urbanos estivessem testando as possibilidades de agir como classe.[65] Não surpreende que entre 1888 e 1896 tenham ocorrido 31 greves em Salvador e no Recôncavo.[66]

Por isso, é necessário aprofundar os estudos sobre a projeção das experiências da escravidão nas lutas operárias na Bahia do pós-abolição. A forma como os movimentos operários de então manifestaram publicamente suas demandas oferece algumas pistas, uma delas o uso reiterado de alusões diretas, ou metáforas, à escravidão. Em 1889, quando se pronunciaram contra a demissão de companheiros de trabalho, charuteiros da fábrica Dannemann, em São Félix, alegaram que os tempos da escravidão haviam passado. Em outubro de 1909, quando protestavam contra a decisão da Viação Férrea de aplicar multas, remover trabalhadores para outras localidades e não pagar horas extras, operários, maquinistas e foguistas acusaram a empresa de tentar reduzi-los à condição de "escravos humilhados".[67]

Sob esse aspecto, o passado de escravidão poderia ser evocado como parte das experiências de classe. Em 12 de maio de 1902, ao conclamar o "povo baiano" a não esquecer a data da "nossa emancipação", o líder operário e ex-abolicionista Ismael Ribeiro, em carta publicada em jornal da cidade, pronunciou-se em nome de "meus antepassados".[68]

Notas

1. Miguel Ribeiro de Oliveira, *A indemnização*, pp. 35-36. O abandono das propriedades foi um fenômeno que ocorreu em diversas regiões. Um descendente de senhores de engenho de Pernambuco, carregado de preconceito racial e ressentimentos, rememorava: "Com a abolição, os escravos de Tentugal [engenho],

como os dos outros engenhos, abandonaram as antigas terras dos senhores, dispersando-se pelas aldeias e pequenas cidades mais próximas, e até para o Recife. A alforria para as suas mentalidades primitivas era a libertação da enxada e do eito, o vadiar sem destino, famintos e bêbados de cachaça. Pouco tempo depois, voltara a maior parte, batida pela miséria para a sombra protetora das casas-grandes [...], mas esse retorno não pôde mais corrigir a desordem econômica da primeira hora da Lei Áurea." Ver José Maria Bello, *Memórias*, p. 12. O autor nasceu em 1885, no Engenho Tentugal, município de Barreiras, Pernambuco.
2. BPEB, *Diário da Bahia*, 14/8/1888, p. 2.
3. BACB, Representação da Comissão de Lavoura e Comércio da Associação Comercial enviada ao governo imperial, 11/7/1888.
4. BPEB, *Diário da Bahia*, 1/7/1888, p. 1; BACB, Relatório da Junta Diretora da Associação Comercial da Bahia, apresentado na sessão de 15 de fevereiro de 1889, p. 13. Sobre a prisão do liberto, ver Apeb, *Polícia*, 6.506, ofício de Antônio Lourenço de Araújo, delegado de Santo Amaro, ao chefe de polícia, 28/8/1888.
5. Apeb, *Delegados*, 6.221 (1883-1889), carta do delegado de Alagoinhas, Anísio Pinto Cardoso, para o chefe de polícia, 4/4/1889.
6. Rebecca J. Scott, "Exploring the Meaning of Freedom", p. 11.
7. Ver, no periódico *Escudo Social*, 14/10/1933, p. 2, "O drama do cativeiro", entrevista com o ex-escravo Argeu, trabalhador no Engenho Medrado
8. Apeb, *Companhia de Navegação Bahiana*, 5.025 (1888-1889), carta de José Pedro Calasans para o presidente da província, 19/8/1889. Na lista de parentes vemos José Pedro de Calasans; os filhos Henrique, Antônio e Florinda; a nora Josefa; os netos José, 11 anos, Isaías, 9 anos, Altino, 7 anos, José Antônio, 3 anos, Joviniana, 6 anos, Lúcia, 13 anos e mais duas crianças pequenas. No despacho anexo o presidente concede 13 passagens para José Pedro e sua família no vapor *Visconde Marinho*, que partiria no dia seguinte. Como observa Julie Saville, "Grassroots reconstruction", p. 178, a reconstituição da família era a precondição para o estabelecimento de uma economia doméstica com vistas à independência.
9. Apeb, *Chefes de polícia*, 2.987 (1880-1889), carta do chefe de polícia para o presidente da província, 21/5/1888.
10. Apeb, *Processo-crime*, 10/363/5 (1888), ff. 2-8. A denúncia foi escrita por Otaviano Ferreira Sacramento.
11. Ibidem, 9/663/2 (1888), ff. 2-4.
12. Ibidem, ff. 9-12.
13. Ibidem, 9/663/2 (1888), ff. 22-23. O subdelegado da freguesia do Almeida concluiu que o desaparecimento da ex-escrava não estava provado e muito menos que houvera violência contra ela.

OUTROS ITINERÁRIOS DE LIBERTOS NO PÓS-ABOLIÇÃO

14. BPEB, *Diário da Bahia*, 25/8/1888. p. 1. Seu editorial, intitulado "Escravidão de libertos", tinha um tom abolicionista, pois exortava os ex-escravos a reclamar com a lei em punho, tal qual faziam seus ex-senhores. Denunciou, ainda, que alguns senhores estavam remetendo para as autoridades da capital ex-escravos velhos e "imprestáveis", pois seus antigos donos não se sentiam obrigados a sustentá-los.
15. Apeb, *Judiciário-assuntos*, 2.751 (1887-1889), carta de Eulália, ex-escrava, para o presidente da província, 16/8/1888. A rogo dela escreveu Antônio de Freitas Mello, provavelmente parente do ex-senhor. Freitas Mello finalizou a petição evocando os princípios abolicionistas do presidente da província ao dizer que, como criador da Sociedade 13 de Maio e representante da "sereníssima Princesa Imperial Regente que em 13 de maio do corrente anno extinguiu a escravidão no solo brasileiro". No despacho, o presidente ordenou ao juiz de órfãos de Maragojipe para providenciar a respeito.
16. Apeb, *Escravos-assuntos*, 2.901 (1883-1889), carta de Vitória (a rogo dela escreveu o abolicionista Eduardo Carigé) enviada ao presidente da província, 8/10/1888.
17. Apeb, *Juízes*, 2.416 (1882-1889), carta do juiz de Inhambupe, Antônio Calmon de Brito, para o presidente da província, 19/11/1888.
18. Apeb, *Processos cíveis*, 40/1.430/16 (1889). A petição foi redigida por Manuel Antônio da Silva. Em 26 de fevereiro, o oficial de justiça notificou a entrega do menor a Adelina.
19. Sobre mobilidade de ex-escravos em cidades de São Paulo, ver Nancy Priscila Smith Naro, "Revision and persitence", p. 77.
20. Gilberto Freyre, *Região e tradição*, pp. 113-15.
21. CRCSA, Livro de registro de nascimentos, 3 (1900-1905), ff. 66-72 e 132; o registro de Rita de Cássia, filha de Belarmino e Leolinda Isabel, é datado de 23/5/1902.
22. CRCC, Livro de registro de nascimentos, n° 2 (1893-1897), f. 77v.
23. CRCSA, Livro de registro de nascimentos, n° 3 (1900-1905), ff. 62v-63.
24. ASCMSA, Livro de entrada de doentes (1906-1911), f. s/n. Pedro foi internado em 23/1/1907; segundo o diagnóstico médico, sofria de cirrose. Ciriaco dos Santos deu entrada em 14/6/1908, ferido por arma de fogo.
25. ASCMSA, Livro de entrada de doentes (1913-1918). Marcolino Pires foi internado em 25/4/1916; no mesmo livro, ver internamento de Umbelina de Jesus, 1/3/1917.
26. ASCMSA, Livro de entrada de doentes (1906-1911), f. s/n. Internamento datado de 25/11/1911. Sobre Félix dos Santos, ver Livro de entrada de doentes (1913-1918), internamento datado de 25/11/1916.

27. ASCMSA, Livro de entrada de doentes (1906-1911), f. s/n. Manuel Estevão foi internado em 13/7/1908; segundo o diagnóstico, sofria de sífilis.
28. Sobre esses dois registros de doentes, ver ASCMSA, Livro de entrada de doentes (1906-1911), f. s/n.
29. Ver ASCMSA, Livro de entrada de doentes (1906-1911), fl. s/n; sobre o passado escravo de Manuel Brás, ver Apeb, *Inventários*, 8/344/4 (1887-1891), ff. 233-234.
30. ASCMSA, Livro de entrada de doentes (1906-1911), f. s/n. Antônio Beker da Silva foi internado em 29/5/1907; segundo o registro, por causa de sífilis.
31. ASCMSA, Livro de entrada de doentes (1918-1921). Internamento feito em 14/7/1918.
32. Sobre o ex-escravo Próspero dos Santos, ver ASCMSA, Livro de entrada de doentes (1913-1914), f. s/n; sobre os escravos do Engenho Mombaça, ver Apeb, *Inventários*, 7/3.148/14 (1875-1895), inventário da proprietária, Ana de Jesus Muniz Viana Bandeira, falecida em 12/1/1873. O engenho ficava na Freguesia do Monte, que em 1875 possuía 123 escravos.
33. ASCMSA, Livro de entrada de doentes (1911-1918). O internamento de Manoel Clementino é datado de 25/10/1915; segundo consta, para tratar-se de bronquite. Sobre Manuel Cirilo da Hora, ver ASCMSA, Livro de entrada de doentes (1913-1918), internamento datado de 6/6/1916.
34. ASCMSA, Livro de entrada de doentes (1906-1911). A paciente entrou em 21/2/1906. Sobre Dionísio dos Santos, ver ASCMSA, Livro de entrada de doentes (1913-1918), internamento em 15/10/1916.
35. ASCMSA, Livro de registro de nascimentos (1906-1911). A ganhadeira Delfina Ribeiro foi internada em 16/2/1916 para tratar-se de reumatismo.
36. Sobre a ex-escrava Venância, ver ASCMSA, Livro de entrada de doentes (1918-1921), internamento em 5/11/1920; segundo o diagnóstico, para tratar-se de "verminoses"; em 20/11 a ex-escrava faleceu. Sobre o passado escravo de Venância, ver Apeb, *Inventários*, 3/1.206/1.675/1 (1869-1887), ff. 112v-14, inventariada baronesa de Pirajá; ver também *Inventários*, 8/3.444/4 (1887-1891), v. 2, inventário da baronesa, f. 227.
37. A presença de trabalhadores de ascendência africana negra nascidos no Brasil na lavoura cacaueira é objeto de estudo de Mary Ann Mahony, "Afro-Brazilians, land reform, and the question of social mobility in southern Bahia, 1880-1920", pp. 90-116.
38. Ver Brasil. Ministério da Agricultura, Indústria e Comércio, 1922, pp. 471-72.
39. Kim D. Butler, *Freedom Given, Freedom Won*, p. 143.
40. BPEB, *Diário de Notícias*, 9/5/1888, p. 2.
41. Sobre os dados populacionais de 1890, ver Ministério da Indústria, Viação e Obras Públicas, *Recenseamento de 1890*, pp. 10-23.

42. Ministério da Agricultura, Indústria e Comércio, *Aspectos da economia rural brasileira*, pp. 432-34. Sobre o impacto da indústria fumageira nas economias locais de São Félix e Cachoeira, ver Fayette Darcell Wimberly, "The African Liberto and the Bahian Lower Class", pp. 87-93.
43. ACMS, *Freguesias-limites*, caixa 430 (1912). Sobre a população do Iguape em 1920, ver Ministério da Agricultura, Indústria e Comércio, *Recenseamento de 1º de setembro de 1920*. Tudo indica que Pedro Celestino da Silva, "Notas e impressões sobre o distrito de S. Thiago do Iguape", p. 403, exagerou ao afirmar que a população do Iguape era de 9.114 habitantes.
44. Kátia Mattoso, *Bahia século XIX*, pp. 91-124, analisa a evolução populacional de Salvador e do Recôncavo. Sobre migração para a cidade, entre o fim do século XIX e as duas primeiras décadas do século XIX, ver Mário Augusto da Silva Santos, *A República do povo*, p. 15.
45. Sobre os ganhadores na cidade do Salvador, ver João Reis, "De olho no canto", pp. 199-242.
46. Apeb, *Polícia*. Livro de matrícula dos cantos, maço 7, 116. Sobre os ganhadores mencionados, ver ff. 2, 29, 48 e 62. Wilson Roberto de Mattos, "Negros contra a ordem", pp. 74-96, também analisa os dados numéricos do livro de matrícula dos ganhadores.
47. Apeb, *Polícia*. Livro de matrícula dos cantos, maço 7, 116, ff. 5, 95 e 144.
48. BPEB, "Matrículas", *Jornal de Notícias*, 24/7/1893, p. 2.
49. AMS, *Papéis avulsos (1886)*. As posturas foram apresentadas à Assembleia Provincial para apreciação em 30/12/1886. Para uma discussão importante sobre o trabalho doméstico, no contexto do Rio de Janeiro, ver Sandra L. Graham, *Proteção e obediência*.
50. AMS, *Papéis avulsos (1886)*, posturas 1-8.
51. Ibidem, posturas 9 e 10.
52. Ibidem, postura 15.
53. Apeb, *Livro de matrícula das criadas domésticas*, s/n, 1887-1893.
54. Aqui, seguimos o mesmo procedimento classificatório usado por João Reis, "De olho no canto", 234, para definir o perfil racial dos ganhadores.
55. Apeb, *Livro de matrícula das criadas domésticas*, números de registros 141, 309, 572, 577.
56. BPEB, *Jornal de Notícias*, 18/3/1895, p. 1. Sobre os confrontos entre ganhadeiras e poder municipal em Salvador, ver Cecília Moreira Soares, "As ganhadeiras", pp. 57-71.
57. BPEB, "Pelas ruas", *Jornal de Notícias*, 24/2/1899 p. 2; ver também o mesmo artigo, no mesmo jornal, 4/5/1899, p. 1.
58. BPEB, "Pelas ruas", *Jornal de Notícias*, 15/9/1900, p. 1.

59. BPEB, "Quitandas ao ar livre", *Diário de Notícias*, 1/8/1904, p. 3.
60. Sobre a ex-escrava Maria Luísa Dutra Bulcão, ver Apeb, *Processo-crime*, 215/1/6 (1901), ff. 2-10.
61. ARC, *Inventários*, caixa 158 (1871-1900), Egas Moniz Barreto de Aragão, f. 12; ver também, no mesmo arquivo, *Lesões corporais* (1892-1893), processo contra Domingos Ramos Sacramento.
62. Manuel Querino, *A Bahia de outrora*, pp. 224-25.
63. Apeb, *Processo-crime*, 215/20/4 (1906), ff. 6-11. Fábio Teixeira de Sousa foi preso pelo espancamento de Maria Secundina.
64. ARC, *Lesões corporais* (1891-1893), inquérito contra Pompeu "de Tal", ff. 9-11. Na verdade, quem ameaçou dar bofetadas em Pompeu foi Joana "de Tal", moradora na rua do Sabão, depois de saber que ele havia insultado a filha com palavras injuriosas.
65. Esse argumento é desenvolvido por Reis, "De olho no canto", pp. 239-41.
66. Ver José Raimundo Fontes, "Manifestações operárias na Bahia", p. 56. Interessante que até a década de 1970, nas usinas pernambucanas, a percepção da exploração pela extensa jornada de trabalho era chamada de "cativeiro da usina". Sobre isso, ver José Sérgio Leite Lopes, *O vapor do diabo*, p. 84.
67. Ver ibidem, p. 110.
68. BPEB, *Jornal de Notícias*, 12/5/1902, p. 1.

Epílogo
Nos séculos por vir: projeções da escravidão e da liberdade

> Hoje estas reminiscências [da abolição] produzem uma tristeza, uma melancolia indizível... Quantos idílios! [...]. Quantas ilusões!... Julgávamos que restituída a liberdade dos escravizados, ia nosso Brasil iniciar um período de paz, de felicidade e de incessante progresso; "Idade de Ouro" que os filantropos supõem sempre chegada e que, no entanto, ainda está longe, muito longe, nos séculos por vir.*
>
> André Rebouças, 1895

A abolição aconteceu em meio a intensa agitação social, indisciplina de escravos nos engenhos, fugas individuais e coletivas, hostilidade de populares ao escravismo e radicalização do movimento abolicionista. As autoridades baianas temiam que o fim da escravidão desencadeasse um processo mais amplo de mudanças sociais, com desdobramentos e consequências imprevisíveis. Esse temor não era infundado. Experiências de emancipação em outras regiões de passado escravista haviam despertado antigas e novas aspirações e demandas com desenlaces nem sempre favoráveis aos ex-senhores. Os ex-senhores baianos temiam que o processo de abolição se transformasse em algo mais do que a substituição de um regime de trabalho por outro. Temiam perder as rédeas, na condução do processo de abolição, diante das iniciativas dos ex-escravos.

Além disso, a escravidão foi extinta no auge de um movimento popular de grandes proporções. No curso da luta contra a escravidão

---

*André Rebouças, *Diário e notas autobiográficas*, p. 431.

foram-se definindo projetos, aspirações e esperanças que iam além do fim do cativeiro. Para os ex-escravos, a liberdade significava acesso a terra, direito de escolher livremente onde trabalhar, de circular livremente pelas cidades sem precisar de autorização de outra pessoa, de não ser importunado pela polícia, de cultuar deuses africanos, ou venerar a sua maneira os santos católicos, de não ser mais tratados como cativos e, sobretudo, direito de cidadania.

Não surpreende que, após o 13 de Maio, a questão sobre a definição dos "lugares" sociais que os libertos deveriam ocupar no que definiram como "comunhão brasileira" tenha retornado ao centro dos debates políticos de então. Essa era uma discussão antiga, remontava ao início do século XIX, quando ficara evidente que o trabalho escravo deveria ser substituído pelo livre. Na perspectiva dos ex-senhores e de seus representantes, era preciso promover a conversão dos ex-escravos em livres sem que isso causasse abalos às hierarquias sociais e raciais montadas ao longo de mais de três séculos de escravidão.

Os pronunciamentos oficiais das autoridades baianas oferecem pistas sobre a maneira como pensavam a inserção dos libertos no mundo dos livres. Opondo-se aos que afirmavam que a abolição resultaria em ócio e vadiagem e, possivelmente, tentando tranquilizar seus leitores, o *Diário da Bahia* afirmou, em editorial de 13 de maio de 1888:

> A raça libertada saberá mostrar-se digna da liberdade que em parte lhes dera e que em parte conquistou. Dissipado de sua alma o pesadelo do eito, buscará conquistar pelo trabalho o seu lugar na comunhão brasileira. As energias desses exilados da própria pátria, dantes isolados egoisticamente pela refrega da escravidão, aumentarão sensivelmente as forças nacionais. O liberto saberá fecundar com o seu suor o solo que dantes manchava com o seu sangue! [...]. Os libertos não serão os ociosos errantes, buscando na pilhagem e no crime a sustentação de uma perigosa vagabundagem. Serão antes elementos de incalculável prosperidade, com os quais poderemos

EPÍLOGO

contar seguramente. Os redimidos deixarão nas senzalas com os sinais do seu aviltamento os hábitos que contraíram no cativeiro; e, terminadas as festas do dia de hoje, iniciarão a vida de homens livres, de que são dignos.[1]

Portanto, partia-se da ideia de que o cativeiro havia aviltado e imprimido vícios às suas "vítimas", mas, em direção oposta ao que pensava a maioria dos ex-senhores, o jornal sustentava que os libertos não estavam despreparados para a vida em liberdade, nem decairiam na ociosidade e na vagabundagem. Mas, para inserir-se na chamada "comunhão brasileira", os libertos deveriam concorrer com seus braços. Ou melhor, deveriam continuar a produzir a riqueza e a prosperidade dos outros. Por isso, deveriam abandonar os "hábitos" que, supostamente, haviam adquirido no cativeiro.

Em edital publicado logo após a notícia da abolição, a Câmara de Salvador pronunciou-se da seguinte forma:

> Aos novos cidadãos, a quem o influxo das ideias abolicionistas restituiu a sua dignidade de homens cabe zelar, como nós, pela conservação de nossos foros de nação, pelo progresso da pátria comum, pela elevação de nosso berço perante a civilização universal. E agora, que reivindicarão seus direitos, que leis iníquas lhes extorquiram a sua raça durante séculos, devem procurar no trabalho, na família e na paz, corresponder com dupla generosidade, o reconhecimento de seu estado social, que acaba de ser-lhes solenemente garantido pelos poderes do Estado.[2]

Os vereadores estavam preocupados com a manutenção da ordem. Por isso, pensavam em vincular os ex-escravos ao projeto nacional de civilização e progresso. É interessante que os vereadores previssem a reivindicação de direitos por parte dos libertos, mas advertissem que isso deveria ser feito dentro da ordem. Mais uma vez, o trabalho aparece como a garantia de "progresso" e paz nacionais.

Observe-se que, tanto no primeiro como no segundo documento, o termo "raça" aparece como definidor da condição do liberto. Finda a escravidão, as elites baianas recorreram mais intensamente ao conceito de raça como critério classificatório dos novos cidadãos. Embora equiparadas em sua condição civil, as pessoas diferenciavam-se (ou deveriam ser consideradas desiguais) segundo sua classificação racial. A concepção de raça era perfeita para quem pretendia reforçar e manter intactas as antigas hierarquias. E, mais do que isso, podiam-se justificar novas políticas de controle não apenas sobre os que emergiram da escravidão, mas sobre toda a população negra. As novas políticas de exclusão racial começavam a se delinear.[3]

O debate em torno da definição de lugares sociais dos ex-escravos na sociedade teve como desdobramento a adoção de políticas enérgicas de controle, não apenas dos egressos da escravidão, mas de toda a população negra das cidades e do campo. As leis municipais, chamadas posturas, adotadas pelas autoridades municipais e provinciais, após a abolição, apontaram para um crescente controle sobre vários aspectos da vida cotidiana da população negra. Como vimos no capítulo anterior, as autoridades baianas retomaram projetos de disciplinamento e controle dos trabalhadores urbanos, principalmente por meio da instituição das matrículas e da política de higienização das ruas.

Porém os acontecimentos que analisamos ao longo deste estudo mostraram que os libertos reagiram de diversas formas a essas políticas de exclusão e formularam projetos próprios de inserção social. Na verdade, estavam tentando viabilizar opções de sobrevivência que se chocavam com os interesses e os planos traçados pelos ex-senhores para mantê-los em condição subalterna. Vimos que, nos engenhos do Recôncavo, os ex-escravos se envolveram em vários conflitos com os ex-senhores, para ter direitos de acesso à terra, redefinir relações sociais cotidianas, estabelecer limites à interferência dos ex-senhores em sua vida pessoal e familiar e exigir tratamento compatível com a condição de pessoas livres. Em alguns momentos, os ex-senhores não esconderam o temor de que a ordem corria sérios riscos diante

EPÍLOGO

das iniciativas dos libertos. Por isso, eles tentaram desqualificar as iniciativas dos libertos, creditando seus projetos e suas esperanças à "embriaguez" ou ao "delírio".

Daí a grande preocupação dos ex-senhores e das autoridades da província ao assistirem, do alto de suas residências, aos festejos do 13 de Maio. A presença de mais de três mil "pretos" nas ruas de Salvador foi o que mais preocupou o comendador Aristides Novis. Nas comemorações do 13 de Maio em Caravelas, ex-escravos participaram das passeatas promovidas por liberais e conservadores para festejar a abolição. Em 19 de maio houve confronto entre as duas facções e, na ocasião, dois libertos foram feridos mortalmente. A presença de libertos nas duas agremiações políticas não era bom sinal para quem pensava em circunscrevê-los ao mundo do trabalho.

Além disso, é preciso reconhecer que os embates dos últimos momentos do cativeiro continuaram a marcar as tensões sociais e os projetos de liberdade das camadas populares nos anos que se seguiram à abolição. Os movimentos sociais que ocorreram após a abolição estavam impregnados de sentidos e expectativas forjadas nos embates antiescravistas. Estranhamente, esse aspecto das tensões sociais do período ainda não foi objeto de estudos sistemáticos. Na verdade, houve uma espécie de apagamento da participação dos ex-escravos nas lutas sociais de então. Era como se as tensões e os embates seculares que haviam ocorrido no seio da sociedade escravista tivessem perdido o sentido após o 13 de Maio e pertencessem, irremediavelmente, a um passado que se pretendia apagar.

É equívoco pensar que os ímpetos abolicionistas (ou pelo menos de alguns setores do movimento abolicionista) tenham cessado com o 13 de Maio. Nos anos que se seguiram à abolição, antigos abolicionistas envolveram-se em diversos embates e militaram a favor da ampliação de espaços sociais para a população negra. Advogados abolicionistas continuaram a prestar assistência jurídica ou defender ex-escravos na Justiça. Na imprensa, muitos continuaram a empregar sua pena na crítica mordaz à forma como eram tratados os ex-escravos nos engenhos e a denunciar a violência policial contra pessoas de cor negra.

O abolicionista Luís Tarquínio, pardo que ascendeu socialmente, escreveu diversos artigos combatendo preconceitos que pesavam sobre os ex-escravos. Em 2 de abril de 1889, polemizando com os que defendiam a imigração europeia para a Bahia, Tarquínio escreveu contundente artigo defendendo o "trabalhador nacional" e contestando os argumentos de quem achava que o "filho do país" era incapaz e despreparado para a vida em liberdade e inferior ao europeu. O "baldão de preguiçoso e indolente atirado ao nosso povo é uma vil calúnia". Aproveitou para alfinetar a mentalidade escravista enrustida nas cabeças das elites baianas, ao afirmar que só a mudança de atitudes dos patrões e dos administradores poderia melhorar as relações de trabalho na Bahia. Argumentou que somente quando o proprietário, o patrão, a dona de casa e os administradores se desprendessem de "hábitos adquiridos na escravidão" e tratassem o trabalhador como um "ente seu igual", remunerando-lhe o trabalho, poder-se-ia então condenar o "nosso povo".[4]

Lembro aqui também o professor abolicionista Cincinato França, que manteve durante muitos anos, em Cachoeira, uma escola noturna para a alfabetização de libertos. Em 1889 mais de cinquenta alunos frequentavam as salas de aula do professor Cincinatos, entre eles alguns ganhadores e canoeiros que migraram dos canaviais. Ao longo de 1888 e 1889 Eduardo Carigé assinou petições e apresentou-se nos foros públicos para defender homens e mulheres que sofriam perseguições dos ex-senhores, que tinham filhos "ingênuos" mantidos à força nos engenhos ou que eram submetidos a trabalhos não pagos ou a castigos corporais. Em abril de 1889 Carigé esteve à frente de protestos populares contra a alta dos preços de farinha. Na década de 1890 atuou ainda na imprensa e se colocou a serviço de pessoas que tinham seus direitos civis de liberdade desrespeitados.

Ademais, por diversas formas, os próprios libertos e seus descendentes estavam buscando melhorar a condição de cidadãos livres. Ex-escravos e demais populares (a maioria negra) protagonizaram os mais importantes movimentos de rua ocorridos durante as primeiras décadas de regime republicano. No ano seguinte à abolição a cidade

EPÍLOGO

foi sacudida por intensos conflitos de rua envolvendo monarquistas e republicanos. As elites baianas, mais uma vez, ficaram aterrorizadas diante do envolvimento de setores das camadas populares, parte delas emergente da escravidão, em defesa da monarquia. Esses acontecimentos eram parte dos confrontos políticos que vinham ocorrendo na corte desde fins de 1888, especialmente depois da organização da Guarda Negra. Segundo Flávio Gomes, com a criação dessa guarda, iniciou-se intenso debate sobre a participação política dos libertos. Na corte, esse debate assumiria a forma de conflitos armados entre libertos e republicanos, algo que ocorreu também na Bahia.[5]

Os confrontos tiveram seu ápice em 15 de junho de 1889, quando desembarcou na Bahia o militante republicano Silva Jardim. Naquele dia, houve sangrentos confrontos de rua entre militantes republicanos e populares partidários da monarquia. Segundo o historiador Brás do Amaral (testemunha ocular daqueles eventos), pouco depois do desembarque, nos arredores da ponte da Companhia Bahiana, "um preto" (em outros tempos era assim que todos se referiam aos escravos) arrancou um estandarte do clube republicano. O preconceito em relação aos participantes do protesto ficou evidente nas palavras de Amaral. Segundo ele, a multidão era composta por "gente suja, de roupa grossa, coberta de barro e lama, com aparência de moradores dos arredores da cidade atraídos para aquela tarefa". A esses juntaram-se os "vagabundos ou desocupados". O relato de Amaral está carregado de velhos temores, os mesmos que povoaram os pesadelos dos senhores de escravos ante a presença dos africanos e índios escravizados.[6] "Sem o medo da polícia, as más paixões, os grosseiros impulsos de uma plebe feroz, tão próxima de povos selvagens, como o africano e o índio, irromperam com fúria e ultrapassaram em breve as instruções da encomenda que lhes fora feita."[7]

Os embates foram mais violentos no porto e se estenderam ao Taboão e à Baixa dos Sapateiros. No Terreiro de Jesus houve confronto entre a multidão e estudantes. A multidão apedrejou o prédio da Faculdade de Medicina, principal reduto de militantes republicanos. Segundo Amaral, ao longo de todo o dia a faculdade ficou exposta aos insultos da "multidão esfarrapada que de vez em quando atirava pedras". Para Amaral, o ânimo da multidão aumentou depois que correu o boato de que os saveiristas haviam aderido ao motim. A confiança da multidão na participação dos saveiristas talvez tenha sua explicação no decisivo envolvimento daqueles trabalhadores do mar nos movimentos antiescravistas ocorridos ao longo daquela década.[8] Foram os saveiristas que estiveram à frente de ações arrojadas de resgate de escravos que seriam embarcados para o sul do país. No dia seguinte, a imprensa baiana anunciou que a Guarda Negra estava em plena atividade na Bahia, tendo à frente o "célebre" Macaco Beleza.

Para Brás do Amaral, a propaganda republicana não teve popularidade entre as camadas mais baixas da população. Após o 15 de junho não era raro ouvir, entre a "arraia-miúda", explosões de ódio e chacota referentes aos republicanos. Em 15 de novembro do mesmo ano, quando chegou a notícia da instauração da República, eram fortes os receios de que um motim, nos moldes do que ocorrera em 15 de junho, explodisse nas ruas de Salvador. Com efeito, após a proclamação da República, populares insultaram e apedrejaram republicanos nas ruas. As manifestações se generalizaram pelo centro da cidade. Referindo-se à agitação daqueles dias, Amaral afirmou que em meio à multidão destacava-se

> um degenerado alcoólico que tinha uma alcunha grotesca, suscetível de exacerbar o seu delírio por doses novas de tóxico e dotado nestes acessos de uma eloquência sanguinária e veemente; era ele quem reunia os desocupados das classes ínfimas da plebe e capitaneava os manifestantes antirrepublicanos desde o 15 de junho.[9]

Ainda tomado emocionalmente pelos embates daqueles dias, Amaral negou-se a registrar no seu escrito o nome do tal "degenerado alcoólico". Na verdade, tratava-se de Manuel Benício dos Passos, o Macaco Beleza, o liberto que militou no movimento abolicionista e que esteve envolvido em agitações de rua ao longo da década de 1880.

EPÍLOGO

Teodoro Sampaio afirmou que o advento da República e a expatriação de dom Pedro II trouxeram Macaco Beleza de volta às ruas. Foi então que, rompendo com os antigos parceiros de abolicionismo, resolveu sair em defesa da monarquia. Em passeatas ou folguedos, não perdia a oportunidade de cutucar os republicanos com vivas à princesa Isabel, referindo-se a ela como "a mãe dos cativos", e anunciar dom Pedro II como presidente do Brasil.[10] Depois daquele episódio, Macaco Beleza ainda se envolveu em motins de rua e protestos antirrepublicanos. No início de 1890 autoridades baianas deportaram-no da província para o presídio de Fernando de Noronha, em Pernambuco.

Há um trecho do relato de Brás do Amaral que revela como as motivações antiescravistas ainda faziam parte do comportamento político das camadas populares, principalmente dos que viveram as experiências do cativeiro. Segundo ele, o ódio foi semeado pelos "inimigos dos republicanos", que espalharam entre o povo a notícia de que a República revogaria a lei de 13 de maio, reescravizando os libertos e proibindo que "homens de cor" exercessem cargos e empregos públicos e militares, tal qual vinha acontecendo na América do Norte.[11] Portanto, além do antiescravismo, os populares tinham noção de que combatiam um sistema que pretendia colocar em prática novas formas de exclusão das pessoas a partir da cor da pele.

Vê-se que, na pena de Amaral, a velha arrogância senhorial correu solta. Na sua visão, o "povoléo" que se agitou nas ruas era incapaz de agir por iniciativa própria e, muito menos, refletir politicamente sobre o que acontecia a sua volta. Preferia acreditar que a "arraia-miúda" fora incitada e guiada pelos "inimigos" dos republicanos, tal qual, no passado, haviam sido, supostamente, conduzidas pelos abolicionistas.

As camadas populares da cidade, especialmente os ex-escravos, tinham fortes motivos para desconfiar dos republicanos. Efetivamente, quando eles chegaram ao poder, enérgicas medidas de controle policial foram implantadas para disciplinar ganhadores, carroceiros, empregadas domésticas, setores tradicionalmente ocupados por negros e mestiços. Nas cidades, muitos pontos de encontro da população negra foram extintos e houve dura repressão policial contra os candomblés, batuques, sambas, as capoeiras ou qualquer outra forma de manifestação identificada genericamente como "africanismo". No fim do século, esse antiafricanismo, fortemente inspirado no racismo científico, teve implicações dramáticas para as populações negras, pois reforçou as barreiras raciais que dificultavam o acesso a melhores condições de vida e ampliação dos direitos de cidadania.

Isso talvez explique por que os governos republicanos buscaram esvaziar os significados dos festejos do 13 de Maio, pelo menos no plano oficial. No fim da década de 1890 o festejo havia perdido muito do brilho dos primeiros anos. Havia motivações políticas para que se tentasse relegar ao esquecimento aquela data e os acontecimentos que culminaram na abolição. Uma delas tinha óbvia intenção de censurar algo que era identificado como a grande realização da monarquia. A outra, talvez mais velada, tinha como objetivos silenciar conflitos e sepultar esperanças nascidas no âmbito mesmo das lutas contra a escravidão e pela cidadania.

Notas

1. BPEB, *Diário da Bahia*, 13/5/1888, p. 1.
2. Ibidem, 15/5/1888, p. 1.
3. Sobre as discussões sobre raça e cidadania no pós-abolição, ver Wlamyra Albuquerque, *O jogo da dissimulação*, especialmente capítulos 2 e 3. Ver também Lilia Moritz Schwartz, *O espetáculo das raças*: cientistas, instituições e questão racial no Brasil, 1870-1930; Thomas Skidmore, *Preto no branco:* raça e nacionalidade no pensamento brasileiro. Ver também Carlos A. Hasenbalg, *Discriminação e desigualdades raciais no Brasil*.
4. BPEB, *Jornal de Notícias*, 2/4/1889, p. 1. O artigo, intitulado "Trabalho", levava a assinatura L.T., as iniciais de Luís Tarquínio. Sobre a militância abolicionista em favor da reforma agrária e de outras reformas, ver Richard Graham, *Escravidão, reforma e imperialismo*, p. 184.
5. Os confrontos de rua que ocorreram na corte e o debate sobre a participação política dos ex-escravos foram analisados por Flávio dos Santos Gomes, "No

EPÍLOGO

meio das águas turvas", pp. 75-96. Sobre as tensões na Bahia entre a abolição e a proclamação da República, ver Mario Augusto da Silva Santos, *O movimento republicano na Bahia*.
6. Brás do Amaral, "Memória histórica sobre a Proclamação da República na Bahia", pp. 15-16.
7. Ibidem, p. 16.
8. Ibidem, p. 17.
9. Ibidem, p. 32.
10. IGHB, Teodoro Sampaio, *O abolicionismo*, p. 28.
11. Ibidem, p. 31.

Fontes

Arquivos e bibliotecas

Arquivo Público do Estado da Bahia
Arquivo Municipal de Salvador
Arquivo Municipal de Santo Amaro
Arquivo Regional de Cachoeira
Arquivo da Província Carmelitana de Santo Elias (Belo Horizonte)
Arquivo da Cúria Metropolitana de Salvador
Arquivo da Santa Casa de Misericórdia da Bahia
Arquivo da Santa Casa de Misericórdia de Cachoeira
Arquivo da Santa Casa de Misericórdia de Santo Amaro
Biblioteca da Associação Comercial da Bahia
Biblioteca Nacional (Rio de Janeiro)
Biblioteca Pública do Estado da Bahia
Cartório de Registro Civil de Cachoeira
Cartório de Registro Civil de Rio Fundo
Cartório de Registro Civil de Santiago do Iguape
Cartório de Registro Civil de Santana do Lustosa
Cartório de Registro Civil de Santo Amaro
Cartório de Registro Civil de São Félix
Cartório de Registro Civil de São Sebastião do Passé
Instituto Geográfico e Histórico da Bahia
Instituto Histórico e Geográfico do Brasil (Rio de Janeiro)

Arquivos particulares

Arquivo do conde de Subaé
Arquivo de João Ferreira de Araújo Pinho Júnior

Fontes orais

Faustina dos Santos, 20 de setembro de 2000.
Francisco Ambrósio, 21 de julho de 2003.
Luís Barbosa Dutra, 18 de fevereiro de 2002.
Manoel de Araújo Ferreira, 7 de dezembro de 2002.
Mariana da Costa Pinto Victória Filha, 19 de outubro de 2001.

Fontes impressas

AMARAL, Brás H. do. "Memória histórica sobre a Proclamação da República na Bahia", *Revista do Instituto Geográfico e Histórico da Bahia*, n° 30, Salvador, 1904.
BITTENCOURT, Anna Ribeiro de Góes. *Letícia*. Salvador: Tipografia Reis & C., 1908.
CINCINNATUS (pseudônimo de Luís Tarquínio). *O elemento escravo e as questões econômicas do Brazil*. Salvador: Tipografia dos Dois Mundos, 1885.
DU PIN E ALMEIDA, Miguel Calmon. *Ensaio sobre o fabrico do açúcar*. Salvador: Federação das Indústrias do Estado da Bahia, 2002.
G.J.C. *Regeneração agrícola do estado da Bahia*. Salvador: Litografia V. Oliveira & C., 1892.
LAMBERG, Maurício. *O Brazil*. Rio de Janeiro: Tipografia Nunes, 1896.
LIMA, Bertolino Pereira. *Biografia*. S/l, 1930, manuscrito.
MINISTÉRIO DA AGRICULTURA, INDÚSTRIA E COMÉRCIO. *Aspectos da economia rural brasileira*. Rio de Janeiro: Oficinas Gráficas Villas Boas, 1922.
MINISTÉRIO DA AGRICULTURA, INDÚSTRIA E COMÉRCIO. Diretoria Geral de Estatística. *Recenseamento de 1° de setembro de 1920*. Rio de Janeiro: Tipografia da Estatística, 1928.
MINISTÉRIO DA INDÚSTRIA, VIAÇÃO E OBRAS PÚBLICAS. Diretoria Geral de Estatística. *Recenseamento de 31 de dezembro de 1890*. Rio de Janeiro: Oficina da Estatística, 1898.
OLIVEIRA, Miguel Ribeiro de. *A Indemnização*. Salvador: Tipografia de João Gonçalves Tourinho, 1888.
SAMPAIO, Teodoro. *O abolicionismo*, manuscrito inédito do autor, s.d.
SECRETARIA DA CULTURA DA BAHIA. *Documentação jurídica sobre o negro no Brasil: 1800-1888 (índice analítico)*. Salvador: Departamento de Bibliotecas, 1989.
TARQUÍNIO, Luís. *Preceitos moraes e cívicos*. Salvador: s/e, 1901.
UM LAVRADOR BAHIANO. *A emancipação. Breves considerações*. Salvador: Tipografia Constitucional, 1871.

Bibliografia

ACCIOLI, Inácio. *Memórias históricas e políticas da Bahia* (Anotadas por Brás do Amaral). Salvador: Imprensa Oficial do Estado, 1937.

ALBUQUERQUE, Wlamyra R. *Algazarra nas ruas:* comemorações da Independência na Bahia (1889-1923). Campinas: Editora da Unicamp, 1999.

_____. *O jogo da dissimulação:* abolição e cidadania negra no Brasil. São Paulo: Companhia das Letras, 2009.

ALENCASTRO, Luiz Felipe de (Org.). *História da vida privada no Brasil:* a Corte e a modernidade nacional. São Paulo: Companhia das Letras, 1999.

ALVES, Isaías. *Matas do sertão de baixo.* Salvador: s/e, 1967.

ALVES, Marieta. *Convento e Ordem 3ª do Carmo.* Salvador: Prefeitura de Salvador, 1949.

ANDREWS, George Reid. *Negros e brancos em São Paulo (1888-1988).* Bauru: Edusc, 1998.

AZEVEDO, Célia Maria Marinho. *Onda negra, medo branco:* o negro no imaginário das elites, século XIX. Rio de Janeiro: Paz e Terra, 1987.

AZEVEDO, Eliane. "Sobrenomes no Nordeste e suas relações com a heterogeneidade étnica". *Estudos Econômicos*, 13, Campinas, 1983.

BACELAR, Jeferson. *A hierarquia das raças:* negros e brancos em Salvador. Rio de Janeiro: Pallas, 2001.

BARICKMAN, Bert Jude. *Um contraponto baiano:* açúcar, fumo, mandioca e escravidão no Recôncavo, 1780-1860. Rio de Janeiro: Civilização Brasileira, 2003.

_____. "Até a véspera: o trabalho escravo e a produção de açúcar nos engenhos do Recôncavo Baiano (1850-1881)". *Afro-Ásia*, 21-22, Salvador, s/e, 1998-1999.

BELLO, José Maria. *Memórias.* Rio de Janeiro: José Olympio, 1958.

BERLIN, Ira (Org.). *Freedom:* a documentary history of emancipation, 1861-1867. Cambridge: Cambridge University Press, 1982.

BLASSINGAME, John W. *The Slave Community.* Plantation Life in the Antebellum South. Oxford: Oxford University Press, 1972.

BRAGA, Júlio. *Na gamela do feitiço:* repressão e resistência nos candomblés da Bahia. Salvador: Edufba, 1995.

BRITO, Jailton Lima. *A abolição na Bahia:* 1870-1888. Salvador: Centro de Estudos Baianos, 2003.

BULCÃO SOBRINHO, Antônio de Araújo Aragão. *Titulares baianos.* Salvador: Arquivo Público do Estado, mimeo.

BUTLER, Kim D. *Freedom given, freedom won:* afro-brazilian in post-abolition São Paulo and Salvador. Nova Jersey: Rutgers University Press, 1998.

CALMON, Pedro. *Memórias.* Rio de Janeiro: Nova Fronteira, 1995.

CAMPOS, João da Silva. "Tradições bahianas". *Revista do Instituto Geográfico e Histórico da Bahia,* Salvador, Gráfica da Escola de Aprendizes Artífices, 1930.

_____. *Tempo antigo, crônicas d'antanho, marcos do passado, histórias do Recôncavo.* Salvador: Secretaria de Educação e Saúde, 1942.

CARDOSO, Ciro F.S. *Escravo ou camponês.* São Paulo: Brasiliense, 1987.

CASTRO, Hebe Maria Mattos de. *Das cores do silêncio:* os significados da liberdade no Sudeste escravista — Brasil, século XIX. Rio de Janeiro: Arquivo Nacional, 1995.

CHALHOUB, Sidney. *Visões da liberdade:* uma história das últimas décadas da escravidão na Corte. São Paulo: Companhia das Letras, 1990.

CONRAD, Robert. *Os últimos anos da escravatura no Brasil:* 1850-1888. Rio de Janeiro: Civilização Brasileira, 1978.

COSTA, Emília Viotti da. *Da senzala à colônia.* São Paulo: Livraria Ciências Humanas, 1982.

DARNTON, Robert. *O grande massacre de gatos e outros episódios da história cultural francesa.* Rio de Janeiro: Graal, 1986.

DAVIS, Shelton H. (Org). *Antropologia do direito.* Estudo comparativo de categorias de dívida e contrato. Rio de Janeiro: Zahar, 1973.

DEAN, Warren. *Rio Claro:* um sistema brasileiro de grande lavoura, 1820-1920. Rio de Janeiro: Paz e Terra, 1977.

EISENBERG, Peter L. *Modernização sem mudança:* a indústria açucareira em Pernambuco, 1840-1910. Rio de Janeiro: Paz e Terra, 1977.

EISS, Paul K. "A share in the land: freed people and the government of labour in Southern Louisiana, 1862-65". *Slavery and Abolition,* 19, s/l, s/e, 1998.

FERNANDES, Florestan. *A integração do negro na sociedade de classes.* V. 1 e 2. São Paulo: Ática, 1978.

FICK, Carolyn. "Camponeses e soldados negros na Revolução de Saint-Domingue: reações iniciais à liberdade na província do sul (1793-1794)", in Frederick Krantz (Org.). *A outra história:* ideologia e protesto popular nos séculos XVII a XIX. Rio de Janeiro: Jorge Zahar Editor, 1990, pp. 211-26.

FIELDS, Barbara Jeanne. *Slavery and Freedom on the Middle Ground: Maryland during the Nineteenth- Century.* Londres/Nova Haven: Yale University Press, 1985

BIBLIOGRAFIA

FIGUEROA, Luis A. *Sugar, Slavery and Freedom in Nineteenth-Century Puerto Rico.* Carolina do Norte: University of Carolina Press, 2005.

FLORENTINO, Manolo e GÓES, José Roberto. *A paz das senzalas:* famílias escravas e tráfico atlântico. Rio de Janeiro: Civilização Brasileira, 1997.

FLORENTINO, Manolo e MACHADO, Cacilda. "Famílias e mercado: tipologias parentais de acordo ao grau de afastamento do mercado de cativos (século XIX)". *Afro-Ásia,* 24, Salvador, s/e, 2000.

FONER, Eric. *Nada além da liberdade:* a emancipação e seu legado. Rio de Janeiro: Paz e Terra, 1988.

_____. "O significado da liberdade". *Revista Brasileira de História,* São Paulo, v. 8, nº 16, 1998.

FONSECA, Luís Anselmo da. *A escravidão, o clero e o abolicionismo.* Recife: Fundação Joaquim Nabuco/Massangana, 1988 (edição fac-similar de 1887).

FONTES, José Raimundo. "Manifestações operárias na Bahia. O movimento grevista — 1888-1930". Dissertação de mestrado, Salvador, UFBA, 1982.

FREYRE, Gilberto. *Região e tradição.* Rio de Janeiro: José Olympio, 1941.

_____. *Casa-grande & senzala:* formação da família brasileira sob o regime da economia patriarcal. Rio de Janeiro: José Olympio, 1987.

_____. *Nordeste:* aspectos da influência da cana sobre a vida e a paisagem do Nordeste do Brasil. Rio de Janeiro: José Olympio, 1985.

GARCIA Jr., Afrânio Raul. *O Sul, caminho do roçado:* estratégias de reprodução camponesa e transformação social. São Paulo: Marco Zero, 1989.

GEERTZ, Clifford. *A interpretação das culturas.* Rio de Janeiro: Guanabara, 1989.

GENOVESE, Eugene D. *Da rebelião à revolução:* as revoltas de escravos negros nas Américas. São Paulo: Global, 1983.

GINZBURG, Carlo. *Mitos, emblemas, sinais:* morfologia e história. São Paulo: Companhia das Letras, 1989 (1ª ed. em italiano, 1986), p. 143.

GINZBURG, Carlo et al. *A micro-história e outros ensaios.* Lisboa: Difel, 1989.

GOMES, Flávio dos Santos. *Histórias de quilombolas:* mocambos e comunidades de senzalas no Rio de Janeiro — século XIX. Rio de Janeiro: Arquivo Nacional, 1995.

_____. "No meio das águas turvas (racismo e cidadania no alvorecer da República: a Guarda Negra na Corte — 1888-1889)". *Estudos Afro-Asiáticos,* 21, s/l, s/e, 1991, pp. 75-96.

GRADEN, Dale. *From slavery to freedom in Bahia, 1835-1900.* Albuquerque: University of New Mexico Press, 2006.

_____. "Voices from under: the end of slavery in Bahia, Brazil". *Latin American Studies,* v. 3, nº 2, s/l, s/e, 1991b, pp. 145-61.

GRAHAM, Richard. *Escravidão, reforma e imperialismo*. São Paulo: Perspectiva, 1979.

GRAHAM, Sandra Lauderdale. *Caetana diz não:* histórias de mulheres da sociedade escravista brasileira. São Paulo: Companhia das Letras, 2005.

_____. *Proteção e obediência:* criadas e seus patrões no Rio de Janeiro, 1860-1910. São Paulo: Companhia das Letras, 1992.

GRIBAUDI, Maurizio. *Itineraires ouvriers:* espaces et groupes sociaux à Turin au début du XXe siècle. Paris: École des Hautes Études em Sciences Sociales, 1987.

GRINBERG, Keila, *Liberata, a lei da ambiguidade:* as ações de liberdade da Corte de Apelação do Rio de Janeiro no século XIX. Rio de Janeiro: Relume-Dumará, 1994.

GUNDEMAN, Stephen e SCHWARTZ, Stuart. "Purgando o pecado original: compadrio e batismo de escravos na Bahia no século XVIII", in João José Reis (Org.). *A escravidão e a invenção da liberdade:* estudos sobre o negro no Brasil. São Paulo: Brasiliense, 1988, pp. 33-58.

GUTMAN, Herbert G. *The Black Family in Slavery and Freedom, 1750-1925*. Nova York: Pantheon Books, 1976.

HASENBALG, Carlos Alfredo. *Discriminação e desigualdades raciais no Brasil*. Rio de Janeiro: Graal, 1979.

KARASCH, Mary C. *A vida dos escravos no Rio de Janeiro, 1808-1850*. São Paulo: Companhia das Letras, 2000.

KRANTS, Frederick (Org.). *A outra história*. Ideologia e protesto popular nos séculos XVII a XIX. Rio de Janeiro: Jorge Zahar Editor, 1990.

KRAAY, Hendrik. "The politcs of race in Independence — Era Bahia: the Black Militia Officers of Salvador, 1790-1840", in H. Kray (Org.). *Afro-brazilian culture and politcs:* Bahia, 1790s to 1990s. Nova York: Sharpe, 1998.

_____. "Between Brazil and Bahia: Celebrating Dois de julho in Nineteenth-Century Salvador". *Journal Latin América Studies*, n° 31, 1999, pp. 255-286.

LARA, Silvia Hunold. *Campos da violência:* escravos e senhores na capitania do Rio de Janeiro, 1750-1808. Rio de Janeiro: Paz e Terra, 1988.

_____. "Escravidão, cidadania e história do trabalho no Brasil". *Projeto História*, 16, São Paulo, s/e, 1998.

LEVI, Giovanni. *Le pouvoir au village:* histoire d'un exorciste dans le Piémont du XVIIe siècle. Turim: Gallimard, 1985.

LITWACK, Leon F. *Been in the Storm so Long:* the Aftermath of Slavery. Nova York: Vintage Books, 1980.

LOPES, José Sérgio Leite. *O vapor do diabo:* o trabalho dos operários do açúcar. Rio de Janeiro: Paz e Terra, 1978.

BIBLIOGRAFIA

MACHADO, Maria Helena. *Crime e escravidão:* lavradores pobres na crise do trabalho escravo, 1830-1888. São Paulo: Brasiliense, 1987.

_____. *O plano e o pânico:* os movimentos sociais na década da abolição. Rio de Janeiro/São Paulo: UFRJ/Edusp, 1994.

MAHONY, Mary Ann. "The World Cacao Made: Society, Politics, and History in Southern Bahia, Brazil, 1822-1919". Tese de doutorado, Nova Haven, Yale University, 1996.

_____. "Afro-brazilians, land reform, and the question of social mobility in Southern Bahia, 1880-1920", in H. Kraay (Org.). Op. cit.

_____. "A Mixed-Race Nation: Afro-Brazilians and Cultural Policy in Bahia, 1970-1990", in H. Kraay (Org.). Op. cit.

MARQUES, Xavier. *As voltas da estrada.* Salvador: Secretaria da Cultura e Turismo/Conselho Estadual de Cultura/Academia de Letras da Bahia, 1998.

MATA, Iacy Maia. "Os Treze de Maio: polícia e libertos na Bahia pós-abolição (1888-1889)". Dissertação de mestrado, Salvador, UFBA, 2002.

MATTEI, Andres Ramos (Org). *Azúcar y esclavitud.* Porto Rico: Universidad de Puerto Rico, 1982.

_____. "El liberto en el régimen de trabajo azucarero de Puerto Rico, 1870-1880", in A.R. Mattei (Org.). Op cit.

MATTOS, Wilson Roberto de. "Negros contra a Ordem: resistências e práticas negras de territorialização cultural no espaço da exclusão social — Salvador-BA (1850-1888)". Tese de doutorado. São Paulo, PUC-SP, 2000.

MATTOSO, Kátia M. de Queirós. *Bahia.* A cidade do Salvador e seu mercado no século XIX. São Paulo: Hucitec, 1978.

_____. *Família e sociedade na Bahia do século XIX.* Salvador: Corrupio, 1988.

_____. *Ser escravo no Brasil.* São Paulo: Brasiliense, 1988.

_____. *Bahia século XIX:* uma província no Império. Rio de Janeiro: Nova Fronteira, 1992.

MENDONÇA, Joseli Maria Nunes. *Entre a mão e os anéis:* a Lei dos Sexagenários e os caminhos da abolição no Brasil. Campinas: Editora da Unicamp, 1999.

METCALF, Alida. "A vida familiar dos escravos em São Paulo no século dezoito: o caso de Santana de Parnaíba". *Estudos Econômicos,* 17, Campinas, s/e, 1987.

MEYER, Doris Rinaldi. *A terra do santo e o mundo dos engenhos.* Estudo de uma comunidade rural nordestina. Rio de Janeiro: Paz e Terra, 1980.

MINTZ, Sidney W. *Caribbean Transformations.* Baltimore: Johns Hopkins University Press, 1984.

_____. *Worker in the Cane:* a Puerto Rican Life History. Nova Haven: Yale University Press, 1964.

MULLER, Christiano. *Memória histórica sobre a religião na Bahia (1823-1923)*. Salvador: Imprensa Oficial do Estado, 1923.
NAEHER, Julius. *Land und Leute in der brasilianische Provinz Bahia*. Leipzig: s/e, 1881.
NARO, Nancy Priscilla Smith. "Revision and persistence: recent historiography on the transition from slave to free labour in rural Brazil". *Slavery and Abolition*, 13, s/l, s/e, 1992.
NASCIMENTO, Anna Amélia Vieira. *Patriarcado e religião*. As enclausuradas clarissas do Convento do Desterro da Bahia, 1677-1890. Salvador: Conselho de Cultura, 1994.
O'DONOVAN, Susan Eva. *Becoming Free in the Cotton South*. Cambridge/London: Havard University Press, 2007.
OLIVEIRA, Jardilina de Santana. *São Sebastião do Passé, 278 anos de história*. Salvador: Gráfica Santa Helena, 1997.
OLIVEIRA, Maria Inês Côrtes. *O liberto:* seu mundo e os outros, Salvador, 1790-1890. São Paulo: Corrupio, 1988.
OTT, Carlos. *Povoamento do Recôncavo pelos engenhos, 1535-1888*. Salvador: Bahiana Industrial Gráfica, 1996.
PAIVA, Valdevino Neves. *Maracangalha:* torrão de açúcar, talhão de massapé. Salvador: Gráfica Santa Helena, 1996.
PANG, Eul-Soo. *O Engenho Central do Bom Jardim na economia baiana:* alguns aspectos de sua história, 1875-1891. Rio de Janeiro: AN/ IHGB, 1979.
PEDREIRA, Pedro Tomás. *Memória histórico-geográfica de São Francisco do Conde*. Brasília: Centro Gráfico do Senado, 1977.
PENA, Eduardo Spiller. *O jogo da face:* a astúcia escrava frente aos senhores e à lei na Curitiba provincial. Curitiba: Aos Quatro Ventos, 1999.
PINHO, Wanderley. *História de um engenho do Recôncavo:* Matoim, Novo Caboto, Freguesia, 1552-1944. São Paulo: Companhia Editora Nacional, 1982.
PORTO ALEGRE, Sylvia. "Fome de braços — Questão nacional. Notas sobre o trabalho livre no Nordeste do século XIX". *Cadernos do Ceru*, 2, s/l, Centro de Estudos Rurais e Urbanos, 1986.
QUERINO, Manuel [1916]. *A Bahia de outrora*. Salvador: Progresso Editora, 1946.
REBOUÇAS, André. *Diário e notas autobiográficas*. Rio de Janeiro: José Olympio, 1938.
REIS, João José. *Rebelião escrava no Brasil:* a história do levante dos malês, 1835. São Paulo: Companhia da Letras, 2003.
_____. *A morte é uma festa:* ritos fúnebres e revolta popular no Brasil do século XIX. São Paulo: Companhia das Letras, 1991.

BIBLIOGRAFIA

_____. "De olho no canto: trabalho de rua na Bahia na véspera da abolição". *Afro-Ásia*, 24, Salvador, s/e, 2000.

_____. (Org.). *A escravidão e a invenção da liberdade:* estudos sobre o negro no Brasil. São Paulo: Brasiliense, 1988.

REIS, João José e SILVA, Eduardo. *Negociação e conflito.* A resistência negra no Brasil escravista. São Paulo: Companhia das Letras, 1989.

REIS, Isabel Cristina Ferreira dos. *Histórias de vida familiar e afetiva de escravos na Bahia do século XIX*. Salvador: UFBA, 1998.

REGO, José Lins do [1932]. *Menino de engenho*. Rio de Janeiro: José Olympio, 1968.

_____. *Meus verdes anos* (memórias). Rio de Janeiro: José Olympio, 1956.

RHEINGANTZ, Carlos G. *Titulares do Império*. Rio de Janeiro: Ministério da Justiça/Arquivo Nacional, 1960.

SAMPAIO, Gastão. *Nazaré das Farinhas*. Salvador: Empresa Gráfica da Bahia, 1974.

_____. *Meu avô paterno, Tertuliano Coelho Sampaio*. Salvador, 1980, mimeo.

_____. *Feira de Santana e o Vale do Jacuípe*. Salvador: Bureau Gráfica e Editora, 1982.

SANTOS, Mário Augusto da Silva. *A República do povo:* sobrevivência e tensões em Salvador (1890-1930). Salvador: Edufba, 2001.

_____. *O movimento republicano na Bahia*. Salvador: UFBA/CEB, 1990.

SAVILLE, Julie. *The Work of Reconstruction:* from Slave to Wage Laborer in South Carolina, 1860-1870. Cambridge: Cambridge University Press, 1996.

_____. "Grassroots reconstruction: agricultural labor and collective action in South Carolina, 1860-1868". *Slavery and Abolition*, 12, s/l, s/e, 1991.

SCHWARCZ, Lilia Moritz. *O espetáculo das raças:* cientistas, instituições e questão racial no Brasil — 1870-1930. São Paulo: Companhia das Letras, 1993.

SCHWARTZ, Stuart. *Segredos internos:* engenhos e escravos na sociedade colonial, 1550-1835. São Paulo: Companhia das Letras, 1988.

_____. *Escravos, roceiros e rebeldes*. Bauru: Edusc, 2001.

SCOTT, James C. *Domination and the Arts of Resistance.* Hidden Transcripts. Nova Haven: Yale University Press, 1990.

SCOTT, Rebecca Jarvis. "Defining the Bounds of Freedom in the World of Cane: Cuba, Brazil, and Louisiana After Emancipation". *American Historical Review*, 99:1, fev., 1994, pp. 70-102.

_____. "Stubborn and Disposed to Stand their Ground: Black Militia, Sugar Workers, and the Dynamics of Collective Action in the Louisiana Sugar Bowl, 1863-87". *Slavery and Abolition*, 1, s/l, s/e, 1999.

_____. *Espacios, silencios y los sentidos de la libertad:* Cuba entre 1878 y 1912. Havana: Union, 2001.

_____. *The Abolition of Slavery and the Aftermath of Emancipation in Brazil.* Durham: Duke University Press, 1988.

_____. "Exploring the Meaning of Freedom: Postemancipation Societies in Comparative Perspective", in R.J. Scott, op. cit., 1988, pp. 1-22.

_____. *Degrees of freedom:* Louisiana and Cuba after Slavery. Cambridge/Londres: Harvard University Press, 2005.

SILVA, Pedro Celestino da. "Notas e impressões sobre o districto de S. Thiago do Iguape". *Anais do Arquivo Público da Bahia*, v. XXVI, Salvador, 1938.

SILVA, Ricardo Tadeu Caires. "Os escravos vão à Justiça: a resistência escrava através das ações de liberdade, Bahia, século XIX". Dissertação de mestrado, Salvador, UFBA, 2000.

SLENES, Robert W. *Na senzala, uma flor:* esperanças e recordações na formação da família escrava, Brasil Sudeste, século XIX. Rio de Janeiro: Nova Fronteira, 1999.

_____. "Escravidão e família: padrões de casamento e estabilidade familiar numa comunidade escrava — Campinas, século XIX". *Estudos Econômicos*, 17, Campinas, s/e, 1987.

_____. "Senhores e subalternos no oeste paulista", in Luiz Felipe de Alencastro (Org.), op. cit., pp. 233-90.

SKIDMORE, Thomas. *Preto no branco:* raça e nacionalidade no pensamento brasileiro. Rio de Janeiro: Paz e Terra, 1976.

SOARES, Carlos Eugênio Líbano. *A negregada instituição:* os capoeiras na Corte Imperial, 1850-1890. Rio de Janeiro: Access, 1999.

SOARES, Cecília Moreira. "As ganhadeiras: mulher e resistência negra em Salvador no século XIX". *Afro-Ásia*, 17, Salvador, s/e, 1996, pp. 57-71.

SOARES, Francisco Sérgio Mota; GOMES, Henriette Ferreira e PASSOS, Jeane dos Reis. *Documentação jurídica sobre o negro no Brasil, 1800-1888.* Índice analítico. Salvador: Secretaria de Cultura/Empresa Gráfica da Bahia, 1989.

SOUZA, Edinélia Maria Oliveira. "Cruzando memórias e espaços de cultura: dom Macedo Costa — Bahia (1930-1960)". *Projeto História*, nº 18, São Paulo, s/e, maio 1999.

STEIN, Stanley J. *Vassouras:* um município brasileiro do café, 1850-1900. Rio de Janeiro: Nova Fronteira, 1990.

STUCKEY, Sterling. *Slave Culture*. Nationalist Theory & the Foundations of Black América. Nova York: Oxford University Press, 1987.

THOMPSON, E.P. *Senhores & caçadores:* a origem da Lei Negra. Rio de Janeiro: Paz e Terra, 1987.

_____. *Costumes em comum:* estudos sobre a cultura popular tradicional. São Paulo: Companhia das Letras, 1998.

TOMICH, Dale W. *Slavery in the Circuit of Sugar:* Martinique and the World Economy, 1830-1848. Baltimore: The Hopkins University Press, 1990.

_____. "Contested Terrains: Houses, Provision Grounds & the Reconstitution of Labour in Post Emancipation Martinique", in Mary Turner, *From Chattel Slaves to Wage Slaves: the Dynamics of Labour Bargaining in the Americas.* Londres/Kingston: Indiana University Press, 1995, pp. 241-60.

TURNER, Mary (Org.). *From Chattel Slaves to Wage Slaves: the* Dynamics of Labour Bargaining in the Americas. Londres/Kingston: Indiana University Press, 1995.

VILHENA, Luís dos Santos. *A Bahia no século XVIII*, V. I. Salvador: Itapuã, 1969.

VOGT, Carlos; FRY, Peter e SLENES, Robert. *Cafundó.* A África no Brasil: linguagem e sociedade. São Paulo: Companhia das Letras, 1996.

WIMBERLY, Fayette Darcell. "The African Liberto and the Bahian Lower Class: Social Integration in Nineteenth-Century Bahia, Brazil, 1870-1900". Tese de doutorado, Berkley, University of California, 1988.

WISSENBACH, Maria Cristina Cortez. *Sonhos africanos, vivências ladinas:* escravos e forros em São Paulo (1850-1880). São Paulo: Hucitec, 1998.

XAVIER, Regina Célia Lima. *A conquista da liberdade:* libertos em Campinas na segunda metade do século XIX. Campinas: Centro de Memória da Unicamp, 1996.

O *texto deste livro foi composto em*
Sabon LT Std, corpo 11/15.

A impressão se deu sobre papel off-white
pelo Sistema Cameron da Divisão Gráfica
da Distribuidora Record.